抗日故事天天讲

抗战史上的今天

Today in the History of Anti-Japanese War

杨冬权 / 主编

上海远东出版社

图书在版编目(CIP)数据

抗战史上的今天 / 杨冬权主编.
—上海:上海远东出版社,2016

ISBN 978-7-5476-1200-2

Ⅰ. ①抗… Ⅱ. ①杨… Ⅲ.①抗日战争—史料—中国
Ⅳ. ①K265.06

中国版本图书馆CIP数据核字(2016)第251113号

抗战史上的今天 抗日故事天天讲

杨冬权 主编
责任编辑/徐忠良 杨林成
装帧设计/熙元创享文化

出版：上海世纪出版股份有限公司远东出版社
地址：中国上海市钦州南路81号
邮编：200235
公众微信:yuandongchubanshe

发行：新华书店 上海远东出版社
上海世纪出版股份有限公司发行中心
印刷：北京华联印刷有限公司
装订：北京华联印刷有限公司

开本：710×1000 1/16 印张：38.25 字数：385千字
2017年1月第1版 2017年1月第1次印刷

ISBN 978-7-5476-1200-2 /K.161
定价：128.00 元

总撰稿人：杨冬权

撰稿人：徐占权　陈浩亮　徐　婧　高向前　王　剑　李刚林　张羽辰
王久鑫　王秋慧　田　亚　张　伟　陈英军　张　旭　程　阳　李触文
程　洁　邢晓飞　张海宾　张伟嵩　孙　婷

年轻的毛泽东建立了一个共产主义的军事组织

1944 年 8 月，朱德会见来延安的美军观察组成员

1944 年 7 月，周恩来（前排左二）、叶剑英（前排右一）、杨尚昆（后排中）、金城（后排左）与美军观察组成员合影

1944 年 9 月，毛泽东等在延安接见美军观察组成员谢伟思。左起：周恩来、朱德、谢伟思、毛泽东、叶剑英

1944 年 9 月，毛泽东会见参观八路军留守兵团军事表演的美军观察组成员

1944年“四川老乡”在延安的合影——右起：聂荣臻、吴玉章、谢伟思（在四川出生的美军观察组成员）、朱德、惠特塞（在四川出生的美军观察组成员）、陈毅、杨尚昆

周恩来和美军观察组组长包瑞德（左）在延安

1937年，中国上海抗日前线，中国士兵和一位童子军小男孩

1944 年 10 月，毛泽东在给包瑞德上校授勋大会上同美军观察组成员握手

叶剑英（右二）、杨尚昆（右五）、朱瑞（右三）、黄华（右一）和美军观察组成员赫伯特·希契（右四）在一起

1944 年 10 月，毛泽东、朱德和美军观察组组长包瑞德在延安

美军观察组在延安参观八路军359旅，近立者为王震

1944年，叶剑英（右三）、杨尚昆（右二）与美军观察组成员在延安机场飞机旁合影

1945 年 2 月，美军观察组在晋察冀根据地

美军观察组与我气象人员合影

359旅王震旅长（右五）欢迎美军观察组成员

美国政府授予驻延安美军观察组组长包瑞德勋章。毛泽东、朱德等出席了在延安机场举行的授勋仪式

美军观察组成员参加修筑延安机场

1945 年，毛泽东在延安接见美军观察组成员。右起：叶剑英、毛泽东、美军代表（二人）、朱德、周恩来

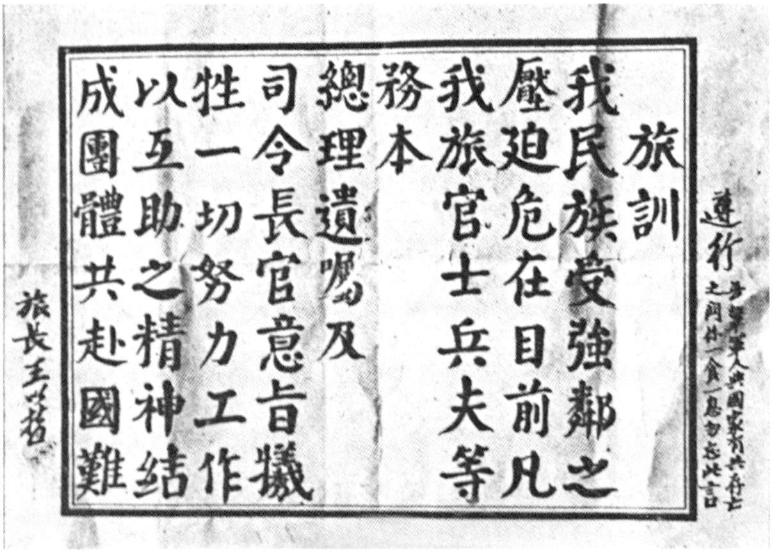

遵行

吾輩軍人與國家有共存亡之關係一食一息勿忘此言

旅訓

我民族受強鄰之壓迫危在目前凡我旅官士兵夫等務本總理遺囑及司令長官意旨犧牲一切努力工作以互助之精神結成團體共赴國難

旅長王以哲

1931 年 9 月 18 日，于沈阳北大营内张贴的抗日海报

1932 年，中国十九路军的空军军官

1945年9月2日，盟军官兵聚集在美军“密苏里”号战舰甲板观看日本投降仪式

1945 年 9 月 2 日，接受日本投降的美军“密苏里”号战舰

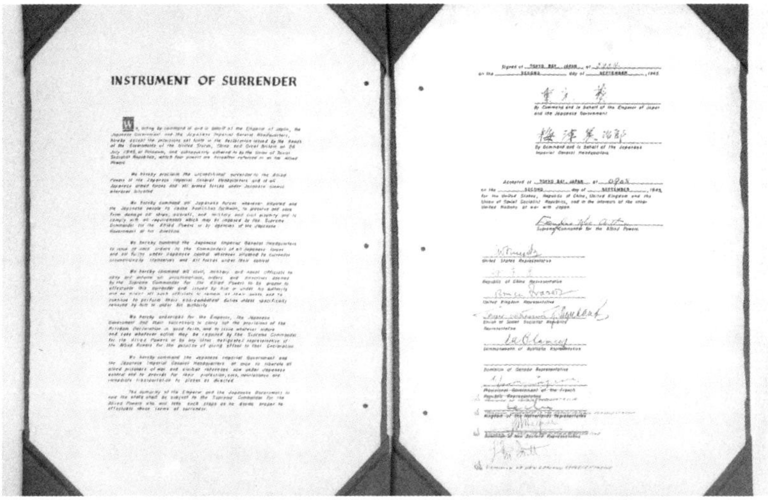
INSTRUMENT OF SURRENDER

1945 年 9 月 2 日，日本投降书

1945 年 9 月 2 日，日军陆军中将立花芳夫在放弃小笠原群岛的文件上签字

三月

五月

六月

七月

八月

九月

十月

十一月

十二月

一月

1942年1月1日
中国与盟国发表《联合国家宣言》

今天是1月1日，1942年的今天，中国同参与对轴心国作战的其他国家在华盛顿发表了著名的《联合国家宣言》。中国成为联合国发起国之一。各国宣布用其全部军事、经济力量对轴心国作战。这表明国际反法西斯统一战线正式建立。

还在1939年11月，根据欧战爆发后新的国际形势，中国国民党五届六中全会就要求“继续加强与美、英、苏、法等各友邦之合作”。1941年12月8日，日本偷袭珍珠港美国海军基地，同时进攻东南亚和香港，太平洋战争爆发。当天，国民党中常会提出国民政府对外政策之原则，包括：太平洋反侵略各国应成立正式同盟；联盟各国应相互约定，在太平洋战争胜利结束以前，不对日本单独媾和。

12月9日，国民政府正式对日宣战。同时国民政府还宣布对德、意两国处于战争状态。这一天，中国共产党发表为太平洋战争的宣言，呼吁中国与英美及其他抗日诸友邦缔结军事同盟，实行配合作战，同时建立太平洋一切抗日民族的统一战线。蒋介石也再一次提出中、美、英、苏、荷五国联盟，并获得英、美的赞同。22日，罗斯福与丘吉尔在华盛顿举行会谈，确定了“先欧后亚”的战略方针，并倡导各国签署一项宣言。《联合国家宣言》由此应运而生。

1942年1月1日，以“四强国”美、英、苏、中领衔，率先签署《联合国家宣言》。次日，再由澳大利亚、比利时、加拿大、荷兰等22个国家按照英文字母顺序先后签署。宣言表示“为保卫生存、自由、独立与宗教自由，并保全其本国与其他各国中之人权与正义起见，完全战胜敌国，实有必要”。各签字国承诺，保证运用全部经济、军事手段，以对抗轴心国集团。而且任何一国都不能与敌国单独媾和，直到彻底打败法西斯国家。

中国从此与盟国共同作战，改变了之前孤立抗日的困境，增强了抗战胜利的信心。中国与美、苏、英领衔宣言，成为“四强”之一，大国地位空前提高。

就在宣言签署的前一天，罗斯福致电蒋介石，提议组织中国战区，其中包括越南和泰国，并由蒋介石担任最高统帅。1月2日，蒋介石复电接受，并请美国派驻将领，充任中国战区参谋长。1月22日，罗斯福任命史迪威中将为中国战区参谋长。3月8日，蒋介石正式委任他为中国战区参谋长。此后，中国与各国并肩作战，为世界反法西斯战争的胜利作出了巨大的贡献。

1939年1月2日
毛泽东为《八路军军政杂志》撰写发刊词

今天是1月2日，1939年的今天，毛泽东为《八路军军政杂志》撰写发刊词，明确提出了《八路军军政杂志》的办刊宗旨：提高八路军的抗战力量，供给抗战友军等抗战人民关于八路军抗战经验的参考材料。

全国抗战爆发后，八路军深入华北敌后，创建了大片抗日根据地，成为敌后抗战的中坚力量。为全面宣传中国共产党抗战主张与八路军的抗战事迹，中共中央决定创办《八路军军政杂志》月刊。中共中央革命军事委员会主席毛泽东担任杂志编委会委员，军委总政治部宣传部部长萧向荣任主编，八路军政治部负责杂志的编辑发行。1939 年 1 月 15 日创刊号出版。

作为中共军方的一份高层次杂志，毛泽东在 39 期杂志中，共发表了 10 余篇文章。该杂志成为中国共产党在抗日战争时期军事思想的重要载体。从中共中央负责人、八路军总部首长到前线抗战将领，均为该刊撰写文章。左权的《埋伏战术》阐述了伏击战的基本规律；刘伯承的《两年来华北游击战争经验教训的初步整理》系统总结了敌后游击战争的基本经验；周士第的《论平地游击战争的几个问题》、彭雪枫的《平原游击战的实际经验》等文章论述了开展平原游击战争的基本方法；萧向荣的《八路军的政治工作》则阐述了八路军政治工作的基本方针。

为了更深入地展现各地八路军英勇抗战的事迹，八路军政治部特地组织前线记者团，分 4 组深入火线进行采访，先后发表《李延禄军长会见记》、《常冈旅团长之死》、《出击正太路》、《抗大总校在敌后》、《三五九旅是怎样做到自供自给的》、《冀中的活动堡垒》等 180 余篇战地通讯。杂志还对重大事件进行系列专题报道，如陈庄战斗特辑、百团大战系列报道、抗战四周年特辑、悼念白求恩专题等，都成为今天人们研究抗日战争不可多得的珍贵史料。

《八路军军政杂志》还是维护抗日民族统一战线、瓦解敌伪军的宣传利器。汪精卫叛国后，杂志发表了八路军、新四军将领的讨汪救国通电；《从皖南事变谈到军纪及其他》一文，指出了皖南事变的事实，有力地维护了抗日民族统一战线。

《八路军军政杂志》受到国内外读者的欢迎，实现了杂志的创刊宗旨。1942 年春，日军开始残酷的大扫荡，华北敌后局面日趋恶化，《八路军军政杂志》结束了 3 年零 3 个月的光荣历史。

1932 年 1 月 3 日
日军侵占锦州

今天是 1 月 3 日，1932 年的今天，日军侵占锦州。

“九・一八”事变后，沈阳等重要城市迅速沦陷，东北边防军司令部长官公署和辽宁省政府迁移到锦州。

作为通往华北的咽喉，锦州的战略地位极为重要。夺取了这里，也就获得了西侵热河、南下平津的重要战略基地。

1931 年 10 月 8 日，日军 12 架飞机开赴锦州上空进行侦察，并轰炸城区，中国民众死伤多人。

10 月 26 日，日军进兵辽西，迅速占领了新民、通辽，接着进攻田庄台，准备沿北宁、大通、营沟 3 条铁路西进占领锦州。与此同时，日军采取收买汉奸的方法，重金笼络辽西匪首凌印清，并指使其收纳各地土匪，组织伪军，往锦州进犯。

国民政府得知日军向锦州进攻后，经与英、美、法三国商议，于 11 月 25 日向国际联盟提出划锦州为中立区的方案，要求驻锦州的中国军队撤至山海关。日本政府和军部恐怕引起国际上的反对，于当天下午两次电令关东军停止前进，进入辽西的日军部队一律撤回到辽河以东，日军其他后续部队也退回沈阳。但是，贼心不死的日本参谋部，于12月15日给关东军下达了侵占锦州的内部训令。

12月17日，关东军司令本庄繁令独立守备队、混成第39旅团和骑兵第2联队，进攻昌图、法库；令第2师团进攻辽中、牛庄、田庄台等地。日军两路大军沿着北宁、大通、营沟三线同时西进，揭开了直接出兵进攻锦州的序幕。

12月21日，敌人在南满路沿线、四洮路、大虎山与通辽间，以及开原、铁岭等地同时开始总攻击，右翼占领法库、彰武；左翼营沟线上，遭到了部分东北军的抵抗。但日军依靠炮火优势向中国守军发起猛攻，田庄台、盘山等重要据点相继失守。12月31日，日军占领沟帮子，失去屏障的锦州，暴露在日军面前。

12月28日，东北边防军参谋长荣臻在北平面见张学良后返回锦州，下令各军撤退。1932年1月1日，日军动用3个师团约4万人向锦州发起总攻。1月3日，锦州在中国守军全部撤离后，遭日军占领。

1942年1月4日
第三次长沙保卫战开始反击日军

今天是1月4日，1942年的今天，中国军队在第三次长沙保卫战中，打退了日军全线进攻，转入反击。在1月16号的《申报》

很不起眼的角落里登载着这样一句标题："华中日军宣布，长沙战役结束……"文字虽看似平淡，却也透露出日军惨败的事实。

太平洋战争爆发后，日军为策应在香港作战，牵制中国军队南下，发动了第三次长沙会战。1941 年 12 月 24 日，驻武汉的日本第十一军司令阿南惟畿纠合 7 万余众，开始向湖南进犯。第九战区司令官薛岳将军，正以他设计的"天炉战法"静待日军入彀。

面对日军来犯，薛岳决计破坏道路，坚壁清野，纵深设伏，诱敌深入，逐次决战。31 日，敌人先头部队到达捞刀河、浏阳河地区。在稍遇抵抗后，日军进逼长沙外围。

1942 年 1 月 1 日，日军以第 3、第 6 师团猛扑长沙，李玉堂将军率第十军与敌人展开了一场恶战，预备第 10 师第 29 团团长陈新善、团副曾友文殉国。对垒两天，战势胶着。为增援长沙，蒋介石调衡阳王耀武第七十四军增援第九战区。1 月 3 日，日军已呈弩末之势，第 6 师团投入全部主力，进攻长沙东郊、北郊。中国军队节节抵抗，坚守防线。日军一部突入长沙城北，中国军队炮兵在岳麓山上轰击日军，重创敌寇。中国守军乘势反击，日军逃出城外。

1942 年 1 月 4 日凌晨，第九战区各部开始对长沙城郊的日军实施包围。在中国军队反攻之下，敌寇弹药尽绝，伤亡惨重。夜间，日军往东北方向突围。中国军队各部按计划截堵追击。阿南惟畿匆忙调来救援的第 9 旅团，被早已埋伏好的中国军队阻击，激战至 1 月 8 日，该旅团几乎被全歼。第九战区分别在捞刀河、汨罗江、新墙河分段追击堵截，毙敌甚多。战至 1 月 16 日，中日两方大致恢复到会战前的态势。阿南惟畿搜罗残兵，退回原地，脸面丢尽。

在太平洋、东南亚节节胜利的日军，此时却在长沙遭遇大挫。这次会战，第九战区折损官兵29000多人，日寇伤亡5万多人。第三次长沙会战的胜利，不仅激励了全国军民抗战必胜的信心，也对盟军有着极大鼓舞。

1938年1月5日
苏联志愿航空队抵达武汉

今天是1月5日，1938年的今天，苏联志愿航空队抵达武汉。

1937年，七七卢沟桥事变发生时，中国空军名义上有500架飞机，但实际能够起飞战斗的只有91架，真正合格的航空人员不超过600人。而侵华日军拥有850架飞机，他们向天皇夸口“只要三个小时，就可以将中国空军消灭干净”。战事进行了4个月后，蒋介石给斯大林发去密电：“尤其飞机一项，实迫不及待，中国现只存轻轰炸机不足十架，需要之急，无可与比。”

根据《中苏互不侵犯条约》，苏联开始派遣军事专家和志愿航空队援助中国抗日。1937年10月22日，苏联援华的首批225架飞机抵达新疆，同时到达的还有苏联两个飞行志愿大队。苏联提供的是当时世界上最先进的机型，其中外号叫“喀秋莎”的斯勃快速轰炸机，它的速度甚至比日本96式战斗机还要快。

1937年10月底，日军在淞沪战场强行推进，将中国守军阵地炸成焦土，中国空军彻底放弃了对上海方向的支援。而防卫南京的空军，只剩7架飞机可以起飞迎敌。中国的制空权，彻底落入日军手中。

1937 年 12 月 1 日，苏联志愿航空队 23 架战斗机、20 架轰炸机飞抵南京。刚在南京机场着陆，日机突然来袭，苏联战机紧急升空作战。这一天，苏联战机 5 次升空迎战轮番来袭的敌机，共击落日机 3 架。战斗中，飞行员安德烈耶夫牺牲，中国飞行员敖居贤同时阵亡，列米佐夫跳伞生还。苏联志愿航空队和中国空军共同投入了南京保卫战。日军王牌飞行员战后回忆说，苏联飞机投弹之准确，轰炸之猛烈，脱离战场之快速，可谓空前绝后，从无如此的干净利落。

1937 年 12 月 13 日，南京失守，国民政府军事统帅部迁往武汉。武汉是当时中国第二大城市，也是中国的腹心之地。日军认为只要夺取了武汉，就能让中国政府和军队彻底投降。1938 年 1 月 5 日，苏联志愿航空队抵达武汉，开始了守卫中国腹心之地的战斗。

从 1937 年到 1941 年，苏联志愿援华航空队采取轮换形式，共向中国派遣了 3665 名飞行员、机械师、工程师和各类航空辅助人员。他们中的 217 名牺牲在中国，平均年龄只有 28 岁。

1940 年 1 月 6 日
朱德等指示各兵团加强抗日民族统一战线工作

今天是 1 月 6 日，1940 年的今天，朱德等向各兵团发出加强抗日民族统一战线的指示。

1937 年 9 月 22 日，在中国共产党的积极推动下，国民党中央通讯社公布了《中共中央为公布国共合作宣言》；次日，蒋介石发表谈话，指出团结御侮的必要，事实上承认了中国共产党在全国的合法地位，国共两党终于实现了第二次合作。在国共两党的号召下，各族人民、各民主党派、各爱国军队、各阶层爱国人士以及海外侨胞都聚集到共同抗战的旗帜下，以国共合作为基础的抗日民族统一战线正式形成。

抗日战争进入相持阶段后，日军改变侵华战略方针，对国民政府开始施行以政治诱降为主、军事进攻为辅的战争策略，并积极扶持傀儡政权。在日军的蛊惑和拉拢下，国民党内的部分大资产阶级产生了妥协投降的心理。

1940 年 1 月 6 日，朱德等向各兵团发出加强抗日民族统一战线的指示后，中国共产党从抗日大局出发，命令八路军、新四军主动出击，积极打击敌人，牵制了日本侵略军的大量兵力，有力地支援了国民党军队正面战场的作战，这对于维护抗日民族统一战线起到十分重要的作用。

为扩大抗日民族统一战线，孤立国民党顽固派，远在重庆的中共中央南方局也开展了一系列工作，周恩来、董必武、林伯渠等即分别同四川地方实力派刘文辉、潘文华、邓锡侯等多次会晤，向他们讲明中共抗日民族统一战线的主张，促使西南地区地方实力派的代表人物逐步走向了人民阵营。

在舆论宣传方面，八路军驻香港办事处设立后，创办了《华侨通讯》和《时事通讯》，宋庆龄在香港发起组织保卫中国同盟，创办了用中英两种文字出版的《保卫中国同盟》双周刊。这些刊物协同努力，宣传中国共产党的抗日政策和主张。在抗日民族统一战线的号召下，中国人民同仇敌忾，汇成了民族解放的巨大洪流，震动了海内外。

全国抗战期间，中国共产党以民族利益为重的博大胸怀，使国共合作的抗战局面得以延续。中国共产党所领导的人民革命力量得到了空前壮大，成为决定中国政治前途的根本力量。

1939 年 1 月 7 日
冀南军民展开反“扫荡”作战

今天是 1 月 7 日，1939 年的今天，日军开始“扫荡”冀南。冀南军民展开反“扫荡”作战。

日军华北方面军为实施“治安肃正”，实现其由“点”到“面”的占领，调集 3 万余人，分 11 路从东西两线对冀南抗日根据地进行大规模“扫荡”。

冀南根据地，北靠德石路，东西两侧紧邻津浦路、平汉路，沿线的重要城镇，均有敌重兵把守，敌人进攻根据地，交通方便，合围迅速，增兵容易，八路军第 129 师将主力部队分为第 385 旅、第 386 旅、青年纵队、东进纵队、先遣纵队 5 个作战集团，实行分区作战，采取以小部队与日军接触，主力寻机歼灭日军的作战方针。

1939 年 1 月 7 日，西线日军由石家庄、邢台、邯郸、大名等地出动，向南宫、冀县、枣强等地进攻，沿途遭八路军各作战集团打击。1 月 25 日，第 385 旅袭击大杨庄，毙伤日伪军 60 余人，缴获山炮 1 门。1 月底，日军侵占了赵县、隆平、平乡、广平等县城和滏阳河的新河至曲周段主要渡口。2 月初，东线日军由泊头、德州及聊城等地出动，向西进犯。

1939 年 2 月 9 日，东西两线日军主力在飞机支援下合击南宫、冀县、枣强等地，占领了冀南中心区所有县城。当敌人向冀南中心区推进时，第 129 师主力转至日军侧后，先后袭击了驻武邑、阜城、富庄驿、景县、清河等地日军，并在德石路石家庄至衡水间，平汉路高邑至冯村间多次伏击日军。同时，连续打击侵占南宫、冀县、枣强、巨鹿、广宗等地日军，并一度攻下威县城，尔后诱日军南追，于香城固地区，歼灭日军 200 余人、俘 8 人。在第 129 师各作战集团和第 115 师 688 团一部内外线不断打击下，日军于 3 月初停止“扫荡”。

在冀南反“扫荡”作战中，敌人虽有机动方便的条件，但兵力有限，不敷分配，占了县城，控制不了乡村；顾了前面，顾不了后面。八路军依托广大乡村，分散游击，与敌周旋，零敲碎打，避实击虚，因而变被动为主动，弄得敌人疲于奔命，捉襟见肘。久而久之，敌人经不起兵员、物力的消耗，只得结束“扫荡”，仓皇撤走。此次反“扫荡”作战，八路军作战 100 余次，毙伤日伪军 3000 余人，成功地保住了冀南抗日根据地。

1937年1月8日
中共中央发出一致抗日通电

今天是1月8日，1937年的今天，中共中央发出《中国共产党中央、苏维埃中央政府为号召和平停止内战通电》，这一通电鲜明地表明了中国共产党坚持抗日的主张。这一通电的发出，距离西安事变的和平解决，刚刚半个月。

1936年12月12日，西安事变爆发。应张学良、杨虎城的要求，周恩来、博古、叶剑英等作为中共中央代表飞抵西安，为坚决贯彻逼蒋抗日与和平解决西安事变的方针，积极展开工作。

西安事变和平解决后，1937年1月8日，中共中央和苏维埃政府发出了这一号召和平、停止内战的通电，重申了中国共产党和苏维埃中央政府“停止内战、一致抗日”的一贯主张和坚定立场。

2月10日，中共中央发出《致国民党五届三中全会电》，提出五项要求和四项保证。五项要求即：停止内战，集中国力，一致对外；保证言论、集会、结社之自由，释放一切政治犯；召开各党各派各界各军的代表会议，集中全国人才，共同救国；迅速完成对日作战之一切准备工作；改善人民的生活。电文指出：如果国民党能毅然确定此为国策，中国共产党愿意作出四项保证，即：在全国范围内实行停止推翻国民党政府的武装暴动方针；工农政府改名为中华民国特区政府；红军改名为国民革命军；特区实行彻底的民主制度；停止没收地主土地的政策，坚决执行抗日民族统一战线的共同纲领。

中国共产党为民族利益不惜作出重大让步的爱国热忱，得到国民党左派以及爱国群众的拥护和赞许。

1937 年 5 月的延安城南门上，高高悬挂着欢迎国民党中央考察团的标语。为加深对中国共产党的了解，以及对国共合作的态度，涂思宗率领的国民党中央考察团抵达延安，受到了延安党政军各机关的热情欢迎，自此加深了两党间的相互了解。

8 月上旬，应国民党的邀请，中共中央派周恩来、朱德、叶剑英参加国防会议，并同国民党继续谈判。8 月 22 日，国民政府军事委员会发布命令，将红军主力改编为八路军；10 月 12 日，将湘、赣、闽、粤、浙、鄂、豫、皖八省的红军游击队整编为新四军。

1940 年 1 月 9 日
毛泽东演讲《新民主主义论》

今天是 1 月 9 日，1940 年的今天，毛泽东在陕甘宁边区文化协会第一次代表大会上，发表了《新民主主义的政治与新民主主义的文化》的演讲。

1940 年 2 月 15 日，延安出版的《中国文化》创刊号上刊载了毛泽东的演讲稿，题目是《新民主主义的政治与新民主主义文化》。几天后延安出版的《解放》也出现了这篇文章，题目改为《新民主主义论》。

自全国抗战以来，关于中国何去何从的问题，全国展开了激烈的论战。抗战进入相持阶段后，国民党顽固派提出：中国只要一个三民主义就够了，三民主义可以满足中国现在和将来的一切要求。因此，中国未来不需要社会主义，共产党不需要存在。国民党的这些言论，对中国共产党提出了理论挑战，并对中国抗日民族统一战线造成了严重损害，给了日本侵略军以可乘之机。

为了反击国民党顽固派的论点，毛泽东先后撰写了《〈共产党人〉发刊词》、《中国革命和中国共产党》等重要著作，第一次旗帜鲜明地提出了新民主主义的完整理论。

1940 年 1 月，毛泽东在《新民主主义论》中，对新民主主义的政治、经济、文化的内容以及它们的特点，作了系统的阐述。他在论述中明确提出："无产阶级领导的中国革命要分两步走，第一步是新民主主义革命，第二步才是社会主义革命。只有完成前一个革命，才有可能去完成第二个革命。""民主主义革命是社会主义革命的必要准备，社会主义革命是民主主义革命的必然趋势。"这是一个重要的理论创新。

毛泽东在文中写道："我们希望中国的抗日统一战线坚持下去，不是一家独霸而是大家合作，把抗日的事业弄个胜利，才是上策，否则一概是下策。"

他总结了中国共产党的实践经验，创造性地提出了"统一战线，武装斗争，党的建设，是中国共产党在中国革命中战胜敌人的三大法宝"。

新民主主义理论的完整论述，是毛泽东对马克思列宁主义的丰富和发展。这一理论使广大党员和人民群众清楚地看到了中国革命的发展规律和前景，极大地鼓舞了人们的胜利信心，有力地指导和促进了抗日战争和中国革命的胜利发展。

这些论述在国民党统治区也产生了强烈的反响。远在大西南的闻一多后来谈道："我们一向说爱国、爱国，爱的国家究竟是个什么样子，自己也不明白，只是一个乌托邦的影子，读了这些书，对中国的前途渐渐有信心了。"

1938 年 1 月 10 日
晋察冀边区政府成立

今天是 1 月 10 日，1938 年的今天，晋察冀边区政府成立。

1937 年 7 月，日军发动全面侵华战争。开赴华北抗日前线的八路军 115 师，在取得平型关大捷后，主力南下。115 师政治委员聂荣臻奉中共中央军委命令，率领师独立团、骑兵营和八路军总部特务团一部及地方工作团 2000 人，以五台山为中心开辟山西、河北、察哈尔三省边界地区抗日根据地。

到 1937 年 11 月初，聂荣臻率部相继收复涞源、蔚县、曲阳、浑源等 20 余座城镇，部队迅速发展到 1 万余人。

随着抗日根据地的扩大，为加强对各地武装的统一领导和指挥，11 月 7 日晋察冀军区成立。聂荣臻任司令员兼政治委员，下辖 4 个军分区。第一军分区由杨成武任司令员，邓华任政治委员；第二军分区由赵尔陆任司令员兼政治委员；第三军分区由陈漫远任司令员，王平任政治委员；第四军分区由周建屏任司令员，刘道生任政治委员。全军区部队共 2 万余人，拥有枪支 6000 余支。

晋察冀军区的成立，大大振奋了当地军民的抗战热情。各抗日武装主动出击，四处袭扰日军，断敌交通，攻取城镇，使敌军日夜不得安宁。1937 年 11 月 24 日开始，日军分八路围攻晋察冀边区，企图歼灭和驱逐军区部队。面对来势汹汹的敌人，晋察冀军区部队在聂荣臻的领导下，取得了乱岭关、大小龙华等战斗的胜利，一举粉碎了日军的“八路围攻”。

随着各项工作的深入开展，成立边区统一的政权领导机构也被提到议事日程上来。1938 年 1 月 10 日，晋察冀边区军政民代表大会在阜平召开，选举了边区临时行政委员会。该委员会的成立，标志着第一个敌后抗日民主政权建立。

晋察冀边区政府成立后，积极进行武装斗争和民主政权建设，不仅多次打退日伪军的围攻和“扫荡”，根据地也进一步向外延伸，到 1940 年 7 月，晋察冀边区已辖 75 个县政权。抗日根据地的巩固和发展，使得当地的人民群众有了靠山，八路军在华北坚持敌后抗战也有了一个坚强的后盾。毛泽东称赞：“晋察冀边区是华北抗战的堡垒。”

1938 年 1 月 11 日
《新华日报》创办

今天是 1 月 11 日，1938 年的今天，《新华日报》创办。

1938 年 1 月 11 日，作为中共中央长江局机关报，《新华日报》在武汉汉口府西一路 149 号正式创刊。

自创刊伊始至 1947 年 2 月 28 日在重庆被国民党禁封为止，《新华日报》共出版 3231 期，历时 9 年 1 个月零 18 天。它是中国共产党在国统区唯一的合法日报，也是民主革命时期创办时间最长的一份党报。

《新华日报》在抗战期间的 7 年零 7 个月的时间里，按报馆所在地，可大致分为武汉时期和重庆时期。武汉时期，《新华日报》自创刊号至 1938 年 10 月 24 日报馆撤离，共出版 287 期。

1938 年 10 月 25 日，武汉沦陷。当日第 287 期《新华日报》在武汉和重庆分别编印了内容不同的两份，最终由重庆报馆出版，从此开始了《新华日报》的重庆时期。

《新华日报》自创刊之日起，就不断揭露日寇暴行。1938 年 12 月 4 日揭露了日寇残暴地将中国儿童抓去抽血，待血抽尽后又残忍地弃尸江中的罪行。1941 年 6 月的重庆大隧道惨案，《新华日报》更作了连续十余天的报道。

对于中国军民英勇抗战的光辉业绩，《新华日报》更是不分国民党还是共产党，都进行了大篇幅的报道。如 1942 年 8 月 3 日，《新华日报》以《棋盘陀上的五个神兵》为题详细报道了 1941 年 9 月冀中狼牙山五壮士的英勇壮举。对 1939 年 12 月的昆仑关大捷，以及 1944 年 6 月至 8 月的衡阳保卫战，也都进行了突出的报道。

抗战进入相持阶段之后，国民党不断制造反共摩擦，《新华日报》积极向全国民众揭露国民党的反动行动。皖南事变爆发后，该报打破顽固派的新闻封锁，于 1941 年 1 月 18 日刊出了周恩来亲笔题词："为江南死国难者志哀"，"千古奇冤，江南一叶，同室操戈，相煎何急？"彻底揭露了皖南事变的实质。

在创刊宣言中，《新华日报》这样写道："本报愿将自己变成一切抗日的个人、集团团体、党派的共同喉舌；同时本报将无情地抨击一切有害抗日与企图分裂国内团结之敌探、汉奸及托派、匪徒之阴谋。”自创刊之日起至抗战胜利，《新华日报》始终践行此办报宗旨，几乎没有一天缺少抗战的内容，是一份真正的抗日报纸。

1942年1月12日
中共中央指示建立各根据地秘密交通

今天是1月12日，1942年的今天，中共中央书记处发出《关于建立各根据地秘密交通的指示》。

中国共产党领导的抗日根据地，广泛地发动、组织和武装群众，开展游击战争，组织抗日政权，牵制了侵华日军的大量兵力。人民战争的汪洋大海更是让日军陷入了孤立之境。为恢复和确保占领地区的治安，日军将目标转向中国共产党领导下的根据地。

1942年前后，日军调集重兵，对各根据地反复“扫荡”和“清剿”。为了彻底消灭敌后抗日武装，日军还对各根据地进行“囚笼”封锁，妄图切断各根据地之间的联系，再逐个消灭。面对敌人的进犯紧逼，如何加强各根据地之间的联系，成为各根据地生死存亡的关键。

1942年1月12日，中共中央书记处针对此种情况，发出了《关于建立各根据地秘密交通的指示》。要求各根据地迅速建立通过敌人封锁线的秘密交通线，并明确提出建立两条由延安到各根据地的主要秘密交通干线：“一是由晋西北之文水、交城到晋东南、冀鲁豫转山东、苏北到华中；一由原平线到晋察冀转冀中、平西及冀东。”

根据中共中央的指示，各根据地在敌占区建立大量秘密交通站、地下党组织。同时积极发动群众，争取上层爱国人士，掌握村政权，将敌人的“维持会”变成掩护地下交通的两面政权，建立起地下交通线的可靠掩护点。在基点村里，敌人采取任何手段都搞不到情报，交通线的工作人员却可以安全地住宿和来往。

1942 年 3 月，刘少奇奉命从华中前往延安。在各地方党组织和抗日武装的护送下，刘少奇沿着秘密交通线，经过山东、晋冀鲁豫、冀中、晋绥等敌后抗日根据地，行程 1500 多公里，穿过日军 100 多道封锁线，于 1942 年 12 月顺利到达延安。刘少奇的这次长途跋涉，充分体现出地下交通线是安全可靠的。

1942 年到 1945 年，各路地下交通线护送了大批往来延安与各根据地的部队干部、抗大学员以及国际友人，并运送了大量抗日根据地急需的物资。

秘密交通线的建立，保证了各根据地之间人员与物资、情报的往来。广大敌后抗日根据地通过秘密交通线连成一体，为争取抗战的胜利发挥了重要作用。

1938 年 1 月 13 日
毛泽东在陕北公学作报告

今天是 1 月 13 日，1938 年的今天，毛泽东在陕北公学作报告，阐述了中国抗日战争的战略问题，特别是游击战的作用。毛泽东说："中国的抗日战争，要以运动战为主，游击战、阵地战为辅。如此，则日寇休想灭亡中国。应该把游击战广泛地发展起来。因为日军占领了一个地方之后，我们不能正式进攻，但是可以在他占领的地面扰乱他，使他不安。八路军在晋北就是这么办，现在天天有胜利的消息。广灵城失而复得者三次，现在仍旧在我们手中。游击战争可以使敌人亡不了中国。"

全国抗战开始后，大批爱国青年从全国各地来到延安。一所抗大已不能满足需要，为了把这些青年培养成革命干部，中共中央决定创办一所新的学校，最后定名陕北公学。毛泽东在繁重的工作之余，时常到此给予指导。1937 年 10 月 19 日，毛泽东在陕北公学纪念鲁迅逝世一周年大会上讲话，指出陕北公学的主要任务就是培养抗日先锋队。10 月 23 日，他为陕北公学题词："要造就一大批人，这些人是革命的先锋队。这些人具有政治远见。这些人充满着斗争精神和牺牲精神。这些人是胸怀坦白的，忠诚的，积极的与正直的。这些人不谋私利，唯一的为着民族和社会的解放。这些人不怕困难，在困难面前总是坚定的，勇敢向前的。这些人不是狂妄分子，也不是风头主义者，而是脚踏实地富于实际精神的人们。中国要有一大群这样的先锋分子，中国革命的任务就能够顺利的解决。"1938 年 3 月 10 日，他再次题词："陕北公学是属于中华民族的，因为她为抗日救亡而设，因为她收纳了全国乃至海外华侨的优秀儿子。"

抗日战争时期，陕北公学先后培养出 1 万多名各方面的革命干部，为夺取抗战的最后胜利，作出了巨大的历史贡献。毛泽东曾高度评价说：“中国不会亡，因为有陕公。陕公代表着全中国的统一战线，是中国进步的一幅缩图。” 从 1938 年 6 月陕公分校成立到 1939 年 7 月，陕北公学与鲁迅艺术学院、安吴堡青年训练班、延安工人学校四校合并，成立华北联合大学，之后历经华北大学，成为今天的中国人民大学。

1938 年 1 月 14 日
周恩来听取豫鄂边区汇报

今天是 1 月 14 日，1938 年的今天，周恩来在武汉听取了豫鄂边区党组织的汇报，对华中敌后根据地的建设与发展，作出了重要指示。豫鄂边区对整个华中敌后根据地的发展，起到了表率作用。

河南南部与湖北东部，是有着光荣传统的革命老区，这里孕育了红四方面军、红二十五军等英雄的队伍。

全国抗战爆发后，周恩来积极主张在敌后恢复党组织，并创建抗日根据地。1937 年 9 月上旬，中共河南省委在开封正式成立，豫鄂边地区党组织得以恢复和重建。1938 年 1 月 14 日，周恩来在中共代表团和长江局联席会议上听取了河南省委林恺关于豫鄂边区工作的汇报，指示河南省委必须以豫鄂边区为中心开展工作，豫鄂边特委必须加强对该地武装的领导。

会后，周恩来还致电河南省委，指出竹沟是发展中原各根据地的依托。1938 年 5 月底，中共河南省委迁至河南省确山县竹沟镇。

竹沟，被称为“小延安”。中共六届六中全会后，刘少奇、李先念先后来到竹沟，通过举办培训班、编练教导队的形式，培养了大批党政军干部，新四军第2师、第4师、第5师的基本武装，都是从这里出发的。

1939年1月17日，李先念率部从竹沟出发挺进武汉外围，经过一年的发展，李先念部壮大为近万人的新四军豫鄂挺进纵队，并形成了包括豫南、鄂中、鄂东在内的豫鄂边区。

皖南事变后，豫鄂挺进纵队整编为新四军第5师，粉碎顽军制造的摩擦后，主力开展对敌斗争。1941年12月，三次攻打侏儒山，收复了武汉西郊的大片国土。1942年12月，粉碎日军第3师团、第40师团对大悟山根据地的14路“扫荡”。1943年2月，鄂西会战爆发，新四军第5师又挺进襄阳敌后，配合了友军的作战。

豫湘桂战役爆发后，第5师留主力坚守大悟山根据地，抗击日军的进犯，同时派出一部北上河南，开辟了纵横豫南、豫中七县的抗日新区。

抗战八年，新四军第5师对日伪军作战1000余次，歼灭日伪军5万余人，开辟了以大悟山为中心纵横千里的根据地，取得了新四军中发展武装最多，开辟根据地最大的骄人业绩。

1944年1月15日
野坂参三决定建立日本人民解放联盟

今天是1月15日，1944年的今天，野坂参三决定建立日本人民解放联盟。

在抗日战争中，中国各地相继成立了许多日本人反战团体。在1939年8月的梁山战斗中，我军俘虏日军200多人，在中国共产党的教育和感召下，日俘杉本一夫等人组成了觉醒联盟。这是华北地区第一个日本人反战团体。

1940年3月，日共驻共产国际代表野坂参三来到中国，协助中国共产党开展对敌工作。野坂参三到延安后，出于安全和保密考虑，化名林哲、冈野进。除少数中共领导人知道他的真实身份外，一般人只知道他是个来历不明的重要人物。

野坂参三积极从事对日俘的宣传教育和瓦解争取工作。1940年5月，野坂参三在延安成立在华日本人反战同盟延安支部。它的成立标志着敌后抗日根据地日本人反战同盟领导机构的成立。此后，敌后各抗日根据地很快建立了反战同盟的支部。反战同盟的主要任务是：高举反战旗帜，帮助中国军队争取日军官兵的投降和反战运动，教育和改造日本俘虏，学习反战理论和马列主义理论等。

1942年8月15至29日，为了建立抗日根据地各种反战组织的统一指挥中心，在华日本人反战同盟华北联合会成立，统一领导日本人反战运动。

在日本人反战同盟华北联合会的统一领导下，各根据地反战组织通过座谈、演话剧、编练舞蹈、开办学校等多种形式，对日俘进行反战教育，争取他们投入反战运动。该团体同时还协助八路军、新四军从事采集日军情报、教授日文、参加电讯和医疗等技术工作，成效显著。1943年8月，日本人反战同盟太岳支部举行成立1周年纪念大会时，太岳军区司令员陈赓亲自到场祝贺。

在华日本人反战同盟晋察冀支部成立1周年时，聂荣臻更是亲致贺词："共同奋斗，打倒日本军阀，消除战争，实现和平，建立中日两国人民真正的友善。"

1944年1月15日，野坂参三等人筹备成立吸纳日本各阶层参加的日本人民解放联盟。4月9日，日本人民解放联盟在延安正式宣告成立，取代在华日本人反战同盟展开对敌工作。

1945年8月日本宣布投降后，日本人民解放联盟全体盟员陆续回国。

1945年1月16日
晋察冀发起春季攻势

今天是1月16日，1945年的今天，晋察冀根据地军民对日寇发起了春季攻势作战。世界反法西斯战争到了1945年初，轴心国败亡已成定局。在中国战区，华北日军在抗日根据地军民的攻势下，逐渐收缩兵力，扩充、加强伪军，固守战略要点，准备作最后抵抗。晋察冀敌后抗日力量为收复失地、进一步打击日寇，发起了攻势作战。

在冀中，八路军为了扫除日伪军据点，从4月13日起，连续进行了任（丘）河（间）、文（安）新（镇）、安（平）饶（阳）战役，历时54天。连克任丘、河间、文安、新镇、饶阳、安平、武强、深泽等8座县城，毙伤俘日伪军3700余人。随后发起子牙河东战役，北起静海独流镇，南至献县的日伪军防线，被八路军一举攻克，收复献县、大城两县城，收复村镇272个。7月12日发起大清河北战役，克复交河城。

冀晋部队收复灵丘县城，切断日军大营至灵丘的封锁线后，于5月12日发起雁北战役，向盘踞在山阴、应县、浑源、广灵桑干河沿岸的日伪军展开进攻，历时53天，摧毁了日军的封锁线，越过平绥铁路，向北进至绥东丰镇、兴和地区。

1945年5月12日，八路军又发起察南战役，向张家口、阳高、宣化以南地区展开进攻，连克怀安、涞源两城。6月中旬，发起平北战役，向龙关、赤城、后城等据点进攻，攻占崇礼城，全歼伪满军1个营，迫其退至长城外。与此同时，为配合冀中军区大清河北战役，向房山、涿县、涞水、易县、满城外围据点展开广泛出击，一度攻入房山县城，打开了平西的局面。

冀热辽部队在粉碎日伪军的“大扫荡”之后，为夺取向东北发展的前进基地，于6月12日分3路北出长城，发起热辽战役，分别进至围场、赤峰、绥中附近地区，开辟了锦承公路南北广大地区。

整个晋察冀根据地发起的春季攻势，席卷雁北、察北、热河、辽西，逼近平、津、张等城市，八路军共作战2700余次，毙伤日伪军2.8万余人，拔除据点、碉堡790余处，收复县城15座，解放人口500余万，部队发展到11万余人，民兵发展到75万余人。

1939年1月17日
中共中央中原局派李先念率部挺进华中敌后

今天是1月17日，1939年的今天，中共中央中原局派李先念率部挺进华中，打开了华中敌后抗战的新局面。

中共六届六中全会后，新成立的中原局决定派遣精干人员挺进华中敌后。

李先念，湖北黄陂人，红四方面军重要领导人，历经鄂豫皖地区三次反“围剿”、四方面军长征、西路军远征等重大战役。丰富的革命履历及长期战斗在鄂豫皖的优势，使李先念成为挺进华中敌后的不二人选。

1939年1月17日，李先念带领160多人组成的新四军豫鄂独立游击大队，从中原局驻地确山竹沟出发，向武汉外围敌后挺进。1939年6月，李先念同鄂东地区党组织召开养马畈会议，决定整编豫南和鄂东党的武装，成立新四军鄂豫独立游击支队。

独立游击支队一经建立，就指挥所属4个团队深入鄂中、豫南、汉水和淮河两岸地区，开展机动灵活的游击战。1939年11月11日，国民党制造竹沟惨案，中共中央为打退国民党制造的反共高潮，撤销鄂豫皖、豫鄂、鄂中3个区党委，成立统一的豫鄂边区党委，并统一整编豫南、鄂中、鄂东3区武装为6个团队，建立新四军豫鄂挺进纵队。李先念任纵队司令员，朱理治为政治委员。

1940年1月，李先念指挥纵队主力，3次出击盘踞大小悟山的程汝怀部，沉重打击了国民党顽固派。皖南事变后，豫鄂挺进纵队整编为新四军第5师，李先念任师长兼政委。5师成立后，即以战斗姿态投入到抗日斗争中，进一步开辟直逼武汉的汉阳、孝感、黄陂游击区。1942年12月，日军以第3师团全部、第40

师团一部及伪军共万余人，分 14 路合击第 5 师机关所在地大小悟山，第 5 师趁敌尚在运动之际，迅速冲出包围圈，粉碎了敌人的“扫荡”。1943 年鄂西会战之际，第 5 师深入日军敌后，建立以洪湖为中心的襄南根据地，并以此为跳板，挺进洞庭湖与桃花山，开辟湘北敌后根据地。

1944 年，随着国民党军在豫湘桂战场的失利，新四军第 5 师派一部北上开辟河南新区，主力坚持大小悟山根据地，同敌顽军进行了激烈的斗争，直到抗战胜利。

李先念挺进华中后，开辟了以鄂东大悟山为中心的纵横千里的根据地，从敌寇手中收复国土 9 万余平方公里，为抗日战争的胜利作出了不可磨灭的贡献。

1938 年 1 月 18 日
国民政府发布维护主权声明

今天是 1 月 18 日，1938 年的今天，国民政府发布维护主权声明，表达抗日决心。

1937 年 10 月下旬，日本政府尝试对中国国民政府实施诱降政策。日本通过德国进行“调停”，劝说中国政府与日本谈判。11 月 5 日，德国驻华大使陶德曼奉命向中国转达日本提出的七项和谈条件，其中包括建立内蒙古自治政府、在华北建立非军事区等。国民政府几经磋商，未作答复。南京沦陷后，又追加了扩大华北、内蒙、华中的非武装地带，保证日本驻军等更苛刻的条件，并限期年内答复。国民政府没有作答。陶德曼调停宣告失败。

1938年1月16日，日本首相近卫文麿声明称国民政府如不接受日本的和平条件，日本将“不以国民政府为对手”，而另建“与日本提携之新政府”。史称“第一次近卫声明”。

1月18日，近卫文麿再度发表《补充声明》：强调所谓“不以国民政府为对手”，较之否认该政府更为强硬。

1月18日当天，国民政府立即回应：“全力维持主权与行政之完整，任何恢复和平方法，如不以此原则为基础，决非中国所能忍受。”日本在中国发表声明后即日撤回驻华大使，中国也于1月20日撤回驻日大使，自此，两国正式断绝外交关系。

贼心不死的近卫内阁，于当年11月3日发表第二次声明：如国民政府“坚持抗日容共政策，则帝国决不收兵，一直打到它崩溃为止”。一改第一次声明的“不以国民政府为对手”的方针，诱降蒋介石国民政府，参与东亚新秩序建设。12月22日，在发表的第三次声明中，近卫文麿又提出所谓“中日睦邻友好”、“共同防共”、“经济合作”三原则，妄图继续诱胁国民政府接受条件。但在全国风起云涌的抗战浪潮下，守土御侮已成为全国人民共同的呼声，国民政府自然不敢逆势而为。12月26日，蒋介石在国民党中央党部总理纪念周会上发表演说，题为《揭发敌国阴谋与阐明抗战国策》，痛斥近卫第三次对华声明。同日发表《驳斥近卫声明宣言》，日本对中国国民政府的诱降没有成功。

1942年1月19日
日军开始侵入缅甸

今天是1月19日，1942年的今天，日军轻取缅甸南部的战略要地土瓦，缅甸首都仰光危在旦夕。滇缅公路，这条中国西南唯一与外界相连的国际运输通道，也面临被切断的危险。

1938年开工的滇缅公路，与缅甸的中央铁路连接，直达仰光港，原本是为了抢运中国政府在国外购买和国际援助的战略物资而紧急修建。日本全面侵华后，对中国来说，获取战略物资异常重要，中国急需一条安全的国际运输通道。随着日军进占越南，滇越铁路中断，滇缅公路就成了中国西南唯一与外部世界联系的运输通道。

1942年2月5日，面对缅甸空前严重的时局，《新华日报》曾撰文："倘若日军侵入仰光，不仅缅甸全局撼动，不仅中国的国际重要交通孔道有切断之虞，而且印度也将深受唇亡齿寒之威胁。"

之前，深陷欧战的英国，面对日本的节节进逼，对自己在远东的殖民地早已鞭长莫及；而滇缅公路不保，中国对日作战也将陷入补给不足的劣势。基于共同的战略需要，中英双方几经协商，在1941年12月23日，签订了《中英共同防御滇缅路协定》，成立中英军事同盟。

1942年1月底，英国当局正式请求中国派兵入缅。2月14日，蒋介石电令杜聿明，要求按照第200师、第96师、新编第22师的顺序，向畹町集中，准备随时大举入缅。2月26日，日军逼近仰光，英方再次告援。3月1日，奉命协助英军固守仰光的戴安澜部第200师，作为先锋，第一批踏上缅甸。这是自甲午战争以来，中国军队第一次出国征战，将士们一个个士气高昂，雄心不已。

3月7日，戴安澜部抵达缅甸南部小城同古，此时，英军在日军的攻势下，完全丧失斗志，一路溃退，3月8日，仰光失陷，日军长驱直入。3月19日，日军开始对同古进行狂轰滥炸，戴安澜指挥第200师奋勇抵抗来犯之敌，中国远征军入缅后第一次战斗——同古防御战正式打响。

1939年1月20日
毛泽东为《论持久战》英译本写序

今天是1月20日，1939年的今天，毛泽东为《论持久战》英译本写序。

毛泽东在《八路军军政杂志》第二期上刊载的文章——《抗战与外援的关系》，正是1939年1月20日为《论持久战》英译本所写的序言。毛泽东在文中，不仅阐明了中国抗战与世界抗战的关系，更向世界重申了“经过艰难路程日本必败中国必胜这个必然规律”。

1937年7月，全国抗战爆发前后，对于这场战争的进程及前途，国内曾出现过“亡国论”和“速胜论”两种观点。前者认为中国武器不如人，战必败，再战必亡。后者认为只要打三个月，形势一定发生变化。到时候国际干预，苏联出兵，战争就可结束。可是，到 1938 年 5 月，全国抗战 10 个月的经验证明，这两种观点都是错误的。

每一个为中华民族生存而奋斗的中国人，都在渴望着最终的胜利。然而，抗日战争的进程究竟会怎样？多数人心中仍充满迷茫。

为了驳斥“亡国论”和“速胜论”的错误观点，拨开人们思想上的迷雾，毛泽东于 1938 年 5 月在延安的窑洞里，废寝忘食地撰写了《论持久战》一文。

1938 年 5 月 26 日至 6 月 3 日，毛泽东在延安抗日战争研究会，连续作了“论持久战”的长篇演讲。不久，这篇演讲在延安、武汉等地被陆续出版发行。

毛泽东在演讲中指出：日本虽是一个帝国主义强国，但人力、军力、财力、物力均感缺乏，经不起长期的战争，加之战争的非正义性，必然失道寡助。中国虽然是半殖民地半封建的弱国，但处于进步的时代，有共产党及其军队作为团结抗战的核心，加之地大物博、人多兵多，以及战争的正义性，必能得到全民的支持和国际上的援助。

毛泽东认为这场战争会分为三个阶段。第一阶段，是敌之战略进攻，我之战略防御阶段；第二阶段，是敌之战略保守，我之准备反攻阶段，即战略相持阶段；第三阶段，是我之战略反攻，敌之战略退却阶段。

敌强我弱，敌小我大，敌退步我进步，敌寡助我多助，这些特点注定了战争的持久性和中国的最终胜利。

毛泽东还鲜明地提出了“兵民是胜利之本”的人民战争思想，指出“战争的伟力之最深厚的根基，存在于民众之中”。

《论持久战》虽然全文只有5万余字，但为中国抗战指明了方向，坚定了中国人民与日本侵略者斗争的信心。

1945年1月21日
八路军发起道清战役

今天是1月21日，1945年的今天，八路军向日寇发起了道清战役。

自道口延至清化铁路两侧地区，是连接太行、豫西根据地的要道。这里盘踞着日军第117师团、伪兴亚巡抚军、伪第5方面军独立第14旅及国民党豫北保安司令张敬忠等部。1945年初，在毛泽东“扩大解放区，缩小沦陷区”的号召下，党中央决定打通太行、豫西两地联系，遂令八路军太行军区以第7、第8军分区和平原分局党校警卫团等部发动道清战役，以消灭该铁路沿线两侧之日、伪军。

1945年1月21日夜，我第7、第8军分区部队自九里山等地南下，奔袭小董、宁郭之伪军，激战至次日晨，相继攻克两据点。随后部队主力会同警卫团及地方武装进攻道清路以南、平汉路以西、沁阳以东地区日伪军。战至31日，先后攻克武阁寨、程封、徐营镇等日伪军据点16处。此时，日军以第117师团第390大队分别由沁阳、博爱、焦作等处出动，分3路来攻大油村、樊庄一带。

八路军设伏3个团于樊庄地区，待日军入彀，伏兵四起，全歼日军1个中队，仅大队长只身逃回。其余各路日军遭阻击后，纷纷撤回。至此，战役第一阶段结束，道清铁路南面伪军据点悉数廓清。

2月20日，太行军区出兵3个团突袭驻五里源的伪军独立第14旅旅部。战至黄昏，攻入寨内，歼伪军一部。尔后，我军乘胜北上，连拔赵固、峪河、百泉等据点，收复除辉县县城以外的全部地区。至此，战役第二阶段结束，道清铁路以北日伪军据点全部扫灭。

日军连败数阵，便收缩兵力，增强修武、获嘉、辉县等城兵力，而新乡、郑县、开封之间守备空虚。我军乘机挺进原武、阳武地区。3月22日夜，第7军分区主力在武工队的配合下，突袭原武外围之王村、盐店、葛庄等据点，伪保安大队300余人反正。日伪军撤回原武城内，我军在10天内攻克据点7处，歼灭日伪军600余人，扫清外围，控制了除原武、阳武县城以外的大片地区。与此同时，第8军分区主力一部南渡沁河，向温县、孟县地区挺进，战果颇丰。至4月1日，战役胜利结束。

道清战役，前后70余天，毙伤日伪军2500余人，解放人口75万，扩大解放区2000余平方公里，建立了获嘉、武陟、修武等4个县抗日民主政权。

1938年1月22日
八路军115师在平山温塘袭击日军

今天是1月22日，1938年的今天，八路军115师在平山温塘袭击日军。

1937年9月25日，八路军115师在平型关附近伏击日军，毙伤日军1000余人，取得了抗日战争开始后中国军队对日作战的第一场胜利。

八路军平型关告捷，引起了日军华北方面军司令寺内寿一对太行山区八路军的注意。为了解除威胁，敌人加强了对抗日根据地的“扫荡”。

1938年1月22日，日军第5师团21联队1000余人由平山县向温塘进军，企图汇合井陉日军，对八路军根据地进行“扫荡”。收到这一情报后，115师344旅和晋察冀军区第4、第5支队奉命提前做好准备，在敌人的必经之路设伏，准备进一步打击日军的嚣张气焰。

115师688团是此次伏击战的主力，团长陈锦秀是平型关战役参战指挥员之一。他将指挥所设在一个高地的丛林内，命令部队在平山温塘镇辛庄至南红岸寨之间占据有利地形。上午10时，侦察小分队报告，日军主力已经进入伏击圈。陈锦秀团长随即下达攻击命令。命令一下，大道两旁各种武器全部开火。在我军的猛烈攻击下，日军损失惨重，只能坚守待援。在被围日军即将被全歼之际，增援日军突破我军阻援部队阵地，抵达伏击现场。

得到支援后的日军利用武器装备的优势，对我军阵地开始反击。我伏击部队利用有利地形，打退日军多次反扑。激战中，日军炮弹击中688团团部指挥所，团长陈锦秀、1营长刘国清和其他5位战士壮烈牺牲。

此战持续了5个多小时，敌我双方投入兵力共约6000人，我军共牺牲300多人，毙伤日军近千人。战斗结束后，遭到沉重打击的日军恼羞成怒，纠集援敌对辛庄村进行了疯狂的大屠杀。他们用机枪扫射，刺刀穿胸，烈火焚烧，杀得尸横血流。有的孕妇被奸，刀劈身死，未出生的婴儿随母而亡。有的一家惨死数口，有的灭门绝户。日军共杀害手无寸铁的群众108人，打伤33人，烧毁房屋193间，制造了震惊晋察冀边区的“辛庄惨案”，欠下了中国人民又一笔血债！

1938年1月23日
国际反侵略运动大会中国分会成立

今天是1月23日，1938年的今天，国际反侵略运动大会中国分会在汉口成立。

1929年底，随着全球性经济危机的爆发，世界局势骤变，法西斯势力的兴起，让各国政治环境日趋恶劣。到1935年底，在欧洲，德意法西斯已经迈出了向外扩张的步伐。在亚洲，继侵略中国东三省后，日本又开始向华北地区扩张。但负有维护世界和平之责的国联，根本无力承担相应义务。在此情形之下，1936年9月3日，西欧各国爱好和平的人士，在比利时首都布鲁塞尔成立国际反侵略运动大会。

此后，国际反侵略运动大会陆续派人赴各国宣传成立分会。经征得中国朝野的一致认同，马相伯、邹韬奋等发起筹备，于1938年1月23日在汉口正式建立了国际反侵略运动大会中国分会。

这一分会的成立，表明中国人民对国际反侵略运动的积极参加和热情支持，也表明了中国人民反对日本侵略中国的鲜明立场和严正态度。

抗日战争时期，该组织对外开展了一系列的民间外交活动，不仅积极宣传中国抗战，更勇敢揭露日军不顾国际法，使用毒气等反人类罪行。1938 年 2 月 11 日，国际反侵略运动大会在伦敦召开大会，刚成立不到一个月的中国分会随即派代表参加会议。中国分会提出："请求决议，各国民众团体举行'中国周'，尽量揭露日本侵华罪状，实行抵制日货，以为我国抗战声援。"中国代表还提出：全世界应保证军需用品到达中国而不运至日本，号召各国人民向中国伸出援助之手。

这种半官方的民间团体所积极从事的民间外交活动，进一步在国际上扩大了中国人民顽强抵抗日本侵略的正义声音。在抗战时期，成为中国政府官方外交的有力支援，对战时外交的顺利开展作出了巨大的贡献。半官方团体的民间外交活动，使国外民众进一步了解了中国抗战的实情，促进了各国声援中国的抗日战争，谴责日本的侵华罪行，为抗日战争的最终胜利争取了有利的国际环境。

1941 年 1 月 24 日
豫南会战开始

今天是 1 月 24 日，1941 年的今天，豫南会战开始。

1941 年 1 月，日军为歼灭驻防豫南的第五战区汤恩伯集团军主力，集结第 3、第 17、第 40 师团主力及第 4、第 13、第 39、第 34、第 15、第 21 师团各一部，从信阳兵分三路沿平汉线及其两侧北犯，向豫南驻军发起进攻。

面对敌寇的进逼，第五战区守军决定采取避免正面决战，主力机动转移的方针。以一部沿平汉路抵抗，主力预伏于日军进犯的两侧，待机击其侧背。

1941 年 1 月 24 日夜，日军第 3 师团向信阳北侧我守军阵地进袭，遭刘汝明第六十八军顽强抵抗，日军向泌阳以北突进的计划未能实现。

1 月 25 日，日军主力由信阳、罗山沿平汉铁路两侧，分三路向遂平、舞阳、上蔡地区进攻。第五战区军队以一部于正面节节抵抗，牵制日军主力，一部向敌后截断其交通，以主力由外翼侧击而击破日军的进攻。1 月 26—27 日，日军各路分别进至泌阳、高邑、确山、邢店、沙河店、驻马店和汝南等地。

汤恩伯第三十一集团军以李楚瀛第八十五军由临泉向上蔡附近机动，张雪中第十三军由舞阳向象河关附近逼近。孙连仲第二集团军以刘汝明第六十八军向象河关以南的日军尾击。冯治安第三十三集团军以曹福林第五十五军由南阳向唐河方向前进。

29 日，左翼日军第 3 师团在尚店、小史店附近遭我军猛烈攻击，右翼日军第 40 师团在上蔡、汝南间遭我军侧击，日军均遭损失。

30 日，日军第 7 师团向上蔡增援第 3 师团，并以主力向舞阳迂回，企图与第 3 师团会合，夹击张雪中的第十三军。但该部已向叶县转移，敌人夹击未能得逞。

此时，日军后方交通线受到我军袭扰，弹药所剩无几，随即开始撤退。在撤退途中，日军于2月4日攻陷南阳，企图与由舞阳经象河关南返部队共同夹击唐河、泌阳地区我守军，但均未得逞。2月7日，在我军的打击下，日军各路均败退信阳地区，豫南会战结束。此役激战10余日，共毙伤敌9000余人。

豫南会战的胜利大大增加了中国人民抗日战争的信心，有力地打击了侵华日军的嚣张气焰！

1941年1月25日
日军制造潘家峪惨案

今天是1月25日，1941年的今天，日本侵略军在河北潘家峪制造了一起屠杀中国平民的惨案。

潘家峪是现在河北省唐山市丰润县腰带山中的一个山村。全国抗战开始以后，在中国共产党的领导下，八路军挺进敌后，广泛开展人民战争，建立抗日根据地。作为抗日堡垒村的潘家峪，成为冀东抗日根据地的中枢。也正因为此，1941年1月，日本驻唐山部队指挥官召集丰润日本顾问佐佐木二郎以及遵化、玉田、滦县、迁安、卢龙、抚宁等县的日伪人员，勾结地方反动地主策划血洗该村。

1941年1月25日，日本侵略者集中了几个县的数千名日军和千余伪军，把潘家峪团团包围起来。清晨，潘家峪四周的山上布满了站岗的伪军，而日军则全部扑进了村子里，这些全副武装的日本兵用枪托、刺刀把人们全部驱赶到位于村中心的西坑，他们先从人群中挑出年轻貌俊的妇女30多人，带到白薯窖里进行轮奸，发泄完兽性后又放火烧死了窑里的妇女。之后，鬼子用利刀把集合在西坑的村民赶进早已铺满柴草和煤油的院子。日本兵先点燃了西跨院的寨子，紧接着全院的大火燃烧起来，他们在院墙四周，向人们开枪、扔手榴弹。随着一声声爆炸巨响，这里顿时成为一片人间炼狱。鬼子还把留在院外的孩子一个个往火里扔，烈焰中发出一阵阵惨叫和对鬼子的痛骂。潘家大院的屠杀过后，鬼子又到村里去搜索，十几个负伤的老头和老太太被搜索了出来，他们跪下来哀求，但都被鬼子砍死了。杀完了全村的人以后，鬼子又在村里到处纵火，把全村的房屋全部烧光。

经过敌人的洗劫，潘家峪全村被杀1000余人，其中儿童445名，妇女215名。全村有23户被杀绝，86人受伤，财物被抢劫一空，1235间房屋遭敌人烧毁。

惨案发生的第二天，冀东军分区党政领导率领12团的官兵来到潘家峪，带来大批粮食、衣服、药品，挨家挨户地慰问、安抚，当时就有12名幸存的当地青年，为报国仇家恨，参加了八路军。随后，在八路军冀东军分区12团和复仇团的一次伏击战中，惨案的直接策划者——驻丰润日军指挥官佐佐木二郎被击毙。

1938年1月26日
淮河防御战开始

今天是1月26日，1938年的今天，淮河防御战开始。

1937 年 12 月 13 日，日军侵占南京后，侵略气焰更为嚣张。从 1937 年 12 月中旬起，侵略华东的日军第 13 师团，北渡长江，进至安徽池河东岸的藕塘、明光一线；侵略华北的日军第 5 师团、第 10 师团分别沿胶济铁路西进和沿津浦铁路南下。为了迅速实现灭亡中国的侵略计划，连贯南北战场，日军决心以南京、济南为基地，从南北两端沿津浦铁路夹击徐州。

1938 年 1 月中旬，中国军队陆续开始淮河防御战。刘士毅所部第三十一军沿津浦路抵抗进攻徐州的日军。1 月 19 日明光失陷。1 月 30 日，池河失陷。1 月 31 日驻守蚌埠的第 167 师撤往淮河北岸，为阻止日军北犯，在夜间炸毁了淮河铁桥。

1938 年 2 月，日本大本营先后调集 8 个师团、3 个旅团、2 个支队约 24 万人，分别由华中派遣军司令官畑俊六和华北方面军司令官寺内寿一指挥，实行南北对进，夹击徐州。国民政府军事委员会鉴于徐州及中原战场的安危，先后调集 64 个师另 3 个旅 60 万人，由第五战区司令长官李宗仁指挥，在以徐州为中心的广阔地域上，同日本侵略军展开了一场大规模的会战。

1938 年 2 月 9 至 10 日，日军第 13 师团主力在蚌埠、临淮关强渡淮河，向北岸发起进攻。于学忠所率第五十一军与日军展开激战，伤亡甚重。2 月 13 日第五十九军军长张自忠率部驰援，进至固镇地区，协同第五十一军顽强抗击日军。与此同时，在淮河南岸，廖磊率第二十一集团军分两路出击津浦路南段。周祖晃率第七军由定远经红心铺进击铁路线，协同第三十一军迂回攻击定远日军侧后，迫使日军第 13 师团主力回援，中国军队乘势反攻。第二十一集团军以韦云淞率第四十八军固守炉桥、洛河一线并协同第三十一军进攻刘府、考城、蚌埠日军。激战之后，中国军队歼灭日军1000余人，击毁装甲车10余辆，一度收复凤阳、考城，迫使已经到达淮河北岸的日军大部分退回南岸。

至3月初，中国军队恢复淮河以北全部阵地。中日双方隔河对峙。

1945年1月27日
中国军队芒友会师

今天是1月27日，1945年的今天，中国远征军与中国驻印军在中国云南畹町附近的芒友胜利会师。

缅甸地处中南半岛西北部，它的北部和东北部与中国的西藏、云南相邻，西部和西北部与印度连接，战略地位重要。太平洋战争爆发后，为夺取该地，日军动用4个师团约10万兵力，剑锋直指缅甸。

1942年2月，中国远征军开始第一次入缅作战，至5月中，中英联军撤离缅甸，历时近半年，转战1500余公里，浴血奋战，屡挫敌锋，使日军遭到太平洋战争以来少有的沉重打击。但是，中国远征军未能挽回缅甸防御战的颓势，一部远征军翻越野人山，退入云南；另一部远征军退入印度。缅甸沦陷后，中、英、美三方积极部署反攻，在云南重新编组中国远征军，准备收复滇西。退入印度的远征军编为中国驻印军，负责缅北反攻。

1943年10月，中国驻印军首先正式开始缅北反攻作战。在中国驻印军凌厉的攻势下，日军各部节节败退，中国驻印军迅速向南推进。于1944年3月肃清了胡康河谷的日军，打开了通向孟拱河谷的门户。1944年6月，中国军队攻占孟拱城，8月攻克密支那，将日军大部歼灭。10月中旬，中国驻印军展开第二阶段作战，取得围攻八莫与南坎作战的胜利，日军死伤惨重，仓皇溃退。

中国远征军于1944年5月11日，发起滇西反攻作战，渡过怒江，沿滇缅公路南下。日军沿滇缅公路沿线的腾冲、龙陵、畹町等地，构筑坚固工事，凭险固守，阻击中国远征军反攻。1944年9月14日，经过激烈的攻坚战，中国远征军将腾冲日军全部歼灭，并于11月6日，攻克龙陵。至此，滇西日军大部分被歼灭，其溃退之部亦如惊弓之鸟。此后，我远征军继续向畹町、芒友追击。

1945年1月27日，中国远征军与中国驻印军在畹町附近的芒友胜利会师。至此，中国西南国际补给线中印公路完全打通。随后，中国驻印军继续南下寻歼日军，先后占领了新维、腊戌、昔卜等地，并于3月30日与英军会师乔梅。至此，中国驻印军胜利完成了反攻缅北的作战任务，不久，相继回国。

1932年1月28日
一·二八淞沪抗战爆发

今天是1月28日，1932年的今天，一·二八淞沪抗战爆发。

为转移欧美各国对日本侵略中国东北、炮制伪满洲国的注意力，迫使国民党政府承认其占领东北的既成事实，日本侵略者决定在上海发动进攻。1932 年 1 月 18 日，日僧天崎启升等 5 人向位于上海的三友实业社工人义勇军投石挑衅，引起冲突。事后，日方声称有一人死于日本医院。

日本驻上海总领事馆推波助澜，向上海市政府提出道歉、惩凶、赔偿、解散抗日团体等四项无理要求。1 月 27 日，日本驻上海总领事向上海市长吴铁城发出最后通牒，限定 1 月 28 日 18 时以前给予满意答复，否则将采取必要的行动。

1 月 28 日，虽然上海市市长吴铁城表示完全接受日方的四项无理要求，日本海军陆战队仍分三路突袭闸北，攻占天通庵车站和上海火车北站。驻沪第十九路军在总指挥蒋光鼐、军长蔡廷锴指挥下，奋起抵抗，一•二八淞沪抗战爆发。防守闸北的第 156 旅，同日军展开机动灵活的巷战，经过近一周的战斗，粉碎了日军的第一次总攻。2 月中旬，日军仍未能越过蕴藻浜一线，日军的第二次总攻又被粉碎。

在发起新的攻势之前，中国军队阵地突然出现了一支德式装备的精锐部队。这便是张治中将军主动请缨，编组由 87、88 两师及中央陆军军官学校教导总队而成的第五军。

2 月 20 日，日军发起第三次总攻，庙行激战开始。十九路军沉着应战，经过 6 昼夜激战，毙伤敌 3000 余人，从而粉碎了日军的第三次总攻。庙行一役，日军震动，第三次更换主帅。2 月底，上海日军总兵力已增至 9 万人，军舰 80 艘，飞机约 300 架，而中国守军经一月苦战，总兵力仅有 4 万余人，且装备落后，防线过长。3 月 1 日，日军发动第四次总攻，第十九路军与第五军孤立无援，撤至太仓、嘉定一线。3 月 2 日，日军占领上海，战事结束。

淞沪抗战鏖战30余日，迫使日军三度增兵，四易统帅，打破了日本帝国主义速战速决的企图。5月5日，在英、美等列强干预下，日本与国民政府在上海签订了不平等的《上海停战协定》，中国军队失去了在淞沪地区的驻军权。时人评价国民政府“先以不援沪而误国，今复屈辱签约而丧权”。

1945年1月29日 日军下达攻占老河口作战命令

今天是1月29日，1945年的今天，驻南京的日本中国派遣军总部下达了攻占老河口的作战命令。

老河口位于湖北省西北部，处于第一战区和第五战区的接合部。在老河口百花山西麓的老河口机场，是中美空军混合联队第三大队的前沿基地。自1945年初，中美空军混合联队第三大队以老河口机场为基地，不断对上海、南京、武汉的日军目标和平汉铁路进行大规模战略性轰炸，沉重打击了日军的物资运输系统。

1945年3月，日军为了解除老河口机场的威胁，调动第39师团、110师团、115师团、战车第3师团、骑兵第4旅团等3万多兵力和100多辆坦克，从舞阳、驻马店一线向老河口发起进攻，于3月26日夜到达老河口境内。

与此同时，时任第五战区司令长官刘峙命令125师固守老河口。125师师长汪匣锋率领375团驻守城区，副师长陈士俊率373团布防在光化县城至马窟山等前哨阵地。

3月27日凌晨4点，日军2个联队在光化县城至牛头山一线与373团发生激战。上午，日军骑炮四联队赶到，以炮火掩护进攻。373团因兵力分散，光化县城失守，守军退入老河口城内。

3月31日晨，日军发动全面攻击。先用炮火猛烈轰击老河口城北门，然后用战车分路掩护步兵攻入城内。中国守军英勇反击，展开巷战，又大力封锁突破口，调动所有机动兵力，在房顶、门窗、地面工事，构成立体火力网。从清晨战至黄昏，冲进城的日军被消灭700多人。此后7天，双方在老河口城内展开激烈的巷战。

4月8日晨，日军115师团师团长杉浦英吉亲自督阵，指挥步、炮、坦克协同进攻。下午1时，日军开始总攻，全线展开激战。中国守军顽强抵抗，让日军付出了沉重代价。当天中国守军奉命撤退，老河口城区、机场失守。历时13天的老河口保卫战，中国军队毙伤日军1600余人。

日军攻占老河口之后，对未逃走的市民进行了血腥的屠杀和报复。4月8日至19日，日军搜城，逢人便杀，仅在明家山韩坡一带就用刺刀杀死329人。日军对未逃脱的妇女，不论老幼，肆意轮奸，有老人因痛斥日军奸淫妇女，被割掉唇舌，敲掉牙齿，开膛破肚。老河口城内外腥风血雨，火光冲天，民众死4300余人，伤1700余人。商号店铺、民众财产被大肆抢掠，数量无法计算。

1932年1月30日
李杜发表抗日讨逆通电

今天是1月30日，1932年的今天，吉林自卫军总司令李杜发表抗日讨逆通电。

李杜，字植初，辽宁省义县西关小地块人，东北讲武堂毕业。1926年初，李杜转任东北陆军第9旅旅长兼依兰镇守使。1931年5月，东北边防军改编为全国统一番号，李杜任陆军独立第24旅旅长。

九一八事变爆发后，原吉林军署参谋长熙洽投降日军。消息传到依兰，李杜义愤填膺，立即以该地镇守使名义向所辖各县发出通电，痛斥熙洽的卖国行径，呼吁各县军民团结起来，一致对敌。

为了做好迎击日本侵略军的准备，他下令驻扎松花江下游的各部集结到依兰附近整备训练；并派人整顿下江十三县的地方武装，设立自卫团督办处，组织民团以配合正规军队作战；同时积极积蓄军事物资、弹药、粮草，登记民枪，以备战时之需。

1932年1月，日军驱使熙洽派吉林省“剿匪”军司令于琛澄，率领部队进逼哈尔滨，伪东省特别区行政长官张景惠暗中勾结日军，伺机投降，哈尔滨岌岌可危。李杜见状后，毅然率领主力西进，于1月26日抵达哈尔滨，随即联络部分爱国将领组织吉林自卫军，李杜任总司令。1932年2月3日，日军重兵逼近哈尔滨。为保卫哈尔滨，李杜亲临前线指挥，战斗持续到2月5日凌晨，在日军强攻之下，自卫军损失严重，防地相继失守。见无力挽救残局，李杜率部于2月5日撤离哈尔滨，退至依兰。

1932年7月，李杜被国民政府委任为东北边防军驻吉林副司令长官，便立即召集吉、黑各地的抗日武装力量首领，组建抗日联合军，队伍迅速发展到四五万人，近10个旅。1932年11月，日军调集3个师团向抗日联合军猛攻。抗日联合军浴血奋战，最终未能扭转敌强我弱之态势。

1933年1月，李杜率部由虎林渡乌苏里江退入苏联境域。1933年7月，李杜借道欧洲回国。1934年4月，他参加了由宋庆龄组织的抗日救亡运动。抗战胜利后，李杜又在重庆投身于反对蒋介石独裁统治的爱国民主运动。解放后，李杜被推选为全国政协委员。1956年8月，他因病逝世于重庆。

1944年1月31日
中共中央发布关于建立东江抗日政权的指示

今天是1月31日，1944年的今天，中共中央书记处发出关于东江游击区建立抗日民主政权问题指示，要求东江游击区的人民政权必须坚持三三制，注意团结党外人士。

1942年1月，中共中央将华南抗日武装整编为广东人民抗日游击总队，由梁鸿钧任总队长，尹林平任政治委员；1943年12月2日，又改编为广东人民抗日游击队东江纵队，曾生任司令员，尹林平任政治委员。

东江纵队发展过程中，始终坚持对敌机动灵活的作战特点。1938年底，东江纵队的前身惠宝人民抗日游击总队打破南头至深圳间公路，收复宝安县城南头镇。此役是抗战爆发后，广东地区中国军队第一次收复县城。1939年后，东江纵队数次击退日伪军的轮番进攻，巩固了以淡水为中心的根据地。

1941年12月8日，太平洋战争爆发后，东江纵队积极配合英军开展香港保卫战，切断日军运输线，潜入香港市区骚扰敌人，消灭沙田第八号地窟警卫队，处决汉奸特务头子陆通译，活捉日军南支派遣队高级特务头子东条正之，打出了声威。日军严密封锁香港后，东江纵队继而展开对在香港文化人的营救，总计达数千人。茅盾称这场营救为“抗战以来最伟大的营救”。香港沦陷后，东江纵队保护了许多盟国友人。1944年2月，东江纵队港九大队成功救出被包围的美军飞行员克尔中尉，为中国军队赢得了国际声誉。

华南物产丰富，因此，打击日军对华南的掠夺，切断日军运输线，成为东江纵队重要的作战内容。1944年初，东江纵队出击广九铁路，袭击横沥车站，突袭九龙市区，并炸毁铁路桥，使广九铁路陷入瘫痪。陆上运输线受到东江纵队的严重威胁后，日军选择海上运输。东江纵队便组建护航大队与海上游击队，破坏日军海上运输线，海上游击队控制了数百里的海岸线。自1944年到抗战胜利，海上游击队共俘获日军运输船20多艘，有力地震慑了华南日军。

八年全国抗战中，东江纵队开辟了东至惠阳，西至三水，北达广州，南临大海，面积达6万平方公里的抗日根据地，使香港、广州两大城市处于根据地的包围之中，为抗日战争的胜利作出了重要贡献。

二月

1940年2月1日

延安举行讨汪大会

今天是2月1日，1940年的今天，延安的3万多名群众，参加了一场声势浩大的讨汪大会，声讨汪精卫出卖民族利益，叛国投敌的汉奸行径。

1937年7月7日，日军制造卢沟桥事变，发动了全面侵华战争。日本军官向井敏明和野田毅展开“百人斩”杀人比赛，日本《东京日日新闻》还对此做了连续报道。

这样的暴行在沦陷区比比皆是。日本侵略者实施“三光”政策、细菌战、毒气战、强征慰安妇等令人发指的暴行，使成千上万的中国百姓流离失所，家破人亡。

但是汪精卫集团到处散布抗战必败的妥协投降观点。1938年11月，日、汪双方代表就汪精卫集团脱离国民政府，另组伪政权等问题达成协议。同年12月中旬，汪精卫等人分别逃往越南河内。12月29日，汪精卫发表了致国民党中央和平建议的电报，又称“艳电”。1939年12月30日，汪精卫集团与日本政府秘密签订《日支新关系调整要纲》及《秘密谅解协议》。通过对中国主权的大出卖，汪精卫集团取得了日本对其傀儡地位的最后认可。

事情被揭露后，举国上下迅速掀起大规模声讨汪精卫叛国集团的运动。时任国民参政会参政员的爱国华侨陈嘉庚，提出《敌未出国土前言和即汉奸》的提案；重庆人民集资铸造了“汪逆夫妇跪像抗战阵亡将士纪念碑”，以表达和汪精卫叛国集团势不两立的决心。

1940年1月28日，中共中央发出由毛泽东起草的《克服投降危险，力争时局好转》的党内指示。全国各地群众纷纷响应号召，举行民众大会，掀起全国反投降、反汉奸的热潮。

2月1日，反汪大会在延安召开，3万多名群众参加了这次活动。会上，大家对汪精卫叛国集团出卖国家利益、分裂国家领土等行为，进行了强烈的谴责，并一致通过了毛泽东为大会起草的声讨汪精卫的通电。

全国各界声讨汪精卫叛国投敌的斗争，体现了中国人民不惜以鲜血和生命为代价，也要坚持抗战，夺取最后胜利的决心！

1942年2月2日
史迪威任中国战区参谋长

今天是2月2日，1942年的今天，史迪威出任中国战区参谋长。

1941年12月8日，日军偷袭珍珠港。同时，由寺内寿一指挥的日军南方军40余万人分兵数路进攻东南亚美国海军基地和香港。太平洋战争全面爆发。

1942年1月，中、美、英、苏等26国签署《联合国家宣言》。中国获得国际四强之一的地位。罗斯福与丘吉尔等同盟国首脑商议成立中国战区，拟请蒋介石担任最高统帅。

蒋介石复电表示“义不容辞，敬谨接受”，并请罗斯福总统遴选一高级将领为中国战区参谋长。1942年1月3日，蒋介石任中国战区的最高统帅。2月2日，美国陆军部任命史迪威中将为中国战区参谋长，指示他帮助中国陆军提高战斗效能。这就将中国战场的抗战与美国的远东战略联系在一起，密切了中国战场与太平洋战场的关系。中国战区包括中国全境、越南和泰国。

3月8日，蒋介石正式任命史迪威为中国战区参谋长。中国战区正式成立。中美联合抗日由此开始。

3月11日，史迪威赴缅甸，指挥入缅作战的中国远征军对日作战。

1942年5月下旬，由于接连遭受挫折，中国远征军被迫从缅甸撤退。在史迪威将军的努力下，美国决定出资出装备，在印度兰姆伽设立中国军队训练营，将退入印度的中国军队整训为中国驻印军，史迪威为总指挥。

整训之后的驻印军战斗力大大增强，在1944年的缅北大反攻中打得日军节节溃败。

由于在指挥权、战略、战术等方面存在着分歧，蒋介石与史迪威之间的矛盾日益加剧。在蒋介石的不断施压下，罗斯福决定召回史迪威，以魏德迈取代史迪威在中国战区的各项职务。1944年10月21日，史迪威离开重庆回国。

史迪威虽然回国了，但中美联合抗日的局面并没有受到影响。除了继续帮助在兰姆伽整训中国军队外，美国政府还向国民政府提供了大量借款和物资援助。美国援华空军帮助开辟的驼峰航线，更是保障了中国的国际物资运输。这一切，对于世界反法西斯战争的最终胜利发挥了巨大作用。

1942年2月3日
太行太岳晋西北开展反“扫荡”作战

今天是2月3日，1942年的今天，日军开始对我太行、太岳及晋西北抗日根据地展开疯狂的“扫荡”。我八路军第129师和第120师，进行了一系列反 “扫荡”作战 ，有力地打击了敌人。

1941年12月8日太平洋战争爆发后，日军为巩固其占领区，使之成为“大东亚战争兵站基地”，华北方面军依照1942年度《治安肃正建设计划大纲》，重点向晋察冀边区冀东、冀中地区和晋冀鲁豫边区太行、太岳地区进行大规模的毁灭性“扫荡”。

1942年2月3日，日军以7000及1.2万余人的兵力，分别扫荡太岳、太行两区，日军采取所谓捕捉奇袭、铁壁合围、纵横“扫荡”、辗转清剿、反转电击、夜行晓袭等战术，企图消灭八路军总部及129师领导机关，摧毁抗日根据地。八路军第129师师长刘伯承、政治委员邓小平根据八路军总部、中共中央北方局指示，参考日军动向，积极部署根据地的反“扫荡”作战。 第129师一部在内线打击清剿之敌，主力乘隙转入外线，袭击敌占据点，追敌回援，内外结合打击敌人。经30余天艰苦战斗，共歼灭日伪军3000余人。

在晋西北，日军第一军一部9000余人分路进犯晋西北抗日根据地中心区的兴县、保德，在根据地内进行“梳篦扫荡”和“辗转清剿”。驻守晋西北根据地的八路军第120师，在师长贺龙的带领下，与根据地抗日百姓密切配合，打击敌寇，经一个月艰苦战斗，迫敌于1942年3月初退回原据点。5月14日，日军一个大队及部分伪军再次奔袭兴县。晋西北军民于5月19日将该敌围歼于田家会，共毙伤日伪军500余人。

在1942年日军历次大“扫荡”中，华北敌后抗日根据地不断缩小，损失较大。在此情况下，中共中央提出了内线坚持，外线出击，以武装和政治斗争并举的指导思想，要求各地将主力部队、地方游击队和群众武装结合起来，广泛开展游击战争，实行“敌进我进”的方针，扭转敌进我退局面。之后，各地区普遍组织了游击集团、武工队，提出了“打到敌后之敌后”的口号，深入敌占区、边沿区，建立游击基地，开辟新区。

1945年2月4日
雅尔塔会议召开

今天是2月4日，1945年的今天，美、英、苏三国首脑罗斯福、丘吉尔、斯大林在苏联克里米亚半岛雅尔塔附近的里瓦吉亚宫，举行了雅尔塔会议，讨论欧洲战后处理和对日战争问题。

2月11日，斯大林、罗斯福、丘吉尔签署了《苏美英三国关于日本的协定》，即《雅尔塔协定》。协定规定在三项条件下，在德国投降及欧洲战争结束后两个月或三个月内苏联将参加同盟国方面对日作战。这三项条件是：一、外蒙古的现状须予维持；二、日本于1904年破坏的俄国权益须予恢复，即库页岛南部和附近一切岛屿交还给苏联，大连商港须国际化，苏联在该港的优越权益须予保证，苏联租用旅顺港为海军基地，中东铁路和南满铁路由苏中合办公司共同经营，而中国须保持在满洲的全部主权；三、千岛群岛须交予苏联。

雅尔塔会议的召开，对尽早结束反法西斯战争起了重要推动作用。然而，苏联以参加对日作战为由攫取在华权益的行为，严重损害了中国主权。《雅尔塔协定》是在没有四大同盟国之一中国代表参加的情况下签订的有损中国主权和利益的协议，直到1945年6月14日美国才通知中国政府。显然，这是少数大国主宰世界，推行强权政治的大国沙文主义的表现。

会议还根据1943年10月中、美、英、苏四国宣言中关于在战后建立一个普遍性国际组织的建议，签署了成立联合国安全理事会程序等问题的协议，决定于1945年4月25日在美国旧金山召开联合国大会，以制定《联合国宪章》；美、英、法、苏、中五国为联合国安理会常任理事国，规定了实质性问题常任理事国一致同意的原则。

雅尔塔会议后，欧洲战场上的苏、美、英等同盟国军队继续从东西两条战线加速向德国逼近。1945年4月25日，苏军和美军的先遣部队在易北河河畔托尔高胜利会师。在德国法西斯投降前夕，意大利人民在北部各城市举行武装起义，并于4月28日逮捕了法西斯头子墨索里尼，将其判处死刑。4月30日，德国法西斯头子希特勒自杀身亡。5月2日，苏军占领柏林市。5月8日至24日，德国代表在向苏、美、英、法四国无条件投降的投降书上签字。至此，欧洲战争结束，在东方，日本法西斯的彻底失败已为期不远。

1942年2月5日
晋察冀军区发出训令 实施精兵简政

今天是2月5日，1942年的今天，晋察冀军区发出训令，要求各部队减少非战斗人员和马匹，实施精兵简政。

1941年日本侵略军在抗日根据地实施残酷的“三光政策”，使根据地人力物力遭到巨大的损失；加之长期战争中人民的负担和消耗不断增加，物资供应愈发困难。为了减轻人民的负担，中共中央采纳了党外人士李鼎铭等人在1941年11月陕甘宁边区参议会上的建议，于当年底发出“精兵简政”的指示，要求抗日根据地切实整顿各级组织，紧缩机构和人员编制。

12月6日，《解放日报》以“精兵简政”的醒目标题发表社论，阐述精兵简政的重大意义。当月中旬，毛泽东在为中共中央起草的《关于太平洋战争爆发后敌后抗日根据地工作的指示》中，把“精兵简政，节省民力”列为“目前迫切的重要的任务”。

遵照中共中央指示，1942年开始，精兵简政工作在各抗日根据地内逐步展开。

1942年2月5日，晋察冀军区发出训令，要求各部队减少非战斗人员和马匹；冀察热挺进军于当月裁撤，萧克改任晋察冀军区副司令员。原平西军分区改为第十一军分区，平北军分区改为第十二军分区，冀东军分区改为第十三军分区，均归军区直接指挥。5月，各区整编先后完成。

进入1943年后，晋察冀抗日根据地的对敌斗争形势依然十分严峻。为了扭转不利局面，晋察冀军区于1月28日发出关于重新整编精简的命令。这次精简整编，着重裁减机构，紧缩机关，充实战斗连队。

在精简机构中，各级机关普遍进行了减缩，将裁撤下来的人员充实到战斗部队。将所有大团一律缩编为小团。截至1943年6月，相关工作完成。通过精简整顿，机关编组更加合理，人员精干，指挥灵便，战斗力有了进一步提高。

晋察冀军区精兵简政，是当时这项政策在各抗日根据地内具体实施的一个缩影。它的提出与执行，不仅充分反映了中国共产党对党外人士的尊重，更为反法西斯战争和民族解放运动的最终胜利奠定了坚实的基础。

1940年2月6日
八路军第2纵队成立

今天是2月6日，1940年的今天，八路军第2纵队成立。

武汉沦陷后，抗战进入相持阶段，国民党顽固派在国民党五届五中全会后秘密下达《限制异党活动办法》，掀起了第一次反共高潮。

1940年2月，国民党军在武涉公路、长治、晋城一带修筑工事准备进犯八路军总部。在此严重关头，八路军于2月6日在山西陵川成立第2纵队，左权为纵队司令，统一领导太南地区八路军的反顽斗争，打退了顽固派的武装进犯。1940年5月，为加强冀鲁豫边区的对敌斗争，八路军总部决定由黄克诚率第 2 纵队挺进冀鲁豫。

第 2 纵队挺进冀鲁豫后，与杨得志的冀鲁豫支队合编为新的第 2 纵队，杨得志任纵队司令员，黄克诚任政委。1940 年 5 月底，为巩固华中根据地，黄克诚率第 2 纵队主力第 344 旅南下，第 2 纵队余部继续坚持冀鲁豫。

1940 年农历五月初五，日军调集驻新乡、开封与商丘日军 8000 多人，在 100 多辆坦克的配合下分三路进犯冀鲁豫边区。在濮阳西部的战斗中，第 2 纵队新 3 旅 8 团 300 多名指战员牺牲。随后日军继续调集驻兖州、泰安的日军 2 万多人，兵分 12 路，夜行晓袭，分进合击，向清丰、南乐、内黄等根据地中心“扫荡”，先后侵占清丰、濮阳、内黄等县城，并在滑县、濮阳等地设置了 34 处据点，形成了对冀鲁豫抗日根据地的初步包围。杨得志指挥第 2 纵队“硬的不打，软的打”，从背后打击日军，以伤亡 700 多人的代价，奇迹般地粉碎了敌人的“扫荡”。

1941 年 4 月 12 日，日军配备重炮与坦克，向根据地中心沙区展开残酷的“扫荡”。杨得志采取“敌打我，我不打；敌不打我，我打敌”战术原则，打破了敌人的部署。日军这次“扫荡”之后，第 2 纵队的回旋余地越来越小，斗争形势更为严峻。7 月中旬，为统一冀鲁豫平原抗日斗争力量，冀鲁豫边区与鲁西区合并为新的冀鲁豫边区，杨得志任第 2 纵队司令员。

1941 年 12 月 17 日，中共中央发出精兵简政的指示，冀鲁豫边区先后进行 3 次精兵简政，合并领导机关，主力部队地方化，边区武装由冀鲁豫军区统一指挥，第 2 纵队结束了她的光荣历史。

1945年2月7日

延安公祭彭雪枫

今天是2月7日，1945年的今天，中共中央在延安为彭雪枫将军举行了一场庄严、隆重的公祭仪式，借以表达敌后军民对这位新四军第4师师长的无限哀思，彭雪枫也成为抗日战争中新四军牺牲的最高将领之一。

彭雪枫，原名彭修道，1907年生于河南省南阳镇平县七里庄，1926年加入中国共产党，1930年5月被派到苏区。他智勇双全，曾率军参加过反“围剿”作战和二万五千里长征，并屡建奇功，成为闻名全军的青年将领。

1936年11月，彭雪枫被派往太原等地做统一战线工作。全国抗日战争爆发后，他被任命为八路军总部参谋处处长兼驻晋办事处主任。1938年春，彭雪枫调赴河南省确山县竹沟镇，任中共河南省委军事部部长，组建新四军游击支队，领导开辟豫皖苏边区抗日根据地，建立了以永城为中心的抗日民主政权。

1941年皖南事变后，党中央以新四军游击支队为基础组建新四军第4师，彭雪枫任第4师师长兼淮北军区司令员。

1942年11月，日伪军1.5万人，分数路对淮北抗日根据地进行“扫荡”。彭雪枫指挥部队化整为零，实行外线作战，同敌人展开战斗33天，取得重大胜利，进一步巩固和发展了淮北抗日根据地。

文武兼备的彭雪枫还是南京陆军指挥学院的前身——抗日军

政大学第四分校的校长，他亲自编写了《游击战术》、《战略战术讲授提纲》等教材，并多次授课。此外，彭雪枫还创办《拂晓报》，以揭露敌伪军的暴行，扩大人民军队的影响。

1944 年 4 月，为打通大陆交通线，日军发动豫中会战，大举向河南腹地进攻。8 月，彭雪枫奉中央军委和新四军军部之命，率第 4 师主力部队于泗洪县誓师出征。从 8 月 15 日起，彭雪枫率部接连夺取了肖县、永城和宿县等城镇，解放了 200 多万人口。

9 月 11 日，彭雪枫亲率 3 个团攻打八里庄。就在我军取得节节胜利之时，在前沿指挥的彭雪枫不幸被一颗流弹击中，壮烈牺牲，时年仅 37 岁。

为了不影响部队的士气，也为了保护彭雪枫身怀六甲的爱人林颖，彭雪枫牺牲的消息被暂缓公布。1944 年 12 月 15 日，《解放日报》头版刊登了彭雪枫将军殉国的消息。在延安举行的彭雪枫公祭仪式上，毛泽东、朱德等中共中央领导先后致悼词，赞誉彭雪枫是“共产党人的好榜样”。

1938 年 2 月 8 日
国际慰劳团慰劳八路军

今天是 2 月 8 日，1938 年的今天，国际慰劳团从汉口来到山西洪洞八路军总部，向八路军赠送了 4000 多元的现金和大量的药品，为中国的抗战事业作出重要贡献。

1937 年 10 月，艾格尼丝·史沫特莱来到山西盂县八路军总部，八路军的作战英勇与艰苦朴素深深感染了这位美国作家。1937 年 12月，史沫特莱启程返回武汉。她在八路军驻武汉办事处的支持下，发起组织了西北游击队后援会，得到了汉口外籍传教士的响应。

1938 年 2 月初，汉口圣公会的美国主教鲁茨让自己的女儿弗朗西斯·鲁茨组织了一个包括圣公会执事朱迪·克拉克、传教士约翰·福斯特与查尔斯·希金斯以及瑞士女作家伊洛娜·拉尔夫·休斯在内的国际慰劳团，启程赶赴华北。国际慰劳团在八路军总部受到了隆重热烈的欢迎。

国际慰劳团只是众多国际友人支援八路军抗战的一个缩影。

全国抗战爆发后，众多国际友人先后访问敌后抗日根据地，如实地报道了八路军的抗战功绩。其中，德国战地记者汉斯·希伯更是在 1941 年底第 115 师的反“扫荡”作战中，血洒沂蒙山区，牺牲在中国的抗日战场上。

美国医学博士乔治·海德姆，1936 年来到陕北苏区，成为首批进入抗日根据地的外国医生。他给自己起了个中文名字马海德。马海德巡视了陕北各个医疗单位，提出了改善根据地医疗事业的建议，受到陕北军民的热烈欢迎。马海德还参与筹建陕甘宁边区医院，并帮助新华社建立了英语对外广播。

作为中国和加拿大两国人民友谊的象征，国际主义战士白求恩在中国家喻户晓；印度医疗专家柯棣华倒在中国抗日前线，永远留在了中国大地；英国学者林迈可被聘为八路军通讯部技术顾问及新华社英文部顾问，在延安建立了第一座国际电台，讯号可以到达美国旧金山及南印度洋；朝鲜作曲家郑律成在延安与公木合作创作了《八路军大合唱》，这部歌曲中的《八路军进行曲》

后来成为中国人民解放军军歌。

国际友人积极参与了八路军与敌后军民的各项事业，为中国的抗战事业作出重要贡献。

1943年2月9日
鲁南军区展开反“扫荡”作战

今天是2月9日，1943年的今天，日军开始对鲁南进行“扫荡”，八路军鲁南军区积极开展反“扫荡”作战。

1942年到1943年是山东抗日根据地最为艰苦的时期。日伪军猖狂地对根据地进行“扫荡”、“蚕食”和分割封锁。面对严峻的形势，八路军坚决贯彻中央指示，采用机动灵活的游击战术，顽强在敌后抗战。

1943年1月中旬，日寇秘密集结1万多人的部队，准备对敌后抗日根据地进行“围剿”。2月9日，日伪军采用“拉网合围”、“铁壁合围”的战术，对鲁南地区进行“扫荡”；接着又在白彦、九女山等地修筑据点，将鲁南山区狭长的根据地分割成5小块。

针对日伪军的大举来犯，八路军第115师主力和地方武装，积极开展反“扫荡”，与日伪军不断周旋，避开敌人锋芒，攻击敌人背后，破灭了日伪军合围八路军的企图。与此同时，八路军第115师教导第1旅第3团在鲁南军区的指挥下，攻占铜石据点，毙伤日伪军80多人；之后又夜袭白彦据点，俘虏伪军数十人。教导第2旅第5团乘伪军过大年时，远程奔袭，一举攻克了兰陵以北小仲村据点，俘虏日伪军100多人；又奔袭小埠子据点，同日伪军展开肉搏战，全歼日军1个小队，打死小队长、士兵20人，俘虏1人，并且歼灭了伪军1个中队。

沂河支队的战士们拔除日伪军20多个据点，破坏了日军的通信联络设备。鲁南军区独立团在地方武装的配合下，拔除日伪军6个据点，并且解放50多个村庄，拆除了山亭地区南北50多公里的封锁墙。鲁南各地的民兵、游击小组分别在临枣、滋临等公路线上展开破袭战，有效地配合了主力部队的作战任务。

鲁南区党委书记兼政治委员王麓水，在根据地腹背受敌、春荒严重的形势下，带领部队和民兵，一边坚持反“扫荡”斗争，一边还组织生产自救。1943年11月，王麓水带着两个团，奔袭柱子山匪窝，打死土匪头子刘黑七，俘虏伪军1000多人，巩固了鲁南抗日根据地。鲁南反“扫荡”告捷，为山东抗战的最后胜利，奠定了坚实的基础。

1941年2月10日
鲁西反“扫荡”胜利结束

今天是2月10日，1941年的今天，鲁西反“扫荡”胜利结束。

1941年1月8日，八路军第115师教导第3旅主动出击，在郓城和候集之间的潘溪渡，成功伏击日伪军，歼灭日军120多人，沉重地打击了鲁西日军的嚣张气焰。

潘溪渡战役后，日军华北方面军第21、第32师团和独立混成第1旅团、骑兵第4旅团各一部，共7000多人，另加伪军3000多人，乘汽车300余辆，在20多辆装甲车、坦克和10多架飞机的掩护下，由济宁、菏泽、临清、大名等地出动，分6路对以范县、观城为中心的鲁西抗日根据地进行报复“扫荡”，企图消灭八路军第115师教导第3旅，摧毁鲁西抗日根据地。

八路军第115师教导第3旅旅长兼鲁西军区司令员杨勇、政治委员苏振华闻讯后立即进行战斗部署。面对敌强我弱、刻不容缓的形势，命令第7团团长刘正率领第7团和教导第3旅直属特务营，掩护鲁西抗日根据地的党政军领导机关转移；第8团团长夏德胜带领第8团在郓城西北的黄河两岸打击敌人；第9团团长何光宇带领第9团在巨野以南配合鲁西抗日根据地中心区的部队和民兵进行反“扫荡”斗争。

1941年1月17日拂晓，大批日伪军突然对朝城以西的苏村、马集地区形成包围合击之势。鲁西党政军领导机关、第7团和特务营才刚刚转移到苏村、马集地区不久，情况十分危急。

第7团与日伪军激战一个多小时，成功掩护领导机关突出重围。但是在苏村抗击敌人的特务营2个连，却陷入了日伪军的重重包围。日伪军飞机狂轰滥炸，坦克不断冲击，并且释放毒气。特务营主力几次突围都没有成功，126名指战员最终全部壮烈牺牲。

由于合击鲁西抗日根据地党政军领导机关的阴谋未能得逞，敌人随即开始分区“清剿”。日伪军将鲁西抗口根据地分成五块，反复“清剿”。教导第3旅则以营为单位，配合民兵，分散活动。在南乐、清丰、郓城、观城等地区，积极打击日伪军，使日伪军疲惫不堪，不得不于2月6日开始，分别窜回老巢。到2月10日，鲁西反“扫荡”胜利结束。

鲁西反“扫荡”，八路军毙伤日伪军700多人，成功地保卫了鲁西抗日根据地。

1942年2月11日 八路军总部指示破坏敌人“扫荡”“清剿”

今天是2月11日，1942年的今天，中共中央北方局、八路军总部彭德怀等致电各部队，破坏敌人之长期“扫荡”与分散“围剿”。

1941年12月8日太平洋战争爆发后，日军为了使其占领区成为所谓“大东亚战争兵站基地”，华北方面军依照1942年度制订的《治安肃正建设计划大纲》，重点对晋察冀边区和晋冀鲁豫边区进行大规模的毁灭性“扫荡”。

1942年2月上旬，日军华北方面军以第一军和直属部队各一部共3万余人，在山西全境进行“剿共”作战，企图彻底摧毁中国共产党领导的抗日根据地。

面对敌人的步步进犯，1942年2月11日，彭德怀、左权、罗瑞卿等致电各部队：当敌主力进攻时，我主力部队应向敌之后方重要交通线活动，破路翻车，袭击敌据点，断绝交通；以一部配合地方部队及人民武装，向敌人腹地开展大规模游击战争，使敌不能分路“清剿”。党政军民多个组织应抽派大批干部协同武装领导民兵自卫队等坚持村镇、地县之游击战争，打击敌之“清剿”部队，直接保卫民众。

根据上级指示，八路军所属各部队，以主力一部，结合地方部队和民兵，在内线广泛袭击、伏击“清剿”日伪军；另以主力一部组成若干轻便支队，深入敌占区，乘虚袭击日伪军据点和交通线。在内外线军民的打击下，120 师 358 旅在晋西北反“扫荡”作战中，作战 256 次，收复保德、兴县县城，毙伤日伪军 570 余人。129 师 385 旅、新编第 1 旅和总部特务团在太行反“扫荡”战役中，作战 316 次，毙伤日伪军 2000 余人，俘虏日伪军 39 人。晋察冀军区在冀东反“扫荡”战役中，毙伤日伪军 1600 余人。

1942 年 5 月，日军再次进攻太行北部、太岳南部地区，历经 38 天作战，八路军歼灭日伪军 3000 余人，再次挫败敌人，八路军副参谋长左权于 5 月 25 日在作战中壮烈牺牲。

在整个 1942 年春、夏、秋季反“扫荡”作战中，八路军各部队挫败了敌人消灭中共中央北方局和八路军总部的图谋，根据地党政军民众志成城，度过了敌后抗战的困难时期，巩固了抗日根据地。

1942 年 2 月 12 日
赵尚志被俘

今天是 2 月 12 日，1942 年的今天，身受重伤的赵尚志将军被日军俘虏。

赵尚志，1908 年 10 月 26 日出生在辽宁省朝阳县喇嘛沟，1925 年加入中国共产党，同年进入黄埔军校第四期学习。

1932年初，中共满洲省委任命赵尚志为省委军委书记。同年6月，东北大部分国土被日军占领。赵尚志为尽快成立反满抗日武装，主动要求前往巴彦县张甲洲领导的巴彦游击队，帮助整顿队伍，培养了一批抗日骨干。电视片中手握马鞭的小个子就是赵尚志，这是迄今为止发现的赵尚志将军生前唯一的影像。

1936年8月，赵尚志被任命为东北抗日联军第三军军长，下辖7个师，全军约6000多人，在松花江两岸、小兴安岭山麓广大区域内纵横驰骋，所向披靡。东北人民称赞他是“北国雄狮”，与杨靖宇并称为“南杨北赵”。日本侵略者则无奈地发出了“小小的满洲国，大大的赵尚志”的哀叹。

1939年9月，梅津美治郎就任日本关东军司令，发布的第一条命令，就是全力搜捕杨靖宇和赵尚志两位抗日将军。敌人悬赏1万元通缉赵尚志，还多次派遣特务奸细混入抗日联军内部，企图暗杀他。

1942年1月，赵尚志带领几个人的小分队，进入黑龙江鹤立县，被日本密探发现。鹤立县兴山镇警署署长田井久二郎，派遣一个叫刘德山的汉奸特务，打入了赵尚志的身边。2月12日赵尚志率队袭击梧桐河警察所时，被刘德山从背后击伤，倒地的瞬间赵尚志射杀了刘德山。然而，他在昏迷中被俘。

敌人对重伤的赵尚志进行突击审讯，在他生命的最后时刻，除了大骂在场的日伪警察外，没有回答敌人任何讯问。1942年2月13日上午，赵尚志将军中弹8小时后，流尽了身上最后一滴血，壮烈殉国，时年34岁。

赵尚志被害后，敌人割下他的头颅庆功，将他的躯体抛入松花江。

1947年珠河县农工代表大会决定将该县改名为尚志县。2004年，赵尚志将军的颅骨在长春护国般若寺被发现，2008年10月25日，安葬于烈士家乡辽宁省朝阳市赵尚志烈士陵园。

1939年2月13日
冀中区军政委员会组成

今天是2月13日，1939年的今天，根据中央军委指示和中共中央北方局的决定，冀中区军政委员会正式成立。

冀中平原位于平汉、津浦、北宁铁路和沧石公路之间，包括40余个县，面积约9万平方公里，有800多万人口，战略位置十分重要。在冀中平原周围，驻守日军2个多师团和伪军1万多人。自1938年11月至1939年1月24日，日军对冀中根据地进行了两次大规模的分区“扫荡”，并占领部分地区，冀中根据地的形势处于紧张状态。

1938年4月21日，中共冀中区党委成立，黄敬为书记。1938年5月4日，八路军第3纵队兼冀中军区成立，司令员吕正操，政治委员王平。1939年1月，贺龙率八路军120师主力由晋西北到达冀中。2月13日，冀中区党政军联席会议在肃宁县东湾里召开。会上，根据中共北方局的意见，由贺龙、关向应、周士第、甘泗淇、吕正操、程子华、孙志远、王平、黄敬组成冀中区军政委员会，以贺龙为书记，统一领导冀中地区党政军民的工作。

此后，在冀中区军政委员会的领导下，在广阔的冀中平原，我军战士与日本侵略者展开了英勇无畏的平原游击战，粉碎了日军的第三、第四、第五次“扫荡”；发动了曹家庄战斗、张庄战斗、陈庄战斗等多次战役，浇灭了敌人的嚣张气焰。

电视片中的这张照片是齐会战斗中，贺龙在前线指挥时留下的。日军打来的数发毒瓦斯弹在他附近爆炸，弥漫的毒气使贺龙和其左右的参谋人员都头晕目眩，呼吸困难，但贺龙依然坚持观察战局，继续指挥作战。最终，歼敌700余人，缴获长短枪200余支，卡车56辆，创造了抗日战争以来平原歼灭战的范例。

经过几次战役的胜利，冀中根据地的百姓抗日信心高涨，许多群众积极参军，扩大了抗日的队伍。与此同时，冀中军政委员会还加强军队建设，帮助游击队八路军化、正规化，冀中军区部队的战斗力得到了很大的提高。

在根据地，冀中区军政委员会密切联系群众，实行减租减息政策，使根据地人民群众的生活相对安稳，并在根据地发展妇女平沟队等群众团体，组织妇女儿童放哨，在后方破坏敌人交通线，组织群众一起抵抗日本侵略者。

在冀中区军政委员会的领导下，军民同心协力，粉碎敌人“迅速肃清平地”的计划，大量消耗敌人的有生力量，有力地遏制了日本侵略者的大规模进攻。

1939年2月14日

延安欢迎印度援华医疗队

今天是2月14日，1939年的今天，中共中央军委卫生部举行招待会，欢迎印度援华医疗队到来。

1938年，印度贾瓦哈拉·尼赫鲁提出一项援助中国人民抗日战争的计划，国大党遂决定派遣以爱德华医生为队长的援华医疗队，并成立专门委员会，发表声明，募捐资金，筹集医疗器械，8月底组成印度援华医疗队。医疗队共5人，他们是：爱德华、卓克华、巴苏华、柯棣华、木克华。

援华医疗队从孟买启程，途径广州、武汉等地，在国统区工作半年左右，于1939年1月22日离开重庆奔赴延安。2月12日，医疗队终于到达向往已久的延安，3月15日，医疗队在延安窑洞里拜会了毛泽东。在延安参观访问后，医疗队被分别派往八路军医院和八路军卫生学校，从事医疗和教学工作。

他们中的柯棣华大夫在前线工作近3年，并且在1942年7月加入中国共产党。此后，他更加忘我工作，把中国人民的抗日战争当做自己的事业，奋斗不息。1942年12月9日，柯棣华因病逝世，年仅32岁。柯棣华逝世后，晋察冀边区军民在河北唐县召开了追悼大会，将他的陵墓建在唐县。1942年12月30日，延安各界也召开追悼大会，毛泽东亲笔写了挽词：“印度友人柯棣华大夫，远道来华，援助抗日，在延安、华北工作五年之久，医治伤员，积劳病逝，全军失一臂助，民族失一友人。柯棣华大夫的国际主义精神，是我们永远不应该忘记的。”

医疗队的队长爱德华大夫，在1940年时因病回国，在印度继续做了大量援华工作。后来在1957年访华时，病逝于北京协和医院。卓克华大夫因为不能适应延安的苦寒气候，于1939年5月24日回到印度，1962年病逝。巴苏华大夫在中国服务了4年，于1943年6月回到印度，1986年病逝。木克华大夫来到延安不久，便患上肾病，于1939年8月回国手术。病好之后，又想取道缅甸再次来华，却被英缅当局押解回印度，1981年病逝。

1944年2月15日
西南戏剧展开幕

今天是2月15日，1944年的今天，西南戏剧展览会开幕。

“日寇逞猖狂，干戈动八方；民族运命在顷刻，生死搏存亡……”随着豪迈激昂的西南剧展会歌响彻云霄，西南第一届戏剧展览会在抗战文化名城桂林拉开了帷幕。美国《纽约日报》评论道：“这样宏大规模的戏剧展览，有史以来，除了古罗马时代曾经举行过，还是仅见的。”

这场由田汉等人联合发起的戏剧盛会，是蓬勃发展的抗战戏剧的一个缩影。

话剧以直观的冲击力，强烈的感染性，最大限度地迎合了抗战宣传的需要。在抗战戏剧中，话剧取得的成就最大。九一八事变前后，田汉的《乱种》《战友》《回春之曲》等作品，取得了突出的成绩；陈鲤庭的街头剧《放下你的鞭子》演遍了南北各地。

七七事变爆发后，中国剧作家协会集体创作了三幕剧《保卫卢沟桥》，并明确要求以戏剧的形式号召全民抗战。“在全民总动员的口号下，加紧我们民族复兴的信号，暴露敌人侵略的阴谋，更号召落后的同胞们觉醒。”由此拉开了中国抗战戏剧的序幕。

全国抗战开始后约半年时间，上海、北平、南京等地区话剧工作者纷纷进入内地，中国话剧分布形成三个区域：以重庆为中心的国民党统治区话剧，以延安为中心的抗日民主根据地话剧，以上海为中心的“孤岛”和沦陷区话剧。

根据地的话剧活泼、有力，主题鲜明，《同志，你走错了路》《穷人乐》成为了那个时代的经典。上海、平津等地作家在日寇屠刀面前，低调含蓄又不失尊严地进行戏剧活动，京剧名家梅兰芳避居上海，机智地注射伤寒预防针引发高烧，不为日伪军唱一出戏。重庆进步的话剧队伍在周恩来领导和影响下成绩斐然，如曹禺的《全民总动员》、吴祖光的《凤凰城》、夏衍的《法西斯细菌》等优秀作品，色彩鲜明地讴歌了爱国主义。同时还编演了许多批判国民党倒行逆施、贪污腐化、压制民主自由等的戏，如曹禺的《蜕变》、阳翰笙的《天国春秋》、郭沫若的《屈原》、陈白尘的《结婚进行曲》、茅盾的《清明前后》等。

抗战时期，戏剧不管在表现形式、表演内容还是组织形式方面，都发生了巨大的变化。一批抗战戏剧、爱国戏剧的演出，振奋抗战士气，筑起了一道新的文化长城。

1932年2月16日
日本策划成立伪满洲国

今天是2月16日，1932年的今天，日本策划的伪满洲国建国会议在沈阳召开。

日本在密谋策划九一八事变的同时，就在酝酿对中国东北的占领政策。九一八事变爆发后，关东军制定了《满蒙问题解决方案》，规定在满蒙成立一个由日本支持的，以溥仪为元首的伪政权，国防、外交、交通和通信由日本控制。10月21日，关东军又制定《满蒙共和国统治大纲草案》，着手纠集汉奸熙洽、张海鹏、张景惠等人拼凑统辖东北地区的伪政权。

1931年11月8日，土肥原贤二将溥仪从天津日租界的住所秘密带出，经大沽口、营口抵达旅顺。

1931年底，原日本陆军大臣南次郎前往中国东北，与日本关东军司令本庄繁和奉天特务机关长土肥原贤二进行会谈，商讨进展。经过与吉林省代理长官熙洽的秘密会谈，确立了迎接溥仪至东北的方针。

1932年1月22日，关东军参谋长三宅光治召开“建国幕僚会议”，具体筹划建立伪满洲国的方案。2月16日，东北各省的汉奸头子在沈阳大和旅馆召开伪东北政务会议，会议由关东军司令本庄繁主持，决定迎接溥仪为伪满洲国执政。2月17日，建立了以张景惠为委员长的伪东北行政委员会，具体筹划建立伪满洲国事宜。2月18日，发布《独立宣言》，称“东北已脱离中国而独立”，并决定成立伪满洲国。

2月25日，经日本内阁和军部同意，规定“满洲国”国家元首为“执政”，年号为“大同”，定都长春，称为“新京”。2月29日，日本方面决定，溥仪为“满洲国执政”，郑孝胥为“国务总理”，张景惠为“参议府议长”。

1932年3月1日，伪满洲国成立。3月9日，在长春举行溥仪“就职典礼”。随后，溥仪与本庄繁签订了日满密约，将国防、内政、经济和人事任免等大权，全部交给了日本。9月15日，日本宣布承认伪满洲国，双方在长春签订了《日满议定书》，确认了日本在东北的军事、政治和经济的控制权。1934年4月，“满洲国”更名为“满洲帝国”，溥仪由“执政”改当“皇帝”，年号为“康德”。溥仪终以出卖中国主权为代价，当上了儿皇帝。

1938年2月17日
朱德赴土门会见阎锡山、卫立煌

今天是2月17日，1938年的今天，八路军总司令朱德赴临汾土门会见阎锡山、卫立煌，共商抗日作战计划。

卢沟桥事变爆发后，中共中央发出通电，指出：“只有全民族实行抗战，才是我们的出路”，并推动于1937年9月实现了第二次国共合作。

根据国共合作的协议，陕甘地区的中国工农红军主力接受国民政府军事委员会的改编，编为国民革命军第八路军。朱德为总指挥，彭德怀任副总指挥，下辖第115、120、129三个师。不久，南方八省红军游击队也改编为陆军新编第四军，叶挺任军长，项英任副军长。

平津失陷后，日军沿平绥铁路大举西犯，华北岌岌可危。八路军主力奉命迅速开赴华北抗日前线。

1937年9月25日，为配合国民党军队的对日作战行动，八路军第115师在平型关成功伏击日军，取得了全国抗战以来的第一个大胜利。

同年10月，日军直逼忻口，八路军的3个师配合国民党军队进行忻口正面防御战，在雁门关、阳明堡等地连战连捷。

10月13日，日军逼近娘子关。八路军第129师转战正太铁路沿线地区，配合国民党军进行娘子关争夺战。日军侵占娘子关后，八路军主力掩护娘子关方向国民党军撤退，并参加保卫太原的战役。

太原失守后，中共中央命令八路军深入敌后，发动群众开展游击战争，创建抗日根据地。1938年初，撤退到晋南的阎锡山决定要反攻太原。1938年2月17日，朱德赴临汾土门会晤第二战区司令长官阎锡山和副司令卫立煌，就反攻太原，共同制定作战计划，决定组成东路军为右翼集团，由朱德任总司令，指挥八路军115师、129师和国民党军第95师等部，向榆次、娘子关一线出击。这次会见是国民党军队和共产党军队联合抗日的又一表现。

反攻太原开始不久，日军集结大量兵力，欲大举进攻晋南地区。阎锡山放弃反攻太原的计划，命令部队向山区转移。此后，八路军主力则逐渐向华北敌后实施战略展开，放手发动群众，创建抗日根据地，开辟了面积广大的敌后战场。一直到抗日战争胜利，抗日根据地的广大军民牵制着大量的日伪军，有力地配合了国民党军队正面战场的作战。

1938年2月18日
中日空军激战武汉

今天是2月18日，1938年的今天，日本出动12架重型轰炸机和26架三菱96-1战斗机，对华中重镇武汉实施轰炸。年轻的中国空军以不怕牺牲、英勇顽强的战斗精神，与敌军对战蓝天，击落日机11架，粉碎了日本空军不可战胜的神话，这就是著名的武汉大空战。

1937年12月13日南京沦陷后，国民政府西迁，许多重要机关留在作为“九省通衢”的武汉。武汉自然成为日军重点的攻击目标。在此之前的1937年8月，中苏签订互不侵犯条约，苏联随后向中国派驻空中力量。在1938年2月，驻防武汉、孝感地区的空军，有中国第3、第4、第5航空大队及苏联志愿航空队。

1938年2月18日上午，日本出动12架重型轰炸机和26架三菱96-1战斗机在安徽、江西两省交汇处会合，直扑武汉。中国空军第4航空大队奉命迎敌，代理大队长李桂丹率29架战斗机刚刚升空，便与敌机相遇。李桂丹命令分头迎击，第22、第23中队担任主攻，第21中队负责掩护。这时，在汉口机场的西北方，第21中队率先遭遇10架敌机，随即投入战斗，进入高度约4000米。不久，第22、23中队也与敌展开对峙，双方机群在武汉三镇的上空开始了一场恶战。

最终，我空军仅耗时 12 分钟，以自损 5 架，击落敌机 11 架的战绩大获全胜。敌空袭编队指挥官金子隆司饮弹坠机身亡，我方大队长李桂丹上尉、飞行中队长吕基淳上尉、飞行员巴清正少尉等 5 人壮烈牺牲，飞行员张光明的座机被击中 29 处，身负重伤仍顽强地坚持驾机返回机场。

武汉大空战告捷，是自首都南京失守以后，中国军人在空战中取得的第一次伟大胜利。尽管当时中日两国军力对比悬殊，但年轻的中国飞行员以大无畏的精神，连续出击，配合地面部队沉重地打击了敌人的嚣张气焰，粉碎了日本空军不可战胜的神话。胜利的喜讯迅速传遍武汉三镇的大街小巷，百万军民无不欢呼雀跃。1938 年 2 月 21 日，武汉各界举行万人集会和游行，“庆祝空捷，追悼国殇”。中共中央和八路军代表周恩来等人出席。这次空中大捷极大地鼓舞了军心和民心，更加激发了广大军民高涨的抗战热情。

1942 年 2 月 19 日
八路军野战政治部发布反“扫荡”政治工作指示

今天是 2 月 19 日，1942 年的今天，为粉碎日军对华北抗日根据地的春季“扫荡”，八路军野战政治部发出《关于新的反“扫荡”作战之政治工作保证的指示》。

太平洋战争爆发后，1942 年 2 月，日军华北方面军召开所属各兵团参谋长会议，根据下达的年度治安计划大纲，开始了对华北抗日根据地的春、夏季“扫荡”。

1942 年 2 月上旬开始，日军华北方面军以第一军和方面军直属部队各一部共 3 万余人，在山西全境进行“剿共”作战，企图摧毁抗日根据地，获得武器和物资，扩大治安地区的范围。

在《太行军区 1942 年 2 月反“扫荡”军事经验教训》的总结中，129 师师长刘伯承写道：这次春季“扫荡”是非常残酷的，其目的在于摧毁我军民的生存条件，造成无人区，以便抗战自趋没落。

为应对敌人的疯狂进犯，1942 年 2 月 19 日，八路军野战政治部发出《关于新的反“扫荡”作战之政治工作保证的指示》，指出，日军此次“扫荡”太行、太岳、晋西北等地区的特点，是企图长期驻扎，彻底毁灭我军的一切生存条件。为粉碎日军的“扫荡”，要求各级机关应进行充分的政治动员和思想准备，派遣干部帮助民兵工作，展开群众性的游击战争，协助民众空舍清野，坚定人民的斗争信心。

在中共中央北方局和八路军总部的统一指挥下，晋察冀军区组织由部队中下级干部、模范战士、敌工人员和日人反战同盟成员组成的武装工作队、武装宣传队和小分队。他们携带宣传品、慰问品等，隐蔽越过敌人封锁线，挺进敌占区，开展军事、政治、经济和文化的全面对敌斗争。此举充分发挥党政军民的整体力量，连续发动政治攻势，对分化、瓦解日伪军，建立隐蔽的抗日根据地起到了重要作用。

1942 年，作为华北敌后军民战胜严重困难的第二年，日本侵略者疯狂地对八路军华北各根据地进行“扫荡”“蚕食”，其中千人以上“扫荡”77 次，1—5 万人的大规模“扫荡”15 次，致使华北抗日根据地面积和人口减少，财政经济十分困难。但经过这段艰苦时期，八路军抗日根据地得到了空前锻炼，为抗战胜利打下了坚实的基础。

1936 年 2 月 20 日
东北抗联发表《东北抗日联军统一军队建制宣言》

今天是 2 月 20 日，1936 年的今天，杨靖宇、赵尚志、周保中等联名发表《东北抗日联军统一军队建制宣言》，宣布：东北各地抗日武装力量一律改称为东北抗日联军。

早在 1933 年 1 月 26 日，为加强东北地区的抗日力量，中共驻共产国际代表团以中共中央名义发出《给满洲各级党部及全体党员的信》，提出建立反日民族革命统一战线的策略方针，对指导东北党组织转变斗争策略起了重要作用。此后，各地党组织和抗日游击队主动争取团结各种抗日力量，收编和改造各地义勇军，在抗日游击队的基础上开始组建东北人民革命军，使东北人民的抗日游击战争有了新的发展。

1936 年 2 月 21 日，中共领导的 17 支人民革命军队伍在濛江县三岔子山林中召开会议，决定建立东北抗日联军总指挥部，杨靖宇为总指挥，东北地区的抗日局面焕然一新。

随着东北人民革命军改编为东北抗日联军，中共领导的抗日力量相继编成 11 个军。1936 年 7 月，第一、第二军合编为第一路军，总司令兼政委杨靖宇。1937 年 9 月，第四、第五、第七、第八、第十军合编为第二路军，总指挥兼政委周保中，副总指挥赵尚志。1939 年 5 月，第三、第六、第九、第十一军合编为第三路军，总指挥李兆麟。

东北抗联一直活跃在东北抗日的主战场，杨靖宇领导的第一路军主要活跃在南满长白山地区， 1940 年 1 月，杨靖宇率第一路军警卫旅进入濛江县，陷入日军的重重包围，2 月 23 日，孤身奋战的杨靖宇壮烈牺牲。

抗联第二路军一直活跃在东北的东部边境，抗联第三路军一直活跃在松花江地区，给日伪军以沉重打击。1940 年后，日伪军逐步加大“讨伐”的力度，东北抗日联军余部相继退入苏联境内，后整编为苏联远东方面军东北抗联教导旅。

东北抗联教导旅多次派出小分队，侦察日伪军事设施、日伪军分布以及绘制军用地图，为苏军出兵东北提供了大量情报。1945 年 8 月，东北抗联教导旅将士同苏军一道，加入对日军的反攻。

东北抗日联军的英勇斗争，牵制了大量日伪军，严重威胁着日本侵略者对东北的殖民统治，支援、鼓舞和推动了全国的抗日救亡运动。

1936 年 2 月 21 日

百灵庙起义

今天是 2 月 21 日，1936 年的今天，德王守备队官兵一千余人，在共产党员乌兰夫等领导下，在百灵庙举行武装起义，打响了草原抗日第一枪。

翻开当天的《申报》，我们可以看到一篇题为《内蒙独立不准确——德王电京向各报更正》的报道。显然，这不过是德王为欺骗大众而制造的烟雾弹而已。日本依遵所谓“欲征服支那，必先征服满蒙”的国策，在九·一八事变后，积极拉拢、煽惑内蒙古地方王公，进行分裂中国的活动。

1936 年 2 月 12 日，德王在他的王府举行伪蒙军总司令部成立典礼，日本关东军参谋长西尾寿造乘专机到会祝贺。会后制定了组织大纲，由德王任伪蒙古军总司令，李守信任副总司令。此举激起了内蒙古各界人民的愤慨。就在德王沐猴而冠时，在他眼皮底下，爆发了一场革命斗争。

1936 年 2 月 21 日，在乌兰夫的指示下，德王所辖之蒙政会保安队科长云继先、朱实夫在祯德冒商号西小院，计议武装起义事宜。待至 23 时 30 分，云继先和朱实夫分别率部下分作 4 路举行武装起义。第一路打击伪军；第二路打开伪保安处的监狱，释放政治犯；第三路捣毁伪自治机关；第四路打开银柜，焚烧账目、抄没逆款。

当起义队伍来到稽查处时，伪兵们卧息正酣，随即便被制服，收缴所有武器。稽查处处长李凤诚引兵前来镇压，起义部队将该汉奸击毙。经过激烈的枪战，起义队伍占领了军械库。日伪军调集重兵前来围剿，起义军势单力薄。次日凌晨 4 时 30 分，云继先、朱实夫率领起义军离开了百灵庙，投向大青山以南的土默川。

1936 年 5 月 12 日，伪蒙古军政府在化德嘉卜寺成立，云王为主席，索王、沙王为副主席；德王任总裁，掌握军政大权，实行独裁制。其后，关东军和伪满洲国每月补助伪蒙古军政府 30 万元经费，并编成一支 1.3 万人的军队。

中国共产党领导发动的百灵庙武装起义，举起了内蒙古人民抗日救亡的义旗，沉重地打击了日本帝国主义吞蒙灭华的罪恶企图。毛泽东曾评价百灵庙起义是“可贵的草原抗日第一枪”。

1940 年 2 月 22 日
桂南战役总结会

今天是 2 月 22 日，1940 年的今天，蒋介石召集 100 多位将领，在柳州开会，总结包括桂南战役在内的冬季攻势。

1939 年 11 月 15 日，日本侵略军第二十一军司令官安藤利吉指挥第 5 师团及台湾混成旅团 3 万余人，在第 5 舰队和第 3 航空队的配合下，在钦州湾突破中国守军防线，于 11 月 24 日占领南宁。

南宁为中国国际交通线的战略要点，国民政府军委会决心收复南宁，责成桂林行营主任白崇禧到迁江亲自指挥作战。

12 月 18 日，桂南国民政府军各部队约 15 万人调整就绪，开始向南宁发起反攻。杜聿明率第五军的第 200 师、新编第 22 师、荣誉第 1 师任主攻，首先反攻昆仑关。第五军在战车、炮火掩护下，向昆仑关正面的日军第 5 师团一部发起攻击，夺取了五塘、六塘阵地。坚守昆仑关的日本侵略军在山炮、迫击炮、重机枪的掩护下，迅速开始反扑。昆仑关前沿阵地一片火海，血流成河。

12 月 20 日，杜聿明调整部署，戴安澜率第 200 师担任正面进攻，郑洞国的荣誉第1师负责包围敌之两翼，邱清泉率新编第22师负责阻击来敌。在日本侵略军飞机的不断轰炸下，战况异常惨烈，激战至12月29日，第五军再次向昆仑关发起猛攻，日本侵略军不断顽抗，并施放大量毒气弹，仍无法摆脱孤军困境。12月31日，新编第22师主力经过激烈肉搏，一举攻克昆仑关，日军除一部突围外，大部被歼。

此役第五军参战人数为54034人，总计伤亡16795人，阵亡军官123人，击毙敌旅团长中村正雄少将以下4000余人，以惨烈的代价夺取了昆仑关战役的胜利。

攻克昆仑关后，为收复南宁，中国军队继续向桂南增调部队。1940年2月1日起，第四战区司令长官张发奎负责指挥桂南方面作战，军事委员会政治部部长陈诚到桂南协助。1940年9月下旬，日军第5师团一部进入越南，西南桂越、滇越国际交通线随之彻底断绝。第四战区部队利用桂南日军兵力减少的机会，于10月23日发起全面攻击。10月28日克复龙州，10月30日收复南宁。到11月30日，日军被全部逐出桂南。

1940年2月23日
杨靖宇殉国

今天是2月23日，1940年的今天，杨靖宇将军壮烈牺牲，年仅35岁。

杨靖宇原名马尚德，河南确山人，1905年出生，1927年加入中国共产党。1929年杨靖宇奉中共中央之命赴东北，先后担任满洲省委代军委书记，中国工农红军第三十二军南满游击队政治委员，率部长期转战南满大地，威震东北。

1936年7月，杨靖宇出任东北抗日联军第一路军总指挥兼政委，基本队伍有6000余人，成为活跃在南满的最大的抗日武装，给敌伪军以沉重打击。

1938年起，日本关东军司令部调动日伪军警6万余人，对杨靖宇及东北抗联第一路军进行“大讨伐”。日伪当局采取收买汉奸、政治诱降等方式，对抗联进行分化瓦解。抗联队伍中相继出现了叛徒。这些叛徒被日本人组成挺进队，他们将东北抗联第一路军存放粮食、弹药等物资的70个秘密营地破坏殆尽。部队陷入了既无补给，又无法喘息的危险境地。

1940年2月1日，在杨靖宇的侍卫排长张秀峰投降后，日军锁定了杨靖宇的行踪，伪满通化警务厅厅长岸谷隆一郎，指挥整个警察大队在飞机配合下，紧紧咬住杨靖宇不放，一张大网正向杨靖宇撒来。

2月23日，杨靖宇已孤身和日军奋战了5个昼夜，终因寡不敌众在濛江县保安村三道崴子被日伪军层层包围。讨伐队劝他投降，可他毫无惧色，一直拿手枪向讨伐队射击。讨伐队认为生擒困难，遂猛烈向他开火。杨靖宇胸中数弹，壮烈牺牲，时间是1940年2月23日16点30分。

日军奇怪杨靖宇靠什么能够孤身一人坚持数日，便解剖了他的遗体，发现他的胃里全是树根野草和棉絮，没有一颗粮食。这一幕让残暴的日军也深感震惊与折服。

日军杀害杨靖宇将军后，为恐吓中国民众，把将军的头颅铡下，在通化示众 3 天，而后送到伪满洲国的新京长春请赏。

1946 年，中国共产党领导的东北民主联军，在吉林濛江县建立政权，将濛江县改为靖宇县。

1958 年 2 月 23 日，在杨靖宇烈士殉国 18 周年之际，人民政府将杨靖宇的遗首和遗体合葬于通化杨靖宇烈士陵园。

1945 年 2 月 24 日
中共中央提出向江南发展的战略方针

今天是 2 月 24 日，1945 年的今天，中共中央提出向江南发展的战略方针。

1944 年 9 月 27 日，为了配合美军在中国东南沿海可能实施的登陆作战，中共中央电示华中局：我军为了准备反攻，造成配合盟军条件，对苏浙皖地区工作应有新发展的部署。中共中央华中局和新四军军部认真研究了上述指示，分析了华中形势及苏南、浙东的具体情况，确定了发展东南的初步方针。

遵照上述部署，粟裕率第 3 旅第 7 团和地方干部 300 余人，于 1944 年 12 月 27 日，分东西两路渡江南下。1945 年 1 月 6 日到达浙江长兴县仰峰界，与第 16 旅汇合。新四军南下部队到达苏浙边区后，日军除在浙江沿海加强防御外，并无较大军事行动。为了避免与国民党军队发生摩擦，粟裕舍弃了由西线南下先取孝丰的方案，改为由东线南下，先取莫干山，逐步向东南发展。

1945年2月24日，中共中央提出向皖南、浙东、苏南发展的战略方针，指示华中局："粟裕部占领莫干山后，暂不宜深入突进，以巩固现地；应就现地扩大及深入农村工作，整训及扩大部队，准备大举跃进。"苏浙军区根据中共中央的指示，在日军打通浙赣线以前，就地抓紧部队休整训练，发动群众减租减息，训练人民武装，培养本地干部，积极部署根据地建设和开展新区工作。

在此期间，浙南、福建的共产党组织和游击队，在日伪占领沿海地区后，开展敌后游击战争，大力发展人民自卫武装。在浙南，1945年2月23日，中共乐清县委发动虹桥起义，3月2日，中共瓯北县委发动屿北起义，两县分别建立了抗日游击队，并与中共浙东区委取得联系。5月4日，中共浙南特委决定，各自的抗日武装合编为永乐人民抗日自卫游击总队，战斗足迹遍及永嘉、乐清、玉环、温岭以及瓯江口外的岛屿。

新四军部队在向东南发展的过程中，坚决执行中共中央和华中局的指示，有力地打击了日伪军，扩大了江南进行战略反攻的前进阵地，苏南抗日根据地得到了进一步巩固与发展，初步完成了中共中央赋予的发展东南的战略任务。

1944年2月25日
东江纵队向广九铁路全线出击

今天是2月25日，1944的今天，广东人民抗日游击队东江纵队，沿广九铁路全线出动，沉重打击了日本侵略者。

全长147公里的广九铁路，连接广州市越秀区的广州站及深圳市罗湖区的深圳站，作为近代史上历史悠久的一条铁路干线，它见证了百年来中华民族的沧桑与变革。七十多年前的抗日战争时期，广九铁路沿线也是重要的游击战场。由中国共产党领导的东江纵队，多次在这里伏击日军部队。

1938年10月下旬，侵华日军在惠阳大亚湾登陆，东江下游各县及广州相继沦陷。在此前后，中共广东省委及八路军驻香港办事处负责人廖承志，根据中共中央关于要在日军占领区开辟抗日游击区的指示，派一批共产党员到东莞、宝安、惠阳、增城等地组织抗日武装。

1942年1月，中共中央南方工作委员会副书记张文彬到羊台山抗日根据地的白石龙村召开游击队干部会议，总结了部队对敌斗争的经验，成立了以尹林平为书记的中共广东军政委员会，统一领导东江和珠江地区的抗日斗争，并将广东人民抗日游击队编为游击总队，梁鸿钧任总队长，尹林平任政治委员，部队编成1个主力大队和东莞、惠阳、宝安、港九4个地方大队。

为适应斗争需要，游击总队于1943年底，在惠阳坪山改编为广东人民抗日游击队东江纵队，下辖1个主力大队、5个地方大队和1个护航大队。纵队成立后，大力加强部队建设，广泛开展杀敌竞赛和扩军竞赛，不断向日伪军发动进攻。

1944年2月25日，东江纵队开始沿广九铁路、宝太公路等交通线全面出击，先后全歼广九铁路常平、平湖等站的伪军、伪警大队。其间，日军遭东江纵队连续打击，伤亡惨重，被迫于1944年6月7日撤回樟木头站。东江纵队还组成北上抗日先遣队，向粤北挺进，一度解放清远县城。

抗战结束后，东江纵队主力北撤到山东省解放区，后编入中国人民解放军两广纵队。留在广东的人员，一部分后来成为中国人民解放军粤赣湘边纵队的骨干。

1945年2月26日
八路军在湖北大田畈与日军激战

今天是2月26日，1945年的今天，八路军独立第一游击支队在湖北通山县大田畈与日军展开激战。

1944年11月，为增强华南抗日力量，八路军抽调第120师359旅，组成一支南下队伍，即八路军独立第一游击支队。在司令员王震、政治委员王首道率领下，这支部队由延安出发，两渡黄河，冲破日伪军的道道封锁线，于1945年1月下旬，抵达湖北省大悟山，与新四军第5师胜利会合，两部队举行了万人庆祝会师大会。摄影师记录下这一重要时刻。

1945年2月19日至23日，八路军独立第一游击支队和新四军第5师张体学部两个团，分两路先后南渡长江，进入鄂南之鄂城、大冶、阳新地区。25日下午，八路军独立第一游击支队成功渡江至阳大公路时，突然遭遇日军袭击。王震令第一、三大队一部设伏阻击，主力仍继续前进。阻击部队在阳大公路重创日军后，迅速撤出战斗与主力会合。

2月26日，部队由陈家塆出发，于当日中午进至大田畈、伍家祠、团林塆一线。日军在阳大公路遭八路军独立第一游击支队打击后，立即纠集大冶、阳新、三溪口等据点的日军独立混成第84旅团600余人、伪军300余人，向大田畈方向扑来。八路军独立第一游击支队立即进入战斗，奋力攻打日军，予日军以重创，迫使其暂时停止进攻，双方形成对峙局面。

晚8时，各路部队向日军发起猛烈进攻。担任正面主攻的二连，在连长朱新阳带领下冲入日军阵地与日军展开肉搏战。几经拼杀，占领了日军的前沿阵地，并向其心腹阵地发起猛攻，最终将日军压迫在山坳之中。日军见大势已去，收集残兵突围逃走。

此次战斗，八路军独立第一游击支队歼日伪军400余人，缴获长短枪300余支、轻重机枪25挺、炮7门和大量军用物资。这次战斗是八路军独立第一游击支队南下以来第一次大的战斗，沉重地打击了鄂南日军的嚣张气焰，也为部队继续南进开辟了道路。

1946年，八路军独立第一游击支队结束了历时近两年的南下征战，回到延安。其间部队途经8个省份，行程2万余里，突破敌人封锁线100多次，大小战斗300多场，被誉为“第二次长征”。

1939年2月27日
八路军总部命令粉碎敌人对晋冀豫边区大规模进犯

今天是2月27日，1939年的今天，为应对日本侵略军向晋冀豫边区“扫荡”的图谋，八路军总部发出关于粉碎敌人对边区大规模进犯的训令。当年7月初，第129师奉八路军总部命令，展开反“扫荡”作战。

武汉沦陷后，抗日战争进入相持阶段，日本侵略军将打击的重点转移至晋冀豫。

面对对敌斗争的新形势，1939 年 2 月 27 日，八路军总部发出关于粉碎敌人大规模进犯的训令，指出晋冀豫边区是坚持华北抗战的最重要的抗日根据地，全军要坚定必胜信心，做好本军、友军、地方及对日伪军的工作，克服一切困难，夺取最后的胜利。

7 月初，日本侵略军抽调第 20、第 109 师团主力和第 10、35、36、108 师团与独立混成旅团一部及伪军，5 万余人 ，由驻太原第一军司令官梅津美治郎指挥，对晋冀豫抗日根据地进行大“扫荡”。第 129 师决定组织地方武装和民兵游击队，针对敌人可能长期占据城镇及交通线的情况，以游击战消耗日本侵略军；主力适当集中，打破侵略者分割根据地的不轨图谋。

7 月 3 日起，日本侵略军分两路向晋冀豫根据地进犯，一路沿交通线推进，企图合击八路军第 129 师主力于辽县、武乡等地区；另一部向阳城、晋城进攻。此时，被动员起来的当地军民，早已做好与敌人长期斗争的准备。7 月 6 日，日本侵略军独立混成第 4 旅团在辽县以西遭受重创。7 月 8 日，向榆社地区分路合击的日本侵略军第 109 师团 107 联队，在云簇镇遭到第 129 师第 386 旅和八路军总部特务团伏击，此役，共毙伤日伪军 300 余人。

敌人的阴谋被挫败后，改以控制交通线、分割根据地为主。第 129 师各部随即展开袭击战、围困战，给占据交通线上的敌人以沉重打击。 战至 8 月下旬，敌军北移长治，“扫荡”结束。

在此期间，第 129 师积极寻求战机，历经大小战斗 70 余次，歼敌2000余人，收复了榆社、武乡、沁源、高平等县城，粉碎了敌人以重兵聚歼八路军主力的企图。鉴于“扫荡”中敌人占据了当地大部县城及战略要道，反“扫荡”作战结束后，第129师即分遣一部分主力结合地方部队，组成游击集团，在广大民众的支援下，向深入根据地内部的敌据点主动出击。

1944年2月28日
冀鲁豫部队收复朝城

今天是2月28日，1944年的今天，冀鲁豫军区第二分区部队一部收复山东朝城县城。

1944年，国际形势发生了急剧的变化。世界反法西斯战争处于战略反攻阶段。日本大本营为了扭转局势，保持其本土与东南亚的联系，制定了打通中国大陆交通线的作战命令，敌人随即向正面战场发动了新的进攻。

1943年底和1944年初，日军先后从晋冀鲁豫边区周围调走了6个精锐师团和骑兵第4旅团等部，而以新编成的6个独立步兵旅团接替其防务，使其用于晋冀鲁豫边区的兵力相对减少，守备力量减弱。日军兵力的变动引起了冀鲁豫军区领导的注意。经过周密部署，冀鲁豫军区决定先拔掉伸入根据地腹心的日伪军据点，进一步巩固和扩大根据地。

朝城地处冀、鲁、豫三省交界处的鲁西平原上，地势平坦。冀鲁豫军区二分区决定以部分主力结合地方武装及民兵，采取逐个击破、围点打援的战法向日军突出孤立的城镇及据点展开攻势。1944 年 2 月 28 日，一举收复朝城县城。

1944 年冀鲁豫军区部队发起的春季攻势，先后收复朝城、沁水县城及据点、碉堡 200 余处。由于攻击目标选择适当，攻击动作迅速，使敌首尾不能相顾，因而整个春季攻势作战都比较顺利，不少地区连战连捷。冀南军区第七军分区，1 月攻克冠县赵固据点，歼敌 100 余人；2 月又攻克堂邑袁庄据点，歼灭伪军 400 余人。第六军分区 1 月一度攻入德州；3 月于武城齐庄战斗俘敌 200 余人。

春季攻势以后，为适应斗争形势发展需要，1944 年 5 月 11 日，中共中央将冀南、冀鲁豫两区党委合并组成中共平原分局，黄敬任书记；将冀南、冀鲁豫军区合并为新的冀鲁豫军区，宋任穷任司令，黄敬任政治委员。

冀鲁豫军区与冀南军区合并后，5 月先后在昆山、张秋、清丰等地区发动攻势，收复清丰县城及寿张集、戴庙等日伪军据点 50 多处。夏秋间，冀鲁豫军区部队主力又接连发动攻势，在微山湖以西收复单县、鱼台、丰县、沛县间广大地区，使小块根据地连成一片，为 1945 年扩大攻势作战创造了条件。

三月

1939年3月1日

黑马张庄战斗

今天是3月1日，1939年的今天，八路军第120师和冀中军区部队在河北省河间县进行了黑马张庄战斗，取得了胜利。

1938年11月，中共中央军委决定由贺龙率领第120师主力从晋西北地区挺进冀中地区，巩固冀中抗日根据地。12月，贺龙率领第120师主力部队从山西省岚县出发，经一个多月行军，于1939年1月到达冀中的河间县，与冀中军区部队会合 。

2月，日伪军3000余人，配备装甲车和坦克20余辆，对冀中抗日根据地进行“围攻”，企图消灭第120师和冀中军区主力。第120师师长贺龙和冀中军区司令吕正操率领部队和日伪军连续作战后，转移到肃宁县，寻机打击河间县的日伪军。

河间城驻有日军第27师团第3联队第2大队600余人及伪军700余人。日伪军经常出动300人左右的兵力到城外抓夫抢粮，并且有双日出东门，单日出西门的规律。贺龙和吕正操决定利用敌人的规律出其不意地伏击日伪军。命令第716团团长黄新廷、政治委员廖汉生部和冀中军区第30大队担任伏击任务。黄新廷和廖汉生决定在黑马张庄地区设伏。2月28日晚，八路军第120师第358旅由窝北镇秘密进到河间城西边的黑马张庄设伏。

3月1日7时，日军第27师团宫崎联队第2大队及部分伪军220余人从河间城西门出发，向黑马张庄进犯。当日伪军进入设伏区时，第716团第3 营立即猛烈射击，当即歼灭日伪军一部。

日伪军后续部队据守村外的坟地顽抗。第716团第2营和冀中军区第30大队进到管中堡侧击日伪军，另派遣一部兵力转移佯攻河间县城，以牵制日伪军。河间日军为接应黑马张庄的日伪军，先后3次派出援兵450余人增援。激战至黄昏，遭伏击的日伪军向河间溃退。第716团追至河间城下，并一度袭入北关，因日伪军据城固守，八路军撤出战斗。

黑马张庄战斗，八路军第120师和冀中军区部队歼灭日伪军200余人，俘虏2人，缴获轻机枪3挺、步枪60余支。

八路军第120师和冀中军区部队经过连续作战，粉碎了日伪军的企图，取得了在平原开展游击战的宝贵经验，为巩固和发展冀中抗日根据地创造了良好条件。

1938年3月2日
朱德出任东路军总指挥

今天是3月2日，1938年的今天，朱德出任第二战区东路军总指挥，彭德怀出任副总指挥。

1938年2月17日，八路军总指挥朱德在山西临汾与第二战区司令长官阎锡山召开军事会议，决定将第二战区所属部队划分为西路军、南路军和东路军。

3月2日，朱德、彭德怀正式出任东路军正副总指挥，负责晋东南地区的对日作战。东路军所辖部队除八路军第115、第129师和山西青年抗敌决死第1纵队、第3纵队外，还有国民党军曾万钟部第三军、李家钰部第四十七军以及赵寿山部第 17 师、武士敏部第 169 师、朱怀冰部第 94 师等部队。

3 月 24 日，朱德在沁县城东南的小东岭村召开东路军将领会议。朱德在会上讲话，要求大家开展民主抗日，搞好军民关系，把旧军队改造成新型军队，建立部队政治工作，开展游击战争，并介绍了八路军坚持敌后抗日游击战争的战略战术，鼓励国民党军将领为抗日救国作出贡献。彭德怀作《第二期抗战与我们的任务》的报告。31 日，八路军总部邀请与会国民党军将领参观由第 129 师副师长徐向前指挥的响堂铺伏击战。此战，毙伤日军第 108 师团森木少佐以下 400 余人，击毁汽车 180 余辆，缴获长短枪 130 余支，迫击炮 4 门，以及大批其他军用物资，使侵入晋东南的日军后方交通运输线受到严重威胁。

为了解除后方威胁，日本侵略军从 4 个师团中调 ,3 万余人的兵力，由同蒲、正太、平汉铁路线和长治、屯留等地出动，向晋东南地区大举围攻，企图将中国东路军所属部队歼灭在辽县、榆社、武乡地区。

1938 年 4 月 16 日清晨，八路军第 129 师主力按照朱德、彭德怀的命令，由辽县转移至日军合击圈外，并在武乡东面的长乐村开始实施反围攻作战，一举歼灭日军 1000 余人，缴获大批军用物资。此后，八路军、山西新军和国民党军乘各路日军纷纷溃退之际，发起追击，又毙伤日军近 1000 人。

东路军的反围攻作战，共歼灭日军 4000 多人，收复沁县、榆社、武乡、辽县、沁源、长治等 10 多座县城，巩固和扩大了晋冀豫边区抗日根据地。

1941 年 3 月 3 日
濮阳军民积极展开反“扫荡”

今天是 3 月 3 日，1941 年的今天，日伪军调集 1000 余人，开始向冀鲁豫抗日根据地濮阳东南地区进行疯狂的“扫荡”。濮阳地区的广大军民奋起抗击日军“扫荡”。

1931 年日本帝国主义发动九一八事变以来，在长达 14 年的侵华战争中，制造了一系列惨绝人寰的大屠杀。

1941 年 3 月 3 日，日本侵略军第 35 师团及伪军一部共 1000 余人，“扫荡”冀鲁豫抗日根据地濮阳东南地区。同年 4 月 12 日，日本侵略军第 35 师团、独立混成第 1 旅团及伪军共 1 万余人，在 100 余辆汽车和坦克的掩护下，对冀鲁豫边区濮阳以北、内黄以南的沙区抗日根据地发动大“扫荡”，从内黄到清丰、濮阳一带，敌人实施合围，企图消灭八路军第 2 纵队兼冀鲁豫军区机关。

4 月 15 日，八路军第 2 纵队第 4 团第 2 营被日本侵略军包围，第 2 营突围后转至井店东北永建，又遭敌人二度合击，最后，除第 5 连脱困外，第 6、第 7 连指战员全部牺牲。第 2 纵队主力在杨得志司令员率领下，向东南突围，转至濮阳西北后河一带。卫河大队等地方武装虽略有损失，但均成功地摆脱围困。

但是，日本侵略军并不甘心。他们为了消灭八路军主力，于 4 月 16、17 日，又对沙区进行反复合击，反复搜索，仍未发现八路军主力。日本侵略军气急败坏，随即大肆逞凶施暴，将以南张堡、薛村为中心的 141 个村庄烧毁，杀害群众 3400 余人，烧毁民房 1

万多间。

4月18、19日，日军由沙区中心区向沙区南北边沿地区合击，但八路军和领导机关已提前转移，日军再次扑空。20日，日军被迫撤退，结束“扫荡”。

在此期间，日本侵略军除在濮阳地区进行疯狂的“扫荡”外，还在河南多地制造了一系列惨绝人寰的大屠杀。据档案记载：从1938年至1945年，侵华日军在河南进行“清乡”和“治安”强化；对抗日游击队活动区实行“蚕食”；对抗日根据地实行杀光、抢光、烧光的“三光政策”和“囚笼政策”，以及“梳篦式”大“扫荡”，犯下了罄竹难书的累累恶行。

1942年3月4日
毛泽东等表彰八路军留守兵团

今天是3月4日，1942年的今天，毛泽东、朱德等中共领导人致函八路军留守兵团，表彰他们的抗战功绩。毛泽东等人在函中说，“四年以来，你们留守边区是有很大成绩的”。这不仅是对留守兵团指战员的鼓励，也是对全体抗日军民的巨大激励。

八路军留守兵团的前身是八路军后方留守处。1937年8月，中国工农红军主力改编为八路军，中共中央军委决定从八路军3个师各抽调一部分兵力，共9000余人留守陕甘宁边区，保卫黄河防线，保卫中共中央；不久，又分别成立东地区和西地区两个留守处。东地区留守处以陈伯钧为主任，陈先瑞为副主任，驻洛川；

西地区留守处以王宏坤为主任，王维舟为副主任，驻正宁，以上部队统受萧劲光指挥。

八路军后方留守处后又改称为八路军留守兵团，由中共中央军委直接领导。其任务是：保卫陕甘宁边区，保卫黄河防线，保卫中共中央。

黄河是陕甘宁边区的重要屏障，八路军留守兵团修筑了北起府谷，南至宜川的千里河防工事。1937 年底，中共中央将千里河防划分为 3 个地段，萧劲光兼任河防总指挥。

从 1938 年起，日本侵略军不断侵犯陕甘宁边区河防。1938 年 3 月 13 日，侵占晋西北之敌 2000 多人，进抵黄河东岸，在飞机对河西阵地轰炸 3 个小时后开始渡河。八路军留守兵团河防守备部队隐蔽待机，当敌人以密集队形部分渡过黄河时，以全部火力突然开火，同时我迂回部队也对日军进行了袭击。在此打击下，日本侵略军仓皇撤退。这次神府河防战斗，共计毙伤敌 140 余人。

从 1938 年春到 1939 年底，日军共进犯陕甘宁边区河防 23 次，八路军留守兵团河防部队先后取得神府、宋家川、凉水岸和马头关及碛口共 70 多次战斗的胜利，共毙伤日军 800 余人，击退了日军的屡次进攻，使陕甘宁边区的千里河防，始终未被日军突破。这在中国抗战的江河防御作战中，是非常骄人的辉煌战绩。

1942 年，随着敌后战场形势的严峻，中共中央统一陕甘宁与晋绥两个战略区的军事力量，成立了陕甘宁晋绥联防军司令部，八路军留守兵团进入新的历史阶段。

1939年3月5日
八路军129师在琉璃寺歼敌

今天是3月5日，1939年的今天，八路军第129师先遣纵队一部在反“扫荡”中，于山东省高唐县琉璃寺地区抗击日军进攻，毙伤敌150余人。

1939年2月，根据中共中央积极创建抗日根据地的指示精神，八路军第129师先遣纵队和第386旅旅长陈赓统一指挥下的八路军筑先纵队，粉碎了敌人对鲁西北的“扫荡”，创建了以冠县、馆陶、丘县为中心的鲁西北抗日游击根据地。

1939年3月初，中共鲁西区委根据中共中央北方局和第129师关于开辟泰西抗日根据地的指示，决定以大峰山为依托，开辟运河以东抗日根据地。1939年3月4日，先遣纵队司令部机关和中共鲁西区党委机关，由冠县东南庄出发，经堂邑北部，到高唐县琉璃寺、许楼等地，与津浦支队、青年纵队第3团会合。

在八路军第129师先遣纵队集结的同时，驻济南日军，纠集驻津浦铁路北段的日军秋山旅团，联合临清之敌，从济南、齐河、禹城、聊城、高唐等地出动，向琉璃寺、许楼一带分进合击。

3月5日黎明，八路军准时到达指定地点。刚刚入住民房布置警戒，敌人已经闯到琉璃寺村北门，先遣纵队第2团一部在附近的于屯被敌包围后，荆维德、王长年等指挥部队沉着应战，一连打退敌人六七次冲锋。下午4时，纵队首长决定由司令部作战股股长赵晓舟和许法率一个排，掩护纵队机关和鲁西区党委向琉璃寺东南的许楼转移。不料该地被敌人抢先占领，纵队直属队在行进中遇到阻击，鲁西区党委秘书长赵伊坪等100余人在战斗中壮烈牺牲。此役，八路军毙伤敌150余人，击毁敌汽车6辆，让敌寇消灭我鲁西北抗日武装的企图化为泡影。

战斗结束后，烈士遗体被分别安葬在徐楼、琉璃寺、大吕庄、大桑庄等地。1946年6月茌平县政府、原茌平七区抗日公所将烈士遗体迁葬于徐庙，并在埋葬处建亭树碑，建成烈士陵园，让为抗日牺牲的烈士们得到人民的祭奠和崇敬。

1940年3月6日
中共中央发出抗日根据地政权问题的指示

今天是3月6日，1940年的今天，中共中央发出关于《抗日根据地的政权问题》的指示。毛泽东为中共中央起草的这一指示，明确了抗日根据地政权的性质，指出："在抗日时期，我们所建立的政权的性质，是民族统一战线的。这种政权，是一切赞成抗日又赞成民主的人们的政权，是几个革命阶级联合起来对于汉奸和反动派的民主专政。"

指示提出了"三三制"的原则："根据抗日民族统一战线政权的原则，在人员分配上，应规定为共产党员占三分之一，非党的左派进步分子占三分之一，不左不右的中间派占三分之一。"同时提出，"必须保证共产党员在政权中的领导地位，因此，必须使占三分之一的共产党员在质量上具有优越的条件。""必须使党外人士占三分之一，因为他们联系着广大的小资产阶级群众。我们这样做，对于争取小资产阶级将有很大的影响。”“给中间派以三分之一的位置，目的在于争取中等资产阶级和开明绅士。”

指示强调：“上述人员的分配是党的真实的政策，不能敷衍塞责。根据“三三制”原则，陕甘宁边区举行了边区第二次民主选举，产生出新的抗日民主政府，受到了边区各界人民的高度赞赏和拥护。中国共产党领导的其他各敌后抗日根据地，也普遍开展了“三三制”的抗日民主政权建设。

1940 年 8 月，中共中央北方局公布《关于晋察冀边区目前施政纲领》，规定边区要按“三三制”原则健全各级民意机关及政府机构。一些当选了议员的士绅赞扬说：“现在我们才彻头彻尾地认识到中国共产党是真正救国救民的中国最伟大的党。”

1941 年 7 月 29 日，晋冀鲁豫边区党组织和行政委员会，通过了《晋冀鲁豫边区政府施政纲领》，用法律形式明确规定边区政府实行“三三制”政体，欢迎一切抗日党派阶层与进步人士参加政权工作。

华北和华中的其他抗日根据地也积极响应党中央的号召，按照“三三制”建政原则，纷纷建立政权机关，从而最广泛地团结了敌后抗日力量，巩固了抗日民族统一战线，使敌后抗日根据地的政权建设发展到一个新阶段。

1938年3月7日
八路军在晋西北发动反"围攻"作战

今天是3月7日，1938年的今天，八路军第120师在晋西北发动反"围攻"作战。这次战役共歼灭日伪军1000多人，收复岢岚、五寨、保德、河曲、偏关、神池、宁武7座县城，对巩固晋西北抗日根据地具有重要意义。

晋西北是陕甘宁边区的屏障。八路军第120师进入晋西北后，放手发动群众，开展游击战争，建立了晋西北抗日根据地。1938年2月下旬，日军为巩固后方，确保交通安全，纠集一万余人分几路进犯晋西北地区。一路为千田旅团，由朔县出动，进占宁武、神池、保德、五寨、岢岚；一路为竹内旅团，由井坪出动，进占偏关、河曲；另一路是伪蒙军，由绥远南犯，至偏关与日军会合。同时，汾阳的日军亦西犯军渡、碛口。

正在忻口、太原间执行破击任务的八路军第120师主力为粉碎日军的围攻，星夜回师，决心以第359旅主力围困岢岚城；以第358旅主力进至岢岚以北，打击可能增援的日军；如岢岚日军北撤，则集中两旅主力相机在运动中将其歼灭之；尔后，再逐次逼退其他各路日军。此外，第120师还以警备第6团袭扰保德及三岔堡的日军；以独立第1支队及骑兵营破袭神池至义井间交通，以雁北支队在平鲁、朔县、清水河三地间游击；以第714团监视阳曲方面的日军，配合第120师主力行动。

3月7日，第359旅首先围困进占岢岚县城的1000多名日军。

日军连遭困扰，无法立足，遂于3月10日弃城北撤，在三井镇被歼一部，残部向五寨退去。五寨城池坚固，不利强攻。第359旅以少数兵力围困，主力集中于五寨、神池间待机。17日，第358旅在义井以南的虎北村与神池出援的日军遭遇，八路军居高临下发起冲击，歼灭日军300余人，残余日军退回义井镇。同日，三岔堡出援五寨的日军中途被击溃。至此，五寨的日军完全陷入孤立。20日，河曲、偏关、保德及五寨的日军同时东撤，在田家窊、凤凰山各被歼一部，遂向神池撤退，八路军尾追到阳口西南地区，23日收复神池县城，4月1日又收复宁武县城。八路军120师在20多天的反围攻作战中，接连收复被日寇侵占的7座县城，在中国抗战史上写下精彩一页。

1945年3月8日
中国远征军攻占腊戍

今天是3月8日，1945年的今天，中国远征军攻占缅甸腊戍。

太平洋战争爆发后，日军侵入东南亚，穿越云南西部与缅甸北部的滇缅公路成为中国唯一的国际运输线。为了维护共同利益，中国与英国签订《中英共同防御滇缅路协定》，正式结成军事同盟。1942年2月下旬，中国远征军开始第一次进入缅甸作战。远征军虽然取得同古保卫战、仁安羌大捷等胜利，仍然无法遏止日军在缅甸的攻势，于是中国远征军分两路撤出缅甸，一路翻越野人山退入云南，另一路辗转进入印度。

滇缅公路被日军切断，中国得到的盟国军事援助急剧减少。为扭转不利局面，国民政府积极筹划反攻滇缅公路。1943 年 4 月，中、英、美三方达成共同反攻滇西缅北的作战计划。当月，中国远征军司令长官部在云南楚雄成立，陈诚任中国远征军司令，负责收复怒江以西的沦陷国土。同时，由孙立人等部编成的中国驻印军基本完成整训，负责缅甸北部地区的反攻作战。两支远征军部队在反攻之前建制得到充实，并全部换装美式装备，战斗力得到加强。第二次入缅作战开始后，两支远征军先后取得松山攻坚战、胡康河谷战役、密支那战役等一系列的胜利后，于 1945 年 1 月 28 日在芒友会师，打通了新开辟的中印公路。

芒友会师后，滇西的远征军开始调往国内战场，中国驻印军继续向缅北重镇腊戍进攻。1945 年 2 月 11 日，新一军军长孙立人指挥新 30 师及第 112 团，沿滇缅路进攻腊戍，2 月 19 日，在坦克部队的配合下，新一军攻克新维，打开腊戍的北大门。日军防守腊戍的布置为：以第 56 师团搜索联队据守闹亨，以第 148 联队及炮兵一部据守孟利，师团主力及战车、炮兵主力固守腊戍及外围要点，妄图作最后挣扎。孙立人令新 38 师担任正面进攻，新 30 师及第 112 团分别沿公路迂回，完成对腊戍的包围。在飞机与坦克的配合下，新一军各部击破当面之敌后，于 3 月 6 日占领老腊戍，3 月 7 日，攻克火车站、飞机场等要点，3 月 8 日，完全攻占腊戍。

此后，新一军与英军第 36 师在腊戍以南的乔梅会师。在完成远征使命后，中国远征军陆续归国。

1945年3月9日
盟军轰炸日本东京

今天是3月9日，1945年的今天，美军对日本东京实行轮番轰炸。

1945年春，美军对日本本土发起大规模战略性轰炸，其中包括“东京大轰炸”。

早在1941年12月8日日本发动珍珠港事件后，美国就曾派出16架B-25轰炸机袭击日本的东京、横滨、名古屋和神户的油库、工厂和军事设施。但美国当时的攻击是象征性的，此后近两年的时间里，美军没有再攻击日本本土。

此后，B-29“空中堡垒”式轰炸机的成功问世，保证美军有能力对日本作出战略轰炸。这种新型飞机时速563千米，飞行高度超过1万米，续航里程达6430千米。

1945年1月，柯蒂斯·李梅少将被任命为第21轰炸机部队司令。2月19日，第20航空军的指挥部发出了将“试验性”燃烧弹空袭提到优先位置的新命令。美军在1945年2月23日至24日首次对东京采取大规模燃烧弹攻势，当晚174架B-29轰炸机在东京抛下大量凝固汽油弹。3月9日至10日，美军派出334架B-29轰炸机从马利亚纳群岛出发，在东京上空共投下了超过2000吨燃烧弹，产生的高温足以烧着市区内所有可燃物。持续两小时的轰炸过后，20多个轰炸目标全部被摧毁。战争的必然逻辑是：玩火者必自焚。发动残酷侵略战争的日本，到头来自己也尝到了战争滋味。

1945 年 3 月 10 日以后，李梅又指挥 B-29 轰炸机部队继续对东京以及名古屋、大阪、神户等大城市进行了持续达 3 个月之久的燃烧弹轰炸，至 6 月中旬，李梅又将燃烧弹轰炸范围扩大到其他中小城市和交通线。

美军对日本本土的大轰炸，加速了日本军国主义无条件投降的进程。

与此同时，世界反法西斯战争临近最后胜利。1945 年 1 月，苏联军队从维斯拉河一线向奥得河一线德军发动强大攻势。从 2 月下旬起，美、英联军以渡过莱茵河为目标开始了进攻。德国法西斯的灭亡已经为期不远。因此，2 月 4 日至 11 日，苏、美、英三国首脑斯大林、罗斯福、丘吉尔及其外长在苏联克里米亚半岛的雅尔塔举行会议，讨论欧洲战后处理问题和对日战争问题。随着欧洲战争的即将结束，日本军国主义失败的丧钟也已敲响。

1941 年 3 月 10 日
太行军区颁布戒严令

今天是 3 月 10 日，1941 年的今天，为肃清汉奸敌探，保卫抗日根据地，太行军区颁布紧急戒严令。

1937 年 7 月 7 日，日本军国主义者发动卢沟桥事变，中国守军奋起抵抗，揭开了全国抗战的序幕。当全国抗战由战略防御转入战略相持阶段后，日本侵略军将进攻的重点转向华北敌后抗日根据地。

1939 年 9 月起，日本侵略军在华北抗日根据地推行所谓“囚笼政策”，妄图将太行、太岳区分割成一个个小块，对根据地进行“扫荡”，1941 年开始，太行军区面临的形势空前严峻。

八路军第 129 师师长兼晋冀豫军区司令员刘伯承、政治委员邓小平根据中共中央军委、北方局和八路军总部的指示，采取了一系列措施整训主力兵团，加强军区建设，发展地方武装和人民武装，坚决进行反“蚕食”、反“扫荡”斗争。

1941 年 3 月 10 日，太行军区以刘伯承、邓小平和八路军晋冀豫军区副司令员王树声三人名义发布《关于实行全区紧急戒严令》，指出：“近查敌寇亲日派，派大批汉奸特务人员、武装便衣队，混进我抗日根据地刺探军情，袭击军政后方机关及抗日团体，诱骗壮丁，抢掠财产物资，组织土匪等，特别在我春耕期间会更加猖狂。因此，为肃清汉奸敌探，保卫抗日根据地，武装保卫春耕，自‘三一八’起实行全区戒严。”

太行抗日根据地军民在共产党领导下，积极开展行动。当时儿童团在路口站岗放哨，盘查行人，担负着区署和邻村传递消息和运送文件的任务，无论严寒酷暑，从不间断，在保卫抗日组织、锄奸反霸等方面，作出了重要贡献。

1941 年 8 月，冀南、太行、太岳行政联合办事处成立。接着，通过民主选举，成立了军分区以下各级人民武装抗日自卫委员会，以便领导人民武装进行群众性游击战争，配合抗日军队作战，维持社会治安，担任后勤任务。

上述一系列工作任务的完成，为抗日根据地的反“蚕食”、反“扫荡”斗争创造了极为有利的条件。1941年10月底，日军对八路军太行军区发动冬季“扫荡”，妄图歼灭八路军总部及第129师机关。对此，早有准备的太行军区军民，组成了县、区、村指挥部，实施空室清野，经过八昼夜奋战，毙伤敌人700余人，粉碎了日军的图谋。

1940年3月11日
毛泽东作《目前抗日统一战线中的策略问题》的报告

今天是3月11日，1940年的今天，毛泽东在延安中共高级干部会议上，作题为《目前抗日统一战线中的策略问题》的报告，对于发展抗日进步力量，争取时局好转，避免时局逆转，具有重要指导意义。

1939年11月，国民党召开五届六中全会，全会通过以军事限共为主、政治限共为辅的新方针。12月，国民党顽固派的反共活动进一步升级，由制造小规模的军事摩擦，发展成在几个地区向中国共产党领导的抗日武装和根据地发动大规模的进攻，从而形成了第一次反共高潮。中国共产党领导的八路军奋起反击，粉碎了国民党军的多次进攻，打退了国民党顽固派发动的第一次反共高潮。

1940年3月11日，中共中央在延安召开高级干部会议，毛泽东作了《目前抗日统一战线中的策略问题》的重要报告，明确指出："抗日战争胜利的基本条件，是抗日统一战线的扩大和巩固。而要达到此目的，必须采取发展进步势力、争取中间势力、反对顽固势力的策略，这是不可分离的三个环节，而以斗争为达到团结一切抗日势力的手段。"

毛泽东指出：发展进步势力，就是发展无产阶级、农民阶级和城市小资产阶级的力量，就是放手扩大八路军、新四军，就是广泛地创立抗日民主根据地，就是发展全国的民众运动，就是争取全国的知识分子。争取中间势力，就是争取中等资产阶级，争取开明绅士，争取地方实力派。

此后，为了巩固和扩大抗日民族统一战线，中共中央制定了相应的具体政策。关于政权组织，提出必须坚持"三三制"。在军事方面，提出发展扩大八路军、新四军等革命武装，对国民党军队尽量开展"交朋友"的工作。关于劳动政策，要在改善工人生活的同时，工人必须遵守劳动纪律，必须使资本家有利可图。关于土地政策，要地主减租减息，要农民交租交息。经济政策上，要吸引外地资本家到延安来，到这里办实业、搞建设。一系列政策的实施，既保护了工人、农民阶级的利益，又照顾到一切中间阶级的利益，团结了一切可以团结的力量，进一步巩固和扩大了抗日民族统一战线。

1933 年 3 月 12 日
日军占领古北口

今天是 3 月 12 日，1933 年的今天，日军占领古北口。

在京郊密云县的古北口镇东南帽山脚下，巍峨矗立着一座古北口七勇士纪念碑。它纪念的是 1933 年 3 月在古北口抗击日军时牺牲于此的 7 名中国战士。每当晚霞拂过，石碑映出鲜红，人们仿佛又看到了当年抗日将士们浴血拼杀的情景。

古北口是由承德到北平最近的关口，为北平之门户，地势险要，易守难攻。1933 年 3 月 4 日，日军占领承德后，即以第 8 师团主力向古北口追击，情形万分危急。3 月 9 日，防御古北口的东北军王以哲第六十七军 107 师与敌激战两昼夜后撤回关内，第六十七军 112 师则到长城以北布防。

当日军侵犯热河时，蒋介石便密调徐庭瑶的第十七军北上。国难当头，第十七军将士们日夜兼程奔赴古北口。关麟征将军的第 25 师是第十七军的先锋部队，在 3 月 10 日凌晨便赶到阵地。他们不顾疲惫，当即占领东西两侧的高地，赶修防御工事，准备痛击来犯之敌。

3 月 10 日 15 时，日军第 8 师团便对第 25 师防守的古北口二线阵地发起试探性进攻。中国军队将士们坚守阵地，将日寇击退。3 月 11 日晨，日军第 8 师团主力对古北口发起突然袭击，日本飞机、大炮轮番轰炸，成吨的弹药倾泻在中国守军阵地上。战至上午 10 时，日军占领古北关口，并乘胜向中国守军第 25 师右翼龙儿山谷阵地包围攻击。驻守该地的第25师第73旅伤亡严重，联络中断。师长关麟征将军亲自带领第75旅主力前来增援。关将军身先士卒，被打伤炸伤五处。经过反复拼杀，终于打退日军，恢复了与右翼阵地的联系。战斗结束后，关将军被送回北平疗伤，中国守军第73旅旅长杜聿明升任副师长代理第25师师长一职。

3月12日，日军对中国守军阵地再次发起进攻。第25师将士们以寡敌众，坚守阵地。战至3月12日15时，阵地被日军装甲车突入，中国守军撤出古北口，向南天门阵地退却。当时，戴安澜任团长的第25师第145团驻守帽山的一个军哨，因为通信被切断，没有接到撤退命令。军哨内的7名士兵依然固守在阵地上，直到子弹打光，7名士兵全部牺牲。2005年8月15日，当地村民们建起新的古北口七勇士纪念碑。

1933年3月13日
宋哲元部攻陷喜峰口日军炮兵阵地

今天是3月13日，1933年的今天，宋哲元率领国民革命军第二十九军，在喜峰口攻陷日军炮兵阵地。

在血与火写成的抗战历史中，1933年长城抗战的记忆无法抹去。发生在这里的历次战斗中，广为人知的有喜峰口一役。

1933年3月4日，日军攻陷承德后，长城各口告急。国民革命军第二十九军宋哲元部奉命接防喜峰口。3月8日，第二十九军军长宋哲元下令：已推进至长城线的冯治安第37师派部队接防喜峰口之阵地。3 月 9 日，第二十九军先头部队刚到喜峰口，日军混成第 14 旅团一部已至此。第二十九军一个团立即投入战斗，才暂时稳定战局。3 月 10 日，第二十九军主力先后到达滦阳城。此时，防守喜峰口的中国守军万福麟部第五十三军正在与日军混成第 14 旅团交战。傍晚，日军占领了长城线北侧山头及喜峰口之董家口一带。适时赶来接防的第二十九军第 37 师立即投入战斗。当夜，第 109 旅旅长赵登禹也以两个营夜袭日军。此时，万福麟部第五十三军正在日军混成第 14 旅团主力压迫下后撤，第二十九军立即接防喜峰口，并阻击进犯的日军。

日军向喜峰口全线进攻，在飞机大炮掩护下，一度占领西侧高地。经赵登禹、佟泽光、王治邦三旅长率队组织反攻，白刃肉搏数次，终于将敌人击退，再度占领山头。

鉴于连日激战情形，宋哲元亲下手谕传示各师，勉励前方作战将士。 3 月 12 日拂晓，旅长赵登禹、佟泽光、王治邦率部分别抵达北山土、三家子日军骑兵阵地和蔡家峪、白台子炮兵阵地。官兵们趁日军熟睡之机，手持大刀猛砍、猛杀，并炸毁、烧尽日军阵地的火炮、辎重和粮秣。驻老婆山日军闻讯后，立即赶来救援。于是，双方在黑夜中混战。在中国守军的合击下，终于将日军击退。此战，毙伤日军六七百人，破坏野炮 18 门。日军受此打击后，暂时停止对喜峰口附近的攻击。

喜峰口一带的战事，从 3 月 9 日开始，经过几昼夜激战，以第二十九军取得喜峰口两侧阵地的胜利而告一段落。有人曾这样评价说：“喜峰口战役中，大刀队的威名，几乎把现代化的精良火器都掩盖了。”“大刀向鬼子们的头上砍去”这一慷慨激昂的歌声从此唱遍了全中国。

1938年3月14日
台儿庄大捷

今天是3月14日，1938年的今天，沿津浦路南犯的日军第10师团濑谷支队由邹县南下，向滕县进攻，揭开了台儿庄大战的序幕。

台儿庄位于徐州东北30公里京杭大运河北岸，北连津浦铁路，南接陇海铁路，扼守运河咽喉，是徐州的门户。

1938年1月中旬，在青岛登陆的日军第5师团沿胶济铁路和台潍公路西进、南下，连陷诸城、沂水、蒙阴、莒县等地，于1938年3月上旬推进至鲁南要地临沂以北十余里处，企图在夺取临沂后，与由津浦路南犯的第10师团会攻台儿庄，继而与由南京沿津浦路北犯的日军相呼应，合围徐州。

1938年3月14日，日军第10师团主力濑谷支队由邹县两下店南犯滕县。中国守军第二十二集团军第四十一军英勇抗击。3月16日，日军配以大炮、坦克、飞机，向滕县县城发起总攻。第四十一军代军长兼第122师师长王铭章督战死守，誓与城池共存亡。血战至3月17日，王铭章以下官兵大部壮烈殉国。3月18日，滕县失守。濑谷支队攻占滕县后，又连陷临城、枣庄、韩庄、峄县等地，孤军深入，欲一举攻下台儿庄，打开进攻徐州的“北大门”。

中国第五战区为确保台儿庄安全，以拱卫徐州，调集了孙连仲第二集团军3个师扼守台儿庄。3月24日，蒋介石到徐州视察，同时派副参谋总长白崇禧等组织临时参谋团，以协助第五战区司令长官李宗仁指挥作战。

3月24日，日军濑谷支队向台儿庄发起进攻，中国守军顽强抵抗。经3日激战，有一部日军突入台儿庄城内。第31师师长池峰城亲率士兵奋勇抵抗，组织敢死队与日军彻夜拼搏。战况惨烈，战斗陷于胶着状态。

3月29日，蒋介石下达死守台儿庄的命令。李宗仁即令孙连仲第二集团军死守台儿庄阵地，令汤恩伯第二十军团由枣庄东北向台儿庄机动，协助第二集团军夹击进犯之敌。同一天，日军第5师团坂本支队驰援台儿庄。当坂本支队于31日进至向城、爱曲地区时，被中国军队夹击包围，救援濑谷支队的计划落空。4月3日，中国军队发起全线反击。经四日激战，歼灭濑谷支队大部、坂本支队一部。

在历时半个多月的台儿庄大战中，中国军队虽然伤亡失踪7500余人，但是歼灭日军1万余人。这是全国抗战以来中国军队取得的一次重大胜利，大大鼓舞了全国人民的抗日士气。

1941年3月15日
上高会战打响

今天是3月15日，1941年的今天，上高会战爆发。当我们翻开历史的一页，曾有这样一段记载：“此次日犯上高，死伤甚重，现又查明池田旅团野励中佐、大队长鹿合、联队田中大队长等人阵亡。”这段电文出自1941年4月9日的《申报》。

1941年初，日军为加强华北治安，决定把江西安义地区的第33师团调往华北。在调动之前，日军决定对上高地区发动一次进攻，以巩固华中战略要地南昌及其外围。1941年3月14日，在日军第十一军司令官园部和一郎的指挥下，日军分三路秘密集结，准备分进合击于上高一带，歼灭赣西方面中国守军主力。北路，日军第33师团主力约1.5万人集结于干州街附近；中路，日军第34师团主力约2万人，集结于西山万寿宫附近；南路，日军混成第20旅团8000余人，集结于厚田街附近。中国守军罗卓英部集结了约11个师的兵力，分路迎击。1941年3月15日，三路日军大举进攻，上高战役打响。

在北路，日军当天就攻占了奉新。李觉的第七十军和韩全朴的第七十二军一起夹击日军，经过数天战斗，北路日军在19日败下阵来，先行撤回。在中路，日军在18日攻占高安。王耀武的第七十四军一部在上高东北棠浦以东迟滞日军前进，将主力转移到泗溪、棠浦阵地防守。在南路，日军北渡锦江，与中路日军会合，一同进攻上高，企图包围王耀武的第七十四军。第四十九军的王克俊所部第26师，和王耀武部下李天霞的第51师一起攻击中路日军左翼，锦江以北的李觉率军攻击中路日军的右翼，三路中国军队对日寇形成了反包围之势。

3月24日起，中国军队对日军的包围圈逐渐缩小，日军大部陷入绝境。当天黄昏，日军一部七八百人企图向灰埠突围，被王克俊所部歼灭大部，残部退回包围圈内。3月26日，王耀武第七十四军克复了泗溪、棠浦，中国军队对日寇进行第二次包围。

日军节节败退，狼狈逃走，中国军队各部沿途截击，痛歼日寇，在3月31日收复高安，4月2日收复奉新。此次上高会战，日军伤亡1.5万余人，中国军队取得了抗战以来的又一次大捷。

1938年3月16日 八路军发起神头岭战斗

今天是3月16日，1938年的今天，八路军第129师发起神头岭战斗。这是八路军继平型关、广阳伏击战之后进行的又一次较大规模的伏击战。

晋冀豫抗日根据地的开辟，对日本侵略军构成一定的威胁。1937年12月，日本华北方面军第一军调集5000余人，分六路围攻活动于寿阳以南的第129师部队。129师内外线部队密切配合，先后在里恩、松塔以及南军城、北军城等地毙伤日军700余人。1938年2月，第129师又配合国民党军作战，在长生口伏击日军，并袭击娘子关至井陉间敌人据点，共毙伤日伪军300余人。长生口战斗后，第129师又南下寻歼邯长路之敌。

邯长路是日军从平汉铁路取得补给的主要交通线，攻克这里，就意味着切断了日军的运输补给线。潞城和黎城是日军在邯长路上的重要兵站基地，两城之间多为丘陵。第129师师长刘伯承、政治委员邓小平根据日军一处受袭、他处必援的作战规律，决定利用这一有利地形，首先袭击较为空虚的黎城，诱使潞城敌军重兵出援，然后于途中伏击歼灭。神头岭位于黎城与潞城之间，于是成为伏击日军的重点地区。

3 月 15 日夜，第 129 师 386 旅各团来到神头岭三面设伏。为了不暴露自己，战士们把蒿草戴在头上和身上，蜷伏在旧工事里。

3 月 16 日凌晨，第 385 旅第 769 团佯攻黎城的枪声打响了。关于这场战役，刘伯承在这份当天发出的电文中记录道：第 769 团第 1 营袭入黎城，在歼敌 100 余人后，于拂晓前主动撤出。

就在第 769 团奇袭黎城的同时，接到消息的潞城之敌以步骑兵 1500 余人向黎城增援。9 时 30 分，待增援日军全部进入神头岭伏击圈，八路军开始收口，以第 386 旅居首；其后，第 771 团于神头岭北端迎头截击敌人；第 772 团、补充团则从公路两侧对敌实施夹击，切断敌之退路。日军遭遇袭击，又被四面围困，如瓮中之鳖，死伤惨重。

神头岭战斗持续了七个多小时，共毙伤日军 1500 多人，缴获各种枪支 550 余支，第 129 师仅伤亡 240 余人。神头岭伏击战是八路军在抗日战争中创造的“吸打敌援”的成功战例。

1942 年 3 月 17 日
刘伯承对武工队到敌占区工作发出指示

今天是 3 月 17 日，1942 年的今天，八路军第 129 师师长刘伯承对武装工作队到敌占区工作作出指示。这对于武装工作队挺进敌后开展工作，具有重要指导意义。

1958年，一部名为《敌后武工队》的长篇小说风靡全国，伴随作品的成功问世，活跃在敌后的八路军武工队，再度引起世人的关注。

武装工作队诞生于华北敌后抗战中最艰苦的岁月，尤以河北平原腹地的冀中区最为活跃，引起了中共中央北方局等的高度重视，决定八路军普遍组织武装工作队，深入敌占区开展对敌斗争。

为了使武装工作队深入敌占区更好地开展对敌斗争，刘伯承于1942年3月17日专门发出《武装工作队初次出动到敌占区工作指示》，提出六点要求：

一、武装工作队初次出动，应着重于简单的政治宣传，或兼侦察，任务不可过重，距离不可过远，必要时并密令就近游击队接应。务求初次出动的胜利，以提高信心。

二、出动前，应使全队将敌情研究清楚，并由军分区首长亲身教育以切实的急需的政治工作与战术，并定出计划而演习之。

三、该队的指挥、政治干部，都要挑选政治坚定、大胆机敏而有威信者。

四、政治工作，应运用宣传与组织的方法，察明敌人欺骗与压迫人民、实施配给制度的情形，尤其秘密爪牙的分布，并乘机进行集会，做好团结群众的工作，而本身尤应严格遵守纪律。

五、战斗应根据政治工作任务的需要与否而决定之，不进行任何与之相违背的战斗。

六、为要能在行动中百倍紧张起来，必须在行动前休养体力及预先作有组织的准备。初次宜着便衣，尤宜轻装。个人文件检交他人保存。带梯桥、镐、铲、索子，以便通过封锁线。

这一指示，后来以八路军第129师命令的形式下发部队。各部队先后组织了60多支武装工作队，在人民群众的掩护下，他们分赴日伪军侵占区，积极宣传和组织民众，开展军事、政治、经济、文化斗争；镇压汉奸，争取和瓦解日伪军；破坏日伪军的“治安强化运动”和重要军事设施及物资，有效地配合了正面战场的作战和敌后抗日游击战争的开展，为巩固和发展抗日根据地作出重要的贡献。

1943年3月18日
刘老庄战斗

今天是3月18日，1943年的今天，新四军第3师第7旅第19团第2营4连官兵，在江苏淮阴刘老庄与日军英勇战斗，全体殉国。

“由陕西到苏北，敌后英名传八路；从拂晓达黄昏，全连苦战殉刘庄。”这副由当年苏皖边区政府主席李一氓题写，现在镌刻于刘老庄八十二烈士陵园大门两侧的挽联，是对刘老庄战斗的深深纪念，更是对4连全体勇士的真切缅怀。

1943年2月，日军集中大量兵力，对盐阜地区进行大规模“扫荡”。因屡屡扑空，回撤时又遭到新四军打击，于是在1943年3月间又进行反扑。

3月16日，日军第17师团和伪军各一部共1000余人，分路合围袭击涟水县西北六塘河北岸的新四军淮海区党政领导机关。

新四军第3师第7旅第19团一部，奋勇阻击各路敌军，掩护淮海区党政机关转移。3月18日拂晓，日伪军1000余人追踪至刘皮镇、刘老庄附近。第19团2营4连受命在刘老庄牵制日军，掩护领导机关和主力部队转移。

连长白思才、政治指导员李云鹏立刻率领全连，沿交通线阻击日军。突然，日军一队骑兵从西南方向迂回而来。4连一阵齐射，敌骑兵人仰马翻。大批日伪军闻声从四面围了上来，4连干部战士毫不畏惧，依托交通沟进行顽强抵抗。

从上午八时许开始，日伪军连续组织5次冲锋，均被4连打退。中午时分，日伪军暂时停止进攻，4连利用战斗间隙，迅速进行战场动员，工事整修。午后，日伪军集中所有火炮和掷弹筒向4连阵地进行猛烈轰击，数百米的交通沟几乎被炸平。连长、政治指导员均身负重伤，全连只剩下20余人。连长白思才命令将所有的子弹集中起来使用，销毁地图、文件和多余枪支，准备与日伪军作最后一搏。

傍晚，日军再次冲锋，随着机枪的鸣叫，4连剩下的干部战士，一起扑向敌群，展开了一场悲壮的白刃战，但终因众寡悬殊，全部壮烈殉国。刘老庄战斗中，4连82人与日军1000余人浴血激战一天，毙伤日伪军170余名，成功地完成了掩护任务。战后，新四军第3师决定重新组建第4连，并命名为“刘老庄连”。

1941年3月19日
中国民主政团同盟成立

今天是3月19日，1941年的今天，中国民主政团同盟在重庆正式成立，黄炎培任常务委员会主席。

全国抗战爆发以后，国民党内以汪精卫为首的一伙投降势力鼓吹“亡国论”，并谋划投敌卖国。1938年11月，日、汪双方代表在上海正式谈判，就汪精卫集团脱离国民政府、另组伪政权，推“和平运动”等问题达成协议。同年12月29日，汪精卫发表了致国民党中央的“和平建议”的电报，又称“艳电”，要求国民政府“与日本政府交换诚意，以期恢复和平”。对此，时任国民参政会参政员的张澜、黄炎培等人于1939年1月发表了《讨汪通电》，指出：“对汪兆铭艳电曲解敌相近卫声明，主张接受，绝对反对。”

1939年10月13日，国民参政会中一部分无党派和中间派参政员张澜、黄炎培、沈钧儒、罗隆基、章伯钧等，在重庆发起成立了统一建国同志会。

1941年1月皖南事变后，国民党顽固派在加紧对中国共产党压迫的同时，也加紧对民主党派和爱国人士的迫害。这激起坚持抗日的民主党派和民主人士的不满。3月19日，张澜、黄炎培、沈钧儒、罗隆基、章伯钧等在统一建国同志会基础上，在重庆秘密成立了中国民主政团同盟，黄炎培为中央常务委员会主席。不久，黄炎培辞职，由张澜担任主席。中国民主政团同盟成立后决定派梁漱溟去香港办报，此举得到了周恩来和中共组织的热情支持。

5 月 20 日，梁漱溟到达香港后，在八路军驻港办事处及救国会的海外组织具体帮助下，开始筹备出版报纸。9 月 18 日，中国民主政团同盟的机关报《光明报》，在香港正式出版。10 月 10 日，《光明报》发表启事，宣告中国民主政团同盟已在重庆成立，向全国人民公开宣布中国民主政团同盟的政治主张和斗争目标。中国共产党对中国民主政团同盟的成立给予了热情的支持。10 月 28 日，《解放日报》发表社论，热情支持中国民主政团同盟的宣言和政治主张。

中国民主政团同盟成立后，高举抗战、民主、团结的旗帜，与中国共产党密切合作，不仅对国统区的民主运动起到推动作用，而且为抗日民族统一战线的巩固和发展，争取抗战最后胜利作出积极的贡献。

1941 年 3 月 20 日
晋察冀军区第 4 军分区展开反“蚕食”斗争

今天是 3 月 20 日，1941 年的今天，晋察冀军区第 4 军分区部队与日本华北方面军展开了一场激烈的反“蚕食”斗争。

晋察冀抗日根据地，是中国共产党领导的敌后抗日武装在华北同蒲路以东，津浦路以西，正太、石德路以北，张家口、承德以南广大地区创建的第一个敌后抗日根据地，对日本军国主义的殖民统治造成巨大威胁。

1941年初，日本华北方面军制定的“肃正”计划规定：“肃正的重点，仍然在于剿共。”为此，日本华北方面军于1941年3月开始对晋察冀等抗日根据地进行“蚕食”。

“蚕食”政策的本质，是改变速战速胜的政策为逐渐地侵占、缩小抗日根据地，目的是扩大并巩固侵占区。其主要方式是在抗日根据地周围加修据点、碉堡，挖沟筑墙，构筑封锁线，并由外向内逐步压缩。

由于日伪军的“蚕食”和“扫荡”，晋察冀等华北抗日根据地遭到严重分割，面积大为缩小。为了打破敌人的“蚕食”，中共中央军委多次发出指示，提出对策。据此，晋察冀军区第4军分区部队于1941年3月20日开始，在地方部队和民兵的积极配合下，于平山、井陉等地区，奋起进行反“蚕食”斗争。到4月5日，共作战38次，连克碉堡3座，破袭公路、封锁沟50余公里，摧毁100多个村的伪组织，恢复了抗日政权。5月2日至29日，抗日部队又袭入灵寿东关、获鹿城关、平山东关等据点，歼灭日伪军100多人。8月上旬，晋察冀军区第1军分区部队一部，在地方部队、民兵、群众7万余人的配合下，于易县分别至满城、涞源间，破袭日伪军公路60余公里，歼敌100余人。

1941年4月5日，晋察冀军区平北军分区第10团在察哈尔省龙兴县三道川战斗中，毙伤日伪军300余人。同年4月6日，晋察冀军区部队在河北平山县南山战斗中，毙伤日伪军160余人。

1941年，八路军和晋察冀军区各部队在地方部队、民兵与自卫队的配合下，依靠广大人民群众，采取军事斗争与政治斗争相结合，公开斗争与隐蔽斗争相结合的方针，深入开展反“蚕食”斗争，最终挫败了日军占领抗日根据地的图谋。

1941 年 3 月 21 日
八路军第 115 师发起青口战役

今天是 3 月 21 日，1941 年的今天，八路军第 115 师教导第 2 旅和山东纵队第 2 旅一部，在江苏赣榆发起青口战役。

百团大战之后，日本军国主义惊呼“对华北应有再认识”，决定对华北抗日根据地实行“更大规模的报复作战”。与此同时，日本军国主义加紧对国民党蒋介石进行诱降，竭力挑拨国共冲突，破坏中国抗战；国民党顽固派发动了第二次反共高潮；因此，山东军政委员会书记、八路军第 115 师代师长兼政治委员罗荣桓，于 1941 年 3 月初率领师部与中共山东分局转移到滨海区，山东纵队指挥机关仍留驻沂蒙地区。

为了进一步扩大滨海抗日根据地，罗荣桓等决定：向江苏赣榆的重镇青口及其沿海地区发动攻势作战。部署是：以教导第 2 旅 6 团为第 1 纵队，山东纵队第 2 旅独立团为第 2 纵队，集结于临沭、莒南、赣榆 3 县边界地区；教导第 2 旅 4 团和 13 团一部为第 3 纵队，在郯码地区活动。

3 月 21 日，第 1 纵队夜袭海头镇，将伪军第 2 团全数击溃，俘敌 100 余人，拉开了青口战役的序幕。3 月 25 日 22 时，八路军 115 师教导第 2 旅等部发起总攻，第 1 纵队成功攻破青口城，并向东门大街挺近。第 2 纵队围攻张城子、李城子等伪军据点。

第 3 纵队以部分兵力佯攻大沙河镇，大部分兵力横扫末山至句庄湖一带伪军据点。伪“剿共”军团长张星三、李凤和两团闻讯，急往赣榆收缩，途中被第 2 纵队重创。

3 月 26 日拂晓，新浦日伪军约 600 余人增援青口，同时敌海军陆战队一部在青口以东海面向教导第 2 旅等部炮击。第 1 纵队按原计划撤出战斗。

攻入青口镇纵深的老 6 团 2 班、7 班有 18 名战士，为掩护部队搬运战利品和撤出战斗，被日伪军包围，英勇献身，仅孟兆阁 1 人被救归队，他们就是有名的“青口十八勇士”。

青口战役打得十分艰苦，敌我力量悬殊。尽管如此，教导第 2 旅等部连拔日伪军 10 余处据点，并一度攻占青口，解放了从拓汪至下口间的大片地区，毙伤日伪军 800 余人，缴获大批武器和军用物资，扩大了滨海抗日根据地，打通了从海上与苏北及胶东抗日根据地的联系。

1939 年 3 月 22 日
中国空军再次轰炸日军白云机场

今天是 3 月 22 日，1939 年的今天，中国空军对日军占据的广州白云机场展开轰炸。

1937 年卢沟桥事变后，日本侵略军对华北、华中发动了强大攻势，并于 1937 年 12 月提出了在广东大亚湾登陆作战的设想，妄图一举灭亡中国。1938 年 9 月 7 日，日军大本营御前会议作出攻占广州的决定。10 月 12 日，日军分乘 300 艘登陆舰突然在大亚湾强行登陆，开始对广东陆地实施侵略。

日军在大亚湾登陆后，长驱直入，一天之内就侵占了从坪山至淡水、澳头的大片中国领土，10 月 21 日，华南重镇广州沦陷。

中国人民并未屈服，1939 年 3 月 16 日，中国空军首次轰炸了被日军侵占的白云机场。同年 3 月 22 日，中国空军再次轰炸白云机场，炸毁日军飞机 10 余架。自 1939 年 5 月至 9 月间，中国空军还陆续攻击广州天河机场、广州西村等敌军阵地。

在抗击日本侵略的各种力量中，空军是一支重要的力量。在全国抗战爆发前夕，中国已初步建立起了一支空军部队，但人员素质良莠不齐，机种繁杂，又要在很大程度上依赖外国，与日本相比十分悬殊。1937 年 8 月，淞沪会战爆发后，中国空军奉命全部转移到京沪杭各地区，以轰炸机部队全力轰炸上海日军据点及舰船，驱逐机主力则防卫首都南京及杭州、南昌等地区。在 8 月 14 日的空战中创造了光荣的战绩。在全国抗战爆发后的三个月中，中国空军战绩卓著，使日军损失飞机 200 多架，但中国空军原有的 300 余架飞机，仅剩 80 余架。后经从苏联购买飞机后，中国空军又获得新的战斗力。

1941 年 12 月 8 日，太平洋战争爆发后，中国空军与盟军携手合作，继续与日军对战蓝天。1943 年 12 月，盟军飞机三度袭击广州日伪据点。1945 年 4 月 12 日，盟军飞机对广州的日伪军事目标区投弹，使敌人损失惨重。1945 年 8 月 15 日，日本天皇宣布无条件投降后，8 月 31 日，中国军队收复广州和白云机场。

1940年3月23日
中共中央发出对日军经济斗争的指示

今天是3月23日，1940年的今天，中共中央书记处发出《关于对敌人经济斗争的指示》，明确规定了对日寇经济斗争的方针和政策。

抗日战争进入战略相持阶段后，为了掠夺中国资源，以战养战，日本侵略军大量倾销日货，低价收买中国土特产品，强制侵占区群众、商铺使用伪钞，操纵金融市场，破坏商品的正常流通，对抗日根据地实行严密的经济封锁。很多生活在边区的老百姓吃不到盐，干活没力气，影响生产。而受伤的八路军战士饭菜里面，也很少有一点咸味。像盘尼西林一类的急救药品更是短缺，很多伤口感染的将士因缺医少药，得不到很好的救治，牺牲在火线之外。

为打破日本军国主义的经济封锁，坚持持久抗战，1940年3月23日，中共中央书记处发出《关于对敌人经济斗争的指示》，明确规定：不放任和禁绝日货输入及土货输出，各抗日根据地必须以抗战的利益为贸易政策的出发点，反对只图目前或局部利益；新的贸易政策与国民党空喊“禁绝一切日货”实际上为了私囊而大批收买日货，不顾长期抗战利益的政策是不同的。

指示要求各抗日根据地在根据地周围设税卡及贸易局，控制出口贸易；鼓励根据地军民发展手工业，奖励家庭工业，以求自给自足；凡抗战军队及人民必需品而又不能自制者，准许入口、收低税；凡非必需品，禁止入口或收高税，提倡节约，禁用不必要的奢侈品；为了收支平衡，准许一些适当的土产出口；进出口贸易不仅由官家和军队之商店和机关进行，并且经过贸易局准许商人经营，但不应全部或部分地垄断。指示还要求在游击区及新战区应设法破坏敌人的经济榨取。

各抗日根据地按照中共中央的这一指示，加强了财政经济管理，统一了财政经济政策，平抑了物价，稳定了货币市场，畅通了进出口贸易，促进了根据地的经济发展，为敌后各抗日根据地打破日寇经济侵略，坚持持久抗战积蓄了力量。

1940年3月24日
八路军野战政治部发出生产运动指示

今天是3月24日，1940年的今天，八路军野战政治部发出《关于生产运动的指示》，要求各部队积极开展大生产运动，发展生产。这一指示，对于保障部队供给，坚持持久抗战，具有重要指导意义。

随着敌后抗日游击战争的广泛开展，日本侵略军加紧对根据地进行疯狂掠夺、经济封锁和军事破坏，使八路军的后勤供给保障遇到很大困难；再加上多数敌后抗日根据地地瘠民贫，生产落后，群众生活十分艰苦，不能过重地负担军队的物质保障；抗日战争进入战略相持阶段后，国民党政府从经费和物资方面限制八路军的发展，造成八路军经费拮据，物资匮乏，武器装备既落后而又短缺。

为了克服这些困难，加强后勤保障，根据中共中央和中央军委的指示，朱德、彭德怀等八路军领导人，于1939年5月7日，发出《关于解决我军物资困难的指示》，要求八路军各部队："一切必须建筑在自力更生、不依赖国民党政府的接济，坚决与敌人作经济封锁斗争。"

1940年2月10日，中共中央军委发出《关于开展生产运动的指示》，要求军政首长、各级政治机关应努力领导今年部队中的生产运动，开辟财源，克服困难，争取战争的胜利。

3月24日，八路军野战政治部发出《关于生产运动的指示》，要求各部队必须把握不违农时的原则，根据具体环境和部队的战斗任务，规定不同机关、部队、学校的不同生产任务，做到平均每人耕田两亩。并对生产开荒的组织领导和政治工作等提出具体要求。

在中共中央和八路军总部的号召下，敌后抗日根据地各部队普遍利用战斗间隙从事农副业生产，特别是第120师第359旅，1940年开赴南泥湾垦荒，到1941年底全旅开荒种地1万多亩，粮食和经费自给达四分之三以上。其他各根据地部队也相继掀起了大生产运动的高潮，从生产粮棉，种植蔬菜，饲养家畜，开设各种作坊，逐步发展到生产肥皂、毛巾、纸张、布匹、药品之类的工业产品，保障了部队供给，为坚持持久抗战奠定了物质基础。

1942年3月25日

同古保卫战打响

今天是3月25日，1942年的今天，同古保卫战打响。

1941年12月8日，太平洋战争爆发后，日本侵略军在东南亚地区横行无阻，不到3个月的时间，东南亚许多国家相继沦入敌手，只有缅甸成为东南亚唯一未被日军完全侵占的国家。在日军的疯狂进攻下，缅甸处境危殆。

同古是南缅平原上的一座小城。保住同古，不仅可以阻止日本侵略军北进，而且西可协助英军，战略地位非常重要。1942年3月8日，中国远征军第五军戴安澜第200师在同古及其以南地区接受了英缅军的防务，并掩护其撤退。1942年3月19日，日军第55师团1个营轻敌冒进，进入第200师预设阵地。当日军汽车行至彪关河大桥北端时，大桥被炸，敌车尽覆，大部被歼。彪关河前哨战，是侵缅日军第一次受到中国远征军的打击，同时也拉开了同古保卫战的序幕。

1942年3月25日，日军第55师团全部出动，由南、西、北三面围攻同古。敌人先以30架飞机轰炸，继以战车扫射，并施放毒气，中国守军第200师官兵顽强抵抗，用集束手榴弹、汽油瓶等，同日军展开搏斗。激战至26日，同古西北角阵地被日军突破，中国守军与敌展开激烈争夺，双方伤亡都很惨重。此时，日军以一部进至同古以北的南阳车站占领阵地，企图阻止中国远征军增援部队南下。

3月27日，日军继续猛攻同古，中国守军顽强固守。当夜，廖耀湘新编第22师全部到达南阳车站附近，乘夜完成了攻击准备。3月28日拂晓展开攻击。此时，日军后续部队第56师团也已赶到同古，攻击同古的日军，亦加强攻击，中国守军伤亡很大。杜聿明果断决定放弃同古，保全军力，于是命令第200师于3月29日突围。当晚，第200师主力突围。3月30日晨，包括伤病员均有秩序地安全渡过锡唐河，转移至耶达谢附近。至此，同古保卫战结束，中国远征军共歼灭日军横田大佐以下5000余人。

日军承认这是南洋作战以来第一次受挫，毙命战场的日军横田大佐身上的日记有这样一段话："南进以来，从未遭受若是之劲敌，劲敌是谁，即支那军也。"这段日记和同古保卫战的战果，都证明了中国军队在东南亚抗日战场上的重大贡献。

1932年3月26日
国联调查团抵达南京

今天是3月26日，1932年的今天，由英、美、法、德、意五国代表组成的国联调查团，在中国代表顾维钧的陪同下抵达南京。

1931年9月18日，日本帝国主义悍然发动九一八事变。1931年9月21日，中国驻国联代表施肇基向国联理事会控告日本侵略中国领土，请求国联采取有效办法"制裁日本"。

9月底，国联理事会作出了9项决议，决议虽然增加了要求日本撤兵的内容，但是没有规定期限，俨然成为一纸空文。

之后，日军轰炸锦州，接着，又炸断通辽路，轰炸哈尔滨。随着日军独霸中国的野心慢慢显现，其侵略活动已严重损害其他列强的在华利益，国联的态度开始有所变化。

1931 年 12 月 10 日，国联理事会一致通过了派遣国联远东调查团的决议。次年 1 月，国联赴中国的调查团宣告成立。该团由英国前代理印度总督代表李顿爵士担任团长，故又称“李顿调查团”。

1932 年 2 月 3 日，调查团从欧洲出发，2 月 29 日到达日本东京，会见了日本天皇及其他军政要人。调查团于 3 月 14 日到达上海，与中国代表顾维钧会合，用两个星期时间调查了关于一·二八事变的情况后，于 3 月 26 日抵达南京，与蒋介石、汪精卫等会谈，后又到芜湖、九江、汉口、济南、北平等地访问。直到 4 月 21 日，李顿调查团抵达沈阳时，日本侵略者已完全占领和控制了东北全境 ，并抢在调查团到来之前成立了伪满洲国，企图以既成事实迫使调查团承认。

李顿调查团在东北活动了一个半月，于 6 月 5 日返回北平。9 月 5 日，李顿调查团离开中国，并于 1932 年 10 月 2 日公布了调查团报告书。报告书出于对日本独占中国东北的不满，对日本的侵略进行了揭露和谴责，认为东北是中国领土的一部分，九一八事变是日本的预谋，伪满洲国是日本炮制的傀儡政权、日本的工具。同时，报告书又对日本鼓吹的“满洲是日本的生命线”表示同情，主张不必恢复东北的原状。报告书还认为，解决中国东北问题的途径是实行“国际共管”，通过“国际合作”，实现“东北自治”。

国联的姑息退让态度，未能制止日本对中国东北的侵略，同时也使国民党政府依赖国联制止日本侵略的幻想成为泡影。

1938年3月27日
中华全国文艺界抗敌协会成立

今天是3月27日，1938年的今天，中华全国文艺界抗敌协会成立。

当时，全国各大报纸都争相报道了全国文艺界抗敌协会成立的新闻，如《申报》3月28日报道说："全国文艺界抗敌协会昨晨正式成立，通过《告世界文艺界书》，日反战作家参加。"

全国抗战爆发以后，全国各界人士都积极投身到伟大的抗日斗争中。在文艺界中，由老舍、冯乃超等14名爱国人士，先成立了文艺界抗敌协会临时筹备会。老舍曾激动地说道："文人，在平日似乎有点吊儿郎当，赶到遇到要事正事，他们会干得很起劲，很紧张。文艺协会的筹备期间并没有一个钱，可是大家肯掏腰包，肯跑路，肯车马自备……"

在众人的努力下，协会终于在1938年3月27日正式成立。成立大会以邵力子为主席，周恩来、郭沫若、冯玉祥、张道藩等到会致词。大会选出了老舍、冯乃超、夏衍、茅盾等45人为理事，又选出孙科、陈立夫、周恩来为名誉理事。其中，理事会推选老舍为总务部主任，来主持日常工作。老舍在《中华全国文艺界抗敌协会发起旨趣》中讲到了该协会的成立目的："我们应该把分散的各个战友的力量团结起来，像前线将士用他们的枪一样，用我们的笔来发动民众，捍卫祖国，粉碎敌寇，争取胜利。”

文协成立后，组织作家战地访问团，多次访问慰劳各地战场，推动了文艺工作者的下乡和入伍。文协还在广州、成都、昆明、桂林、香港、襄樊、延安、晋东南、贵阳、曲江、上海等地成立了分会，组织遍于全国各地。作家、艺术家空前广泛地团结对敌，使抗战初期的文艺活动呈现出生气蓬勃的新气象。

文协还创办了自己的会刊，取名叫《抗战文艺》，自 1938 年 5 月 4 日创刊，一直到 1946 年 5 月终刊，一共出版了 71 期。《抗战文艺》在开展抗日文艺活动、繁荣创作、培养青年作家等方面，发挥了很大作用。

文协自成立以后，还积极地与世界各国革命文学界取得联系，努力将中国人民誓死不屈的决心和勇气传递给全世界，使中国抗日战争成为世界反法西斯战争的重要组成部分。

1941 年 3 月 28 日
中共中央军委总政治部发出《关于锄奸工作组织问题的决定》

今天是 3 月 28 日，1941 年的今天，中共中央军委总政治部作出《关于锄奸工作组织问题的决定》，对于健全部队锄奸工作的组织，正确区分锄奸对象，更好地与日寇、汉奸作斗争，具有重要指导意义。

全国抗战爆发后，日本军国主义者除了直接进行武装入侵之外，还采取欺骗利诱手段，收买了一部分丧失国格、丧失民族气节的中国人，充当汉奸、走狗，为其效劳。

1938年2月24日，八路军第120师向中共中央军委总政治部报告了冀中地区汉奸的活动情况。报告说：有20多个混进部队的汉奸，采取欺骗手段，使整营、整连投敌叛变；天津日本特务机关有计划地派遣汉奸，并用大批金钱，收买冀中军区独立二支队和回民大队叛变投敌；日寇特务机关还在河间献县训练12岁以下的男女小孩，伪装成乞丐难民，侦探我军的情报，向根据地水井投毒等等，引起了中共中央和中央军委的高度重视。

1939年6月24日，中共中央军委、军委总政治部发出关于锄奸工作的训令，强调指出：必须用新的注意力对付敌探奸细与反共分子的新阴谋破坏，从认识上、组织上以至技术上改变到适合新的情况，这是当前锄奸工作的总方向。

1941年3月28日，中共中央军委总政治部又作出《关于锄奸工作组织问题的决定》。决定指出：为合理地指导锄奸保卫工作，决定取消军队中步兵营及相等于营的直属部门的锄奸特派员，所有该级的侦察、保卫工作及连队锄奸工作的管理教育及其工作的检查，都委托营教导员或机关部门中的政治委员、政治协理员负责兼任；军队中营级锄奸特派员加强到团级锄奸部门；各级锄奸部门的相互关系及其对部队的关系，与政治机关其他部门相同，不能有特殊化；军队中的锄奸干部担负着特殊任务，不应当轻易分配他们与反奸细活动无关的工作，而应该相当稳定。同时对加强连队锄奸工作，正确区分锄奸对象作出明确规定。这一决定，对于加强八路军、新四军中的锄奸工作具有重要指导意义。

1941年3月29日
日军在中国华北开始推行“治安强化运动”

今天是3月29日，1941年的今天，日本军国主义在华北推行“治安强化运动”，实行烧光、杀光、抢光三光政策，犯下了不可饶恕的罪行。

抗日战争进入战略相持阶段后，日本军国主义停止对正面战场的战略进攻，对国民党蒋介石采取政治诱降为主、军事打击为辅的政策。而把军事打击的重点逐步转移到中国共产党及其所领导的八路军、新四军和其他抗日武装上，并从1941年3月29日开始，对华北首先推行“治安强化运动”。

所谓“治安强化运动”，就是强化日本军国主义在华北的殖民统治秩序。日军把华北地区划分为：“治安区”即沦陷区，“准治安区”即抗日游击区，“未治安区”即抗日根据地三种。日军决定，将确保“治安区”的任务交给伪政权，自身将集中力量，逐步将“未治安区”变为“准治安区”，将“准治安区”变为“治安区”；总目标是到1943年度将“治安区”提高到华北地区的百分之七十，“准治安区”下降到百分之二十，“未治安区”占到百分之十。为此，日军华北方面军提出了一系列配套措施，如广泛构筑封锁壕，建立一系列由瞭望塔、碉堡组成的堡垒区，将抗日根据地与其他地区隔离开来，切断中共与民众的联系。从1941年3月至1942年底，日本侵略军对华北先后进行了5次大规模的“治安强化运动”，其目的在于“剿除”华北的中共及其武装团体，给中国共产党及其所领导的抗日武装，造成很大困难。

1941年12月17日，中共中央发出《关于太平洋战争爆发后敌后抗日根据地工作的指示》，号召战斗在敌后的全体指战员和广大人民群众，要“咬紧牙关，渡过今后两年最困难的斗争”。

按照中共中央的指示，晋察冀实行全区兵民总动员，开展不间断的交通战，粉碎敌人的“治安强化运动”。广大军民经过两年多的艰苦奋战，不仅粉碎了日本侵略军的“治安强化运动”企图，而且渡过了难关，逐步开始实行局部反攻作战，最终取得抗日战争的伟大胜利。

1945年3月30日
八路军收复灵丘城

今天是3月30日，1945年的今天，八路军晋察冀军区部队收复山西省灵丘城。

1944年，八路军在人民群众的支援下，贯彻执行中共中央关于整风、生产和局部反攻的方针政策，抗日根据地建设得到全面加强，军队得到进一步发展。

同年12月15日，毛泽东发表《一九四五年的任务》的演说，首先规定了1945年“扩大解放区，缩小沦陷区”的战略任务。他指出：“敌人的进攻（“扫荡”）是不会停止的，我们应该经常警惕，随时准备用反‘扫荡’粉碎敌人的进攻，须知敌人还是强的。”“它决不会忘记向我们进攻。我们还是比敌人弱，我们还要作很大的努力，并执行正确的军事政策及其他政策，才能改变这种形势。”

为执行中共中央规定的战略任务，八路军在华北各解放区人民的大力支援下，以夺取守备薄弱的日伪军据点和交通线为重点，以把敌压缩在大中城市和交通干线为目标，发动了1945年的春、夏季攻势。

1945年2月中旬，中共中央晋察冀分局、晋察冀军区召开会议，制定了《一九四五年扩大解放区方案》，会后，在春季攻势中，晋察冀军区部队，以进攻残存在解放区内和边沿区的据点、碉堡为目标，主要进行了灵丘、任河、文新等战役。

灵丘县在山西雁北地区东南，与原察哈尔省和现河北省相邻。日寇于1937年侵占灵丘，灵丘人民在日本侵略者的残酷统治和压榨下，早已盼望解放的那一天。

1945年3月19日，晋察冀军区所属冀晋军区在冀察军区部队的配合下，围攻灵丘地区日伪军；在争取东张庄据点41名伪军反正后，又逼退古之河、北水芦等5个据点，俘600余名伪军。八路军部队相继攻克三山镇、北罗等20余个据点，孤立了灵丘城。城里日军十分恐慌，弃城而逃。1945年3月30日，灵丘县城内留下的60余名伪军开城门投降，八路军收复了雁北重镇灵丘城。

在1945的春季攻势作战中，八路军共进行了40余次较大规模的战役，歼灭日伪军5．7万余人，解放县城20余座，总计收复国土8万多平方公里，解放人口400万以上，为举行更大规模的夏季攻势作战和争取抗日战争的最后胜利创造了条件。

1938年3月31日
白求恩投身中国抗战

今天是3月31日，1938年的今天，国际著名的胸外科医生白求恩受加拿大和美国共产党的派遣，率领国际医疗队来到中国。

白求恩在给妻子的告别信中写道：我拒绝生活在一个制造屠杀和腐败的世界里而不奋起反抗。我现在到中国去，因为我觉得那儿是我最能够发挥作用的地方。

1938年5月，白求恩离开延安赶往晋察冀抗日前线。一路上，白求恩看到八路军的后方医院医疗条件非常简陋，很多伤员得不到应有的治疗。为此在他写给毛泽东的第一份报告中，就建议成立一所正规的后方医院。

中共中央军委采纳了白求恩的意见，在五台山建立了松岩口模范医院，每天都要接纳从边区各地送来的伤员。白求恩最多一天要做十几例手术。他还亲手为伤员们设计制作各种医疗设施，并拿出自己的津贴为战士们买烟抽。

1938年9月，日军集中2万多兵力向五台山地区发动了疯狂的“扫荡”，建成仅仅15天的松岩口模范医院被日军烧毁。

白求恩痛心地意识到在抗日游击战争的环境中，建立正规化的医院并不现实。从此，在华北抗日战场的硝烟中，人们总能看到白求恩和他的医疗队穿梭的身影，这给在前线作战的战士们带来巨大的鼓舞和安慰。

一天白求恩正在一座小庙中做手术，这座小庙离前线只有7

华里，当时战斗打得异常激烈，伤员一个接一个送下来。眼看日军正在逼近，负责警卫的同志劝白求恩赶快撤离。当最后一个腿部受伤的战士被抬上手术台后，为尽快查明骨折的情况，白求恩将左手伸进伤口，不料，一块碎骨划破了中指。

两天后，白求恩在为一名伤口严重感染的伤员手术时，手套被手术刀划破，带伤的中指受到致命的细菌感染。

1939 年 11 月 12 日，白求恩带着对中国人民的无限深情，带着对他所献身的抗战事业的眷恋，病逝在河北唐县黄石口村。1940 年 1 月 5 日，白求恩追悼会在唐县军城南关隆重举行。聂荣臻司令员亲自为其入殓。

白求恩作为支持中国反法西斯战争的国际友好人士的杰出代表，受到中国人民的永远纪念。

四月

1943年4月1日
苏中军民进行反“清乡”斗争

今天是4月1日，1943年的今天，日伪军开始对苏中军区第四军分区进行“军事清乡”，苏中军民开展了对日反“清乡”斗争。

1942年12月，日军对华中抗日根据地除进行频繁的“扫荡”外，还有计划地进行大规模的“清乡”。“清乡”是日伪军综合运用政治、军事、经济、文化等手段企图以点线的占领扩大到面的占领，以达到彻底摧毁抗日根据地的目的。

1943年4月1日，日军第60师团4个大队及伪军、警察、特务共1.5万多人，开始对苏中第四军分区进行“清乡”。日伪军向第四军分区中心区的南通县中部和海门、启东以北地区反复合击，并增设大量据点，并在“清乡”区边缘修筑了以竹篱为主的封锁线，想以此对“清乡”区形成包围。

对此，在新四军第1师师长兼苏中军区司令员粟裕的主持下，全区军民积极进行反“清乡”斗争。“清乡”区内外的抗日军民紧密配合，不断对日伪军据点和交通线进行袭扰，烧毁敌人用竹篱围成的封锁线。由苏中军区部分领导干部组成的短枪队，在反“清乡”战斗中起了重要作用。经过两个月的英勇斗争，苏中抗日军民挫败了日伪军的“军事清乡”企图。

6月初，日伪军再次进行“政治清乡”，着重通过编查保甲等手段清查户口，大肆搜捕抗日军民。对此，苏中抗日武装积极动员和掩护群众进行反编查保甲的斗争，充分揭露日伪军编查保甲的阴谋，使日伪军的“政治清乡”再次失败。

不久，不甘心失败的日伪军重新集结部队，对苏中抗日根据地进行第三次“延期清乡”，实行烧光、杀光、抢光“三光”政策，企图彻底摧毁抗日根据地。面对这一严峻形势，苏中军区第四军分区决定以一部兵力坚持内线斗争，主力向边缘区和敌占区挺进，在外线积极展开攻势作战，调动和牵制敌人，至12月底，再次粉碎了日伪军的“延期清乡”计划。

在9个月的反“清乡”斗争中，苏中抗日军民共歼日伪军和“清乡”人员2400余人，争取1700多人的伪军投诚，摧毁日伪军据点40多处，开辟了20多个乡的新区，为坚持持久抗战奠定了基础。

1932年4月2日
马占山重举抗日大旗

今天是4月2日，1932年的今天，时任伪黑龙江省省长的马占山，秘密离开当时的省城齐齐哈尔出走黑河，随后通电反正，再次举起抗日大旗，重新投身到抗日洪流之中。

1931年九一八事变后，由于国民党采取了不抵抗政策，致使日本侵略军轻易攻陷辽宁、吉林两省后，又开始进犯黑龙江省。黑河警备司令兼步兵第3旅旅长马占山受命出任代理黑龙江省主席兼东北边防军驻黑龙江省副司令长官。他对日本侵略军的暴行极为愤慨，决心重举抗日旗帜，奋起抗日。

位于齐齐哈尔市西南部的嫩江大桥，简称江桥，是日本侵略军进犯黑龙江的咽喉。1931 年 11 月 4 日，日军在飞机、大炮和装甲车的掩护下，出动 4000 多人，向江桥一带发起猛烈进攻。马占山率部奋起反击，在装备落后的不利情况下，全军将士誓死抗敌，击退了日军的一次次进攻。激烈的战斗持续了 3 天，共歼日军 1000 余人，中国军队伤亡 600 余人。

江桥抗战的枪声，极大地鼓舞了全国人民，各地各界人士纷纷来函来电慰问马占山，不少民众还自发组织捐钱捐物，支援马占山抗战。上海一家卷烟厂甚至还专门生产了“马占山将军牌”香烟，并在报上登广告说：“愿人人都学马将军。”

但是，日本侵略军不甘心失败，又调集重兵发起新的进攻。11 月 12 日，日军又以 3000 多人轮番进攻，18 日，日军增至 7000 多人，发动总攻。守军伤亡严重，奉命撤退，11 月 19 日，日军攻陷黑龙江省会齐齐哈尔。马占山被迫率部退守海伦，并同意与日军讲和。

1932 年 3 月 1 日，伪满洲国在长春成立，马占山被委任为伪满军政部长兼黑龙江省省长。从抗日英雄到汉奸省长，全国舆论哗然。

马占山上任后的第二天，日方发出公函，声称黑龙江省一切事务马占山不得擅自做主，并派出日本人对其进行严密的控制。在此境况下，马占山遂决心重举抗日大旗。

1932 年 4 月 7 日，马占山在黑河通电全国继续抗日，重新组建了黑龙江省政府，并组建了东北救国抗日联合军，自任总司令。此后，他率部转战东北战场，一直战斗到 1932 年 12 月 7 日，才被迫退入苏联境内。

1932年4月3日
吉林抗日联合军成立

今天是4月3日，1932年的今天，吉林自卫军和吉林救国军将领在吉林宁安县召开联席会议，成立吉林抗日联合军。

抗战时期，遭受日本法西斯铁蹄蹂躏的东北人民，为保卫国土奋起抗争，掀起了一浪高过一浪的抗日救亡运动的高潮。当时在吉林省境内，活跃着吉林自卫军和吉林救国军两支抗日劲旅，主要由驻当地的东北军爱国官兵组成，他们为“挽救危亡，收复失地”挺身而出。一时间抗日的烽火燃遍了长白山麓、松辽平原。

九一八事变后，东北各主要城市相继沦陷，1931年11月19日，日军侵占齐齐哈尔。次年1月2日，日本侵略者占领锦州，哈尔滨沦为敌人最后的攻陷目标。危难时刻，时任依兰镇守使兼24旅旅长李杜，愤然举起抗日大旗。1932年1月，李杜率部进入哈尔滨部署作战。1月31日，李杜在哈尔滨召集吉林省警务处长王之佑、第28旅旅长丁超、第22旅旅长赵毅等人，共商抗日卫土对策，决定成立“吉林自卫军总司令部”，公推李杜为总司令，统一指挥抗日部队。1932年2月1日，哈尔滨双城阻击战打响。第22旅赵毅率队袭击在双城的伪军刘宝麟部，将其击溃，后因援敌及20余架日机反扑，损失惨重，双城失守，李杜率部退守依兰。哈尔滨沦陷。

在此前后，原吉林军第1旅第1团第3营营长王德林也率部抗日。1932年2月8日，王德林正式宣布起义，组成“吉林国民救国军”，并提出不分党派、不分民族、一致对外、共同抗日的主张，在吉东地区产生了极其强烈的反响。广大爱国群众踊跃参加，中国共产党党员李延禄等也到救国军中开展抗日工作。1932年2月，吉林救国军连续攻打敦化、蛟河、额穆3座城镇。之后，救国军声势大震，越战越强，部队迅速扩大到15000多人。

1932年4月3日，吉林自卫军和吉林救国军将领在宁安县召开联席会议，成立吉林抗日联合军。李杜被推为联合军总司令，王德林任救国军总指挥，集中近5万兵力，共10个旅，双方划分区域，协同作战，继续在牡丹江两岸和吉东地区坚持抗日游击斗争。同年冬，日军出动3个师团兵力向吉东地区大举进攻，二人被迫率部于1933年1月退入苏联境内。

1938年4月4日
晋东南军民开始反日军“九路围攻”

今天是4月4日，1938年的今天，日军调集3万余人的兵力，分九路向晋东南地区大举进攻，晋东南军民开始进行反日军“九路围攻”作战。

1938年3月，八路军第129师在邯长公路上先后进行了神头岭、响堂铺等战斗，破坏了日军的后方交通线。为了解除后方威胁，从4月4日开始，日军在第一军司令官香月清司的指挥下，调集3万余人的兵力由邯长路、正太路、同蒲路、平汉路沿线出发，分九路向晋东南地区中国军队大举围攻。

4月4日，当各路日军开始出动时，第二战区东路军正副指挥朱德、彭德怀令八路军第129师主力、第115师第689团，由辽县以南转移到日军合击圈外的涉县以北地区，隐蔽待机；令留在内线的八路军部队和山西新军、国民党军各部，阻击袭扰日军，为转至外线的部队创造战机。

4月10日前后，日军从东、西、北三面，相继侵入抗日根据地。第129师独立支队、榆次游击队将日军阻滞于阔郊、马坊一带；国民党军第94师、第169师与当地游击队将日军阻滞于东、西团城地区；八路军第115师第344旅、山西新军和国民党第十七军等，将日军阻滞于沁源地区；第129师游击支队、冀西游击队将日军阻滞于九龙关以东地区；第129师先遣支队及当地游击队将日军阻滞于浆水镇以东地区；国民党军骑兵第4师、第129师独立支队将日军阻滞于麻田地区。日军108师团一个联队由平定进占和顺迫近辽县城，6000余人一路由长治经襄垣北犯辽县，一路由屯留北犯沁县、武乡。八路军第129师主力及第115师第344旅第689团由涉县以北地区返回武乡，伺机歼灭日军。

在日军三路深入抗日根据地腹地六路受阻的情况下，4月16日拂晓，中国军队在武乡以东长乐村地区夹击日军，毙伤日军1500余人。各路日军纷纷撤退，中国军队乘胜追击。此次作战共毙伤日军4000余人，收复辽县、屯留、沁源、涉县等十几座县城，彻底粉碎了日军的“九路围攻”。

中国军队采取内外结合，游击战与运动战相结合的方针，不仅粉碎了日军的围攻，部队也得到了发展，为巩固和扩大晋东南抗日根据地创造了有利条件。

1932年4月5日
中共满洲省委提出反日斗争纲领

今天是4月5日，1932年的今天，中共满洲省委提出反日斗争十条纲领，有效地推动了东北地区抗战局势的发展。

1931年，日本帝国主义在蓄意制造震惊中外的九一八事变之后，又于1932年1月28日入侵上海，制造了一·二八事变，并于3月1日，在东北扶植溥仪成立了伪满洲国。

面对日本帝国主义的疯狂入侵，中共满洲省委根据《中央关于日本帝国主义强占满洲事变的决议》、《中国共产党关于上海事件的斗争纲领》，于1932年4月5日，发出《反日斗争十条纲领》:

一、同盟罢工，反对日本帝国主义及伪满洲国政府进攻义勇军和屠杀群众。

二、民众自动武装起来，打倒日本帝国主义及伪满洲国政府。

三、打倒投降帝国主义、压迫劳苦群众、分裂民族阵线的一切反革命派。

四、建立满洲工农兵及被压迫民众代表会议（苏维埃），在苏维埃政府领导之下，扩大反日的民族革命战争，实行被压迫民族自决。

五、同盟罢工反对日本帝国主义及伪满洲国政府的“接收”掠夺工厂、驱逐与开除工人、关厂暂时休业，要求罢工期间，工资照发，发清欠薪和全部储蓄金，增加工资，实行八小时工作制。

六、革命士兵与武装民众联合起来，驱逐日本帝国主义，打倒伪满洲国政府。

七、农民自动武装起来，在无产阶级领导之下，没收日本帝国主义和地主资产阶级的土地，分配给农民、士兵、苦力；没收高利贷者的财产，救济难民、贫民。

八、革命的学生自动武装起来，与武装民众团结一致，驱逐日本帝国主义，打倒伪满洲国政府。

九、同盟罢工与武装民众起来，反对日本帝国主义及伪满洲国政府的户籍法，争取罢工、武装、出版、集会、结社的绝对自由。

十、中、韩、满、蒙被压迫民族一致联合起来，反对帝国主义世界大战，民众自动起来与苏联人民恢复友谊。

《反日斗争十条纲领》发布后，中共满洲省委派军委书记周保中到吉东地区指导创建抗日武装。1932 年 5 月，共产党员张甲洲创建巴彦游击队。6 月，中共磐石县委成立磐石工农反日义勇军。同年夏，共产党员雷炎建立了抗日义勇军。中共满洲省委和多地党组织经过一段时间的努力，先后创建了 10 多支抗日游击队，为东北抗日建立新的武装力量。

1939 年 4 月 6 日
日军飞机轰炸衡阳

今天是 4 月 6 日，1939 年的今天，日机 108 架侵入衡阳上空，投下大量炸弹和燃烧弹，全市顿成火海。

1938 年 10 月，广州、武汉相继失陷，抗战进入战略相持阶段。

被迫改变侵华政策的方针和策略的日本侵略军，开始凭借其空军优势对中国广大后方进行更大规模的轰炸。

衡阳位于衡山之南，故得名衡阳。它地处湘南，是粤汉、湘桂铁路的枢纽和湘、蒸两水的汇合点。从 1937 年 9 月起，日军对衡阳的轰炸连年不断，每次轰炸都给衡阳人民带来了无尽的灾难。

1939 年 4 月 6 日，日本空军由武汉、南昌等基地出动 108 架飞机，云集衡阳上空，分成三批轮番轰炸。一批从城北草桥到城南回雁峰；一批从江东岸的飞机场到江西岸的大西门、小西门；另一批在北正街、司前街、上下长街、大西门正街一带，投下大量炸弹和燃烧弹。顿时，衡阳全城浓烟弥漫，火光冲天，路上到处是尸体，还有很多人被炸伤，街道房屋烧成焦土。日本飞机轰炸从 4 月 6 日上午 10 时持续到黄昏，大火至夜未熄，两华里的长街化为灰烬，一个伤病收容所内数百人被炸死。这天，衡阳居民死亡近万人，烧毁房屋不计其数。当时冒着浓烟赶往灾区采访的《大公报》记者写道："但见折椽断柱，裂壁断垣，凡所经历，触目酸心；而残墟余烬之中，我受创同胞之血肉模糊，尸体焦炙，尤属惨不忍睹！"无家可归的难民，"在夕阳西下，暮烟四起的傍晚，有成千上万的人群在寻觅栖身之处，只是找不着"。他们能到哪儿去找呢？他们的家"已变成了焦土"，"只有暮后的黑神，给他们一群一群遮盖着"。至 1944 年 6 月，衡阳累计遭受日军轰炸 100 多次，一个繁华的古城被炸成一片焦土。

日本侵略者的倒行逆施激起了中国人民的奋勇反抗。抗战期间，以长沙为中枢的第九战区，将妄图向西南进犯的日军紧紧地拖住长达 6 年。衡阳和中国其他遭遇日机狂轰滥炸的城市在轰炸下仍然坚持不屈的精神，时刻鼓舞着饱受日本法西斯铁蹄蹂躏的亿万同胞。

1932年4月7日
东北救国抗日联合军成立

今天是4月7日，1932年的今天，东北救国抗日联合军成立。

1931年九一八事变爆发后，日军相继占领沈阳、长春、吉林，准备大举进犯黑龙江。留驻关外的东北军余部，奋起抗击日军的进犯，先后在江桥、哈尔滨等地给予日军沉重打击。

东北义勇军的爱国举动得到了全国人民的热情响应，上海、南京、北平等地群众自发组织义勇军后援会，为义勇军募捐、赶制军服、购买药品，有力地支持了东北义勇军的抗战。

但由于国民党政府采取“攘外必先安内”的方针及对日“不抵抗”政策，把制止日本侵略的希望完全寄托在乞求英美等列强出面干涉上，幻想依赖国际联盟压迫日本退兵。东北各路义勇军虽有人民群众的大力支持，仍无法抗击日军的侵略，义勇军各部渐趋瓦解。

1932年2月5日，哈尔滨沦陷。4月7日，黑龙江省长马占山到达黑河，并以黑龙江省省长兼东北边防军副司令长官名义发表抗日通电，表示继续抗日；同时，联合吉林的抗日武装李杜、丁超等部和海拉尔的抗日武装苏炳文部，组建东北救国抗日联合军，设总司令部于哈尔滨，马占山任总司令，下辖10余路军，共

6万余人。

4月间，马占山与吉林自卫军领导人李杜、丁超取得联系，商定了共同收复哈尔滨的作战计划。黑吉两省义勇军的联合行动，使日伪极为恐慌。日军第10师团以其主力集中攻击吉林自卫军的中心区—依兰。5月16日，日军先头部队攻入依兰，吉林自卫军退往梨树镇、同江一带，黑吉两省义勇军联合攻哈计划未能实现。马占山率部向上集、庆城、巴彦等地移动，占领大青山一带作为长期的抗日根据地。日军第14师团得知消息后，前往围歼。马占山率部在庆城一带，与优势日军周旋，但终因寡不敌众，伤亡重大。马占山于混战中率卫队四五十人向东撤退，接着奔赴讷河，设立义勇军总指挥部。10月20日，马占山发出进攻黑龙江省城总攻命令，经过一个多月激烈战斗，各路义勇军终因势单力薄，被迫撤退。

1932年12月4日，苏炳文率部退入苏联境内；12月7日，马占山率部相继退入苏联境内。

1942年4月8日
驼峰航线试开通

今天是4月8日，1942年的今天，一条专门运输国际援华物资到中国的空中航线试开通。这条航线西起印度加尔各答，东至中国昆明，跨越印度、缅甸和中国三国，由中美两国共同开辟，这便是“中国抗战力量生命线驼峰航线”的发端。

1942年1月30日，日军开始大举入侵缅甸，中国接收国际物资的重要运输渠道——滇缅公路危在旦夕。当天，美国总统罗斯福提出，要开辟一条通往中国的空中运输线。时任国民政府外交部长的宋子文致信罗斯福，建议开辟从印度到昆明的航线，美国政府最终同意了这一建议。4月8日，美国空军第一次飞越喜马拉雅山，开辟从印度阿萨姆到中国的空中走廊。

这是一条十分艰险的航线。它西起印度阿萨姆邦的汀江机场，向东横跨喜马拉雅山脉及怒江、澜沧江、金沙江等险要地带，航线全长约800公里，地势海拔均在4500至5500米上下，最高海拔达7000米，沿途山峰起伏连绵，犹如骆驼的峰背，故而得名“驼峰航线”。

驼峰航线不仅要飞越高山、冰川，还要经过热带疟疾区、原始森林，甚至日军占领区，加之这一地区气候十分恶劣，使飞机随时面临坠毁的危险，因此又被称为“死亡航线”。美国外交家哈里曼曾回忆道：这条航线上有人们可以遇到的最可怕和最险阻的部分地段。

担任驼峰航线运输任务的是美国陆军航空运输总队和中国航空公司，从1942年4月到1945年8月，美军先后投入飞机2100架，中国航空公司投入飞机100架，双方参与驼峰空运的总人数达8.4万多人，共运送战略物资85万吨、战斗人员33477人。驼峰航线的开辟，使中国有了一条从西方国家获得战略物资的空中通道。

驼峰航线为中国的抗日战争和世界反法西斯战争的胜利做出了重要贡献，同时中美两国也为此付出了极为惨重的代价。据美国官方统计，美方在驼峰航线损失飞机563架，损失的机组人员超过 1500 人。而中国航空公司也先后损失飞机 48 架，牺牲飞行员 168 人。

1946 年第一期的美国《时代周刊》这样描述驼峰航线：在长达 800 余公里的深山峡谷、雪峰冰川间，一路上都散落着飞机碎片，在天气晴好的日子里，这些铝片会在阳光照射下烁烁发光，这就是著名的“铝谷”——驼峰航线！

1945 年 4 月 9 日
湘西会战开始

今天是 4 月 9 日，1945 年的今天，湘西会战开始。

1942 年，芷江机场完工。这座位于芷江城东一公里处的巨型机场，占地 300 万平方米，号称远东三大机场之首。1944 年，陈纳德率领的美军第十四航空队（俗称“飞虎队”）进驻芷江机场，占据了“滇黔门户，全楚咽喉”的优势位置，充分发挥了远程轰炸机 B-29 的极大杀伤力，并被称作“空中堡垒”，令日军心惊胆战。

为了占领芷江机场，摧毁中美芷江空军基地，掩护湘桂、粤汉两铁路交通线，1945 年 4 月 9 日，日军集中 5 个师团、1 个旅团约 8 万人的重兵，在 130 多架飞机的配合下，分别由新宁、邵阳、益阳向湘西发起进攻，湘西会战开始。

中国军队奋起抗击，当时参战的主力部队为王耀武的第四方面军和汤恩伯的第三方面军。第四方面军在武冈、新化间与日军决战。第三方面军快速向武阳地区进发，在武阳、新化以东地区集结。

为确保此次会战的胜利，廖耀湘新六军在打通中印公路至昆明集结时，迅速被重庆统帅部空运到芷江，作为总预备队，集结待命。

日军虽然装备精良，攻势迅猛，但是中国军队不惧生死、浴血奋战。中国军队第十八军第11师师长杨伯涛是芷江人，奉命从常德赶赴芷江参战，连家门都没看上一眼，即率部向日军重兵把守的山门扑去。第11师士气高昂，在山门与日军寸土必争。虽然日军多次增兵，还是被第11师攻破阵地。

4月15日，日军兵分4路逼近雪峰山。守卫雪峰山的主力部队是全系美械装备的第七十四军。第七十四军第58师，在雪峰山水口附近，连续向日军发起七次冲锋，将日军第34师团第217联队主力大部围歼，击毙日军1000余人，日军第217旅团伤亡总数达三分之二。

5月初，日军攻势渐衰，中国军队开始发起猛烈反攻，相继收复武阳、新宁等地。至6月7日，中国守军收复了会战开始以来日军占领的所有地区，湘西会战结束。湘西会战中，日军以冒险的进攻开始，以狼狈的溃逃告终，遭到沉重的打击，伤亡达24000多人。中国军队在作战中，陆空军协同密切，歼灭和击溃了进攻的大量日军，使敌遭到严重损失。

1933年4月10日
日军再次进攻长城东段各口

今天是4月10日，1933年的今天，日军分路再次进攻长城东段各口，长城东段陷入激战。

日本帝国主义侵占东北后，为扩大并巩固伪满洲国的疆界，进而蚕食华北，决定攻占长城一线，伺机进占冀东。1933年3月4日，日军侵占承德后乘势分路南犯，向长城线推进，中国守军在长城沿线与日本侵略军展开激烈战斗。

经过20余天长城各口的反击战，中国军队顶住了日军的进攻，沉重地打击了日本侵略者的嚣张气焰。日本侵略军受挫后改变战术，在长城东段南侧的滦东和南天门交替发动进攻。4月10日，日本侵略军再次向长城沿线各口发起总攻。11日，驻守冷口的中国守军第三十二军防线被突破，全军退至滦河右岸，冷口两侧的中国守军腹背受敌，也都后撤。4月20日深夜，日本侵略军第8师团又开始向南天门发起进攻。战斗开始时，在八道楼子阵地，敌我各占四座碉楼，互相对峙。21日晨，日本侵略军集中20余门火炮向中国守军阵地集中射击，并配以步兵1000余人发动进攻，双方争夺激烈。22日，日本侵略军继续展开进攻，上午11点，在炮火掩护下，日本侵略军向八道楼子其余几个碉楼发起进攻，中国军队接连丢失最后的几座碉楼，防线后撤到了界牌峪、上堡子东端高地。

23日至25日，日本侵略军利用八道楼子居高临下的有利条件，以陆空军协同，向南天门阵地中央据点421高地发动猛攻，但均被中国守军黄杰第2师击退。由于连日苦战，该部伤亡严重，其防御阵地由刘戡第83师接替。

26日拂晓，日本侵略军在飞机、大炮的支援下，继续向421主阵地猛攻。第83师战至下午，因伤亡过大，放弃阵地。28日5时，日本侵略军乘势再向南天门右侧高地进攻。激战整日，第83师即奉命转移，南天门失守。

南天门激战，是长城抗战中作战时间最长、战事最为惨烈的一次。参加作战的中央军徐庭瑶第十七军所属第2、第83师广大官兵，在民族危亡之际，与日本侵略者进行殊死战斗，共伤亡3000余人，彰显了中国军队不畏强虏的民族气节。

1933年4月11日
日军侵占冷口

今天是4月11日，1933年的今天，在数万日本侵略军的猛攻下，长城一线重要关隘冷口失陷。

1931年九一八事变后，日本帝国主义迅速侵占中国东北全境，立足稍稳后，很快就把刀锋指向紧邻东北并同察哈尔和河北接壤的热河省。

1933年2月17日，日本关东军发动了对热河的进攻。时任热河省政府主席汤玉麟佯称赴前线督战，放弃承德潜逃。日本侵略军仅以128名骑兵轻取承德，热河省大好河山10天内全部沦入敌手。

1933年3月4日，日本侵略军轻取热河省会承德的当天，其混成第14旅团米山先遣队即抢先占领冷口。很快，北平军分会向第二军团总指挥兼第三十二军军长商震发出收复冷口的命令。

冷口分南冷口和北冷口两村，距河北迁安县城32公里，是关外进入华北的重要关隘。第三十二军第139师师长黄光华，奉命率部由驻地卢龙县赶到冷口以南约五公里的建昌营镇集结。黄光华请示商震后决定：以蒋纪珂717团为主攻，于太阳落山时向冷口发起进攻。傍晚时分，趁日本侵略军不备，717团战士如猛虎般杀入敌营。战斗仅进行了2小时，失陷不几天的冷口就被重新夺回。3月19日以后，日军再次猛攻冷口139师阵地，第139师不时组织反击。经过反复争夺，终将日军逐到口外，双方形成对峙。

4月9日，日军第6师团主力和混成第14、第33旅团各一部在大炮、坦克配合下，再次向冷口连续发起进攻。中国军队依据有利地形和工事，拼死防守，挡住了日本侵略军的进攻。日本侵略军死伤惨重，始终不能迈过关城。战至4月11日，守卫在冷口以西约十公里白羊峪关城的张维藩部，经数日苦战，大部牺牲。日本侵略军乘机突破防线，杀进关口。因随时有被日本侵略军包抄后路，形成前后夹击的危险，驻冷口中国守军被迫撤退，冷口陷落。

日军侵占冷口后，直接威胁到界岭口、喜峰口等隘口中国守军的安全。为免遭前后夹击，北平军分会当日下令二十九军收缩撤退，放弃第一线阵地。到4月17日，日军占领了全部滦东地区。

1941年4月12日
冀鲁豫发起反“扫荡”

今天是4月12日，1941年的今天，日伪军对冀鲁豫抗日根据地中心区——沙区进行“扫荡”，冀鲁豫军民开展了反“扫荡”作战。

1941年，日军华北方面军为巩固其占领区，积极实施“治安肃正”计划，实行“总力战”，在以“扫荡”为主要作战形式的同时，又进行“蚕食”和“治安强化运动”，其兵力规模之大，持续时间之长，以及作战手段之残酷，都达到了前所未有的程度。

为了粉碎日伪军的“扫荡”、“蚕食”和打破其“治安强化运动”，巩固和扩大华北抗日根据地，1941年3月，中共中央北方局明确提出深入敌后去开展敌占区工作的方针。

1941年4月12日，日军第35师团、独立混成第1旅团及伪军各一部共1万余人，在100多辆汽车和坦克的配合下，对冀鲁豫边区濮阳以北、内黄以南的沙区根据地发动大“扫荡”，在从内黄到清丰、濮阳一带，实施合围，企图消灭八路军第2纵队兼冀鲁豫军区机关，摧毁抗日根据地。

八路军第2纵队决定以一个营留内线坚持斗争，主力分两路突围，分别转移到外线的观城和南乐地区，转入外线的八路军第2纵队主力，歼灭日伪军700余人，击毁汽车10辆。坚持内线的新编第2旅第4团第2营，与强敌周旋两天两夜，因寡不敌众，除第5连突出重围外，第6、第7连全部牺牲。与部队失去联系的独立团第6连副连长何尚率6名战士，在薛村机智勇敢地歼灭日军7名，被誉为“打遍沙区的七勇士”。南张堡民兵模范班30余人，依托村落，歼灭日伪军40余人。

“扫荡”中日伪军反复合击沙区，纵横搜索10余次，因未发现八路军主力，随即实行毁灭性的“三光”政策，烧毁房屋2800余间，砍伐人民群众赖以生活的枣树5万余株，用开水浇、机枪射、炸弹炸、挖眼睛、割耳朵、掏五脏等极其残忍的手段，杀害沙区群众3000余人、灭绝53户；将青年妇女脱光衣服，肆意在大街上凌辱，并将一名4岁女童剥皮，暴尸树上。在内外线抗日军民的打击下，日伪军于4月20日全部撤退，八路军第2纵队主力重返沙区，救济受难群众，继续坚持敌后抗战。

1945年4月13日
冀中军区发起任河战役

今天是4月13日，1945年的今天，八路军冀中军区第九军分区发起任河战役，开始了冀中军区对日伪军的春季攻势作战。这是冀中军区部队由分散游击战争进入较大规模的运动战的一个转折点。

1945年初，国际形势发生了巨大变化，德、日法西斯的失败和灭亡已成定局。华北日军在各抗日根据地军民连续攻势打击下，收缩兵力，扩充和加强伪军，固守战略要点，准备作垂死挣扎。

面对这种形势，毛泽东于1944年12月，代表中共中央向全国解放区发出“扩大解放区，缩小沦陷区”的号召，要求“把一切守备薄弱、在我现存条件下能够攻克的沦陷区，全部化为解放区，迫使敌人处于极端狭窄的城市与交通要道之中，被我们包围得紧紧的，等到各方面的条件成熟了，就将敌人完全驱逐出去”。

任河指的是冀中的任丘、河间一带。八路军冀中军区部队响应中共中央的号召，于1945年4月13日，以围攻任丘县日伪军重要据点辛中驿为序幕，发起任（丘）河（间）战役。4月23日，冀中军区部队在民兵配合下围攻任丘，驻大城日军闻讯增援，为吸引敌人回窜，八路军佯攻大城，在日伪军返回途中，歼敌40余人，任丘守敌弃城而逃。4月30日，八路军收复了任丘，随后，八路军部队又乘胜扫清河间外围的十几个据点，于5月9日光复河间。

随后，冀中军区部队又先后发起文（安）新（镇）战役、安（平）饶（阳）战役、深（泽）新（镇）战役等，至6月上旬，胜利地结束了春季攻势。在此期间，冀中军区部队共进行339次战斗，毙伤日伪军1500余人，缴获迫击炮3门、长短枪3109支、子弹近4万发、粮食2500余吨、钢铁1500余吨，击毁飞机1架；解放任丘、文安、饶阳、安平、武强等县城九座，解放村镇565个、人口26万，收复国土1400多平方公里，把大清河以南、沧石公路以北、子牙河以西、潴龙河以东的基本区连成一片。

与此同时，中国共产党领导的其他各抗日根据地军队也纷纷发起春季攻势作战，为反法西斯战争的最终胜利吹响了反攻的号角。

1940 年 4 月 14 日
鲁南反“扫荡”开始

今天是 4 月 14 日，1940 年的今天，日伪军向鲁南抗日根据地展开“扫荡”。

为巩固鲁南根据地，1939 年 9 月至 10 月，八路军第 115 师师部、第 686 团等部，分批推进鲁南腹地抱犊崮山区。原在鲁南的山东纵队苏鲁人民抗日义勇军总队改编为苏鲁支队，归第 115 师建制。第 115 师进入鲁南后，首先开辟了以抱犊崮山区为中心的抗日根据地，接着又陆续派东进支队、苏鲁支队一部及苏鲁豫支队第 2 大队，开辟了郯（城）、码（头）平原抗日根据地。为巩固新建立的根据地，第 115 师一部于 1940 年 2 月攻占了位于鲁南山区中心的白彦镇，全歼驻守该地的伪军，并连续击退了日军的两次反扑。

3 月 19 日，日军 2000 余人第三次进攻白彦，两天后占领了白彦。八路军第 115 师部队乘日军立足未稳，在夜幕的掩护下突入镇内，将日军逐出。在争夺白彦的三次战斗中，八路军第 115 师部队共毙伤敌 800 余人，缴获枪 350 余支，有力地促进了鲁南抗日根据地的发展。

白彦战斗的胜利和鲁南抗日根据地的迅速扩大，极大地威慑着日军津浦、陇海铁路线的安全。1940 年 4 月 14 日，日军第 32 师团、第 21 师团和独立混成第 6、第 10 旅团及伪军各一部共

8000余人，分路向抱犊崮山区进行大规模的合围“扫荡”。针对敌人的企图，八路军第115师采取内外线相结合的作战方针。4月21日，敌人开始向抱犊崮山区中心推进，115师在内线灵活穿插，与日伪军周旋，为牵制敌人多次主动出击。转入外线作战的教导大队在崮口同日伪军500余人激战，毙伤其一部；115师第343旅第686团一部在费县西北流峪和常庄地区，击退日伪军800余人的进攻，接着又在陈家庄一带毙俘日伪军400余人；八路军各部在鲁南地区汇聚起澎湃汹涌的抗日洪流，给敌人以沉重的挫败。

至4月30日，在抗日根据地军民的打击下，日伪军开始收缩兵力，撤回据点。5月5日，反“扫荡”作战胜利结束。此次反“扫荡”作战，八路军第115师部队共作战30余次，毙伤日伪军2200余人，缴获长短枪320支，轻重机枪3挺，马80余匹，成功地粉碎了敌人的图谋，保卫了鲁南抗日根据地。

1937年4月15日
中共中央发表《告全党同志书》

今天是4月15日，1937年的今天，中国共产党发表了《告全党同志书》。

西安事变和平解决后，为适应国内和平基本实现和抗日民族统一战线初步形成后的新形势，规定党在新阶段的任务，1937年3月27日至31日，中共中央在延安召开了政治局扩大会议。这是全国抗战爆发前夜中国共产党召开的一次重要会议。会议分析和讨论了西安事变和平解决和国民党五届三中全会以后，中国抗日民族统一战线的新形势以及党在这个阶段的新任务。会后，根据会议精神，中共中央于 1937 年 4 月 15 日，发表了《告全党同志书》，明确提出：自西安事变和平解决与国民党五届三中全会之后，中国革命的形势已经进入了一个新的阶段。今后发展阶段的任务是巩固国内和平，争取民主权利，实现对日抗战。党的工作的中心一环，应该是抗日的民主运动的发展。

在民族存亡千钧一发之际，中日矛盾已成为主要矛盾，国内矛盾降到了次要和服从的地位。《告全党同志书》要求全党同志无论在任何艰难曲折的变化形势下，都要紧紧抓住中日两国间的基本矛盾，作为自己一切行动的基点，认定中华民族的最大敌人是日本帝国主义，并坚信这个敌人我们是能够战胜的。同时，《告全党同志书》详细阐述了在全民族抗战的旗帜下，中国共产党不是短视近利的小团体，而是处处以国家民族的整个利益为重。为力促国民党坚持抗战，《告全党同志书》要求党内同志全面发动人民群众，积极投身到抗日救国运动之中。

《告全党同志书》要求肃清“左”的关门主义与冒险主义，同一切投降主义与尾巴主义的倾向斗争。

《告全党同志书》要求充分发扬过去 15 年来英勇无比与艰苦卓绝的斗争精神，去迎接将要到来的民族抗战；并强调指出，只有这样，中国共产党才能成为民族革命的领导者。

《告全党同志书》的发表，为中国共产党全体党员进一步加入抗日民族统一战线、实现对日作战做了思想准备。

1938年4月16日
八路军发起长乐村战斗

今天是4月16日，1938年的今天，八路军在山西发起长乐村战斗，给予日本侵略军以沉重打击。

1938年 4月，日军为了消灭八路军在晋东南的部队，达到其解除后方威胁的目的，对晋东南地区进行“九路围攻”。4月16日，八路军第129师及第115师一部在长乐村奇袭日寇，取得大捷。

长乐村位于山西省武乡县以东。1938年4月15日侵占武乡的日军第108师团第117联队及配属的特种兵共3000余人，北犯榆社扑空后，撤回武乡，并于当天黄昏，放弃武乡而连夜沿浊漳河东窜。八路军第129师兵分两路：第772团、第689团为左纵队，第771团为右纵队，两路沿浊漳河两岸山地实施平行追击。4月16日拂晓，八路军左右两路都超过日军，将日军夹击在长乐村地区，双方展开激战。在八路军猛烈攻击下，日军被截为数段，首尾不能相顾，困在了狭窄的河谷里不能展开。这时，日军集中1000多人，向八路军左翼发动猛攻。担任左翼防守任务的是八路军第772团第10连，该连坚守在戴家垴阵地，与敌人厮杀4小时，1个排的士兵全部牺牲，阵地被日军攻占。中午12点，第689团的援兵赶到，随即向日军展开猛烈反击，经过反复冲杀，夺回了丢失的阵地。下午2点以后，日军第105联队1000多人由辽县经蟠龙赶来增援，被八路军击退。17 时后，日军又从辽县方向增援 1000 多人，此时被围日军已被全歼，八路军第 129 师领导遂决定主动撤出战斗，转移到云安村、合壁村等地区隐蔽。

此次战斗，共歼灭日军 2200 多人，缴获轻机枪 2 挺、步马枪 100 多支和大批军用物资。八路军伤亡 800 多人，红军长征时期任职师政委，抗战初期任第 129 师第 386 旅第 772 团团长的叶成焕，在这场战斗中光荣牺牲。

长乐村战斗是粉碎日军“九路围攻”之战中决定性的一役。八路军用急袭的战术手段，给日寇沉重的打击。此后，各路日军纷纷撤退。八路军、决死队及国民党军队先后在沁源以南地区以及辽县到和顺之间地区歼灭日军一部，4 月 27 日，八路军又在高平县以北的张店等地歼灭日军 1000 余人，从而彻底粉碎了日军对晋东南地区的“九路围攻”。

1944 年 4 月 17 日
豫中会战开始

今天是 4 月 17 日，1944 年的今天，中日军队在河南豫中地区的会战开始。

1944 年春，日军华北方面军为贯通与南方军之间的陆上交通，攻击沿线机场，因而不顾兵力不足，东拼西凑，开始研究制定打通大陆纵贯平汉铁路南部沿线的计划，即豫中会战。到 1944 年 4 月初，日军先后抽调东北及华北地区日军共 4 个师团、4 个独立旅团、1个坦克师团等兵力，共计约15万人，由日军华北方面军司令官冈村宁次统一指挥。中国第一战区在汜水、广武、郑州、中牟、尉氏河防一线和许昌、遂平之平汉铁路沿线，以及密县、临汝、襄城、洛阳等纵深地区，部署有8个集团军共17个军。

1944年4月17日夜，日军第37师团和独立第7旅团在河南开封以西中牟附近开始强渡黄河，向中国第一战区河防守备部队发起猛烈进攻，经激战突破中国守军阵地后，分路向郑州等地突进。

另一路日军第110师团、第62师团于4月19日晨向防守邙山头的中国军队发起攻击，突破河防阵地后，攻陷荥阳、密县。中国第一战区第三十一集团军主力向密县附近日军实施反击。激战4天后，日军后续兵团集结于密县、郑州地区，向许昌等地猛攻。中国军队第二十八、第三十一集团军与之展开激战。5月1日，日军攻陷许昌，中国守军新29师师长吕公良率所部壮烈殉国。日军攻下许昌后，5月8日，日军南北会攻夺占西平，终于打通了平汉铁路。此后日军集结主力进攻洛阳。5月13日，日军向洛阳外围中国守军攻击。中国第三十六集团军等部先后向西转移，日军尾追突进，第三十六集团军总司令李家钰在作战中以身殉国。

当洛阳守军陷入孤军绝境时，中国军队以第五、第十两战区部队，与第一战区各兵团协同，对日军实施反突击，一度攻克遂平、鲁山、嵩县，并进迫宝丰，截断平汉线。

5月19日，日军集中第63师团、坦克第3师团、骑兵第4旅团等主力部队，开始向洛阳发动进攻，中国守军与之激战。5月22日，日军三次突入城关，但都被中国守兵击退，日军又以后续部队投入战斗，中国守军虽英勇奋战，但终因弹尽援绝，不得不分路突围，5月25日，中国的文化古都之一洛阳沦于敌手，豫中会战到此结束。

1942年4月18日
中国军民营救美国飞行员

今天是4月18日，1942年的今天，美军16架B-25轰炸机轰炸东京，返航途中，由于受导航、天气等影响，美军飞机大部分在中国降落。

1942年初，为报复日军偷袭珍珠港，美国决心对日本本土发动一次大范围的空袭。已是美军小有名气的轰炸机部队军官的杜立特，受领了这项任务。

4月18日，16架B-25轰炸机飞抵东京上空，对军事目标进行轰炸。从第一枚炸弹落下，到攻击完毕，总共花了短短30秒钟。接着，飞机按照原定计划，准备在中国方面提供的浙江衢县机场降落。由于不熟悉航线，天气恶劣、油料耗尽等多种原因，美军16架轰炸机均未能平安降落，其中有15架在浙江、江西、福建、安徽等地迫降或坠落。

当天深夜，时任浙西行署主任的贺扬灵正在灯光下处理公务，听到远处传来飞机低沉的引擎声，在上空盘旋人约20分钟后，一声巨响，落在了临安天目山。第二天凌晨，他们在一户人家的牛车里发现了2个身着军装的外国人，正是杜立特和1号机组的中尉副驾驶员理查德·科尔。在中国军民的陪同下，杜立特等人最终安全抵达衢州。

也在4月18日深夜，中国第三战区司令长官顾祝同下令各地立即组织搜山，抢救盟国飞行员。浙江遂安县县长组织搜救队，带着中学英语老师，手提喊话筒用英语大声喊叫：请盟军放心，这里是安全地带，不是日军占领区。第二天上午，遂安县找到了6名美军飞行员，并于当天下午送到县政府，10天后又被送往第三战区司令部。当时为营救散落各地的美国机组人员，华东地区不少中国农民抬着担架，跋山涉水数百公里，将他们送至安全地点。

也有一些飞行员降落在了敌后根据地，如其中4名飞行员被农民救起之后经新四军张爱萍部转送到重庆。面对这些从天而降的盟军飞行员，中国民众无私地伸出了援手， 80名机组人员中，64人成功获救。轰炸之后的三个月内，因怀疑村民藏匿美国飞行员，日军在浙江一带展开搜捕行动。日军为了报复中国人民掩护美国飞行员而屠杀了大量平民。为了这次营救盟军飞行员，中国人民付出了巨大牺牲。

1944年4月19日
新四军第3师兼苏北军区发起高杨战役

今天是4月19日，1944年的今天，新四军第3师兼苏北军区发起高（沟）杨（口）战役，改善了苏北抗日斗争被动局面。

1944年初，新四军第3师为粉碎日伪军第二期“治安肃正”，在淮海区发动了春季攻势。经过3个月的斗争，攻克日伪军据点

30余处，粉碎了日伪军第二期“治安肃正”运动。同年4月18日，驻守高沟、杨口的日军撤走，留守的伪军颇为恐慌，士气不振。新四军第3师兼苏北军区决定乘机发起高沟、杨口战役。

高沟、杨口是淮海区的大集镇，为伪军第36师第72旅盘踞。其中，高沟由7个连环据点构成，大小炮楼48个，驻有伪军第144团及保安团1个营共1000余人；杨口街、新宅子、王行庄驻有伪军第143团两个营及保安第5大队共1000余人，有大小炮楼29个，据点构筑坚固，弹药充足。这一带是淮海、盐阜两区战略联系的要点。

新四军第3师兼苏北军区的部署是：集中淮海军分区第1、第4支队各3个团，第2支队第6团，第7旅第20团及涟东、淮安纵队共10个团的兵力，采取中央突破战术，以第4支队先行解决高沟据点，必要时第1支队派1个团协助；以第1支队钳制杨口、葛集、王行、汤圩据点伪军，并相机拔除杨口外围据点，孤立杨口，以便高沟打下后继续扩大战果，会攻杨口。

4月19日，第4支队第11团进攻高沟。至25日，攻克高沟，全歼守敌，并击退杨口增援伪军两个营。高沟战斗一结束，新四军又迅速集中兵力，围攻杨口。至28日，全歼大圩伪军。

在此期间，新安镇、丁头庄等地日伪军多次出援。新四军第3师兼苏北军区部队英勇奋战，多次打退敌军的进攻。至5月4日，在炮火掩护下，第3师兼苏北军区部队一举攻克杨口。驻守杨口的伪军全部缴械投降。

至此，高沟、杨口战役胜利结束。这次战役，共攻克日伪军据点14处，击退日伪军8次增援，歼灭日伪军2500余人，收复了六塘河两岸地区，使淮海、盐阜两区完全连成一片，苏北抗日斗争的被动局面得到改变。

1942年4月20日
仁安羌大捷

今天是4月20日，1942年的今天，中国远征军在缅甸成功营救被日军围困的英国军队，取得仁安羌大捷。

1942年3月，日军在占领仰光后，分兵三路向北推进。4月14日，日军以两个联队，迅速占领仁安羌油田附近山区，断绝英军后路，将英缅军第1师包围于仁安羌油田东北、平冲河以南地区。

当天下午，英军方面情况紧急，要求中国远征军迅速支援。当时，中国远征军新编第38师孙立人部距仁安羌最近，孙立人奉中国远征军司令罗卓英命令，抽调刘放吾第113团救援英军。4月17日晚，中国远征军第113团抵达仁安羌宾河北岸乘夜完成攻击准备。18日拂晓，向日军展开攻击。激战至中午，将日军击溃。刘放吾第113团随即渡河追击，但被宾河南岸的日军所阻。此时，被日军围困的英缅军第1师粮水断绝已经两天，困难万分，部队已无法维持。为此，中国远征军立即调整部署。

4月19日凌晨，中国远征军新编第38师第113团突然向日军发起猛攻。破晓时，主攻部队已将敌军第一线阵地完全攻陷。敌人一面顽抗，一面组织反扑，阵地三失三得。攻击部队在山炮、迫击炮和轻重机枪的火力掩护下，与敌反复冲杀，直至进行白刃肉搏。战至 14 时，第 113 团夺取 501 高地和油田区，将敌人主力击溃，至 17 时，仁安羌油田悉数收复。1942 年 4 月 20 日，战斗最终落下帷幕。

仁安羌一役，中国军队共救出英缅军第 1 师及装甲第 7 旅官兵 7000 余人，被日军俘虏的英军美籍记者和传教士 500 余人，缴获汽车 100 余辆、战马 1000 余匹，被救的英军高呼“中国万岁”，眼眶中闪着感激的泪光。

仁安羌援英之战，中国远征军新编第 38 师一部连续英勇作战，以少胜多，战果卓著，受到盟国的赞誉。英国政府向参与此役的新编第 38 师师长孙立人、第 113 团团长刘放吾等多名中国军人颁发了勋章。此战一扫英国人对中国军队的轻视心理，这次对盟国军队的大救援，成为中国对世界反法西斯战争胜利的又一重大贡献。

1938 年 4 月 21 日
毛泽东指示开展平原游击战

今天是 4 月 21 日，1938 年的今天，毛泽东、张闻天、刘少奇致电朱德、彭德怀等，要求在河北、山东平原地区大量开展游击战。

八路军适时向平原推进，积极开展敌后抗日游击战争，是中共中央和毛泽东作出的又一重大战略决策。早在洛川会议上，毛泽东在提出独立自主的山地游击战的战略方针时，就已经包含着向平原发展抗日游击战争。他认为，山区地形条件虽对八路军发展抗日游击战争有利，但资源、人力毕竟有限，而平原地域广阔、人口稠密、资源丰富、交通发达，是八路军坚持长期抗战的必然发展趋势。

1938年春，日本侵略军采取南北对进的方针，夹击徐州，力图打通津浦铁路。华北日本侵略军主力奉调南下，造成冀鲁等平原地区兵力空虚，为已在山区站住脚的八路军向华北平原敌后地区发展提供了难得机遇。据此，毛泽东、张闻天、刘少奇于1938年4月21日致电朱德、彭德怀等，要求八路军开展平原游击战争。

电报指出：党与八路军部队在河北、山东平原地区，应坚决采取尽量扩大开展游击战争的方针，尽量发动最广大的群众走上公开的武装抗日斗争。根据这一方针，八路军应即在河北、山东平原划分若干游击分区，并在各区成立游击司令部，有计划地有系统地去普遍开展游击战争。组织民众抗日斗争，镇压汉奸，保护民众利益，帮助部队筹措给养等。

八路军总部根据毛泽东等的指示，于次日命令第129师主力和第115师第344旅一部迅速从太行山区向冀南、豫北平原及铁路沿线展开。

1938年5月4日，毛泽东又对新四军发出《关于新四军进行游击战的指示》，号召新四军也开始进行平原游击战争。

在很短的时间内，八路军、新四军积极出动，放手发动群众，利用平原的地形特点，创造和发展了地雷战、地道战、破袭战、“麻雀战”等各种各样克敌制胜的游击战争巧妙战法，成功地牵制并有效地耗损了大量日军。中国共产党领导人民群众广泛开展的游击战争，以小力制大敌，积小胜为大胜，使日军不堪其扰，处处挨打，为中国抗日战争的最后胜利作出了巨大贡献。

1943年4月22日
八路军清河军区部队开始反“扫荡”

今天是4月22日，1943年的今天，日本侵略军再次向清河地区连续进行“扫荡”。八路军清河军区部队奋起反击，再次开始反“扫荡”作战。

1943年，华北敌后抗日根据地军民经过两年的艰苦奋战，粉碎了日本侵略军的残酷“扫荡”和“蚕食”，打破了敌人5次“治安强化运动”，整个华北敌后抗日根据地进入恢复和发展的新阶段。

但是，日本侵略军不甘心失败。1943年1月10日，日军司令官喜多诚一中将，纠集7000余人的兵力，向小清河以北八路军清河军区驻地北隋一带合围，企图一举消灭清河军区部队，摧毁抗日根据地。清河军区机关立即由蒲台、博兴之间转向敌后；外线部队迅速展开，密切配合内线部队，不断打击敌人，迫使敌人大部退集到津浦铁路沿线。

为了适应新的斗争形势，八路军第115师与山东军区领导机关于1943年3月合并，成立了新的山东军区，罗荣桓任军区司令员兼政治委员。下辖鲁南军区、鲁中军区、清河军区、冀鲁边军区、滨海军区、胶东军区等6个二级军区。第115师与原山东军区所属各旅及各支队的番号撤销，统一整编为13个主力团，实行了主力部队地方化，加强了统一领导和指挥。

4月22日，日本侵略军又以独立混成第5、第6、第7旅团以及伪军各一部共2万余人，再次向清河地区进行大“扫荡”。至4月29日，日军连续进行了3次合围，均被八路军清河军区部队打破。尔后，日军在清河区北面以三里庄为中心，部署日伪军控制黄河沿线；在南面，沿小清河由东向西展开，向清河军区步步“蚕食”。八路军清河军区以一部兵力在内线广泛开展游击战争，打击日伪军的“蚕食”活动；集中直属团及特务营于5月28日，以袭击手段一举攻克北线敌人三里庄据点，歼灭伪军1个团大部。随后，八路军清河军区主力转移到利津以北垦区，并于7月利用青纱帐，乘敌换防之机，发起攻击。至9月，不仅歼灭伪军3个团，收复被敌人侵占的中心区，恢复了小清河以南部分地区，而且在民兵和游击队的密切配合下，彻底粉碎了日伪军的联合大“扫荡”，使鲁中区和滨海区得到发展。清河区和鲁南区改变了被敌人严重分割的局面，整个山东抗日根据地的斗争形势有了明显好转。

1939年4月23日
八路军120师打响齐会战斗

今天是4月23日，1939年的今天，八路军第120师打响齐会战斗。

河间县齐会村位于冀中平原，是日军在冀中的重点进攻对象之一。1938年11月至1939年4月，日本侵略军对冀中平原进行了5次围攻，冀中抗日根据地形势严峻。师长贺龙、政委关向应率领八路军第120师主力，于1939年1月下旬，越过平汉铁路，进抵河间惠伯口地区，与吕正操、程子华领导的冀中军区、八路军第3纵队会合，壮大了抗日力量。2月2日和4日，第120师部队连续在曹家庄和大曹村伏击日军，共歼灭450余人，取得挺进冀中的首战胜利。

4月23日晨，日本侵略军800余人、伪保安队数十人，与满载给养、弹药的80余辆大车随行，进犯河间东北的齐会村，包围了第120师第716团第3营。贺龙、关向应当即命令第3营固守齐会村，并以一部兵力牵制北面之敌，集中第120师主力对围攻齐会村之敌实施反包围。日本侵略军在八路军部队内外夹击下，死伤惨重。激战中，日军发射毒气弹，致使贺龙师长及多人中毒。4月24日，日本侵略军南逃找子营，再次陷入八路军的包围。日军连日狼狈突围，溃不成军。八路军乘敌南逃之机，发起追击，歼敌一部。4月25日黄昏，残余日军乘风沙扬起天地弥漫之机逃回河间县城。

这次战斗，八路军第120师在敌人据点稠密的狭小平原地区集中了7个团的兵力，连续激战3天，歼灭日军700余人，取得了平原歼灭战的一个重大胜利，是抗战期间劣势装备的八路军在日军据点稠密的平原地区歼灭敌人的经典战例，给予横行的日本侵略军以沉重打击。

随后，八路军第120师采取避实就虚的游击战术，在冀中平原广泛开展抗日游击战争。到1939年8月，第120师在冀中平原共作战110余次，歼灭日伪军5900余人，对巩固冀中抗日根据地作出重大贡献。在此期间，第120师部队也由6000多人迅速发展到26000多人。

1945年4月24日
皇宁战役打响

今天是4月24日，1945年的今天，新四军第3师兼苏北军区在江苏省北部对日伪军发起阜宁战役。

1945年3月至4月间，世界反法西斯战争已处在胜利前夕。在太平洋战场，美军占领菲律宾后，正向日本推进。为防止美军在华中沿海登陆，日军加强了长江下游的防务，将阜宁等地的部队南撤至长江沿岸地区，并以伪军第二方面军王清翰第五军所属第41师、暂编第33师及军特务团共3400余人，接替苏北各据点的守备。

新四军第3师师长兼政治委员黄克诚，针对阜宁城内伪军失去日军支持，忙于交接防务，城内粮草缺乏等情况，决定抓住这一有利时机，集中11个团的兵力，先攻占阜宁外围各伪军据点，再伺机攻取阜宁城。

4月24日午夜，阜宁战役打响。新四军第3师迅速向城北外围各据点实施分割包围。在炮火的掩护下，第8旅特务团和第24团先后攻克掌庄、七灶、头灶据点；第10旅第4支队攻击大顾庄，至4月25日10时，据守伪军全部被歼灭。阜宁伪军第五军军长王清翰率两个团从阜宁县城出动，分三路向大、小顾庄增援，行至小顾庄以南地区时，遭第10旅预伏部队迎头痛击，伪军仓皇回窜。

4月25日15时，新四军第3师集中主力部队和盐阜独立团，乘伪军军心动摇之际发起总攻。经过激烈巷战，敌人的阵地和据点逐一被摧毁，残余伪军退至水龙局、大浦桥、天主教堂等几处据点，凭坚顽抗。

4月26日上午，日伪军在新四军第3师的军事打击和政治攻势下，相继缴械投降。千余伪军弃城南逃，沿途又连遭新四军第3师特务团和地方武装截击，大部被歼，残部逃往盐城。随后，新四军第3 师乘胜扩大战果，于4月28日收复了盐（城）阜（宁）公路沿线的大施庄、沟安墩、草堰口等据点。至此，历时3天的阜宁战役取得胜利。

这次战役，共毙伤伪军300多人，俘伪师长以下2000余人，攻克阜宁县城及外围据点22处，解放村镇560处，给伪军以沉重打击，巩固与扩大了苏北解放区。阜宁，成为新四军在苏北敌后战场从伪军手中解放的第一座城市，阜宁战役则是新四军第3师以攻坚战取得的首次攻城大捷。

1945年4月25日
中国参加联合国制宪会议

今天是4月25日，1945年的今天，中国与美国、英国、苏联共同发起召开旧金山会议，世界上50个国家的代表与会讨论制定《联合国宪章》。中国组成了以宋子文为团长的代表团。中国共产党代表董必武作为中国政府代表团成员之一参加了会议。

1943年10月30日，中、苏、美、英在莫斯科正式签署了《关于普遍安全的宣言》，明确宣布：四国将在尽速可行的日期内，建立一个普遍性的维持国际和平与安全的国际组织，所有爱好和平国家无论大小，均得加入这一组织。这是继 1942 年 1 月《联合国家宣言》后，中国再次以大国身份参与签署的有关国际事务的重要文件。

1944 年 8 至 10 月，中、美、英、苏四国代表在华盛顿附近的敦巴顿橡树园举行会议，共同拟定联合国机构的组织草案。会后，四国发表《关于建立普遍性的国际组织的建议案》，建议案把新的国际组织定名为“联合国”，中国将在未来的联合国安理会中拥有常任理事国的席位。

1945 年 4 月 25 日，联合国制宪会议在旧金山举行。其间，由宋子文、顾维钧、王宠惠、魏道明、董必武、胡适等 10 人组成的中国代表团，坚持正义，主持公道，为会议成功作出了贡献。如在讨论国际托管问题时，中国代表提出：托管领土应朝着独立和自治的方向发展。最后，会议将托管领土“趋向自治或独立之逐渐发展”，作为托管制度的基本目标之一写进联合国宪章中。中国代表团的正义立场和公正态度，受到多数与会代表的好评。

经过两个月的谈判、讨论，1945 年 6 月 25 日，大会一致通过了《联合国宪章》及《国际法院规约》。6 月 26 日，50 个国家的 153 名全权代表在中、英、俄、法、西班牙文的 5 种文本的宪章上签字。董必武与中国代表团其他成员一起在联合国宪章上签了字。这表明中国共产党支持并参加了联合国的创建工作。1945 年 10 月 24 日，经中、美、英、苏等国批准，《联合国宪章》正式生效。《联合国宪章》规定，中国不仅是联合国创始会员国，而且还是安理会常任理事国之一。

中国的大国地位不仅在抗日战争中通过与其他反法西斯国家并肩战斗显示出来，而且在世界反法西斯战争即将全面胜利之际，通过《联合国宪章》得到了国际的正式确认。

1940年4月26日
新四军在皖南展开反“扫荡”

今天是4月26日，1940年的今天，新四军在皖南进行反“扫荡”战斗，粉碎了日军的“扫荡”计划。

1938年12月，在皖南坚持抗战的新四军第3支队由青弋江防区调至铜陵、繁昌沿江地区。第1支队第1团、第2支队第3团于1939年也先后由苏南敌后调回皖南，归新四军军部直接指挥。

1940年4月，日本侵略军为维护其长江航运安全，调集第15、第17、第116师团各一部共1万余兵力，对新四军防守的南陵、繁昌地区举行大规模“扫荡”。

为粉碎敌人的“扫荡”，中共中央东南局和中央军委新四军分会书记、新四军副军长项英主持召开作战会议，决定采取游击战法，利用地形与敌周旋，不断消耗、疲惫日本侵略军，伺机歼其一部。

4月24日，日本侵略军一部5000余人，由湾沚、黄墓渡攻占南陵，尔后以2000余人沿青（阳）南（陵）公路向西南方向推进，企图迂回青阳。4月26日，新四军第1团在父子岭设伏，经8小时激战，毙伤日本侵略军 370 人，余敌向木镇方向窜犯。

与此同时，另一部日军约 4000 人，由繁昌以北的三山镇、衡山、峨桥等地向繁昌及其以南地区攻击前进。新四军第 3 支队第 5 团在马家坝、九郎庙迟滞敌军前进，并毙伤日本侵略军 140 余人。4 月 26 日，日军向何家湾前进，新四军第 2 支队第 3 团与敌遭遇，先敌占领苏家林、何家湾有利地形，阻击敌军。经 9 小时激战，毙伤日军 300 余人。

5 月 3 日，新四军第 3 支队第 5 团第 1 营，在铁门闩伏击由繁昌向中分徐前进的日军运输队，毙伤日军 60 余人。

至此，新四军的皖南反“扫荡”作战胜利结束。新四军皖南部队共作战 10 余次，毙伤日本侵略军近 1000 人，打破了日本侵略军的“扫荡”计划，取得很大胜利。

1940 年 10 月 4 日，日本侵略军又以第 15、第 116 师团以及伪军一部，共 1 万余人，再次向皖南发动大规模“扫荡”。新四军第 3 支队及第 1、第 3 团，在军长叶挺的亲自指挥下，经一昼夜激战，毙伤日本侵略军数百人，打退其进攻，夺回泾县县城，打破了敌军的又一次“扫荡”。

1945 年 4 月 27 日
八路军收复南乐城

今天是 4 月 27 日，1945 年的今天，八路军冀鲁豫军区部队收复南乐城。

进入1945年，经过中国抗日军民的连年打击，日本侵略军兵力下降，战斗力减弱。1945年春，日军华北方面军警备兵力仅有约19万人，另有伪军50余万人，兵力明显不足，士气不振，基本处于守势。八路军为执行中共中央规定的“扩大解放区，缩小沦陷区”的战略任务，从1945年春开始对日本侵略军发动了更大规模的反攻。其中，冀鲁豫军区结合本地区的实际，制定了1945年的作战计划：一、开辟豫东，打通水东与新四军第4、第5师的联系；二、开辟运东，使运东第一军分区与运西第七、第六军分区连成一片；三、消灭伪自治军杨发贤和伪绥靖军第四集团军陈治平部；四、肃清解放区内敌人的据点，大量歼灭伪军，并相机占领南乐、阳谷、鱼台等11县。根据这一计划，冀鲁豫军区部队在1945年春夏两季对日伪军实施了攻势作战，取得重大胜利。南乐也在这次攻势作战中被成功收复。

南乐位于卫河以东，城内驻有伪自治军杨发贤部等伪军1300人及日军一部，其外围的朝城、清丰此前已被八路军收复，南乐陷于孤立。1945年4月24日深夜，冀鲁豫军区发起南乐城战役。冀鲁豫军区第八军分区部队，在第七、第九军分区部队的配合下，已兵临城下。是日23时，第八军分区第7团，在炮火的掩护下，以城西南角为突破口，攻入城内，打掉了伪军特务营和警察所，控制了全城制高点天主教堂，战至4月25日拂晓，歼灭敌军大部。4月27日凌晨，冀鲁豫军区部队猛攻日军炮楼，与其开展白刃战，将敌人全部歼灭，并乘胜收复南乐县城。与此同时，八路军的打援部队和钳制部队，也把敌人的外围据点全部拔除，并击退了由安阳、大名等处出援之敌。

南乐战役，冀鲁豫军区部队毙伤日伪军3400余人，缴获长短枪2000余支，轻重机枪68挺，炮2门，马50余匹，使卫河以东大片土地获得解放。随后，冀鲁豫军区部队又继续发动攻势，拔除大名以南、卫河以西的日伪军大部据点，收复了大名、新河、南宫等县城。

1938年4月28日
新四军先遣支队开往苏南

今天是4月28日，1938年的今天，新四军先遣支队开往苏南，前去开辟发展苏南抗日根据地。

全国抗日战争爆发后，国共两党进行第二次合作。根据两党达成的协议，除琼崖纵队之外，南方8省14个地区的红军游击队改编为国民革命军陆军新编第四军。叶挺任军长，项英任副军长，军部驻皖南。在中共中央和毛泽东的指示下，新四军决定从第1、第2、第3支队各抽调部分团以下干部和各支队侦察连共400多人，组成先遣支队，由粟裕带领，深入苏南，执行战略侦察任务。

4月28日，先遣支队由皖南岩寺的潜口出发，日夜兼程，越过了宣芜铁路日军封锁线。5月19日，先遣支队进入苏南，开始进行武装侦察、搜集日军情报，并且调查当地的社会情况，为主力部队进入苏南做准备。

6月15日夜，先遣支队破坏了龙潭、镇江之间的京沪铁路一段，使日军一列载满辎重的火车出轨，京沪铁路交通中断数小时。这迫使日军不得不调来兵力保卫运输。先遣支队得知日军援兵将在第二天赶到，于是准备设置埋伏，打一场伏击战。经过侦察，粟裕认为镇江西南三十里处的韦岗地区，是打伏击战的理想战场。6月17日凌晨，粟裕率领先遣支队埋伏在道路两侧，8时许，日军30多人分别乘坐5辆汽车，由镇江方向开来。当日军进入伏击圈时，当即遭到先遣支队的猛烈袭击，韦岗伏击战打响了。日军仓皇下车，或跳入水沟，或钻进车底，还有的窜入草丛中，负隅顽抗。新四军经过激战，毙伤日军20多人，击毁敌汽车4辆，缴获长短枪20多支，先遣支队初战告捷，得胜而归。

当捷报传到新四军第一支队司令员陈毅那里时，他高兴地赋诗一首道："弯弓射日到江南，终夜喧呼敌胆寒。镇江城下初遭遇，脱手斩得小楼兰。"

新四军先遣支队到达苏南地区后，1938年6月1日陈毅又率领新四军第1支队主力由皖南南陵出动，向苏南敌后挺进。6月8日，新四军第1支队在溧水新桥地区与先遣支队会师。6月至8月间，第1支队在京沪铁路、京杭国道两侧，发扬近战夜战特长，连续对日军展开夜袭、奔袭、伏击和突袭作战，先后取得了大小数十次战斗的胜利。

1938年4月29日
武汉空战

今天是4月29日，1938的今天，武汉四二九空战爆发。年轻的中国空军与苏联空军志愿队联手击落了日机21架，粉碎了日本空军不可战胜的神话。

南京失陷后，国民政府部分机构和军事统帅部迁到武汉。武汉地处江汉平原，是平汉、粤汉铁路的交汇点。1937年11月，国民政府部分机构由南京迁至武汉后，这里实际上成为中国军事、政治、经济的中心，战略地位至关重要。1938年2月，日军就开始调集大批空军对武汉进行空袭，企图摧毁中国军队的指挥系统、瓦解中国军民的抵抗意志。

4月29日是日本天皇的生日，为了向天皇祝寿，日本海军第2联合航空队出动27架战斗机、18架轰炸机向武汉猛扑而来。得到情报后，中国空军第3大队、第4大队、第5大队出动19架飞机，苏联空军志愿队出动45架战斗机，迎战敌机。当日军飞机出现在武汉上空时，中国空军健儿舍生忘死、奋勇向前，与敌机上下追逐，连连击中敌机。年仅21岁的陈怀民与4架敌机格斗，击落敌机1架后，又陷入5架敌机的围攻中。在机身中弹起火后，陈怀民放弃跳伞生还的希望，向敌机猛冲过去，与敌同归于尽。

经过近三十分钟的拼杀，中国空军和苏联空军志愿队共击落日军飞机21架，击毙日军飞行员50人，两名日军飞行员跳伞后被活捉。这次空战取得大胜，武汉民众群情激昂，各界纷纷发起祝捷大会。延安《解放周报》发表了题为《英勇的中国空军万岁》的社评，以示庆祝空捷，鼓舞军心。

四二九空战给日军航空部队以沉重打击，此后一个多月，日机未敢再侵武汉。从1938年1月到10月的10个月中，中国空军和苏联空军志愿航空队英勇作战，以弱胜强，共击落击毁日军飞机 260 多架。特别是 1938 年 5 月 19 日，中国空军第 14 队队长徐焕升、第 19 队副队长佟彦博，各驾一机自汉口起飞，在日本长崎、福冈、久留米、佐贺及九州各城市散发传单，并侦察了日本军港及机场情况。武汉、广州沦陷后，中国空军的根据地西移到四川的成都、重庆等地。

1945 年 4 月 30 日
周恩来在中共七大作《论统一战线》发言

今天是 4 月 30 日，1945 年的今天，周恩来在中国共产党第七次全国代表大会上，作《论统一战线》的长篇发言。

中国共产党第七次全国代表大会是 1945 年 4 月 23 日在延安开幕的。这时，中国抗日战争已处于胜利的前夜。中国共产党倡导的以国共合作为基础的抗日民族统一战线的建立，对于打败日本帝国主义起到了决定性的作用。所以，在中国抗战即将胜利之际召开的中共七大，专门安排周恩来于 4 月 30 日在大会上作了关于统一战线的专题发言。

九一八事变后，中国共产党率先提出武装抗日的爱国主张和倡导建立抗日民族统一战线的主张。此后，中国共产党逐步调整政策，把“抗日反蒋”改变为“逼蒋抗日”，从而促成西安事变的和平解决，达成了“联蒋抗日”。1937 年 7 月 7 日，日本帝国主义以发动卢沟桥事变为起点，发动了全面侵华战争。这种形势迫使国民党政府在一定程度上改变对日本的态度。国共双方经过谈判，将红军主力改编为国民革命军第八路军，散布于湘、赣、闽、粤、浙、鄂、豫、皖八省的红军游击队整编为新四军。1937年9月22日，国民党中央通讯社发表《中共中央为公布国共合作宣言》；次日，蒋介石发表谈话，指出团结御敌的必要，事实上承认中国共产党在全国的合法地位，标志着国共两党第二次合作正式形成，推动了全民族抗战的崭新局面向前发展。全国抗战进入战略相持阶段后，国民党不断制造摩擦事件。中国共产党贯彻又联合又斗争、以斗争求团结和“有理、有利、有节”的原则，坚持“发展进步势力，争取中间势力，孤立顽固势力”的策略方针，有效地维系了国共合作抗战的局面。

周恩来在发言中，对抗战期间的抗日民族统一战线的历史和经验教训作了回顾和总结，着重从敌人、队伍、领导权三个方面系统地阐述了中国共产党关于抗日民族统一战线的策略思想，有利于全党更好地统一思想，更好地模范执行党的抗日民族统一战线政策，团结国内外一切抗日力量，去夺取中国抗日战争的最后胜利。

五月

1940年5月1日
枣宜战役打响

今天是5月1日，1940年的今天，枣宜战役正式打响。

宜昌距重庆仅约480公里，是重庆的门户。日本军国主义为了迫使国民党蒋介石停止抗日，策划在1940年5月，以20余万人的兵力，对中国的入川门户地区实施作战。

5月1日，日军兵分三路向枣阳地区发起进攻，枣宜战役打响。由信阳向西推进的是北路日军，负责阻击日军的是孙连仲第二集团军；由钟祥向北推进的是南路日军，负责阻击日军的是张自忠第三十三集团军和王瓒绪第二十九集团军，由随县向北推进的是中路日军，负责阻击日军的是黄琪翔第十一集团军。激战至5月7日，三路日军分别占领唐河、随阳店等地，对枣阳构成合围。中国守军从各路日军空隙转至外线。

5月10日起，日军分别向樊城、宜城两地集中，准备西渡襄河，进攻宜昌。5月12日，从南阳地区南下的中国第五战区第三十一集团军，包围樊城附近的日军第3师团。15日，被围日军突围后向枣阳集结。与此同时，第五战区第三十三集团军总司令张自忠，率部渡襄河，截击日军第13师团，但在宜城东北地区遭到日军两个师团的围攻。日军调集飞机20余架，炮20余门，轮番轰炸。5月16日，张自忠率部进至宜城东北罐子口地区与日军展开激战，在敌猛烈炮火的轰炸下，被迫退至南瓜店附近。由于寡不敌众，第74师和特务营伤亡殆尽，张自忠英勇殉国。

5 月 31 日，日军又发起了西渡襄河进攻宜昌的第二阶段作战。6 月 1 日，日军攻陷襄阳，中国守军分成左右两个兵团。左兵团在襄河以东地区攻击日军，右兵团负责襄河以西地区作战，重点保卫宜昌。6 月 8 日和 9 日，南北两路日军占领沙市、江陵和当阳，逼近宜昌。6 月 11 日，日军对宜昌守军展开全面攻击。6 月 12 日，攻陷宜昌。6 月 16 日，中国第五战区部队向日军发起反击，并于 17 日短暂收复宜昌。不久，日军再次攻入宜昌。此后，中国军队在江陵、宜昌、当阳、钟祥、随县、信阳外围之线与日军形成对峙。

1937 年 5 月 2 日
中共苏区党代会召开

今天是 5 月 2 日，1937 年的今天，中共中央在延安召开中国共产党全国代表会议，时称全国苏区代表会议。

1936 年西安事变和平解决后，国内和平基本实现，为了统一全党的思想认识，确定党在新形势下的方针和任务，中国共产党于 1937 年 5 月 2 日在延安召开党的全国代表会议，即全国苏区代表会议。参加会议的代表共 200 多人，代表 4 万多共产党员。

5 月 2 日下午，会议在延安中央大礼堂正式开幕。张闻天致开幕词。他指出："西安事变和平解决与国民党三中全会后内战停止，结束了从华北事变开始的中国革命新时期的第一阶段。这种局面的取得，是党的政治路线的伟大胜利，证明了党的政策的正确性。"

5 月 3 日和 8 日，毛泽东分别在会上作了《中国共产党在抗日时期的任务》的报告和《为争取千百万群众进入抗日民族统一战线而斗争》的结论。他分析了中日矛盾上升为主要矛盾的总体形势，阐述了在这种形势下党的任务与策略，并着重强调了抗日民族统一战线中无产阶级领导权的极端重要性。毛泽东在结论中强调指出，为顺利贯彻党的政治路线，“我们党的组织要向全国发展，要自觉地造就成万数的干部，要有几百个最好的群众领袖。这些干部和领袖懂得马克思列宁主义，有政治远见，有工作能力，富有牺牲精神，能独立解决问题，在困难中不动摇，忠心耿耿地为民族、为阶级、为党而工作。党依靠着这些人而联系党员和群众，依靠着这些人对于群众的坚强领导而达到打倒敌人之目的。”“他们是大公无私的民族的阶级的英雄，这就是共产党员、党的干部、党的领袖应该有的性格和作风。”他说：“我们的正确的政治方针和坚固的团结，是为着争取千百万群众进入抗日民族统一战线这个目的。我们的努力将确定地打倒日本帝国主义，并实现全部的民族解放和社会解放。”

这次会议，批准了1935年1月遵义会议以来以毛泽东为代表的党中央的正确路线，确定了新形势下党的方针和任务，为迎接全国抗日战争即将到来，在政治上和组织上作了重要的准备。

1942年5月3日
冀中军民进行白庄战斗

今天是5月3日，1942年的今天，八路军冀中军区军民在深泽县白庄与来犯日军进行了一场激战。这次白庄反击战，是1942年冀中军民反日军“五一”大“扫荡”战役中的战斗之一。

从1942年5月1日起，日本华北方面军开始对冀中抗日根据地进行空前残酷的“扫荡”。大“扫荡”前，由于日本不断“蚕食”，冀中抗日根据地基本区的面积和人口均已减少了三分之二左右，只剩,3000多个村庄，280万人左右。

5月1日，日军动用1.5万兵力，先从边缘区开始“扫荡”，逐步向中心区压缩推进。5月3日，日军晋藤联队等部共1000余人，向河北省深泽县白庄进犯。

八路军冀中军区警备旅一部及民兵共300余人，充分利用纵横交错的地道，极大地发挥了地道战、地雷战的独特优势，创造了“院落伏击战”、“化装奇袭”等新战法，同敌人展开英勇顽强的斗争。激战至5月3日中午，八路军打退日本侵略军五次疯狂进攻。这次战斗，八路军毙伤日本侵略军联队长以下400余人，八路军伤亡20余人。

与此同时，满城地区的民兵配合游击队，攻克日本侵略军的据点、碉堡42处。活跃在白洋淀的雁翎队及大清河上的水上游击队，利用河川湖泊、芦苇草荡，神出鬼没地打击敌人，仅王寨附近的一次战斗中，就击毙日伪军50余人，截获大货船数十艘。

在这次反“扫荡”作战中，“地道战”显出威力。坚持在定县和无极之间的赵户村的2个连的八路军，利用该村的地道体系，在23天中连续打退日军4次进攻，歼敌300余人。5月27日，日军千余人进攻定县东南的北疃村，抗日游击队击退日军数次进攻全部进入地道后，气急败坏的日军向地道内施放毒气，800多抗日军民被毒死。

冀中军民的反日军“五一”大“扫荡”作战，历时两个多月，共作战270多次，毙伤日伪军11000余人，粉碎了日军消灭冀中八路军领导机关和主力部队的企图。但根据地部队大量减员，抗日根据地大部沦为敌占区，部分变为游击区。冀中敌后抗日游击战争进入了更加残酷、更加困难的阶段。

1938年5月4日
西南联大在昆明复课

今天是5月4日，1938年的今天，西南联合大学在昆明复课。

1937年7月7日，卢沟桥事变爆发，日本发动全面侵华战争。为保卫中华民族教育精华免遭毁灭，华北及沿海地区的高等学府纷纷内迁。其中，北京大学、清华大学、南开大学迁至湖南长沙，组成国立长沙临时大学。1937年12月13日南京沦陷后，日军沿长江一线步步进逼，危及衡山湘水，该校又于1938年4月西迁至昆明，改称国立西南联合大学，简称“西南联大”。

1938年5月4日，西南联大在昆明正式复课。学校校务由北京大学、清华大学、南开大学三校校长蒋梦麟、梅贻琦、张伯苓组成的校常委会主持。联大这所抗战时期的流亡大学，办学条件极为艰苦。当时部分师生被疏散至昆明郊外居住，茅屋为舍，食不果腹。后因经费出现严重赤字，学校只好将教室的铁皮瓦顶卖掉，来维持教学经费的开支。尽管如此，在躲警报、避轰炸的恶劣环境中，西南联大师生并未停下求知与奋进的脚步。

西南联大校长梅贻琦曾说过：“所谓大学者，非谓有大楼之谓也，有大师之谓也！”西南联大拥有众多的名师，聘有冯友兰、朱自清、罗常培、罗庸、闻一多等教授，继承融汇了北大、清华和南开三校的校风和学风，培养出大批的杰出人才。西南联大融三校精华为一体，名师云集，阵容强大，文、理、法各系许多课程都达到较高水平。

同时，西南联大学生通过组织“群社”“冬青社”等进步社团开展抗日民主活动，利用九一八事变、卢沟桥事变等纪念日进行抗日宣传，一些学生对抗战救国怀着满腔热忱，奔赴缅印抗战前线，加入到中国远征军和空军的队伍当中，为抗战胜利作出了贡献。

1946 年 5 月，西南联大完成它的战时使命，宣告解散。这所在中国抗日战争中顽强坚守的知名学府，在学术自由、兼容并包、民主自由的氛围中，取得了良好的办学效果，以西南联大为代表的高校内迁运动，在中国抗战历史上留下了多彩的一笔。

1943 年 5 月 5 日
《解放日报》发表社论
《中国思想界现在的中心任务》

今天是 5 月 5 日，1943 年的今天，延安《解放日报》发表题为《中国思想界现在的中心任务》的社论，提出中国思想界的中心任务就是彻底打垮和消灭法西斯主义。

1943 年，世界反法西斯阵线已经逐步转入反攻，战争形势对日本法西斯越来越不利。1943 年 1 月 11 日，日本华北方面军司令官冈村宁次宣称：中国“华北地区自大东亚战争爆发以来，就担负起兵站基地的任务”。今后“要更进一步发挥野战军的本领，除对重庆军加大压力外，同时要与中国战士合作，剿灭华北建设致命之敌中国共产党军”。3 月 24 日，冈村宁次下达 1943 年度《作战警备方案》，将作战重点指向八路军及抗日根据地，并促使伪军积极配合作战。

在此情况下，延安《解放日报》发表题为《中国思想界现在的中心任务》的社论，指出：现在，为什么要提出彻底打垮和消灭法西斯主义是中国思想界的中心任务呢？其重要理由之一，就是为了战胜侵略我国的日本法西斯强盗，使神圣的民族解放战争贯彻到底，取得最后胜利。而要想达到这个目的，必须在思想上分清敌我，不容丝毫含糊，不容在我们的抗战阵营之内还有人宣传法西斯主义或其变种。不但这样，中国思想界所以要提出这个任务来，并把它作为中心任务，其另一个重要理由，就是为了将来的建国。而要想达到这个目的，必须在思想上反对一种误国害民的思想毒素，这种毒素就是法西斯主义。只有在思想界肃清了这种毒素，才能达到“抗战必胜，抗战必成”的目的。因此，这个任务，是中国目前思想界的中心任务。

社论还指出：为了反对法西斯，为了贯彻反法西斯战争的目的，中国一切革命的民族主义者和民主主义者应该联合起来，来加强抗日战争的力量，加强民族团结的力量，加强全国人民为光明的将来而斗争的信心和热情。社论号召三民主义者、共产主义者、自由主义者，应该联合起来，反对法西斯主义。

这篇社论，对于肃清中国社会的法西斯思想，鼓舞各界爱国人士团结抗日，起了一定的促进作用。

1943年5月6日 太行军区开始反“扫荡”

今天是5月6日，1943年的今天，太行军区开始进行反“扫荡”。

1943年春，晋冀鲁豫边区各军区积极贯彻“敌进我进”的方针，派出近千支武工队和小部队，开展变游击区为抗日根据地及在敌占区建立秘密的游击根据地的斗争。

武工队和八路军小部队的活动，引起了日本侵略军的恐惧。1943年5月6日，日军华北方面军第一军纠集日军3个师团及伪军一部共2万余人，由潞城、武乡、辽县（今左权）、林县、陵川等地出发，对太行抗日根据地中心区进行梳篦式“扫荡”，企图消灭八路军总部及第129师主力。同时，以日军为主组成的“特别挺进队”，化装成八路军，在夜间由潞城直奔涉县，沿途不经村庄，不走大路，专门奔袭八路军领导机关。

获悉日军“扫荡”企图后，八路军总部和第129师主力立即采取“敌进我进”的方针，迅速转移到外线，不断袭击敌军的交通线；并以第129师一部兵力，配合地方武装及1．5万多民兵，坚持内线斗争，广泛开展游击战，不断袭扰日伪军。太岳和冀南军区部队分别对本地区内的白晋和平汉铁路沿线进行破袭，积极配合太行军民的反“扫荡”。在太行、太岳、冀南等3个军区军民的联合打击下，“扫荡”太行区的日伪军被歼灭2500余人，被迫于5月下旬撤退。太行军区乘胜将平汉铁路西侧大部分地区恢复为游击根据地。此次反“扫荡”作战，使日军围歼八路军领导机关和主力部队的计划完全破产，并有力地打击了进犯日军。在太行军区反“扫荡”之后，太岳军区争取和瓦解部分伪军，打开了高平、晋城以北，及长子、青城、沁水、曲沃、翼城、沁县等边沿区的斗争局面。冀鲁豫第一军分区恢复和发展了1140个村庄，并在齐河、茌平、禹城之间开辟了一块新的游击根据地。冀南第二、第三、第六等3个军分区，在敌占区秘密建立了500多个民兵自卫队等组织，不断打击伪乡、村政权及汉奸。经过反“扫荡”作战，包括太行军区在内的晋冀鲁豫抗日根据地在1942年基础上，有了新的恢复和发展。

1941年5月7日
中条山战役爆发

今天是5月7日，1941年的今天，日本侵略军开始对中条山地区的中国军队发起全面进攻，中条山战役爆发。

中条山位于晋南，东邻太行山，西接吕梁山，南屏潼关、洛阳，北控晋南，东扼豫北，战略地位十分重要，第一战区近18万人驻守于此。

1941年5月7日，日本侵略军在其航空兵的炮火掩护下，以6个师团另2个独立混成旅团，由东、西、北三面向中条山地区中国军队发起猛烈进攻。西侧日军第41师团及独立混成第9旅团向山西垣曲方向攻击，5月8日黄昏占领垣曲。至此，日军将中条山的中国守军分截为东西两部。5月9日，攻占垣曲的日军分为东西两面扩张。至5月12日，该路日军东陷邵原，与日军由东面突入的第35师团会合；西陷五福涧，控制了黄河北岸各渡口。另日军第36、第37师团及独立混成第16旅团，由夏县及芧津渡附近向东发起进攻，于5月9日突至黄河北岸，后又返转向北扩张。在中条山北侧，日军第33师团及独立混成第4旅团一部于5月7日下午向董村东西之线中国守军阵地攻击，5月13日突破董村中国守军阵地。在中条山东侧，日军第21师团、第35师团于5月7日分由济源、孟县两地，突穿中国守军阵地。5月12日，日军第21师团突击至邵源，与由垣曲东进的第41师团会合；日军第35师团沿黄河北岸向西突进，5月12日控制了黄河北岸各渡口。

5月14日以后，日军一面封锁黄河各渡口，一面对留置在中条山地区的中国军队进行疯狂的“扫荡”。中国军队损失严重，一部突破重围退往黄河南岸，大部化整为零向太岳山区、吕梁山区转移。至5月28日，战役结束。

在此期间，八路军太岳军区部队应卫立煌之约，迅速进入中条山及汾南三角区，担任同蒲、白晋路南段交通破袭任务，从侧面牵制了许多日本侵略军，掩护了国民党军的突围。

中条山战役中，国民党军共伤亡4.2万余人、被俘3.5万余人。蒋介石于1941年5月28日致电李宗仁、陈诚等，被迫承认：这次战役是国民党“抗战史上最大之耻辱”。

1943年5月8日
陕甘宁边区政府颁布政务人员公约

今天是5月8日，1943年的今天，陕甘宁边区政府颁布《陕甘宁边区政务人员公约》。

《公约》是经过边区政府委员会通过，以陕甘宁边区政府主席林伯渠、副主席李鼎铭命令形式颁布的。命令指出，各单位要根据具体情形，在干部中进行讨论解释，并督促所属相互检查，严格执行。《公约》还规定，该《公约》适用于区级以上政府。

《公约》共有10条，每条下面有详细注释文字。注释内容主要是怎样贯彻执行《公约》。

《公约》的主要内容：第一条，忠实施政纲领，贯彻法令、决议；第二条，坚持民主集中制，严守政府纪律，服从整个利益；第三条，调查研究，深入检查，总结经验；第四条，积极负责，发扬创造精神；第五条，公正廉洁，奉公守法；第六条，互规互助，正人正己，贯彻“三三制”精神；第七条，爱护群众，密切联系群众；第八条，爱护军队，积极帮助军队；第九条，提高政治警惕性，严防敌探奸细；第十条，努力学习，学而不厌，侮人不倦。

其中第二条的注释指出，民主集中制是我们的组织制度。对上级要尊重、要服从，有意见要提，但不可闹独立性。对下级要了解，要关心，要倾听意见，不犯官僚主义。对同级或有关部门，要照顾全局，要识大体，要关照别人，不犯本位主义。要恪守政府纪律，要个人利益服从组织利益，部分利益服从整个利益。

第五条的注释指出，公正廉洁，奉公守法是我们政务人员应有的品格，要在品行道德上成为模范，为民表率。要知法守法，不滥用职权，不假公济私，不要私情，不贪污，不腐化，不堕落。

第六条的注释指出，互规互助，正人正己是我们内部团结的原则。要本施政纲领与民主集中制的总则，发扬批评与自我批评，劝善规过，切磋琢磨，互相帮助，善与人同，不存成见，不意气用事，不一意孤行，不一味迁就，不互相包庇，不同流合污。

从这个《公约》可以看出，抗日战争时期，敌后抗日根据地的民主政府从严管理公务人员，让政府高效运行职责，真正为老百姓办事。

1939年5月9日
南昌战役结束

今天是5月9日，1939年的今天，南昌战役结束。

南昌是江西省省会，南浔、浙赣铁路在此交会。夺取了这里，就切断了中国第三战区与第九战区的主要交通联系。

1939年1月，日军第十一军拟订了攻占南昌的计划，目的是“切断浙赣铁路，割断长江以南的安徽省和浙江省方面敌人的主要交通线”。参战日军为4个师团、5个重炮联队又一个大队、一个坦克联队又两个大队，以及一个陆军飞行团和一个海军航空队，总兵力12万人。3月17日，日军以近10万兵力分路进攻南昌。国民党军以10多万人防守南昌及其周围地区。

3 月18日，日军第101、第116师团各一部从星子出发，在永修东北的吴城镇附近登陆后，遭到中国守军的顽强抗击。23日晨，日军继续发动猛攻，并不断投射燃烧弹、化学弹，中国守军被迫于24日撤出吴城镇。

3月20日，日军向修水南岸中国守军阵地进行长达3个多小时的炮火袭击，其中夹有大量毒气弹，致使中国官兵多人中毒。同时，武宁方面的日军第6师团则阻击中国军队，保障其主力顺利夺取南昌。3月29日，日军攻陷武宁。中国守军虽安排增援，但因通信联络不畅、部队协同不好等原因，增援计划未能实施。

3月26日，日军第101、第116师团分别渡过了赣江，切断了南昌南面的浙赣铁路，形成对南昌的包围。3月28日，南昌失守。同时，日军也付出了重大伤亡代价，只能转攻为守，无力再组织新的进攻。

4月上旬，国民政府下令反攻南昌。4月21日，中国军队开始全线反攻。担负直接反攻南昌任务的是中国第三战区第三十二集团军。4月23日，中国军队4个师从东南方向进攻南昌。26日，外围部队攻抵南昌机场附近，少数部队潜入南昌市区，袭击日军。5月5日，中国军队一部突入日军的城防阵地，另一部也进到南昌东郊金盘路附近。但是，由于另一路中国军队未能完成切断南浔线日军增援的任务，致使日本海军陆战队赶赴支援。中国军队的攻势受挫，第二十九军军长陈安宝中将以身殉国。

5月9日，中国军队奉命停止进攻，南昌战役结束。

1939年5月10日
八路军115师陆房突围

今天是5月10日，1939年的今天，八路军第115师一部被日军包围于山东省肥城县陆房一带，随后机智突围，转危为安。

1938年底，日本军国主义为了巩固其殖民统治，决定增强在山东的兵力，组建了第十二军，下辖第5、第21、第114师团和独立混成第5旅团、骑兵等部，并由城市和交通要道向乡村扩张。

为了适应对敌斗争的需要，按照中共中央军委的决定，山东纵队于1938年12月成立，张经武任指挥，黎玉任政治委员，下辖6个支队。与此同时，八路军第115师第343旅第685团按照总部的命令，由晋西出发，于1938年12月下旬到达微山湖以西地区，与当地抗日武装合编为苏鲁豫支队。1939年3月1日，第115师政治委员罗荣桓等率领师部及第343旅余部到达鲁西郓城地区，并于3月4日一举拔除郓城西北伪军据点樊坝，全歼守敌800余人。

樊坝战斗的胜利，引起了日本侵略军的恐惧。1939年5月初，日军5000余人和伪军一部，由山东东平、汶上等地，分九路“扫荡”泰（安）肥（城）抗日根据地。5月10日，日本侵略军向肥城以南的陆房实施向心合击。八路军第115师师部及第686团、津浦支队、冀鲁边第7团、山东纵队第6支队等部和中共鲁西区委、泰西特委等党政机关共3000余人，被日军包围在陆房一带纵横不足十公里的地区内，形势危急。罗荣桓等决定：第115师以少数兵力牵制日军，其余部队和机关乘夜突围转移。但在突围中，由于地形道路不熟悉，除山东纵队第 6 支队跳出包围圈外，其余各部均为敌所阻。5 月 11 日，日伪军发起全线攻击，八路军第 686 团和津浦支队等部顽强反击，击退日伪军多次进攻。当晚 10 时许，除留小部队袭扰和迷惑敌人外，第 115 师师部率地方党政机关沿沟渠小路突破日伪军的包围，于 5 月 12 日拂晓转至东平以东地区。陆房突围战八路军共毙伤日伪军 1300 余人，自己伤亡 360 余人，有效地保存了有生力量。此战表明，即便处在日军重兵包围下，只要机动灵活，英勇顽强地战斗，以己之长击敌之短，是完全可以转危为安的。

1944 年 5 月 11 日
中国远征军打响反攻滇西作战

今天是 5 月 11 日，1944 年的今天，中国远征军打响反攻滇西作战。

1944 年 4 月中旬，中国远征军为策应缅北方面中国驻印军反攻作战，打通中印公路，制定作战计划，以第二十集团军为攻击军，强渡怒江，向驻守高黎贡山及腾冲的日军攻击；第十一集团军为防守军，固守怒江东岸原阵地，并由第一线各师分派加强团强渡怒江，以策应第二十集团军的行动。

1942 年 5 月，日本侵略军侵入缅甸，切断滇缅公路，并一路北犯侵占了包括腾冲与龙陵在内的怒江以西大片国土。

1944 年 5 月 11 日，中国远征军在美军第 14 航空队配合下向滇西日军发动反攻。第二十、第十一集团军第一线攻击部队陆续渡过怒江。到 5 月下旬，中国远征军基本完成了强渡怒江和进攻高黎贡山的战斗任务。5 月 22 日，国民政府军委会电令中国远征军迅速与中国驻印军会师缅北，打通中印公路。中国远征军即令第二十集团军攻击腾冲，第十一集团军攻击龙陵、芒市。为阻止中国远征军反攻，日军第三十三军以第 18 师团据守密支那地区，以第 56 师团和第 2、第 53 师团各一部防守滇西公路沿线的腾冲、龙陵、松山、芒市、遮放、畹町等地。

经过几个月的鏖战，中国远征军第二十集团军于 9 月中旬收复腾冲。滇西日军残余退守龙陵、芒市等地顽抗。中国远征军第十一集团军经反复争夺，最终于 11 月 6 日攻克龙陵及其外围据点。至此，中国远征军在收复腾冲、龙陵作战中，共歼灭日军 1 万余人，沉重地打击了滇西日军。之后，中国远征军又接连攻克芒市、遮放。日军第 56 师团残部及第 2、第 49 师团各一部退到畹町附近顽抗。中国远征军乘胜沿滇缅公路向前推进，于 1945 年 1 月上旬攻击中缅边境城市畹町。1 月 24 日，中国远征军攻克畹町，随后又越过国境，进入缅甸追歼日军残部。

1945 年 1 月 27 日，中国远征军与中国驻印军在芒友会师，全部打通了中印公路。至此，滇西反攻胜利结束。随后，中国远征军陆续回国。

1938年5月12日
蒋家河口战斗

今天是5月12日，1938年的今天，新四军第4支队在安徽巢县地区的蒋家河口一带伏击日军，拉开了华中敌后抗日游击战的序幕。

全国抗战爆发后，根据国共两党于1937年10月达成的协议，南方8省14个地区的红军游击队改编为国民革命军陆军新编第四军。1938年春，新四军完成集结改编后，根据中共中央的指示，先后挺进华中敌后，开展抗日游击战争，开辟了广阔的华中敌后战场。

为牵制和分散敌人的兵力，配合国民党军正面战场的作战，解救华中敌后的人民群众，中共中央、中央军委在1938年2月至5月，多次致电长江局和新四军领导人，要求新四军尽快挺进华中敌后，力争在苏浙皖边发展抗日游击战争，创建抗日根据地。

1938年4月，高敬亭率新四军第4支队自皖西霍山县流波疃向皖中挺进，展开于庐江、无为、舒城、桐城和巢县地区。

1938年5月，侵占巢县的日军经常派出小股部队，到巢湖东岸蒋家河口一带进行烧杀抢掠。第4支队第9团经过周密侦察，发现周围河道纵横，芦苇茂密，便于隐蔽，是理想的伏击地点，遂决定在河口西岸设伏，待机歼敌。

5月11日下午，第9团侦察队和第2营第4连由银屏山出发，于12日拂晓前进入伏击地域。上午8时许，日军第6师团板井支队一部由巢县乘坐两艘兵船向蒋家河口出动。敌人刚一上岸，埋伏的新四军部队突然猛烈开火。遭到突袭的日军有的跳入水中企图登船逃窜，有的爬上河岸负隅顽抗。新四军第4连3排以火力封锁日军退路，侦察队用集束手榴弹将船炸翻。战斗仅用了二十分钟，日军第6师团巢县守备队的20多人就被悉数全歼，新四军缴枪10余支，无一人伤亡。

1938年5月15日，《新华日报》刊载了蒋家河口战斗的报道。5月16日，蒋介石向新四军领导人叶挺、项英致电："四支队蒋家河口出奇挫敌，殊堪嘉慰。"

蒋家河口战斗，是新四军第4支队东进皖中敌后的第一仗，也是新四军完成改编挺进华中后的第一仗，从此拉开了新四军在华中敌后开展广泛抗日游击战的序幕。

1942年5月13日
陕甘宁晋绥联防军司令部成立

今天是5月13日，1942年的今天，中共中央军委作出《关于成立陕甘宁晋绥联防军司令部的决定》。

1942年，在日军严密经济封锁、疯狂"扫荡"，国民党顽固派加紧对中共中央所在地陕甘宁边区围困、封锁的局面下，中国共产党领导的敌后抗日根据地进入极端困难阶段。为了统一陕甘宁、晋绥两个区域的军政、财政与党政关系，中共中央军委于5月13日决定成立陕甘宁晋绥联防军司令部，贺龙为联防军司令员，关向应为政治委员，徐向前为副司令员兼参谋长，林枫为副政委。下辖八路军第120师、留守兵团、晋绥军区部队、陕甘宁边区保安部队和炮兵团等部。6月10日，联防军司令部在延安正式成立。

陕甘宁晋绥联防军编成后，在中共中央、中央军委直接领导下，艰苦奋斗，坚决执行党中央、毛泽东所赋予的各项任务。大力加强晋绥根据地的反“蚕食”、反“扫荡”斗争，恢复与巩固了晋绥抗日根据地。1944年，晋绥军区部队展开连续的对敌攻势，收复日伪据点90多个，收复村庄3000多个，根据地面积扩大两万多平方公里。

在1945年春季攻势中，晋绥部队对离（石）岚（县）公路、五（寨）三（岔）公路沿线敌据点发起攻势。在夏季攻势中，晋绥军民从6月19日开始围困静乐县城并对公路沿线的日军展开进攻，基本上把敌人挤到铁路沿线和少数几条公路线附近。在8月以后的大反攻中，晋绥部队先后攻克太原市外围的日军据点，并一度攻入太原以南的晋源县城，对太原形成包围。9月下旬，晋西北全境解放。在大反攻作战中，晋绥军区军民共毙伤日伪军1.6万余人，俘虏5000余人，收复十几座县城，解放大片国土。

在军事斗争的过程中，陕甘宁晋绥联防军不仅巩固了黄河防线，而且积极加强部队建设，实行“精兵简政”，对军队进行了整编；开展拥政爱民运动，密切了与党政和群众关系；开展练兵运动，提高技术战术水平；开展大生产运动，打破国民党和日本侵略军的经济封锁，为取得抗日战争的胜利，建立了不朽的业绩。

1940年5月14日
李公朴等到八路军总部

今天是5月14日，1940年的今天，抗战救国教学团团长李公朴等到达王家峪八路军总部。

李公朴，是著名的爱国民主人士，曾因主张“联合各党各派抗敌御侮”而同沈钧儒、章乃器、邹韬奋、沙千里、史良、王造时等七人被捕，即“七君子入狱”。他曾与邹韬奋等人创办了读书生活出版社，当选为全国各界救国会联合会执行委员、常务委员。

全国抗战爆发后，李公朴到山西调查考察，并拜访了中共领导人周恩来等。1939年10月，李公朴率抗战建国教学团一行10人，在八路军第120师独立第2旅第5团第1连护送下，从阳曲穿越同蒲路封锁线进入晋察冀边区。从大后方来到敌后抗日根据地，李公朴等人如同发现了一个新天地，特别是感到晋察冀敌后抗日根据地实行的民主政治、改善人民生活等所取得的突出成就，与国民党统治区形成鲜明的对比。

李公朴等到达延安后，毛泽东曾看望了他们，并为李公朴夫人张曼筠所画的长城图题了旧作《清平乐·六盘山》，支持李公朴组织抗战建国教学团，并给他配备了一位红军老战士做警卫员。李公朴率领的抗战建国教学团像个流动学校，每到一地都开办短训班，宣传抗日，传播抗战种子，培训了许多抗日宣传人员。

从1937年8月到1940年11月，李公朴在三年多时间里，撰写了四五十万字的抗战言论、战地通讯、抗战教育文章等。其中《全民动员论》、《抗战教育的理论与实践》、《走上胜利之路的山西》等著作风行一时，给抗战的人们以很大鼓舞。特别是 1940 年 8 月中旬，他把自己在晋察冀抗日根据地进行考察的亲身经历，以及与新闻出版工作者在武乡王家峪八路军总部进行座谈的内容，撰写为《华北敌后——晋察冀》一书。他将该书稿交由山西太行文化教育出版社出版，客观、公正地宣传了中国共产党和八路军的抗日救国真实情况。他赞叹，晋察冀敌后抗日根据地是“模范的抗日根据地”。“模范的抗日民主、抗日民族统一战线的晋察冀边区，象征着中华民族解放的胜利。”“晋察冀边区是新中国的雏形！”

1942 年 5 月 15 日
浙赣战役开始

今天是 5 月 15 日，1942 年的今天，日本在浙赣地区，向中国守军发起了猛烈的进攻。

1942 年 4 月 18 日，由詹姆斯·杜立特中校率领的美国特别飞行中队，从“大黄蜂”号航空母舰上起飞，在轰炸了日本东京、名古屋、大阪等地后，飞至中国浙江等地降落。

这次轰炸引起了日本朝野的极大震惊。为了防止中美空军利用浙江一带的机场对日本实施“穿梭式轰炸”，日方立即决定击溃浙江方面之敌，摧毁中国浙赣线上的空军基地。日军中国派遣军迅速调集约 9.6 万人，采取东西对进的战法发动进攻。

5月15日，浙赣路东段日军第十三军5个师团、4个独立混成旅团、一个支队由奉化、余杭等地，沿浙赣铁路及其两侧向西南实施进攻。日军第十一军2个师团、4个支队由南昌附近地区沿浙赣路向东进攻。第三战区司令长官顾祝同指挥4个集团军另4个军和1个师，在第九战区3个军的配合下，在新昌、诸暨、桐庐之线逐次抵抗，后又以1部兵力转入敌人后方开展游击战争，主力向金华、兰溪撤退，构筑阵地，准备抗击日本侵略军的进攻。25日，日军向金华、兰溪攻击，中国守军多次打退日军的进攻，并与日军形成对峙。27日，日军凭借优势兵力和火力攻陷龙游，金华、兰溪中国守军孤立无援，遂于28日放弃阵地转移。 6月3日，日军向衢州发起进攻，中国守军第八十六军与日军浴血奋战4昼夜后，被迫放弃衢州。日军第十一军遭中国军队逐次抵抗后，至6月16日占领江西的进贤、东乡、鹰潭、贵溪等地，到7月1日，日军东西对攻的部队在江西横峰会合，打通了浙赣铁路，并在侵占区内大肆破坏机场，拆毁铁路，掠夺物资。

8月19日，日军奉命撤退，中国军队乘势发起追击，到9月底，日军大部撤回原地。浙赣战役遂告结束。

此次战役，日本侵略军虽然集中了9.6万人参战，但在中国军队的英勇抵抗之下，日军遭到严重损失，日军第15师团师团长酒井直次中将被击毙，日军伤亡17000多人。

1940年5月16日
张自忠殉国

今天是5月16日，1940年的今天，国民革命军第三十三集团军总司令张自忠将军，在枣宜战役中以身殉国。

张自忠，1891年出生于山东临清，1911年加入同盟会，1914年投笔从戎。1933年长城抗战爆发，时任第二十九军第38师师长的张自忠率部与日军在喜峰口遭遇，激战两昼夜，局面被动。张自忠感到这样与日军硬拼绝非善策，于是决定组织大刀队，对日军进行夜袭。3月11日深夜，大刀队秘密潜入日军军营，在敌人蒙头大睡的时候，一把把明晃晃的大刀举过头顶砍向敌人。喜峰口一战毙伤日军六七百人，第二十九军大刀队从此威名远扬。后来创作的抗日歌曲《大刀进行曲》，其题材就源于此。

1937年卢沟桥事变前后，张自忠奉命与日军交涉，以缓和局势，保住第二十九军的地盘。1937年12月，张自忠回到原部队，任第五十九军军长。他率部先后参加了徐州会战、武汉会战、随枣会战等，都表现得英勇顽强。1938年10月，张自忠升任第三十三集团军总司令，在鄂北、豫南抗御日军侵犯，被李宗仁任命为第五战区右翼兵团司令。

1940年5月，日军集结30万重兵，兵分三路向鄂北随县枣阳地区进犯，枣宜战役打响。5月1日战前，张自忠致书集团军诸将领说：“国家到了如此地步，除我等为其死，毫无其他办法。更相信，只要我等能本此决心，我们国家及我五千年历史之民族，决不至亡于区区三岛倭奴之手。”5 月 7 日，张自忠亲赴前线指挥战斗，先后在梅家高庙、方家集歼灭日军数千人。日军恼羞成怒，调集数倍之敌南北夹击张自忠部。面对敌人的疯狂攻势，张自忠从容指挥，敌我往返冲杀，阵地失而复得多次。

战至 16 日下午四时许，张自忠所部伤亡殆尽，张自忠带领剩余官兵与日军展开肉搏，终因寡不敌众，壮烈牺牲。

5 月 28 日，张自忠遗体运抵重庆，国民政府发布国葬令，颁发“荣字第一号”荣哀状，将张自忠牌位入祀忠烈祠，列于首位。对于张自忠的殉国，中国共产党及其领导人表示了深切哀思。

1941 年 5 月 17 日
日军开始在长城沿线建立“无人区”

今天是 5 月 17 日，1941 年的今天，日本关东军发出命令，日本侵略者开始在长城沿线大规模制造“无人区”。

1931 年九一八事变后，日本军国主义在我国东北建立了伪满洲国，并将长城沿线视为伪满洲国的“西南国境线”，重兵防守，严密封锁。1940 年至 1941 年间，中国共产党冀热察区党委和八路军挺进军军部，根据中共中央的战略决策，分头向热河西部和南部地区发展，长城沿线再次燃起抗日烽火。

为切断中国共产党及其所领导的八路军和人民群众的联系，消灭抗日力量，1941 年 5 月 17 日，日本关东军宪兵司令部发出第二六四号《西南地区特别肃正作战》命令，要求采取“治本措施”，即“建立集团部落，建立警备道路、警备通信及部落防卫设施”的方式，在长城沿线大规模制造“无人区”，并要求“肃正”重点地区为丰宁县西南部、滦平县西部、兴隆及青龙县西南部地区。

日本军国主义者将抗日游击根据地划分为“无住禁作”地带，即这些地区不允许住人，不允许耕作，通过反复进行“扫荡”、“蚕食”、“清乡”和灭绝人寰的烧光、杀光、抢光“三光”政策，抗日根据地军民生命财产遭受损失。诸如：滦平县下营村，两次被日本侵略军野蛮地集体屠杀了78名群众；孟思郎峪一次被日本侵略军屠杀妇女儿童27名。在“集团部落”里，日伪军对群众进行十分残暴的统治。在“人圈”里的群众，衣不蔽体，食不果腹，不少人因冻饿而死。在“禁住不禁作”地带，群众白天耕种土地，晚上回“集团部落”住宿，日伪军看守得十分严密，他们可以对群众随意开枪射杀。

到1945年日本投降前，日军在冀东长城线两侧制造的“无人区”面积共达一万多平方公里。“无人区”内1000多个村庄被毁灭，几百万亩土地被荒芜。

日军的暴行，只能激起人民更大的仇恨和更坚决的抗争。八路军和冀察热辽地区的游击队始终进行着英勇斗争。他们拆毁部落，扫除伪组织，支持群众对日寇展开坚决斗争，给制造“无人区”的日伪军以沉重的打击。

1941年5月18日
美国援华联合总会发动“中国周运动”

今天是5月18日，1941年的今天，美国援华联合总会联合全美各地的中美两国知名人士，共同发起完成500万美元救济中国伤兵、难民、妇女、儿童的“中国周运动”。

美国14名州长和200名市长先后发表宣言，号召当地民众参加这次援华运动。各界著名人士纷纷响应，女作家赛珍珠、黑人歌唱家保罗·罗伯逊、轰动一时的歌星丽丽等都走上街头，用实际行动支持“中国周运动”。美国作家、诗人、戏剧家和编辑爱米尔、史格尔、斯诺、鲁斯、史密天等69人将他们的稿费等捐出来，支援“中国周运动”。

美国总统罗斯福曾对儿子说过：假如没有中国，假如中国被打垮了，你想一想有多少师团的日本兵可以因此调到其他方面来作战？他们马上可以打下澳洲，打下印度，他们可以毫不费力地把这些地方打下来。他们可以一直冲向中东。罗斯福总统的预见没有错。中国战场牵制了日本大部分兵力，这给美国及其盟国很大的支持与援助。但是，中国人民也为此付出了极为惨重的代价，这使美国人民意识到，这不仅关系到中国的存亡，也关系到整个世界的和平，其中当然也关系到美国人民生活的安定。

中国人民的牺牲精神感动了美国民众，他们都以支援中国抗战为荣。有钱的出钱，有力的出力，连几岁的娃娃都知道，要捐钱给中国，那里正在打仗。于是，一个举世空前的援华大募捐活动在美国迅速掀起，其规模之大、时间之长、人力物力动员之多，都是美国历史上少有的。

美国援华大募捐的风潮，也席卷到美国名城洛杉矶街头。1942年洛杉矶华侨和美国友好人士向中国人民表达了友好的情感，伸出了援助中国人民抗战的双手之后，洛杉矶成为中美两国人民友谊的光荣使者。当时在洛杉矶，大家都在谈论中国的抗战，谈论那些伤兵和无家可归的孩子。

在中国周运动中，美国成千上万的人走上街头，挥着拳头，高喊着口号，把对中国战场的关注转化为对中国人民的同情与支援。这表明越来越多的美国人意识到中国战场与他们的生存紧密相连。

1938年5月19日
徐州失守

今天是5月19日，1938年的今天，日军攻陷徐州，徐州会战结束。

南京沦陷后，日本军国主义气焰更为嚣张。为打通津浦铁路，使华北、华中侵占区连成一片，日军决定攻占徐州。为此，侵华日军先后调集24万兵力，实行南北对进，夹击徐州。

1938年3月中旬，日本侵略军第5、第10师团主力南下，企图夺取徐州的门户台儿庄，为进攻徐州做准备。中国守军第二集团军固守台儿庄，与日军展开激战。4月3日，中国守军发起全线反攻，激战四天，歼灭日军1万余人，取得台儿庄大捷。

台儿庄遇挫后，日本军部恼羞成怒，决定立即发动徐州作战，围歼中国军队主力于徐州地区。中国军队也决定在徐州地区与日军实行决战，各战区部队陆续集结到徐州地区。第五战区部队由20多个师增加到60多个师。

4月18日，日本侵略军先后从峄县、义堂地区南进，向中国守军发动进攻。中国守军顽强抵抗，将日本侵略军阻止在韩庄、邳县、郯城一线。5月5日起，日本侵略军南北两路开始对徐州实施战略包围。南路日军华中派遣军第9、第13师团从蚌埠地区北进，至5月13日陷蒙城、永城后，向徐州以西的萧县、砀山进攻；北路日军第14师团从濮县地区南渡黄河，截断陇海铁路；第16师团从济宁南下，连陷金乡、鱼台、单县后，向丰县、砀山推进；第10师团向沛县进攻；第5师团向宿县推进。到5月15日，日本侵略军已对徐州形成四面合围。

5月15日，国民政府军事委员会决定避免决战，放弃徐州。5月16日，第五战区下达撤退命令，部署各军向日军包围圈外转移。与此同时，各路日军迅速向徐州进行合围。5月19日中午，日军占领徐州。但此时徐州已是空城，日军围歼中国军队主力的计划落空。

徐州会战，是继淞沪会战、太原会战之后中国战场上又一次大规模的会战。中日双方均投入数十万兵力，历时四个多月。中国军队英勇奋战，付出重大牺牲，歼灭日军数以万计，鼓舞了全国人民的抗战意志，并迟滞了日军西犯的进程，为后来的武汉保卫战赢得了准备时间。

1940年5月20日
日军连日轰炸重庆

今天是5月20日，1940年的今天，日军又对重庆进行“无差别”轰炸。

1937年7月7日，日本军国主义侵略者蓄意制造了卢沟桥事变，发动了全面侵华战争。同年12月，南京沦陷后，国民政府由南京迁往重庆。自1938年2月，日本就对重庆开始了持续6年10个月之久的间歇性的“无差别”轰炸。

1940年5月初，日本侵略军大本营指示日军中国派遣军“自今日起实施空中进攻作战”，以此挫伤中国抗战意志。接到这一指示后，日军中国派遣军立即命令第3飞行团与海军协作，筹划轰炸重庆等城市。日军分别以山西运城和湖北汉口为基地，派遣轰炸机轰炸大后方城市。从5月20日开始，日军把轰炸重点转向重庆，每天分两到三批，连日轰炸重庆。

在轰炸重庆的过程中，日军不分前线和后方，也不以军事目标为主要对象，对重庆的居民区、商业区、文化区进行残暴的“全方位”、“无差别”、“地毯式”轰炸。在连续3个多月的轰炸中，因国民政府迁都而一度繁华的重庆市区到处残垣断壁，躲警报与钻防空洞几乎成了重庆市民的生活常态。除了常规炸弹，日军还投放了大量燃烧弹和毒气弹。大火连日延烧，民居、商场甚至文化古迹都被大火吞没，无数百姓流离失所，到处都可以见到在轰炸中丧生的百姓尸体。日军连续的大轰炸，给重庆市民心灵留下了难以弥合的创伤。

在此之后，日军又发动了“102 号作战”，制造了“六五隧道惨案”。仅从 1938 年 10 月到 1941 年 8 月短短近 3 年时间里，日军飞机就对重庆城区进行了 80 多次空袭，共投下各种炸弹近万枚；其次为梁山县，日机空袭 20 次，投弹近 3000 枚；再次为万县，日机空袭 19 次，投弹 1000 多枚。另外，涪陵、奉节、合川、巫山、南川等地也遭受了较为严重的轰炸。在日机轰炸中共有 16000 多人死亡。

就在这种情形下，“愈炸愈勇”、“愈战愈强”的标语在重庆随处可见，重庆人民为抗战捐款捐物的热情也异常高涨。日军残暴的轰炸行动，无法让英雄的中国人民屈服。

1945 年 5 月 21 日
新四军发起宿南战役

今天是 5 月 21 日，1945 年的今天，新四军发起宿南战役。

1945 年 2 月开始，驻宿县、徐州的日伪军向淮北津浦路西抗日根据地进犯，新四军第 4 师等部奋起反击，战至 4 月 16 日，连续打退日伪军的多次进犯，毙伤日伪军 1400 余人，俘日伪军 1000 余人。但是，盘踞在宿县西南的伪军第 15 师 5000 余人仍然不甘心失败，继续向淮北津浦路以西的敌后抗日根据地进犯，企图截断新四军涡北与淮南、津浦路东地区的联系，阻止新四军开辟宿县、蒙城、怀远地区根据地。因此，新四军第 4 师决心于 5 月下旬，集中第 11 旅全部、第 9 旅一部和师骑兵团、8 个县总队，共 1.3 万余人，发起宿南战役。

5 月 21 日，战役正式发起。新四军第 4 师第 11 旅第 31 团星夜转兵南下，向驻守任集的伪军特务第 3 团发起攻击。战至 5 月 22 日 7 时，全歼守敌，俘敌团长以下 100 余人。8 时许，驻孙疃伪军 3 个连及骑兵一部增援任集。第 4 师骑兵团一部配合第 31 团将其歼灭。与此同时，第 4 师第 9 旅第 27 团侦悉驻芦沟伪军增援，立即在芦沟西北的葛庄设伏，待机歼敌。9 时，伪军进入伏击圈，第 27 团突然向敌开火，激战 45 分钟，将敌全歼。

6 月 23 日，战役进入第二阶段。新四军第 4 师第 11 旅第 32 团向驻袁店伪军第 59 团第 1 营发起攻击，迫使敌营长以下官兵全部投降。这时，驻孙疃的伪军第 59 团团长率第 2 营和第 57 团 1 个连增援，行至袁店东神仙井，被新四军第 27 团伏击，全部被歼。

伪军第 15 师遭到连续打击后，被迫收缩兵力，将驻芦沟的伪军第 58 团撤回孙疃，坚守孙疃、界沟两个据点。6 月 30 日，新四军第 11 旅第 31 团和旅警卫连在炮兵配合下，向界沟伪军第 57 团发起强攻，战至 7 月 1 日 8 时，歼敌一部，其余伪军全部缴械投降，敌团长以下 800 余人被俘。至此，宿南战役胜利结束。

战役中，新四军第 4 师部队攻克日伪军碉堡 30 余座、据点 3 处，收复了淝河、浍河之间大片地区，不仅巩固了涡河以北抗日根据地，而且开辟了宿南新区，使淮北津浦路西抗日根据地 8 个县连成一片。

1942年5月22日
孙立人全师入印

今天是5月22日，1942年的今天，孙立人率领入缅作战的中国远征军新编38师退往印度。

为了保卫中国西南唯一的援华通道滇缅公路，同时也为支援英军在缅甸抗击日本侵略军、保卫中国西南大后方，1941年12月23日，中英在重庆签署《共同防御滇缅路协定》，中英军事同盟形成，中国远征军也随之组建。

但是，由于英军不愿中国军队过分深入自己的殖民地，一再拖延阻挠中国远征军入缅。直至1942年2月16日仰光危急时，英方才迭次请求中国军队迅速入缅作战。国民政府军事委员会遂令中国远征军第一路副司令长官杜聿明率第五、第六、第六十六军共10个师10万余人入缅作战。中国远征军浴血奋战，屡挫敌锋，使日军遭受沉重打击，多次给英缅军以有力的支援。5月初，日军切断中国远征军主力的回国退路。中国战区参谋长史迪威和中国远征军司令长官罗卓英命令中国远征军向印度境内撤退。但杜聿明不愿入印，经请示蒋介石，决定率部向中国境内撤退。行军途中，正值雨季，连日暴雨，部队粮尽药绝，饿病交加，死亡累累。

5月12日，第五军各部抵达曼西，新编第38师师长孙立人根据实际情况，决定脱离第五军，而改奉史迪威命向西折往印度。新编第38师部队全师保持完整建制，于5月22日越过印缅边境，进入印度。杜聿明率所部于5月31日奉命改道入印，直到7月

25日才抵达印度利多。

1942年8月，退入印度的中国远征军改名为中国驻印军，史迪威为总指挥，罗卓英为副总指挥。中国驻印军在印度兰姆伽训练营接受美械装备训练后，战斗力大大提高。

1943年10月下旬，中国驻印军奉驻印军总指挥部的命令，开始向缅北日军发起进攻，缅北反攻作战由此展开。至1945年1月，中国驻印军先后攻入瑞姑、八莫、南坎、芒友等地，并与中国远征军在芒友会师，打通了中印公路。随后中国驻印军继续南下寻歼日军，先后占领新维、腊戌、昔卜等地，并于1945年3月30日与英军会师乔梅。至此，中国驻印军胜利地完成了反攻缅北的作战任务，不久相继回国。

1942年5月23日
毛泽东在延安文艺座谈会上讲话

今天是5月23日，1942年的今天，延安文艺座谈会举行了第三次会议。毛泽东在会上发表了讲话。

在全国抗日战争爆发后，各地大批文艺工作者奔赴延安和敌后抗日根据地，运用美术、舞蹈、音乐、戏剧等形式，热情地讴歌抗日根据地的对敌斗争，极大地鼓舞了根据地军民的抗日斗争。但是，各抗日根据地特别是陕甘宁边区的文艺界，也存在着一些脱离现实、脱离群众的倾向。同时，文艺界长期积累的宗派主义倾向等问题也带到根据地，影响了文艺界的团结和对敌斗争。

为了纠正文艺界的各种非无产阶级思想，解决文艺为什么人服务的根本问题，毛泽东用了几个月的时间进行调查研究，深入了解情况，为开好文艺座谈会做了充分准备。

1942 年 5 月 2 日，延安文艺座谈会第一次大会在杨家岭召开。毛泽东在会上讲话指出：我们要战胜敌人，首先要依靠手里拿枪的军队，但是仅仅有这种军队是不够的，我们还要有文化的军队。为了这个目的，应该解决文艺工作者的立场问题，态度问题，工作对象问题，工作问题和学习问题。

在 1942 年 5 月 23 日延安文艺座谈会第三次会议上，毛泽东两次讲话，对会议作了结论，指出文艺工作的中心问题“是一个为群众的问题和一个如何为群众的问题”，并提出文艺为工农兵服务的方针。他还谈到文艺界的统一战线问题。他说，文艺服从于政治，今天中国政治的第一根本问题是抗日，因此，党的文艺工作者首先应该在抗日这一点上和党外的一切文学家艺术家团结起来。

延安文艺座谈会后，各抗日根据地相继传达了会议精神。各文艺团体、作家、艺术家认真学习讲话，进行自我反省、自我批评。此后，文艺创作的题材发生很大变化，也具备了比较浓郁的生活气息，如《白毛女》、《兄妹开荒》等一批深受工农兵欢迎的文艺作品被创作出来。

1943 年 10 月 19 日，毛泽东《在延安文艺座谈会上的讲话》在《解放日报》正式发表，并被列为全党整风的必读文件。

1939年5月24日
中国军队结束随枣会战

今天是5月24日，1939年的今天，中国军队结束随枣会战。

武汉会战后，日军华中派遣军第十一军集结了3个师团、1个骑兵旅团、1个重炮兵旅团、2个坦克大队，以及第3飞行团等共10万余人的兵力，攻击荆襄地区中国军队。中国守军第五战区主力共18个军、48个师约20余万人的兵力抗击日军的进攻。

1939年5月1日，日军第3师团开始向随县地区发动进攻。当日侵占郝家店、孙家寨。第二天，日军猛攻塔儿湾，并向中国守卫高城附近的第十三军第89、第110师发动攻击。5月5日，日本第十一军主力第13、第16师团及骑兵第4旅团，由京山、钟祥以北三阳店、洋梓一线，向中国军队第五战区右翼集团军第五十九军第180、第38师，第七十七军第37师发动猛烈攻击。5月8日，日军侵占枣阳，一部进抵襄花公路双沟地区，切断了中国军队左翼集团军的后方联络。与此同时，中国军队第八十四军第二线阵地亦被日军第3师团突破，形势对中国军队不利。

中国军队第五战区随即调整部署，命令左翼集团军主力依桐柏山，占领随枣盆地侧面阵地，侧击北进之敌；并以第三十九军及第十三军一部，分别留置大洪山、桐柏山区，开展游击战争。

日军继续发动进攻，至5月10日，先后侵占高城、枣阳、新野、桐柏等，形成了围歼桐柏山、大洪山北麓地区第五战区左翼集团军的态势。第五战区左翼集团军乘日军兵力不足、空隙较多的机会，除留部分兵力在大洪山、桐柏山进行游击战外，主力迅速向北转移，于5月12日在泌阳一带跳出了日军的包围圈。在此期间，第五战区等部队全力攻击日军的侧翼和后方；南面的江防军一部北渡襄河，连续攻击汉宜公路沿线的日军守备部队；右翼集团军在日军北进后，进攻钟祥等地日军，迫使日军回援；大别山的部队也向武汉地区发动进攻。日军由于合围扑空，且侧后频繁遭到中国军队打击，遂于5月12日开始回撤。至5月24日，第五战区先后收复枣阳、桐柏等地，日军除侵占随县县城外，均退回原地区。至此，随枣战役结束。这次战役，中国军队共毙伤日军13000余人。

1942年5月25日
左权牺牲

今天是5月25日，1942年的今天，八路军副参谋长兼前总参谋长左权在反“扫荡”战斗中壮烈牺牲。

左权，1905年3月出生在湖南省醴陵县一个贫苦农民家庭，1924年考入黄埔军校，1925年2月加入中国共产党，同年12月赴苏联深造。

1937年卢沟桥事变爆发后，中国工农红军主力改编为国民革命军第八路军，左权被任命为八路军副参谋长。1938年2月底，八路军总部挺进太行山区创建根据地。4月初，日军以3万余兵力分九路向晋东南根据地扑来。面对敌情，左权提出以一部分兵力在内线开展游击战争，主力跳出合围圈，在外线伺机歼敌的作战意见，彻底粉碎了日军的“九路围攻”。

黄崖洞位于晋东南黎城城北，1939 年，八路军总部决定在此创建兵工厂，左权具体负责组建工作。在半年多时间里，他和战士们将黄崖洞建设成了当时华北敌后最大的兵工厂，有力地支援了敌后战场的抗日斗争。

1941 年 11 月，日军集结 4000 多人奔袭黄崖洞，企图一举摧毁八路军兵工厂。左权指挥 1000 多兵力，凭借有利地形和防御工事，连续打退日军数十次攻击，浴血奋战八昼夜，取得辉煌胜利。黄崖洞保卫战歼敌 800 余人，自身伤亡 166 人，敌我伤亡比例 6：1，被中央军委称为反“扫荡”的模范战斗。

1942 年 5 月，日军经过精心策划，集结 3 万多兵力对八路军总部进行“铁壁合围”。5 月 25 日，八路军总部按计划转移到山西省辽县十字岭。转移中被日军飞机发现，情况危急，彭德怀、左权等举行紧急会议，决定分路突围。但日军察觉了八路军从十字岭突围的计划，加强兵力进行堵截，并派出飞机侦察、袭击，就在部队即将突出敌人包围圈时，左权被弹片击中头部，血染太行，以身殉国。

噩耗传至延安，延安各界无不同声悲恸。晋冀鲁豫边区政府决定，将左权牺牲的地方——山西辽县更名为左权县，以示永久纪念。

1942 年 5 月 26 日
戴安澜殉国

今天是 5 月 26 日，1942 年的今天，著名抗日将领戴安澜在缅甸作战中重伤不治，壮烈殉国。

戴安澜，1904 年出生于安徽无为，原名戴炳阳，1926 年黄埔三期毕业。因目睹国破民乱，悲愤不已，期许自己要如乱世中之海鸥力挽狂澜，遂改名“安澜”，立号“海鸥”。先后参与长城抗战、台儿庄战役、武汉会战、随枣会战、长沙保卫战等战役，1939年1月，戴安澜出任中国第一个机械化师第五军第200师师长。

1939 年冬，在昆仑关战斗中，戴安澜指挥部队历经大小数十次恶战，三次收复昆仑关，战后，戴安澜被誉为“当代之标准青年将领”。

1941 年 12 月，太平洋战争爆发。同年 12 月 16 日，国民政府军事委员会决定派遣第五、第六、第六十六军组织中国远征军第一路开赴缅甸。次年 3 月，戴安澜奉命率部开赴缅甸作战， 3 月 8 日抵达同古。3 月 20 日，日军飞机开始对同古进行狂轰滥炸，甚至使用了毒气弹。戴安澜临危不惧，立下遗嘱：“如师长战死，以副师长代之。副师长战死，以参谋长代之。参谋长战死，以某团团长代之。”

双方激战至 3 月 29 日，日军“攻击力量已达极限”，但仍未能前进一步。日军不得不承认，这是入缅以来“第一次与强敌遭遇”。为保存战力，戴安澜师奉命退出战场。当 3 月 30 日上午日军攻入同古时，发现同古已是一座空城，他们甚至连一个伤兵也没找到。

同古战役后，由于西线英军一路败退，缅北战局急转直下，中国远征军被迫撤退。5 月 18 日黄昏，第 200 师行至缅甸朗科地区时，遭遇日军伏击，戴安澜腹部中枪，身负重伤。5 月 26 日，当部队行进至缅北茅邦时，戴安澜因伤口感染，与世长辞。第 200 师官兵由师步兵指挥官郑庭笈率领，扶棺向云南前进，6 月 17 日抵达云南腾冲附近，29 日转到云龙时，全师官兵仅剩 2600 余人。同年秋季，国民政府在广西全州香山寺为戴安澜举行了隆重的追悼会。中国共产党和八路军领导人高度赞扬戴安澜的英雄气概和壮烈业绩。新中国成立后，追认戴安澜将军为革命烈士。

1945 年 5 月 27 日
八路军结束阜城战役

今天是 5 月 27 日，1945 年的今天，八路军晋冀鲁豫军区部队胜利结束阜城战役。

1945 年，中国共产党领导的敌后抗日军民经一年的局部反攻，使敌后战场的形势更为有利，使日军在中国的处境更加被动。特别是经过整风、生产运动，敌后抗日根据地军民在政治、经济、军事等方面都得到了很大的加强，为进行更大规模的攻势作战奠定了基础。5 月 25 日，晋冀鲁豫军区按照毛泽东提出的“扩大解放区，缩小沦陷区”的指示，发起阜城战役。

当时，驻阜城的日本侵略军、伪军以及伪公职人员共 380 余人。

八路军冀鲁豫军区第五军分区直属队、第 27 团等部，在地方武装的配合下，向阜城之日伪军发起进攻，经半小时激战，突入城内，全部解决了伪军和伪组织。随即，冀鲁豫军区部队包围了日本侵略军的炮楼。日本侵略军急向景县伪军求援。5 月 26 日 9 时，景县伪军 400 余人，沿景阜公路北上驰援，被冀鲁豫军区第五军分区地方武装一部阻于漫河一带，不能前进。6 月 27 日，衡水、武邑日伪军又沿武阜公路东进驰援。冀鲁豫军区第五军分区攻城部队为避免日伪军合击，遂主动撤出战斗。至此，阜城战役胜利结束。

阜城战役，是晋冀鲁豫军区部队 1945 年春季和夏季攻势作战中的多次作战之一。在此之前，晋冀鲁豫军区部队在 4 月下旬的南乐作战中，歼灭日伪军 3400 多人，攻克南乐城及周围据点 30 余处，解放了卫河以东大片地区；随后又继续发动攻势，收复了大名、新河、南宫等县城。5 月起，晋冀鲁豫军区部队又向平汉线两侧及鲁西、晋南地区日伪军发起夏季攻势。在东平作战中，歼灭日伪军 2200 余人，解放东平城；随后，在收复阜城后，又收复故城、枣强、威县等县城；接着又向丰县、单县、虞城一带日伪军发起攻势，歼灭日伪军 1600 余人，收复这三座县城。7 月下旬，晋冀鲁豫军区部队又发起阳谷作战，歼灭日伪军 2300 余人，攻克阳谷县城，又乘胜收复巨鹿、广宗、馆陶等县城。这一次次对日作战的胜利，使晋冀鲁豫地区日军一步步走向灭亡。

1942年5月28日
中国军队炸死日军师团长酒井直次

今天是5月28日，1942年的今天，在浙赣会战中，中国军队炸死了日军第15师团长酒井直次中将，中国军民欢欣鼓舞。

1942年4月，美国空军轰炸日本本土后，降落在中国浙江等沿海地区。日本本土遭到美机轰炸，日本民心恐慌，社会骚动，朝野震惊，认为必须及早摧毁这些机场。为此，日本大本营决定发动“浙赣作战”，摧毁浙赣线上的空军基地。据此，日军中国派遣军调集第十三、第十一军和第一遣华舰队共9万多人，向浙赣线进犯，其中就包括酒井直次率领的第15师团。

1937年7月，日军发动全面侵华战争后，时任步兵第4联队队长的酒井直次被派往中国战场，多次对敌后抗日根据地进行“扫荡”、“蚕食”、“清乡”，疯狂地推行杀光、烧光、抢光的“三光”政策，犯下桩桩滔天罪行。但是，就是这样一个双手沾满中国军民鲜血的刽子手却晋升为日军中将，被任命为第15师团师团长。

1942年5月27日凌晨，酒井直次率部向兰溪进犯。为阻止日军的进犯，中国军队派出工兵营，强行军赶至兰溪江东岸，在日军酒井师团前进的道路上，设置了数十个地雷群。5月28日凌晨，日军在付出惨重代价后，工兵向酒井报告，地雷已全部清除。自信满满的酒井在军官们的簇拥下前进。10时45分，行至兰溪以北1500米处的三岔路口时，走在前面的工兵小队安全拐弯通过后，只听“轰”的一声，酒井连人带马，被炸飞了起来。酒井的战马被当场炸死，酒井左脚被炸烂，血流不止，于14时13分毙命，尸体在5月29日被火化。

随后中国军队又在衢州、上饶、广丰、临州、温州等地，与日军作战，到9月底，日军除侵占浙江诸暨、浦江、金华、武义、义乌等地外，其余部队都撤回原地，浙赣战役遂告结束。在中国军队的英勇抵抗下，日军死伤严重。在会战中，日军为了有效地封锁浙赣路一带机场，并配合地面的进攻，大规模撒布鼠疫、霍乱、副伤寒及炭疽等细菌，用惨无人道的细菌战大肆屠杀中国平民和士兵，对中国人民欠下了累累血债。

1945年5月29日
八路军总部命令进行更激烈的攻势作战

今天是5月29日，1945年的今天，八路军总部发布《应进行更积极的攻势的命令》，令各大战略区对日伪军展开“更积极的攻势”。

遵照这一指示，八路军在华北各解放区人民的大力支援下，抓住敌人收缩兵力的有利时机，向日伪军发起了更为猛烈的、以夺取有利反攻阵地为主要目标的1945年夏季攻势。

1945年5月12日，晋察冀军区部队全面展开夏季攻势。至7月底，进行了雁北、察南、热辽、子牙河东、大清河北等战役。共歼灭日伪军近万人，攻克和逼退敌人据点300多处，并逼近平津市郊，使冀察、冀晋新解放区相连结，为进军东北建立了前进阵地。

1945年6月至8月，为了扩大准备反攻阵地，山东军区以胶济铁路东段为重点展开了大规模的夏季攻势。先后发起对厉文礼、张步云、张景月等伪军的讨伐战役，共歼敌1.3万余人，打通了渤海、鲁中、胶东各区的联系。

1945年6月中旬，晋绥军区发起以夺取忻（县）静（乐）、神（池）义（井）公路沿线敌军据点为重点的夏季攻势作战。首先围困静乐县城，并向公路两侧之敌展开进攻，先后袭击石河村、丰润、利润和宁化堡等敌军据点，各歼敌一部，炸毁桥梁20余座；在神义线上，挖断公路50余处，其他各部队也向敌人出击，给敌人以沉重打击。同时，大青山部队也进行了攻势作战。

晋冀鲁豫各军区部队根据作战计划，从5月起，向平汉路两侧及鲁西、晋南地区之敌展开了更加猛烈的夏季攻势。其中仅东平、安阳、成（安）临（漳）安（阳）、阳谷和同蒲路南段等战役就歼灭日伪军10000多人，收复县城10余座和许多据点，为晋冀鲁豫地区的全面反攻创造了条件。

在1945年的春、夏季攻势中，八路军、新四军在华北和华中敌后，共歼灭日伪军十六万余人，攻占和收复县城61座，扩大解放区24万多平方公里，解放人口近千万。同时，人民抗日武装力量也得到空前的发展。到1945年夏，八路军、新四军和华南人民抗日游击队已发展到90多万人，这为对日全面反攻准备了充分条件。

1933年5月30日
长城抗战结束

今天是5月30日，1933年的今天，中日双方开始在塘沽进行谈判，长城抗战正式结束。

日本帝国主义侵占中国东北并建立伪满洲国傀儡政权后，又把军事侵略的矛头转向关内。1933年1月1日，日军进犯山海关，中国守军奋起抵抗，以不足2000人的兵力，与优势装备的3000日军激战了3天，打击了日军不可一世的凶焰，揭开了长城抗战的序幕。

1933年3月，日军在侵占热河后，继续向长城一线进犯，在古北口、冷口、喜峰口、罗文峪、界岭口和义院口等地区，中国守军和敌人展开了激烈的争夺战。在喜峰口战斗中，第二十九军战士毙伤日军六七百人，取得了长城抗战以来第一次胜利，给日军以打击，大大鼓舞了民心士气。在罗文峪激战中，中国官兵奋不顾身，持大刀冲入敌阵，砍杀无数日军。

5月2日，日本制定“以迫和为主，内变策动为从”的关内作战方案，想要通过扩大战火，达到“武力迫和”的目的。日军第8师团和第6师团，再次越过长城，开始了新一轮的进攻。5月10日，中国第十七军第18师和第2师，在新开岭轮番与日军展开激战，在日军精良装备的攻击之下，中国守军顽强战斗抵抗外侮，和侵略者展开殊死搏斗。最终，日军第6师团所属各部对北平形成三面包围态势，国民政府屈辱妥协，接受日方谈判条件。

1933年5月30日，中日双方开始在塘沽正式谈判，并于第二天，中方首席代表参谋本部厅长熊斌，经蒋介石、汪精卫同意，与日方首席代表冈村宁次签订了《塘沽停战协定》，将长城以南冀东22县定为中国不得驻军的非武装地带，长城抗战正式结束。

在长城抗战中，中国军队共出动35个师30余万人参加战斗，损失6.5万人，付出了巨大牺牲，给予骄横的日军以沉重的打击。全国人民纷纷捐款捐物，组织各种团体上前线慰问官兵，军民一心，抗日热情空前高涨。但由于国民党政府仍然奉行“攘外必先安内”的方针，对日一再妥协，最终与日本帝国主义签订了屈辱的《塘沽协定》，使广大爱国官兵的满腔热血付之东流。

1940年5月31日
陈嘉庚率华侨慰问团到延安

今天是5月31日，1940的今天，陈嘉庚率领南侨总会组织的南洋华侨回国慰劳考察团抵达延安。

陈嘉庚，福建厦门人，是南洋华侨中有名的实业家、教育家。17岁时，他前往新加坡谋生，因种植橡胶并大规模生产橡胶制品而积累了一定的资本。陈嘉庚致富后首先想到的是兴学报国，先后创办了集美学校、厦门大学和新加坡华侨学校。

1937年7月7日卢沟桥事变爆发后，为支持祖国抗战，陈嘉庚于1937年8月15日发动华侨成立“马来亚新加坡华侨筹赈祖国伤民难民大会委员会”，被推举为该会主席。1938年10月，他组织成立“南洋华侨筹赈祖国难民总会”（简称南侨总会），又被推举为主席。陈嘉庚发表宣言，号召华侨“各尽所能，各竭所有，自策自鞭，自励自勉，踊跃慷慨，贡献于国家”。1940 年 3 月，陈嘉庚发起组织了南洋华侨回国慰劳考察团，回国慰问抗战军民并考察抗战实况。

5 月 31 日，结束了对重庆的视察后，应毛泽东之电邀，陈嘉庚一行来到延安。在延安各界欢迎大会上，陈嘉庚用闽南话发表讲演。他说：“抗战一定要坚持下去，团结一定要加紧，汉奸汪精卫分子一定要剔除，只有这样，才能激励侨胞爱国之心，积极帮助祖国抗战。”

6 月 1 日下午，中共领导人毛泽东会见陈嘉庚等人，就目前的抗战情况及国共摩擦问题进行了交流。后来，他还同朱德一起检阅部队，参观了抗日军政大学，深刻感受到了延安党政军民良好的精神风貌。

7 月 25 日，陈嘉庚在重庆作了著名的题为《西北之观感》的演讲，他用一件件事实，证明延安无论在哪一方面都呈现了一派崭新气象，证明共产党言行是一致的，深知民心、侨心，其团结抗战的立场与侨胞的愿望是一致的。这一演讲，后经重庆《新华日报》全文刊登，使大后方的广大人民受到极大鼓舞。返回南洋后，陈嘉庚把在延安的所见所闻激情洋溢地告诉广大华侨华人。他充满热情地说：“中国的希望在延安！”

六月

1940年6月1日
冀中军民发起保卫麦收战斗

今天是6月1日，1940的今天，冀中军民发起保卫麦收战斗。

冀中抗日根据地，西邻平汉铁路，东接津浦铁路，是晋察冀抗日根据地的重要组成部分。

日军为巩固对冀中侵占区的统治，从1939年12月前后，开始推行“囚笼政策”，以深沟高垒连结碉堡据点，将抗日根据地分割成许多小块。同时，日军还对冀中不断地进行分区“扫荡”。1940年4月上旬，日伪军共3万余人，再次对冀中进行全面大“扫荡”。这次“扫荡”，采取堡垒推进、稳扎稳打的战法，增修公路，大量构筑据点。至5月中旬日伪军修筑的据点达400个左右，比1939年增加一倍。

但是，敌人的疯狂进攻，吓不倒英勇的中国人民。八路军第3纵队兼冀中军区部队，在冀中军区的统一指挥下，以一部主力留在内线，采取以营或连为单位，分散开展游击战争；另一部主力转移到平汉铁路以西山地，进行整训，尔后与坚持内线作战部队轮流替换，以保持持续作战力量。1940年4月下旬，八路军第3纵队兼冀中军区主力以分散对集中，连续三次打击日军，共歼灭日伪军700余人，迫使日伪军于5月下旬全面撤回。

这时，冀中地区已进入麦收时节，6月1日，日军再次调集重兵，对冀中抗日根据地进行大“扫荡”，企图毁灭抗日根据地军民的生存条件。日军频繁出动，抢粮毁粮，破坏麦收。八路军第3纵队兼冀中军区部队为保护麦收，打破日伪军抢麦和破坏麦收计划，迅速调整部署，以北岳区休整后的一批部队投入战斗，继续以营为单位，分散配合地方游击队，破坏敌人交通，围困和孤立据点之敌，保护麦收。从6月1日至25日，冀中八路军部队共作战44次，毙伤日伪军700多人，取得了保卫麦收的胜利。

麦收后，青纱帐起，阴雨连绵，八路军第3纵队兼冀中军区部队乘机主动出击，仅在6月25日至27日的三天内，就在河间、献县地区多次袭击日军，歼敌160余人，收复和摧毁了日军据点多处。到8月上旬，八路军第3纵队兼冀中军区部队共进行了140多次战斗，毙伤日伪军2500余人，攻克日伪军据点15处。

1944年6月2日
八路军太岳军区发起第一次豫北战役

今天是6月2日，1944年的今天，八路军太岳军区部队发起第一次豫北战役，收复了大片国土。

1944年6月2日，太岳军区根据毛泽东向河南发展的指示，决定以第四军分区第18团、基干2团和第二军分区部队一部及地方武装，在豫北济源、王屋和山西垣曲等地发起豫北战役。在广大人民群众的积极支援下，太岳军区部队向济源以北日伪军据点首先发起攻击。经过激战，至7月12日，相继攻克大社、西承留等据点5处，迫使训掌、克井两据点伪军携械反正。7月16日，太岳军区主力转锋向西，在王屋岭地区连续攻克邵源镇、上关阳等敌军据点10余个，并乘胜展开政治攻势，争取和瓦解伪军；发动群众加强地方政权建设，巩固新开辟的地区。8月29日，第四军分区部队主力转向济源以南出击，一举攻克陈岭，并争取了伪军自卫团长马明山及伪济源保安联队司令王奠甫部反正。9月2日，济源日伪军数百人向八路军进行报复进攻，被第四军分区部队一举击退。

是役，太岳军区部队先后进行了3次攻势作战，共拔除敌伪据点20余处，毙伤俘日伪军800余人，并争取伪军反正1300多名，收复失地2600平方公里，解放人口10万余人，并在济源、王屋两县建立了6个区政权，打开了豫北局面，为此后八路军南渡黄河、挺进豫西创造了条件。

八路军的胜利作战，引起日伪军的恐惧。从9月起，日伪军开始对太行、太岳抗日根据地进行局部“扫荡”，并对边沿区进行奔袭和抢粮，太行、太岳军民奋起抗击。他们以一部兵力打击敌人特务活动和抢粮活动；一部兵力深入敌后主动发起向敌占交通线和城镇推进的秋冬季攻势作战，牵制敌军的行动。

1945年4月初，太岳军区又于济源、孟县地区发起第二次豫北战役，相继攻克杨庄、毛庄、义庄、西向、紫陵镇、尚庄等大量敌军据点。在八路军凌厉攻势下，伪军纷纷反正和投诚。至4月底第二次豫北战役结束，八路军共攻克敌军据点40余处，歼灭日伪军2800余人，争取反正与投诚的伪军1700余名，收复失地1800多平方公里，解放人口80余万，打开了豫北局面，肃清了沁阳、孟县以西的所有日伪势力。

1942年6月3日
新四军发起斜桥战斗

今天是6月3日，1942年的今天，新四军在苏中海门县斜桥地区伏击日伪军。

1942年4月10日，伪军徐承德率部200余人侵占了江苏省海门县悦来镇。11日，新四军第1师第3旅第7团及海启警卫团攻克悦来镇，击毙徐承德，毙俘伪军180余人。不久，日伪军再度侵占悦来镇及其以东海门重镇三阳镇。

日军急于向启东县推进，强拉民夫赶修海启公路。因此，新四军第1师第3旅第7团决定狠狠打击三阳镇之敌。5月19日，第7团攻击侵占三阳镇之敌，激战一夜，毙伤日军30余人、伪军40余人。6月2日夜，在三阳镇东三里多的斜桥设伏，待机歼敌。以第1营为主攻部队，在斜桥以东至塌水桥之间伏击敌人；第2营负责阻击三阳镇出动的援敌，并协同第1营围歼敌人；第3营为机动部队，负责阻击其他各地可能出动的增援之敌。

6月3日上午8时左右，三阳镇据点30多个日军、130多个伪军，带着九二步兵炮一门，在队长新野带领下，押着大批民夫，沿着公路向东开进。日伪军走走停停，发现有损坏的路面，就留下一部分民夫填土修补。因民夫不足，日军令伪军也动手。正在这时，新四军第7团侦察员假装成农民在田间“劳动”，日军立即跑来抓人，“农民”向北奔跑，把日军引进伏击圈。日军边跑边开枪，一直追到1营3连的伏击圈内，3连战士立即射击，几个日军应声倒下，此时，修路的民夫乘机逃跑。

老奸巨猾的新野听到枪声，指挥架在斜桥西边的九二步兵炮向新四军第3连阵地轰击，并指挥日伪军向第3连阵地猛扑过来。新四军指战员沉着应战，不予还击。新野见没有动静，即以全部兵力进入新四军包围圈。新四军部队迅速向敌军包抄过来，经过半小时拼杀，日军被全部歼灭。

斜桥伏击战，共歼灭日军警备队新野以下30多名，伪军100多名，俘日军3人，伪军30多人，缴获九二式步兵炮一门和大量枪支弹药。不久，这门平射炮被送到六甲镇，作为苏中战场上重要的战利品公开展览。

1944年6月4日
中国远征军在滇西发起松山战役

今天是6月4日，1944年的今天，中国远征军发起松山战役。

松山山势起伏，地形复杂，主峰濒临怒江峡谷，十分险峻。松山绵延20余公里，公路从其间穿过，形成天然锁钥，素有“滇缅公路的直布罗陀”之称。

1942年，中国远征军首次入缅作战失利后，撤退到怒江东岸，日本侵略军侵占松山，与中国远征军隔岸对峙。日军经过两年的修筑，把松山打造成一个永久性的防御中心。同时，构筑了坚固的堡垒阵地，并在堡垒外围遍布蛛网状交通壕，连接各主要阵地，火力配系完整，形成强大的火力网，由日本侵略军第56师团第

113 联队及师团直属野炮第 56 联队 1 个大队把守，并配属辎重兵等特种部队，常驻兵力 3000 人，储备了大量粮食、弹药等。

夺取松山对于扭转滇西战局非常重要。因此，中国远征军以战斗力强的宋希濂第十一集团军第七十一军新编第 28 师担任主攻任务。1944 年 6 月 4 日，新编第 28 师在攻克腊勐后，向松山发起猛烈进攻。次日，攻击阴登山阵地。阴登山有六七十度陡坡，到处是暗堡，为松山主峰屏障，中国远征军多次攻击，都受阻不克，被迫撤出战斗，双方陷入僵局。

这时，松山地区恰逢雨季，怒江江面水涨一倍，交通断绝，中国远征军面临着背水一战的险境。为加强进攻力量，中国远征军由第八军接替围攻松山的新编第 28 师的任务。7 月下旬，第八军连续发动 5 次攻击，将松山外围据点全部攻占，但松山核心据点屡攻不克，直接影响到中国远征军攻击龙陵。中国远征军司令长官卫立煌遂下达死命令，限第八军于 9 月上旬收复松山，否则，团长以上将领将依军法处置。第八军遵令浴血攻击，同时采取坑道爆破战法，命令工兵营在日本侵略军的阵地下方挖掘两条坑道，装进 10 吨炸药。9 月 8 日晨，实施爆破，一举成功，整个松山顶峰被炸翻，日本侵略军第 56 师团第 113 联队全军覆没。经过三个多月的苦战，中国远征军终于攻克松山，拔掉了滇缅公路上这个最硬的钉子，为打通滇缅公路奠定了基础。

松山战役成建制地歼灭日军一个联队，予日军以沉重打击。

1941年6月5日
重庆隧道惨案发生

今天是6月5日，1941年的今天，由于日军飞机的轰炸，重庆的防空隧道内，发生了集体踩踏、窒息的悲剧。

1923年的国际空战规则规定：禁止以对平民造成恐怖、破坏或损害非军事性质的私人财产、或伤害非战斗员为目的的空中轰炸；禁止对不紧接地面部队作战地区的城市、市镇、乡村、居民点或建筑物进行轰炸。但是，日本侵略军在全面侵华战争中频频出动飞机，对中国城乡实施不分军用民用目标的无差别狂轰滥炸，尤其是把重庆作为战略轰炸的主要目标，连续进行狂轰滥炸。

1939年5月3日，日机26架空袭重庆，600多居民被炸死。第二天，27架日机再炸重庆，市区大多数主要街道成为废墟，三分之一的建筑化为灰烬，3000多居民被炸死，英国、法国、德国的使馆也被轰炸，各有人员伤亡。

为了预防和减少日军轰炸造成的损失，国民政府全面启动了防空洞的建设，铺就了一张庞大的地下防空工程网。当时的报道曾号称“重庆已成为今日世界最佳之地下城”。饱受日军轰炸之苦的重庆市民似乎看到了转机。

然而，1941年6月5日，日军出动大批飞机夜袭重庆，造成震惊中外的“重庆大隧道惨案”。具体情况是：当天晚上9点左右，日军大批飞机进入市区上空，开始狂轰滥炸，霎时间爆炸声此起彼伏，重庆市内到处火光冲天。这次轰炸持续了几个小时，位于重庆市中心十八梯附近的防空隧道中，涌进了大量民众。由于大量避难人群被迫长时间地拥挤在通风不畅的地下隧道内，致使避难民众大量窒息而亡，尸体堆积如山。这是日本帝国主义欠下中国人民的又一笔血债。

日本侵略军的狂轰滥炸，给中国人民的生命财产造成重大损失。据不完全统计，从 1938 年到 1943 年，仅侵入重庆市上空进行轰炸的日机共达 9000 架次，轰炸的目标都是居民区、繁华的商业区、学校、医院等非军事目标，重庆成为大后方遭受损失最严重的城市。

1945 年 6 月 6 日
晋察冀八路军部队收复深泽

今天是 6 月 6 日，1945 年的今天，八路军冀中军区第七军分区部队收复深泽县城。

1945 年初，驻守在晋察冀边区的日本侵略军减少到 4 万人左右，为巩固与扩大其势力范围，只好把驻中国东北的伪满军约 8 万人调来，弥补兵力上的不足。日本侵略军企图依托北岳区的山阴、应县、灵丘、涞源一线，阻止八路军向雁北、察南地区发展。

鉴于上述情况， 1945 年 2 月中旬，中共晋察冀分局和军区召集冀晋、冀察、冀中、冀热辽 4 个区党委和二级军区领导人开会，讨论 1945 年的任务，并于 2 月 28 日确定《1945 年扩大解放区方案》：主要是开辟雁北、察南、绥东、热河、子牙河东、大清河北和津浦路东等地区；方针是：一方面把武工队活动作为开辟新地区的主要组织形式，经常派武工队向敌占区积极伸展，袭扰敌人，另一方面又要适时利用有利时机，以主力配合武工队组织较大规模的游击战役行动，以开辟新区。在实施步骤上，方案规定：在5月以前是挤退边沿区某些敌人据点，加强察南、雁北、北宁路等敌后的武工队，同时准备从5月起进行大的战役，一直持续到青纱帐倒后，共进行5个月左右。按照上述部署，晋察冀军区各部队从1945年春夏起，实施了连续攻势作战。

冀中军区第九军分区从1945年4月13日起，发起任（丘）河（间）战役，4月30日，攻克任丘县城，5月9日，攻克河间县城。5月初，冀中军区第八、第九、第十军分区部队又发起文（安）新（镇）战役，先后收复新镇、文安县城。为配合文（安）新（镇）战役，冀中军区第七分区主力和第八分区一部，另发起安（平）饶（阳）战役，先后收复饶阳、安平、武强3座县城。6月6日，冀中军区第七分区部队又收复深泽县城。6月8日，第八、第九军分区发起子牙河东战役，至7月初，收复大城、献县两座县城和子牙河岸据点37个。在此期间八路军共作战330余次，收复县城10座，使大清河以南，沧石公路以北，子牙河以西，潴龙河以东的基本区连成一片。

1940年6月7日
晋西北八路军夏季反“扫荡”开始

今天是6月7日，1940年的今天，日本侵略军开始向晋西北地区疯狂进行夏季大“扫荡”，八路军奋起反击。

晋西北，是八路军最早开辟的敌后抗日根据地之一。早在1937年9月，八路军第120师便进入晋西北的管涔山区，广泛开展敌后抗日游击战争。

1940年4月，日本侵略军对晋西北抗日根据地进行的春季大“扫荡”刚刚被打退，就于6月初，在日本侵略军第一军司令官筱塚义男的指挥下，由偏关、宁武、静乐、离石等地出动，开始对晋西北抗日根据地再次进行夏季大“扫荡”，妄图彻底摧毁晋西北抗日根据地、抗日民主政权和消灭抗日武装。

6月7日下午，集结在静乐等地的日本侵略军独立混成第9旅团800余人，分两路向岚县进攻，于8日占领岚县。随后，各路日军纷纷出动，以占绝对优势的兵力，紧紧跟随八路军第120师主力，实行连续的分进合击。

在日本侵略军分进合击的过程中，第120师各部采取避敌锋芒作战方针，主力主动转移，待机歼敌；只以小部兵力在运动中不断消耗与疲惫敌人，当发现日本侵略军连续扑空、疲于奔命之时，即集中兵力，在敌军退却的道路上予以歼灭。6月17日，八路军第358旅在旅长张宗逊的带领下，在曹家庄以东与米峪镇出动的日军700多人遭遇，经过激战，歼灭日军500多人，取得第120

师主力从晋察冀返回晋西北后的第一个歼灭战胜利，打击了日寇的嚣张气焰，振奋了指战员的士气。

6月20日，八路军第120师各部分散跳出日军的合击包围圈，转到日军侧后袭击，并破坏其交通线，迫使日军于6月25日起开始分路撤退。7月4日，第120师抓住兴县日军撤退迟缓，相对孤立之机，在二十里铺地区伏击日军，歼敌700多人，再次给日军以沉重打击。

到7月6日反“扫荡”结束，晋西北八路军共进行大小战斗251次，毙伤日伪军4490人，俘日军11人、伪军42人；缴获步枪305支、机枪8挺；收复兴县、临县、方山、保德、河曲等县城，使晋西北抗日根据地得到进一步巩固和扩大。

1938年6月8日
八路军挺进冀东

今天是6月8日，1938年的今天，八路军第4纵队由平西挺进冀东地区。

冀东是连接华北和东北的咽喉地带，其北部是峰峦叠嶂的燕山山脉，南部是绵延起伏的丘陵和平原，进可以威胁平、津，退可以扼险而守。

鉴于冀东地区重要的战略地位和地理位置优势，毛泽东于1938年2月指示八路军前方总部和晋察冀军区，挑选精干部队，进入冀东地区，开辟以雾灵山为中心的冀东抗日根据地。

遵照毛泽东的指示，晋察冀军区迅速抽调战斗力较强的部队组成了邓华支队，先行开辟平西地区，为挺进冀东做准备。在组建邓华支队的同时，八路军总部指示第120师，令宋时轮率领雁北支队东进平西，与邓华支队会师。1938年5月下旬，宋时轮支队抵达平西斋堂、杜家庄地区，随即与邓华支队合并，正式合编为八路军第4纵队，宋时轮任司令员，邓华任政治委员。

1938年6月8日，八路军第4纵队由平西出发，分两路经平北地区跨越平绥铁路，向冀东挺进。

第4纵队沿途先后攻克昌平、延庆、兴隆等城镇。除留一部在平北开展游击战外，主力于6月下旬进抵蓟县以北的将军关下营地区。第4纵队主力到达冀东后，成为冀东地区武装起义的坚强后盾，加之发展起义的其他条件也已经具备，7月，第4纵队配合中共冀热边特委发动和领导了冀东22个县及开滦煤矿共20余万人的武装暴动，组建抗日武装10多万人。在冀东起义武装的配合下，第4纵队先后攻克玉田、乐亭、卢龙、蓟县、平谷、迁安等县城。到8月，西起潮白河，东至抚宁，北迄长城内外，南达渤海之滨，除铁路沿线一部分县城外，有22个县已被第4纵队和起义武装组成的冀东抗日联军所控制。

八路军第4纵队挺进冀东和冀东地区发展的强大态势，直接威胁了日军在平津及北宁线的安全，因此，日军急调第110师团和东北伪满军，以及当地伪军，对冀东地区展开大规模“讨伐”。第4纵队经与敌苦战，部队伤亡较大。为避免不必要的损失，第4纵队除部分队伍坚持冀东游击战争外，主力部队西撤平西。

1944年6月9日
中外记者西北参观团抵达延安

今天是6月9日，1944年的今天，中外记者西北参观团一行21人抵达延安，进行参观和访问。

1944年5月17日，由21名中外记者组成的西北参观团由重庆飞抵陕西宝鸡。他们当中包括外国记者6人、中国记者9人、国民党官方指派的2个领队和4名随员。6名外国记者分别是：美联社的斯坦因、《时代》周刊的爱泼斯坦、《泰晤士报》的福尔曼、路透社的武道、塔斯社的普金和美国天主教《信号》杂志的沙纳汉神父。中国记者有赵超构等人。

当时，由于国民党政府对陕甘宁边区的严密封锁，中外记者组成的西北参观团几经辗转后，于1944年6月9日抵达延安。

6月10日，朱德为记者团举行了欢迎大会。6月12日，毛泽东接见了记者团全体成员。他说，我们的目的是共同的，就是打倒日本军阀和打倒一切法西斯，全中国、全世界都在这个共同基础上团结起来。

在延安期间，记者们参观了边区的机关、学校和各生产部门，参加各种集会，访问陕甘宁边区的英雄模范人物、作家、艺术家以及各阶层知名人士。

当时正值中共七大召开前夕，中国共产党和人民军队的许多负责人都在延安。记者们分别采访了周恩来、刘少奇、贺龙、陈毅、聂荣臻等。留在延安工作的外国朋友，如马海德医生、英国友人林迈可等，也都接受了访问。

在一个多月的访问期间，记者们拍发了大量电讯，及时报道了他们在陕甘宁边区的所见所闻，对中共武装力量在抗战中的地位和作用予以肯定。一些记者后来还撰写了系统介绍边区的著作。如福尔曼于1945年出版的《北行漫记》，斯坦因于1945年出版的《红色中国的挑战》，以及爱泼斯坦于1947年出版的《中国未完成的革命》。这些报道和专著，不但在外国发行，而且大都被译成了中文，在国内广泛传播。

1944年7月1日，《纽约时报》根据记者发回的报道发表评论："毫无疑义，五年以来，对于外界大部分是神秘的共产党领导下的军队，在对日战争中，是我们有价值的盟友。"

1943年6月10日
鄂西战役结束

今天是6月10日，1943年的今天，鄂西战役结束。

这篇登载在1943年6月11日《新华日报》上，题为《宜都残敌窜松滋》的报道，就是鄂西战役后期中国军队反攻的捷报。

为打通长江上游航线，攫取洞庭湖粮仓，威胁中国陪都重庆的安全，1943年4月，日军第十一军抽调10万兵力、240多架飞机，由司令官横山勇指挥，向驻守鄂西的中国第六战区部队发动进攻。中国第六战区在此部署有4个集团军的兵力，同时有中国空军及美国空军第14航空队160多架飞机支援作战。

1943年5月5日，日军第40师团一部从华容出发、第3师团从藕池口出发、混成第17旅团从石首出发，分别向南县、安乡进犯。5月6日，中日双方军队在东线展开激战，中国军队伤亡惨重。5月8日，日军占领南县和安乡。13日占领公安。19日，日军围攻宜昌和宜都之间的中国守军。中国空军出动十几架飞机轰炸湖北枝江洋溪镇附近长江中的日本舰船。25日，日军在飞机掩护下，连日猛攻中国守军阵地，一部突入偏岩、津洋口间，受到了中国守军的南北夹击。同时，中国空军和美国第14航空队多次出动飞机，轰炸日军阵地和后方交通线。30日起，中国第六战区正面各军发起全面反攻。中国空军也以大编队机群支援作战。日军集中火力，强攻长江南岸的石牌要塞。中国守军沉着应战，坚守石牌。31日，日军伤亡惨重，全线动摇，开始后撤。中国军队乘胜追击。同时，中美空军联合轰炸荆州和宜昌两地飞机场，炸毁日机23架，炸伤8架。6月3日，中国江防军完全恢复了战前的态势。6月8日，中国军队克复宜都，9日收复枝江，10日收复松滋。同时，长江南岸的日军从沙市和石首附近渡江，全部撤退到北岸。历时一个多月的鄂西战役结束。战役中，中国军队共毙伤敌1万余人。特别是空军在此战中，对日军机场及前线阵地进行了猛烈攻击，共炸毁日机47架，炸沉炸伤日军舰船23艘，出现了敌我空中优势易手的好势头，给日军以沉重打击。

1945年6月11日
中共七大闭幕

今天是6月11日，1945年的今天，中共七大胜利闭幕。

1945年春，世界反法西斯战争胜利在望，中国抗日战争也即将迎来胜利。为系统总结中国革命的基本经验，争取抗日战争的最后胜利，并为建设新中国作准备，中国共产党于1945年4月23日至6月11日，在延安召开第七次全国代表大会。

在大会上，毛泽东致开幕词和闭幕词，并作题为《论联合政府》的书面政治报告，朱德作《论解放区战场》的军事报告，刘少奇作《关于修改党的章程的报告》，周恩来作《论统一战线》的发言，任弼时、陈云等20多人也在会上作了发言。会议经过讨论，通过了关于政治、军事、组织方面的报告和政治、军事决议案和新的党章，制定了打败日本侵略者、建设新中国的路线、纲领和政策。大会指出：党在今后的路线是，放手发动群众，壮大人民力量，在我党的领导下，打败日本侵略者，解放全国人民，建立一个新民主主义的中国。

确立毛泽东思想为中国共产党的指导思想并写入党章，是中共七大的一个重大的历史性贡献。大会还根据中国即将实行全面反攻这一抗战形势，提出了今后中国共产党在军事工作方面的任务，要求在解放区继续实行局部反攻，收复失地，扩大人民武装，准备全面反攻的物质基础等。

1945年6月11日，大会举行了隆重的闭幕式。毛泽东号召全党和全国人民，下定决心，不怕牺牲，排除万难，去争取胜利。会后，选举毛泽东、朱德、刘少奇、周恩来、任弼时为中央书记处书记，选举毛泽东为中共中央委员会主席、中央政治局和中央书记处主席。

中共七大是在抗日战争胜利前夜召开的一次极为重要的会议。它总结了中国新民主主义革命20多年的历史经验，制定了正确的路线、纲领和策略，使全党在马克思列宁主义、毛泽东思想的基础上达到了空前的团结。它为中国共产党领导人民去争取抗日战争的胜利和新民主主义革命在全国的胜利，从政治上、思想上、组织上奠定了基础。

1938年6月12日
武汉会战开始

今天是6月12日，1938年的今天，中国军队开始在武汉地区展开一场规模空前的大会战。

日军侵占徐州后，为实现其速战速决、一举灭亡中国的战略企图，即调集重兵发起侵占武汉的作战。

当时，日军投入兵力25万余人，以及各型舰艇129艘，各型飞机约300架。南京失陷后，中国方面为保卫武汉，先后投入总兵力达100万人和作战飞机约200架，舰艇30余艘。苏联援华志愿航空大队也参加了武汉会战。

1938年6月12日，日军波田支队在海军第3舰队20艘舰艇护送下，侵占安庆，正式拉开了进攻武汉的战幕。武汉会战打响后，日军于7月25日从潜山向太湖进攻，中国守军顽强抵抗，气急败坏的日军大量施放毒气，中国守军被迫转移。8月下旬，日军开始发起总攻。其中，在对广济的进攻中，日军每天使用毒气达七次以上，中国守军伤亡严重。在田家镇要塞争夺战中，中日双方激战10多天，中国守军第9师官兵伤亡2000余人。由于中国军队的奋力抵抗，也致使日军损失惨重。在10月上旬的万家岭战斗中，中国军队第1兵团毙日本侵略军3000余人，伤敌更多，并俘获日军30余人，取得大捷。从9月下旬开始，日军开始向沙窝、新店进攻，中国守军凭借大别山各要隘，顽强阻击日军一个多月，毙伤日军4400多人。但日舰越过巴河河口，在阳罗登岸。到10月24日，日军从东、南、北三面包围了武汉。中国国民政府军委会下令放弃武汉。27日，日军全部侵占了武汉三镇。武汉会战结束。

会战期间，中国共产党为抵御外侮，积极配合国民党军作战，并于6月24日发出《关于中共十七周年纪念宣传纲要》，指出：中国共产党当前的紧要任务是：保卫武汉，保卫全国，以持久战最后战胜敌人。中共长江中央局副书记周恩来也亲自与国民政府共商抗日大计。

武汉会战历时四个半月，毙伤日军近4万人，打破了日军妄想“速战速决”、迫使中国屈服的战略计划。日军虽然占领了武汉，在战役上取得了胜利，但并未实现其战略企图。武汉会战成为中国抗日战争进入战略相持阶段的重要转折点。

1939年6月13日
中苏签订苏联贷予中国1.5亿美元协定

今天是6月13日，1939年的今天，国民政府特派全权代表孙科与苏联特派全权代表米高扬，在莫斯科签订了关于苏联向中国提供贷款1.5亿美元的协定。对于中国坚持持久抗战至为重要。

全国抗战初期，苏联是中国抗日战争的重要支持者之一。日本军国主义发动全面侵华战争，也是对苏联的重大威胁。因此，苏联政府积极支援中国抗日。

1937年8月21日，中苏两国代表在南京签订《互不侵犯条约》。根据中苏条约，蒋介石于1937年9月8日派杨杰为团长的中国军事代表团飞抵莫斯科，洽谈苏联向中国提供贷款。1937年10月中旬开始，苏联将中国急需的飞机、大炮、机枪、航空和装甲设备、枪炮弹药等军用物资陆续运到中国。1938年3月，苏联向中国提供了第一笔5000万美元长期贷款，用于购买苏联的武器设备。7月，苏联又提供了5000万美元信用贷款。1939年6月13日，苏联人民对外贸易部长米高扬与孙科再次达成协议，签订了1.5亿美元贷款条约，供中国政府购买“苏联生产之工业品和设备”，而中国政府则以中国出产的战略物资偿还。

按照中苏签订的协议，苏联军火运抵中国抗日前线的总量：第一期为24个甲种师的装备，包括重炮、山炮、高射炮、战车、战车防御炮和战斗机、轰炸机与机场地勤设备；第二次补充的数量是12个甲种师的装备。从1939年6月25日至1939年9月1日，苏联又额外向中国提供了 120 架飞机和 83 台航空发动机，以及用于这些飞机和发动机的零部件。

从 1937 年到 1942 年，苏联实际给予中国购买军火的贷款共 1.73 亿美元，居同期各国对华援助之首。中国用这些贷款偿付苏联援华武器弹药和其他军用品，解决了中国急需获得军火的外汇困难。据苏联学者统计，从1937年9月到1941年6月苏德战争爆发，苏联向中国提供军火有：飞机 904 架，坦克 82 辆，牵引车 602 辆，汽车 1516 辆，大炮 1140 门，机枪 9720 挺，步枪 5 万支，子弹约 1.8 亿发，炸弹 3.16 万颗，炮弹约 200 万发，以及其他军事物资。在中国全国抗战前期，苏联是以军火物资积极援助中国的主要国家之一。

1938 年 6 月 14 日
保卫中国同盟成立

今天是 6 月 14 日，1938 年的今天，保卫中国同盟在香港宣告成立，由宋庆龄担任主席。

1937 年 7 月 7 日，日本军国主义悍然发动卢沟桥事变，全国抗战开始。为抵御外侮，在中国共产党的积极努力和推动下，以国共合作为基础的抗日民族统一战线逐步建立。各海外华侨组织及国际友好人士也纷纷以捐款、捐物的形式支援中国抗战。宋庆龄领导的保卫中国同盟便是其中的重要桥梁。

1937 年底上海沦陷后，宋庆龄迁居香港，同周恩来商议后，决定把香港变成一条同外界联系的渠道。1938年3月16日，宋庆龄与何香凝联名发表《致海外同胞书》，号召海外侨胞继续给予祖国抗战军队以“鼓励援助”。6月14日，保卫中国同盟在香港宣告成立，由宋子文出任会长，宋庆龄担任主席。

这是一个具有国际反法西斯统一战线性质的救济组织。主要任务是：真实地宣传中国抗战，“鼓励全世界所有爱好和平民主的人士进一步努力以医药、救济物资供应中国”，特别是“争取世界人民支援中国抗日战争先锋力量——中国共产党所领导的八路军和新四军以及解放区人民”。

此举获得了广泛的国际支援，从世界各地募集了拯救中国抗战将士和平民生命的药品，甚至有当时世界上刚刚生产出来的最有效的抗生素；吸引和团结了无数国际友人、海外侨胞投身于世界反法西斯战争的东方主战场。

该组织还以极大热情介绍敌后抗日根据地，特别是华北的国际和平医院、西北和皖南的工业合作运动、延安抗日军政大学、陕北保育院的发展情况，扩大了中国共产党领导的人民军队和敌后抗日根据地的国际影响。

抗战胜利后，1945年12月，“保盟”宣布更名为中国福利基金会，迁至上海，完成了从抗日救亡组织到社会救济福利机构的转变。

在此期间，廖承志、潘汉年负责的八路军办事处于1938年1月正式成立，争取到当地许多爱国人士和海外华侨的赠款和物资，并在香港购置大批军械和医药等军需物资，通过广州、武汉办事处转送到前方部队。

1933年6月15日
察哈尔民众抗日同盟军第一次军民代表大会召开

今天是6月15日，1933年的今天，察哈尔民众抗日同盟军召开第一次军民代表大会，61名代表出席。

1931年9月18日，日本军国主义者悍然发动九一八事变，武装入侵中国，迅速侵占东北三省。1933年3月初，日军轻取热河。四、五月间，日军在进犯长城地区的同时，纠集伪军先后侵占察东重镇多伦、沽源，察哈尔全境行将不保。

正当日本军国主义加紧入侵，中华民族危机加重的关键时刻，国民党著名爱国将领冯玉祥与中国共产党合作，高举抗日义旗，掀起了轰轰烈烈的察哈尔抗战。

1933年5月下旬，汇集到张家口的各部队和各界代表，出席著名将领冯玉祥主持召开的察哈尔省民众御侮救亡大会，决定组建察哈尔民众抗日同盟军，冯玉祥被推为总司令。5月26日，冯玉祥在《就任察哈尔民众抗日同盟军总司令通电》中呼吁："所望全国民众一致奋起，共驱强寇，保障民族生存，恢复领土完整。"宣布将"率领志同道合之战士及民众，结成抗日战线，武装保卫察省，进而收复失地，求取中国之独立自由"。短时间内，部队发展到10万余人。

6月上旬，察哈尔形势更加危急。6月15日，在中国共产党的支持和影响下，同盟军召开第一次军民代表大会。大会通过同盟军纲领决议案，宣布抗日同盟军的性质是革命军民的联合战线，以外抗暴日，内除国贼为宗旨，武力收复失地；号召凡有志抗日救国的军民团体踊跃加入。大会宣布成立察哈尔民众抗日同盟军军事委员会，推举冯玉祥、方振武和共产党员吉鸿昌等 11 人为常委，冯玉祥任常务委员会主席兼总司令，组织收复察东的战役。

6 月 20 日，冯玉祥任命吉鸿昌为北路前敌总指挥，率军克日北上。吉鸿昌率同盟军主力兵分三路，到 7 月初，同盟军先后收复察东康保、沽源、宝昌三县。7 月 7 日，同盟军乘胜进攻多伦。9 日晨，同盟军攻克城外据点。经过三天拉锯激战，12 日夜间，吉鸿昌派精兵化装成伪军潜入城内，里应外合，经过三个多小时的肉搏巷战，终于收复多伦。

1944 年 6 月 16 日
美机空袭日本九州

今天是 6 月 16 日，1944 年的今天，从中国机场起飞的美军飞机对日本九州进行首次空袭。

1943 年底，被称为“超级空中堡垒”的 B-29 轰炸机正式装备美军，这种四引擎的轰炸机性能十分卓越，最大航程 6000 公里，最大速度每小时 600 公里，最大载弹量 9000 公斤，能在万米高空巡航，这使得大规模轰炸日本成为可能。

但是，此时中国沿海各地及西太平洋诸岛屿大都被日军占领，在何处修建 B-29 基地成为摆在美军面前的一道难题。

1943 年 11 月，中英美三国首脑在埃及首都开罗举行会议，发表了《开罗宣言》，庄严声明“关于今后对日作战计划，已获得一致意见”，代号“马特霍恩”的战略轰炸计划获得批准，该计划准备在印度集结一支B-29轰炸机部队，转场推进至成都附近的基地，加油、装弹后，对日本实施远程攻击。

1944年1月，四川数十万民工来到新津、广汉、彭山、邛崃等地，他们用锄头、扁担、石磙等最原始的生产工具为世界上最先进的飞机修建机场。1944年5月，这项特种工程顺利完成。1944年4月底，B-29机群飞临成都。

1944年6月15日，隶属美国战略空军第20航空队的47架B-29重型轰炸机编队，从驻中国成都空军基地飞向日本，首次袭击九州北部小仓，集中轰炸日本钢铁工业城市八幡制铁所。

6月15日夜23点30分左右，日军雷达发现飞抵日本上空的美军飞机，日军飞机升空拦截。B-29凭借自己优良的性能，摆脱了日本飞机的纠缠。16日凌晨0点30分左右，B-29编队飞入九州上空，对日本的轰炸开始了，八幡制铁所顿时淹没在烈火和浓烟之中。凌晨3点30分左右，轰炸结束，B-29编队迅速飞离日本，飞回中国大陆。

之后，从1944年到1945年1月6日止，美空军第20航空队对中国东北和台湾，以及朝鲜、北九州等地日军共实施了10余次空袭。马里亚纳群岛的美国空军基地建成后，驻中国的B-29型轰炸机逐渐转移到马里亚纳基地。

1938年6月17日
新四军进行韦岗战斗

今天是6月17日，1938年的今天，新四军先遣支队在镇江至句容之间的韦岗，伏击日军的汽车运输队，打响了进入苏南敌后的第一枪。

今天在江苏省镇江市茅山革命老区境内，矗立着一座高25米、顶端是一支古铜色步枪模型的铜铸纪念碑，碑身正中镌刻着“韦岗战斗胜利纪念碑”9个大字，记录了1938年新四军挺进苏南首战告捷的光荣岁月。

1938年2月15日，毛泽东致电新四军领导人项英、陈毅，要求新四军积极开展敌后游击战，并指出，目前最有利于发展地区，还在江苏境内的茅山山脉，即以溧阳、溧水为中心，向南京、镇江、丹阳、金坛、宜兴、广德线上之敌作战，必能建立根据地。

遵照毛泽东的指示，新四军决定从第1、第2、第3支队中各抽调部分团以下干部和各支队侦察连共400余人，组成先遣支队，由粟裕率领，挺进苏南敌后进行战略侦察。

1938年4月28日，先遣支队由皖南岩寺的潜口出发，越过宣芜铁路日军封锁线，于5月19日进入苏南敌后。

6月15日夜，先遣支队奉国民党第三战区命令，破坏了龙潭、镇江间下蜀街的京沪铁路一段，使日军运输物资的一列火车出轨，京沪铁路交通中断数小时，迫使日军增加兵力保障交通运输。次日，先遣支队又决定在镇江至句容之间的韦岗，伏击日军的汽车运输队。17日凌晨2时，大雨如注，新四军部队冒雨从下蜀后山出发，8时许进入伏击地域，只见日军30余人分乘5辆汽车，由镇江方向驶来。车队刚一进入伏击圈，即遭到先遣部队火力的猛烈袭击。经过半小时激战，击毙日军少佐土井、大尉梅泽武四郎以下13人，伤日军8人，击毁汽车4辆，缴获长短枪20余支及军用品一部。

韦岗战斗是新四军进入苏南敌后的首战，它奠定了新四军进入江南战区的基础。陈毅当即赋诗祝贺："弯弓射日到江南，终夜喧呼敌胆寒；镇江城下初遭遇，脱手斩得小楼兰。"表达了广大指战员对初战获胜的欢欣心情。

1944年6月18日
日军侵占长沙

今天是6月18日，1944年的今天，日军沿粤汉线侵占长沙。

1943年以来，日军在太平洋战场屡遭失败，海上交通运输日益困难，本土也开始受到同盟国空军的威胁。日军大本营为保持日本本土与南方侵占区的联系，于1944年1月向日军中国派遣军下达"一号作战"命令，向中国豫、湘、桂地区发动进攻，打通从中国直到越南的大陆交通线。据此，日军中国派遣军制订了"一号作战"计划，拟从4月开始以华北方面军为主实施平汉线作战，继而分别以华中、华南的第十一、第二十三军实施湘桂线作战，至1945年一、二月间侵占南宁，打通并确保桂林至越南谅山的交通。日军参战兵力多达50余万人。

1944年5月，日军在向豫中大举进攻的同时，以第十一军开始准备对湖南的进攻，企图贯通粤汉铁路。日本中国派遣军总司令部将前进指挥所推进到汉口，5月25日，日军中国派遣军总司令官畑俊六由南京抵达汉口前进指挥所，亲任对湖南作战的指挥。5月26日，日军分三路发起进攻，左翼日军由湖北崇阳南下，攻下通城后，于6月1日、2日先后侵占长寿街、平江；正面日军由岳阳东南地区发起进攻，于5月30日直趋汨罗江北岸；右翼日军由华容渡洞庭湖向沅江进攻。6月6日，日军进至沅江、捞刀河、永安市一线。

6月11日，右翼日军一路进攻宁乡，一路南攻益阳，中国第二十四集团军与进犯宁乡之日军激战4昼夜，歼灭日军一部。正面日军主力以优势兵力进攻浏阳，中国守军第四十四军与之激战9昼夜后，退至浏阳南部。此时，右翼日军渡过浏阳河，直逼长沙。6月16日，日军由湘江以西向岳麓山开始攻击，随后，长沙东北、东南部的日军也对长沙中国守军展开围攻。17日，长沙外围红山头、黄土岭失陷，岳麓山主阵地亦被日军突破。18日，日军侵占长沙，随后即向衡阳进犯。8月8日，衡阳陷落。之后，日军又于11月10日，侵占广西柳州、桂林，11月24日，侵占南宁，12月10日与由越南北上的日军汇合，在形式上完成了打通大陆交通线的任务。

1945年6月19日
新四军打响睢宁战役

今天是6月19日，1945年的今天，新四军第4师兼淮北军区部队抓住睢宁日军东撤之机，发起睢宁战役。

睢宁县城位于徐州东南陇海铁路南侧，是徐州通往淮阴公路上的中心区，具有重要的战略地位。1938年，日本侵略军侵占睢宁后，即沿海郑公路构筑大据点11处，另在周围构筑了许多中小据点。1945年春，日本侵略军为防止美军登陆，被迫收缩兵力，加强其沿海防守。至6月18日，驻睢宁日本侵略军全部东撤，睢宁只有伪保安队1000余人驻守。因此，新四军第4师兼淮北军区乘机于6月19日发起睢宁战役。

新四军第4师兼淮北军区的部署是：以第三军分区第1、第2团主攻睢宁县城；睢宁总队和灵宿、泗灵独立团围困睢宁外围高作、凌城、夏圩等据点；泗宿、灵北、萧铜独立团及骑兵团、铜睢总队等部，位于宿迁以西及双沟南北，执行打援任务。

6月20日，第三军分区部队首先攻占睢宁县城西的田河、邢圩、大王集；灵宿、泗宿独立团也先后攻占睢宁以东的耿车、沙集两据点，切断了睢宁与徐州、宿迁的联系，睢宁成为一座孤城。

7月7日2时30分，新四军攻城部队在反正的城内伪军1个排策应下，迅速从西门和北门突入城内，展开巷战，依次歼灭各处伪军。10时半，睢宁伪县政府在伪县长带领下缴械投降。这时，只有困守在书院的伪军仍负隅顽抗，连续反扑6次，均被击退。

战至黄昏以后，该部伪军趁夜突围西窜，被新四军第 4 师外围部队歼灭，新四军顺势收复睢宁县城。

接着，新四军第 4 师乘胜扩大战果，将攻势指向睢宁城东的高作、凌城、夏圩、王庄圩等伪军据点。7 月 8 日，夏圩、凌城伪军投降；高作伪军大部被歼，残部逃窜宿迁。10 日，王庄圩伪军突围东窜，新四军第 4 师跟踪追击到宿迁城郊，歼其一部，俘伪军团长王学阶以下 300 余人。至此，睢宁战役胜利结束。这次战役，新四军共歼灭伪军 2200 余人，攻克睢宁县城及其外围据点 17 个，解放国土 300 余平方公里，扩大了淮北根据地，使淮北第一、第三军分区所辖地区连成一片，并直接威胁到日伪军的战略要点徐州。

1944 年 6 月 20 日
中国军队进攻孟拱日军

今天是 6 月 20 日，1944 年的今天，中国驻印军向缅甸孟拱日军发起进攻。

1943 年 10 月，缅北雨季即将结束，中国与同盟国制定了缅北反攻计划。其方针是：中国驻印军先向缅北进攻，夺取孟拱城、密支那等要地，再经八莫向曼德勒推进，将日本侵略军歼灭于曼德勒附近地区。

孟拱城位于孟拱河、南因河汇流处，与密支那、甘马因互为犄角，是缅北军事战略要地。当时，由日本侵略军号称“常胜”

师团的第 18 师团驻守。

1944 年 3 月，中国驻印军肃清了胡康河谷的日军，打开了通向孟拱河谷的门户。

同年 4 月，中国驻印军新编第 22 师沿孟拱河西岸公路推进，新编第 38 师向甘马因以南地区迂回。5 月初，新编第 22 师进至英开塘，在美空军配合下，向日本侵略军发起飞机、坦克、步兵协同的立体进攻。5 月 4 日，新编第 22 师完全控制英开塘。

5 月 30 日，新编第 22 师攻占甘马因外围要地马拉高等日军据点。此前，孙立人率新编第 38 师第 112 团迂回至甘马因与孟拱之间的西通，击溃日本侵略军第 12 辎重联队，占领日本侵略军在孟拱河谷的军事物资囤积中心，甘马因日军补给线被完全切断。新编第 38 师第 113 团配合新编第 22 师扫清孟拱河东岸据点，对甘马因之敌形成包围。6 月 16 日，新编第 22 师与新编第 38 师发起总攻，基本歼灭第 18 师团，中国驻印军完全占领甘马因。

6 月 18 日，英军第 77 旅在孟拱城以南被日军包围，中国驻印军新编第 38 师第 114 团强渡激流滚滚的孟拱河上游江面，击退日本侵略军，救出英军。随即于 6 月 20 日对孟拱日军发起进攻，连克孟拱外围据点。6 月 23 日，第 114 团在强大炮火的配合下，向孟拱日军发起进攻，激战 6 小时，第 114 团突入城内与日军展开巷战，并占领城西大铁桥，切断敌人退路。第 114 团持续猛攻，与敌激烈巷战两昼夜，将日军压缩在城内西北角，将其基本消灭。6 月 25 日，第 114 团全歼守敌，孟拱城被中国驻印军新 38 师攻占。8 月，中国驻印军又攻克缅北重镇密支那，胜利完成了反攻缅北的第一阶段作战任务。

1942年6月21日
《解放日报》发表社论《保护根据地人力的斗争》

今天是6月21日，1942年的今天，《解放日报》发表《保护根据地人力的斗争》社论，提出了保护各根据地人力资源的任务和各项要求。

九一八事变后，日本军国主义者不断招募大量华工赴东北作苦役，为其充当掠夺东北各种资源的工具。日军全面侵华后，日本侵略者陆续在塘沽、石家庄、济南、青岛等地设置劳工收容所或训练营，有计划地掠夺中国的人力资源。

1941年12月，太平洋战争爆发后，穷兵黩武的日本侵略者在人力与物力方面捉襟见肘，因而更进一步加大对敌后抗日根据地劳动力的掠夺。日军在每次“扫荡”中，都会直接抓走大量青壮年到日本当苦力，不仅使敌后抗日根据地人口锐减，而且广大劳工倍受摧残。

另外，抗日战争全面爆发后，抗日根据地的人力资源消耗也比较大，影响到抗日力量的补充、生产的发展和经济的建设。保护人力资源，不仅是反对日本侵略者的需要，也是开展根据地经济建设的需要。1942年6月21日，《解放日报》发表社论《保护根据地人力的斗争》，号召各抗日根据地军民应该采取切实措施，与日本侵略者展开斗争，保护中国的人力资源。据此，各抗日根据地以加强人力资源保护与减少抗战勤务为中心，展开保护根据地人力的斗争。

首先，加强对抗日根据地人力资源的保护。各主力兵团结合贯彻“精兵简政”政策，实行地方化，加强基层对敌斗争的力量，派出各种敌后武工队，动员根据地军民组成各种民兵组织。

其次，适当减少根据地军民的抗战勤务。各地把精简机构后多余的干部多数调往陕甘宁边区整训；在春耕和收获季节，减少或停止派抗战勤务，不误农时。同时，各根据地的部队也要抽出大量人力，帮助群众耕种与收割，有效地减少了根据地军民的负担。

第三，落实减租减息政策，切实提高各根据地群众的生活水平。

这些措施，有效地保护了敌后抗日根据地人力资源，为敌后战场展开对日伪军的反攻，打下了坚实的人力基础。

1939年6月22日
《关于目前时局及八路军新四军任务的指示》发布

今天是6月22日，1939年的今天，中共中央军委、总政治部联合发出《关于目前时局及八路军新四军任务的指示》，提出“坚持抗战，反对投降”等口号。

武汉会战后，日本迫于军事上迅速战胜中国已不可能，遂企图利用国民党内部的矛盾，达到分化瓦解中国抗战力量的目的。为此，国民党副总裁汪精卫成为日本诱降的主要对象。

1938年12月中旬，汪精卫、陈璧君、周佛海、陶希圣等人出逃越南河内。12月29日，汪精卫发出“艳电”，要求国民政府“与日本政府交换诚意，以期恢复和平”。

汪精卫集团的叛国行径，立即遭到中国猛烈讨伐。1939 年 1 月 1 日，国民党决议永远开除汪精卫的党籍，撤销其一切职务。1 月 5 日，中国共产党号召全国人民，用一切方法打击卖国的汉奸汪精卫。

1939 年 6 月，国民党顽固派的反共分裂活动也日益猖獗。针对国民党顽固派动摇、妥协，存在投降危险的严重局势，中共中央于 6 月初发出《关于反对投降危险的指示》，6 月 22 日，中共中央军委、总政治部又发出《关于目前时局及八路军新四军之任务的指示》，要求八路军、新四军各部队克服困难，巩固抗日民族统一战线，广泛地开展反投降、反分裂斗争。

根据上述指示，敌后抗日根据地内各部队、中国共产党领导的各抗日团体等纷纷召开大会，广泛宣传八路军、新四军的战绩，热情赞颂抗日民族统一战线的重要意义，广泛动员全国各阶层人民及爱国侨胞，对汉奸汪精卫集团和国民党顽固派展开反投降、反分裂的斗争。

1940 年初，香港《大公报》披露日本与汪精卫签订的所谓《日华新关系调整纲要》密约内容，全国各地以讨伐汪精卫卖国行为为主要内容，掀起了大规模的反投降运动。2 月 1 日，延安各界也召开了群众性的讨汪大会。

中国共产党领导全国抗日军民和各抗日党派开展的反投降、反分裂斗争，在政治上争取了中间派，孤立了国民党中的投降派和反共顽固派，对于粉碎日本帝国主义妄图分裂国共合作，诱逼国民党投降的阴谋，起到了重要作用。

1941 年 6 月 23 日
中共中央作出《关于建立反法西斯的国际统一战线》决定

今天是 6 月 23 日，1941 年的今天，中共中央作出《关于建立反法西斯的国际统一战线》决定。

二十世纪三十和四十年代，世界法西斯国家加紧勾结，扩大侵略，促使受侵略国家和民族逐步走向联合对敌的道路。早在 1936 年，毛泽东在与美国著名记者埃德加·斯诺的谈话中就提出：我们主张中英美法苏 5 国建立太平洋联合战线，否则有被敌人各个击破的危险。1937 年在日军发动全面侵华战争前夕，毛泽东在与美国记者史沫特莱谈话中，又提到这个问题。

1941 年 6 月 23 日，苏德战争爆发的第二天，毛泽东为中共中央起草了《关于建立反法西斯的国际统一战线》的决定，明确指出："苏联抵抗法西斯侵略的神圣战争，不仅是保卫苏联的，而且也是保卫正在进行反法西斯奴役的解放斗争的一切民族的。""目前共产党人在全世界的任务是动员各国人民组织国际统一战线，为着反对法西斯而斗争。""坚持抗日民族统一战线，坚持国共合作，驱逐日本帝国主义出中国，即用此以援助苏联。"

此后，中国共产党在延安召开了东方各民族反法西斯联盟大会，支持在华日人组织的"反战同盟"，创办了具有反法西斯统一战线性质的日本工农学校，为日本反战运动培养干部。

1941 年 12 月太平洋战争爆发后，中国共产党通过《中国共产党为太平洋战争的宣言》、《中共中央关于太平洋反日统一战线的指示》，正式向全世界宣布中国共产党确立与英美等国建立反日统一战线的策略。

在中国和有关同盟国家的共同努力和推动下，1942年1月1日，中、美、英、苏等26个国家在华盛顿签署了《联合国家宣言》，规定：加盟诸国应尽其兵力与资源，以打击共同之敌人，且不得与任何敌人单独媾和。这标志着国际反法西斯统一战线的正式形成。中国公开表明联合反侵略国家对德日意法西斯战斗到底的行动，为国际反法西斯统一战线的建立作出了重大贡献。

1939年6月24日
新四军夜袭浒墅关

今天是6月24日，1939年的今天，新四军夜袭浒墅关车站，迫使京沪铁路运输中断3天。

为贯彻落实中共六届六中全会确定的“巩固华北，发展华中”的战略方针，中共中央对于发展华中抗日斗争作出具体的部署。1939年1月28日，刘少奇等一行到达河南确山竹沟镇，正式建立了中共中央中原局领导机关，并对放手发动与武装群众、开展敌后抗日游击战争、创建抗日根据地等工作进行了部署。2月23日，周恩来也到达安徽泾县云岭新四军军部，同新四军领导人商定了“向北发展、向东作战、向南巩固”的战略方针。

华中新四军根据这一方针，全面展开抗日游击战争，积极创建抗日根据地，将华中抗日斗争迅速推向新的发展阶段。

1939年初，新四军第1支队积极东进北上，实施战略再展开。同年4月初，第1支队司令员陈毅命令第6团准备东进至江南东路地区。5月上旬，第6团在团长叶飞的率领下，由常州附近越过京沪铁路，在武进县戴溪桥地区，与江南抗日义勇军会合，成立江南抗日义勇军总指挥部，简称“江抗”，由梅光迪任总指挥，叶飞、何克希任副总指挥。接着，他们以“江抗”名义继续东进。

5月31日，“江抗”第2路在无锡东北的黄土塘与日军遭遇，经激战，毙伤日伪军100余人，东进首战告捷。6月24日，“江抗”第2路又乘夜袭击位于京沪线上的日军重要据点浒墅关车站，全歼日军警备队长山本以下50余人和一个中队的伪军，炸毁铁桥1座，炸断铁轨，迫使京沪铁路运输中断3天。7月，江南抗日义勇军又以1个团的兵力，越过京沪铁路，进入上海青浦，并于7月23日夜袭上海虹桥机场，击毁敌人飞机4架，给日军以极大震动。

“江抗”在江南东路地区的连战连捷，使当地群众的抗日热情高涨，大批青年踊跃参军，“江抗”很快便扩充了第3路、第5路。此后，“江抗”与中共上海党组织领导的抗日游击队配合，共同开辟了苏（州）、常（熟）、太（仓）和澄（江阴）锡（无锡）虞（常熟）游击根据地，在长江下游地区播下了抗日的种子。

1940年6月25日
冀中八路军发起“青纱帐”战役

今天是6月25日，1940年的今天，八路军发起“青纱帐”战役，取得很大胜利。

1940年5月底，冀中八路军打破日伪军的春季“扫荡”后，恰好该地区的高粱、玉米等高秸秆作物逐渐繁茂，形成了天然的“青纱帐”。冀中八路军鉴于青纱帐起，对日伪军机械化部队运行作战不利，于是发起了对日伪军攻势作战。作战的重点选在博野、蠡县、清苑、安新、高阳、肃宁、河间、献县、青县等地区。

6月26日，八路军冀中军区第7支队第16团、第八军分区第23团自河北献县豆店地区开进至留路、大章、北峰地区，袭击驻该地区的日伪军。当晚12时，战斗打响，激战至27日拂晓，留路、大章的日伪军先后被歼灭。27日7时，日伪军70余人从商家林、北峰出动，前来增援。行至途中，第23团伏击部队向日伪军发起突然出击，将其一举击溃，日伪军残部向商家林溃退。第23团第2营随即占领了北峰。

7月13日，河北省辛集市旧城日军华北特务机关人员50人，分乘2辆汽车前往石家庄，途中遭到八路军晋察冀军区第一军分区3个连的伏击。经半小时激战，八路军击毙日军50人，缴获迫击炮1门、掷弹筒1具、轻机枪2挺及其它武器弹药一部，焚毁汽车2辆。7月14日，八路军晋察冀军区第二军分区部队夜袭河北省饶阳地区之圣水据点，激战至15日，毙伤日伪军80余人，俘伪军 30 人，缴获长短枪 26 支、自行车 12 辆及其它军用品一部。

7 月 25 日夜，八路军冀中军区第 7 支队第 16 团向驻河北省深县、武强县之间的大田庄、铺头地区的日伪军发起进攻，全歼铺头日伪军、大田庄日伪军各一部，并打退武强县、深县日伪军的增援部队。战至 26 日凌晨 3 时，共毙伤日伪军 80 余人，俘伪军 30 人，缴获长短枪 40 支，焚毁岗楼 1 个。随后，第 16 团各部主动撤出战斗，向北转移。战至 8 月 10 日，八路军冀中军区部队以青纱帐作为掩护，频繁地伏击、袭击日伪军，共作战 146 次，毙伤日军 2100 余人、伪军 400 余人，俘伪军 500 余人，攻克日伪军据点 15 处，破坏公路 160 多公里。至此，“青纱帐”战役胜利结束。

1944 年 6 月 26 日
新四军攻克掘港南坎镇

今天是 6 月 26 日，1944 年的今天，粟裕指挥新四军第 1 师第 3 旅主力，攻克苏中掘港以东日伪军坚固据点南坎镇。

1944 年，华中日军被抽调参加打通大陆交通线的作战，虽新组建了一批部队，但总兵力仍由 21 万人减少到 17 万人，且士气低落，战斗力也大为下降。为弥补兵力不足，华中日军一面不得不收缩防区，将一些次要据点交由伪军守备；一面扩编伪军，使华中地区的伪军由 20 万人增加到 35 万人。

根据上述情况，中共中央华中局和新四军军部决定：在 1944

年进一步恢复原有地区，争取新的发展，主动地、有重点地对日伪军展开攻势作战，积极为全面反攻做准备。

根据这一决定，新四军特务第 4 团等部，于 1944 年 5 月采取奔袭方式突入日伪军“清乡”区封锁线，在日伪军“清乡”区边缘及“清乡”区内发动一系列攻势作战，两次攻克伪军据点童家甸。与此同时，坚持在启东、海门地区中共领导的地方武装也攻克伪军据点竖河镇；各县警卫团、区队、民兵也攻克日伪军据点 28 处，歼灭日伪军近 1000 人，并进一步摸清了日伪军在“清乡”区域内的据点和守备的兵力部署。

南坎镇位于如皋县东部（今属如东市），是日伪军据点群体系的突出部位。如攻占了这个据点，就会在苏中日伪军“清乡”区封锁线上打开一个缺口，并为下一步扩张战果创造条件。早在 6 月 3 日，新四军第 1 师师长粟裕就向新四军军部提议：为粉碎日伪军的“扩展清乡”计划，应“于最近进行一次较大的战役”，并决定以日伪军南坎镇据点为主要攻占目标，得手后再攻克八总据点，迅速打开封锁线上的缺口，为我军尔后进入“清乡”区内斗争提供便利的条件。

6 月 25 日，粟裕指挥新四军第 1 师第 3 旅主力发起南坎战役，并于 26 日攻克南坎镇，毙俘日军中队长以下官兵 20 多人，歼伪军 100 余人，并收复兵房、三余、北兴等日伪军据点，开辟了第二、第四军分区的走廊地带，打通通往“清乡”区的要道。之后，新四军又乘胜发展攻势作战，恢复“清乡”以来被日伪军侵占的地区，巩固和扩大了苏中抗日根据地。

1939 年 6 月 27 日
八路军总部发出《关于加强时事教育的训令》

今天是 6 月 27 日，1939 年的今天，八路军总部发出《关于加强时事教育的训令》，要求对广大指战员加强思想教育。

1938 年 10 月广州、武汉沦陷后，中国抗日战争开始进入战略相持阶段。在这一阶段，中日双方的较量将更趋全面和复杂，敌后抗日战场将会遇到种种困难，尤其是抗战营垒内部可能出现国民党对日妥协和分裂危险。

在这种形势下，中国共产党于 1938 年 9 月 29 日至 11 月 6 日，在延安召开了扩大的六届六中全会，毛泽东在会上作了《论新阶段》的政治报告和会议结论。他科学地预见到目前的抗战正处在由防御转入敌我相持的过渡阶段。在战争转入敌我相持的新阶段中，日本侵略军将集中主要力量保守侵占区，向敌后抗日根据地发动残酷的进攻，他要求全党全军继续把工作的重点放在敌后，并把巩固和发展敌后抗日游击战争、抗日根据地作为党的军事战略的首要问题。据此，会议通过了毛泽东的政治报告和决议案，总结了前一阶段抗战的经验教训，分析了今后战争发展趋势，规定了中国共产党在新阶段的战略方针和任务。为更好地贯彻落实党的路线、方针和政策，坚持抗战，坚持持久战，巩固和扩大抗日民族统一战线，克服困难，增加力量，八路军总部于 1939 年 6 月 27 日发出《关于加强时事教育的训令》，规定：

一、所有营以下干部，分小组组织起来，指定识字的人读报、读书，必须读完，并将社论、专论加以讨论。

二、所有连排干部以连为单位，由指导员、文化教员朗读社论、专论，加以讨论，编成教材上课。

三、所有连队战士以排为单位，朗读社论、专论及重要消息。

四、责成政治机关定出读报时间，每天一小时。

五、发动读报的热潮。干部以身作则，并进行点名，不到以缺课论，屡次不到者上黑板、受批评。

通过时事教育，八路军干部和战士的政治觉悟得到提高，对进行长期艰苦卓绝的斗争，有了更加充分的精神准备，认清了抗日的形势和前途，提高了干部战士的胜利信心和部队的斗志。

1940 年 6 月 28 日
日军宣布封锁香港

今天是 6 月 28 日，1940 年的今天，日军宣布封锁香港。

广州失陷后，香港成为国外物资输入中国的重要港口，大量的抗战物资由香港从陆上转运内地。中国政府和中国共产党在香港设立了许多联络国际支援抗战的机构。因此，日军于 1940 年 6 月 24 日要求英国政府关闭滇缅公路和香港边界。6 月 28 日，日军宣布封锁香港。自此，香港与内地的水陆交通均告断绝。

1941 年 12 月 8 日清晨，36 架日军轻型轰炸机空袭香港启德机场、九龙水上飞机停泊处等。就在同一天，日本还袭击了美国海军基地珍珠港等地，太平洋战争爆发。

12 月 8 日，日本陆军兵分四路，越过深圳河进攻新界。12 日夜晚，整个九龙半岛都被日本侵略军占领。25 日晚，日军侵占了整个香港。

此后 3 年多的时间内，香港广大居民饱受日本法西斯铁蹄的蹂躏，起初军票对港币的比率，定为 1:2，到 1942 年 10 月，改为 1:4，俨然变为公开的金融掠夺。在日本统治初期，香港居民每人每天只领到 6 两 4 钱配给米，仅能勉强糊口。到战争中期，粮食发生恐慌，日本侵略者便改变配给制度，只配给为其服务的公务人员。结果造成米价飞涨，居民饿死者不计其数。香港地区的广大人民，在内地人民抗日武装的支持下，与日本侵略者展开多种形式的斗争。抗战以来，香港集中了大批文化界知名人士和爱国民主人士，推动了香港救亡运动的发展。香港沦陷后，为营救这些文化人士和民主人士，1942 年初，在中共中央和中央南方局的领导下，广东人民抗日游击总队港九大队直接参与了营救行动。全部营救工作前后六个月，从港九地区共营救出各方面人士 800 多人，分批进入抗日根据地。

1945 年 9 月，中国人民赢得了反法西斯战争的胜利。9 月 16 日，在中国代表潘华国少将、美国代表威廉臣上校和其他同盟国代表的陪同下，英军夏悫少将在总督府正式接受驻港日军投降。香港又重新回到英国的统治之下，直到 1997 年 7 月 1 日，中华人民共和国政府对香港恢复行使主权，英国政府将香港交回中国。

1942年6月29日
新四军第5师开始鄂东反“扫荡”

今天是6月29日，1942年的今天，新四军第5师开始鄂东反“扫荡”。

1942年，侵华日军在向华北抗日根据地进行残酷“扫荡”“蚕食”“清乡”，竭力推行“治安强化运动”的同时，在华中大力扶植南京汪精卫伪政权，向华中敌后抗日根据地发动疯狂进攻。日军中国派遣军总部为确保长江中下游地区的城市和水陆交通线安全，以第十一军部署于武汉、信阳、九江地区；第十三军部署于长江下游苏、皖、浙等省，重点加强对京、沪、杭地区的控制。华中日军用于对新四军作战的兵力达11万人，华中伪军15万人也全部用于进攻华中抗日根据地，企图彻底摧毁抗日根据地，消灭抗日武装。

在这种形势下，战斗在鄂豫边区的新四军第5师处境更加困难。但是 ，第5师是一支英雄的部队，长期战斗在日、伪、顽军的包围之中。日军第十一军为确保其武汉战略枢纽和九江、信阳、宜昌、岳阳、南昌之间的侵占区，控制平汉铁路及长江中游航道，于1941年至1942年间，连续不断地对鄂豫边区进行残酷“扫荡”，企图消灭新四军第5师，摧毁鄂豫边区抗日根据地。

新四军第5师是1941年4月初由鄂豫挺进纵队改编的，下辖3个旅、2个地方游击纵队、1个警卫团，全师共1.5万人。改编后，第5师以第14旅一部东进，开辟了鄂皖边抗日根据地，打通与皖中抗日根据地的联系。

1942 年，日军为了确保鄂豫皖等若干战略要地的占领和长江航道的畅通，加紧了对鄂豫边区抗日根据地的“扫荡”。

1942 年 1 月，日军第 39 师团一部 600 余人，由黄冈出动，对鄂东淋山河地区进行“扫荡”，但遭到失败。

1942 年 6 月 29 日，日伪军纠集两千余人，在飞机的掩护下，从团风、仓子埠、新洲等地出发，向黄冈、陂安南地区进行疯狂“扫荡”、“清乡”。第 5 师等抗日军民奋起抗击，经 3 天激战，毙伤日伪军 430 余人，迫使日伪军撤退。7 月 2 日，第 5 师第 15 旅一部，在地方武装配合下，又击退日伪军 1 个团，取得天汉地区反“扫荡”的胜利，扩大了第 5 师的影响。

1945 年 6 月 30 日
新四军解放上虞

今天是 6 月 30 日，1945 年的今天，新四军苏浙军区解放了浙江省上虞县城。

上虞，过去称百官，位于浙东北，濒临杭州湾，地理位置十分重要。抗战后期由田岫山部固守。田岫山原为国民党军挺进第 4 纵队司令，公开率部投降日本帝国主义后，危害百姓，作恶多端，民愤极大。为了解放上虞，苏浙军区第 2 纵队三次讨伐田岫山部。

第一次讨田之战从 1945 年 5 月 29 日开始，苏浙军区金萧支队西进，加强富春江以南地区的斗争，并伺机夺取上虞；主力依托四明山，攻打田岫山的老巢许岙。当时，龟缩在上虞城固守待援的田岫山获悉苏浙军区部队攻打上虞后，于5月30日凌晨，率部仓惶弃城向嵊县逃窜，第一次讨田之战遂告结束。

第二次讨田之战从1945年6月7日开始。6月7日凌晨5时，许岙攻坚战打响。这是讨田之战的关键性一仗。许岙四面环山，地势险要，并构筑了大小碉堡28座，号称“浙东马其诺”。苏浙军区第2纵队采用各个击破的战法，强攻猛打，一举攻克5座碉堡。6月8日、9日，又连续攻克大小碉堡多座。这时，田岫山的父亲鉴于难以固守，便在6月20日清晨，携带家眷及官兵100余人，向苏浙军区第2纵队投降。是役，历时14个昼夜，经过艰苦奋战，共毙伤俘虏田岫山部1000余人，予田岫山部沉重打击。

第三次讨田战斗从1945年6月21日开始。苏浙军区第2纵队先后攻占丁宅街、章镇、南堡，并于6月30日一举解放了上虞县城。这是苏浙军区抗战以来解放的第一座县城。是役，共俘伪军官兵400余人，缴获轻重机枪18挺。

7月5日，苏浙军区第2纵队等部乘胜向嵊县开元地区发起攻击，一举歼灭逃至该地区的田岫山残部，俘其200余人，仅田岫山率少数随从逃脱。

与此同时，第2纵队主力一部乘胜西渡曹娥江追击，于7月30日在嵊东的西谢、下岙一带俘顽军300余人，争取了国民党军挺进第5纵队张俊升部起义，使浙东的三北、四明山和会稽3块根据地连成一片。

七月

1941年7月1日

新四军在苏南开始反“清乡”

今天是7月1日，1941年的今天，新四军第6师一部在苏南抗日根据地开始反“清乡”。

“清乡”，是日伪军用来进攻华中抗日根据地的一种办法。它综合运用政治、军事、经济、文化等手段，企图以点线的占领，扩大到面的占领，彻底摧毁抗日根据地，全面建立伪政权。

1941年7月1日，日本侵略军调集1.5万余人，开始对苏南的苏州、常熟、太仓抗日根据地进行“清乡”。日伪军首先采取分进合击和梳篦式“清剿”，寻歼新四军第6师第18旅主力及党政机关。接着，日伪军大量增设据点，并在据点之间以铁丝网、电网、竹篱笆等将根据地分割成若干小块，然后进行分区“清剿”。

7月17日，新四军第6师第18旅政治部发布《告江苏同胞书》，号召江苏人民团结起来，粉碎日伪军的“清乡”。新四军第6师第18旅鉴于内线活动地区狭小，即以主力直逼江阴、无锡、苏州近郊，但未能调动“清乡”之敌回援，而留在内线坚持斗争的部队和党政机关，在强敌的包围下，虽经英勇奋战，终因力量悬殊，伤亡很大，仅有部分人员突出重围。8月24日，中共中央华中局和新四军军部发出对苏南东路反“清乡”斗争的指示，指出：日伪军的“清乡”是分区“清乡”，第6师各旅、团要以分区转移的方法对付日伪军的分区“清乡”，据此，8月下旬，第18旅一部奉命渡江转移到苏中地区。

9月初，日伪军调集4000余人的兵力，转向澄锡虞抗日根据地进行第二期“清乡”。留在苏南坚持斗争的新四军第6师第18旅部队，接受苏常太地区反“清乡”的经验教训，采取以隐蔽斗争为主的方针，主力部队适时转至外线澄西地区，以少数地方武装，依靠群众掩护，坚持内线斗争。至12月中旬，打破日伪军第二期“清乡”后，第18旅全部奉命转移到苏中江（都）高（邮）宝（应）地区，开展斗争。1942年春，日伪军对京沪路以北澄西地区实施第三期“清乡”，同时对京沪以南茅山抗日根据地进行“扫荡”。新四军第6师第16旅坚持反“清乡”与反“扫荡”相互配合，粉碎了日伪军的企图。

1938年7月2日
国民政府公布《抗战建国纲领》

今天是7月2日，1938年的今天，国民政府正式公布《抗战建国纲领》。

1938年3月，中国国民党在武汉召开临时全国代表大会，检查全国抗战以来的工作，确定以后的任务和行动方针。为帮助国民党继续抗战，3月25日，中共中央致电国民党临时全国代表大会，提出八项建议，其中包括：誓与日寇抗战到底，坚决反对一切投降妥协悲观失望的倾向；继续动员全国武力、人力、财力为保卫西北，保卫武汉而战；继续扩大与巩固抗日民族统一战线；继续扩大与巩固国民革命军；继续改善政治机构，洗刷贪官污吏；

普遍组织民众的自卫队、游击队，颁布民族统一战线总方针下，言论集会结社出版信仰自由的民主法令等。4月1日，国民党临时全国代表大会接受了中国共产党等各界人士的一些建议，通过了《抗战建国纲领》，并于7月2日以国民政府的名义正式公布。

《抗战建国纲领》吸取中国共产党抗日救国十大纲领的某些精神和其他爱国人士的一些要求，明确提出："联合一切反对日本帝国主义侵略之势力，制止日本侵略"；"否认及取消日本在中国领土内以武力造成之一切伪政治组织及其对内对外之行动"。在军事方面，要"指导及援助各地武装人民"，"与正式军队配合作战"；"并在敌人后方发动普遍的游击战，以破坏及牵制敌人之兵力"。在政治方面，要"组织国民参政机关，团结全国力量"；"改善各级政治机构"；"严惩贪官污吏，并没收其财产"。在民众运动方面，要"发动全国民众，组织农、工、商等各职业团体，为争取民族生存之抗战而动员"，"在抗战期间，于不违反三民主义最高原则及法令范围内，对于言论、出版、集会、结社当予以合法之保障"。

《抗战建国纲领》是国民党在中国共产党推动和影响下，对全国抗战爆发后关于抗战主张的系统阐述，尽管还存在严重缺陷，但其基本精神同全国人民抗日救亡的要求大体一致，故而在当时受到普遍欢迎和肯定，对形成一致抗日的良好政治氛围，具有积极意义。

1939年7月3日
晋冀豫八路军开始反“扫荡”

今天是7月3日，1939年的今天，八路军第129师在晋冀豫抗日根据地展开大规模反“扫荡”。

晋冀豫抗日根据地，以太行山为依托，西起同蒲铁路，东至平汉铁路，北至正太铁路，南邻黄河北岸。境内高山连绵，地势险峻，是华北的战略要地之一。晋冀豫抗日根据地所属的太行区是八路军总部和第129师师部所在地。

1939年7月3日，日军调集5万余人，在第一军司令官梅津美治郎的指挥下，先后由和顺、太谷、南关、安泽、大交、博爱、武安等地出动，开始对晋冀豫抗日根据地进行大“扫荡”，企图围歼八路军第129师，分割和摧毁抗日根据地。

这时，朱德、彭德怀就作战指导原则指出：基本上采取分区游击战，削弱敌人战斗力，阻敌修路筑点，隐蔽主力于机动位置，力求能歼灭单独行动之敌。据此，八路军第129师作出相应部署。

7月6日，日军第109师团、独立混成第4旅团各一部侵占了沁县、武乡、辽县等县城，并向榆社地区合击。当日军第109师团一部进至榆社以西云簇镇时，八路军第129师第386旅向敌展开猛烈攻击，歼灭日军一部，迫敌回撤。日军独立混成第4旅团一部进到辽县以西石匣村时，遭到八路军第385旅的沉重打击，死伤300余人。沿邯（郸）长（治）路西犯的日军，在涉县以西的河南店也遭到八路军第129师特务团的打击，西进受阻。日军在合击第129师主力的企图破产后，又改变策略，以控制交通线、分割根据地为主。八路军129师以变应变，对交通线上的日军频繁进行袭击和围困。8月下旬，日军除留置部分兵力据守邯长大道、平辽路和白晋路北段外，其余兵力被迫撤回平汉、正太、同蒲等铁路沿线各据点，晋冀豫抗日根据地的大规模反“扫荡”胜利结束。当日军第20师团一部经高平向长治收缩时，八路军第344旅在高平以北三甲镇伏击日军，毙伤日军160余人。

这次反“扫荡”作战，历时近两个月，共进行战斗70余次，歼敌2000余人，收复了山西的榆社、沁源、武乡、高平等县城，巩固和扩大了晋冀豫抗日根据地。

1945年7月4日
《新华日报》报道敌伪毒化华北情况

今天是7月4日，1945年的今天，《新华日报》登载了敌伪毒化华北的报道。内称：现在全华北经营伪禁烟局开设的土膏店共1395家，售吸所共1308家。这是抗战期间，日本在中国大肆推行毒化政策的一个缩影。

早在九一八事变前，一些日本人已在中国东北进行贩毒活动。1933年，日本关东厅公布了《鸦片专卖法》，并成立了“鸦片专卖公署”，使鸦片的种植、经营、吸食合法化。

中日签订《塘沽协定》之后，天津成为日本在华北地区推行毒化政策的大本营。日军以天津、北平为重心，在华北地区大肆贩售鸦片等毒品。当时为了诱使更多的中国人吸食毒品，日本人还设立了“花烟馆”，使烟馆成为吸毒和嫖娼的混合场所。

1937 年 11 月日军进入山西，更加大肆在晋北、晋中、晋西南各地的占领区和铁路沿线种植鸦片。1939 年，晋北各地区共种植罂粟 1 万余亩，产鸦片 170500 余两。1940 年，大同、阳高、天镇、怀仁、山阴、朔县、浑源、左云、右玉、平鲁、广灵、灵丘等 12 县，共种罂粟 16 万余亩，产鸦片 129655 两。各地烟铺林立，大量销售鸦片及料面、金丹等毒品，人民吸用鸦片者众多，甚至 9 岁以下的儿童也有出入烟店的。

日军的毒化政策也使华北各抗日根据地深受其害。在中国共产党的领导下，根据地居民与日本侵略者展开了一场反毒化的生死较量。当时在各根据地内，中国共产党采取了内外结合的禁毒措施。外线禁毒，主要是由岗哨、税卡、公安局检查站等边防机构完成，对毒品贩运进行查禁。内线禁毒，由各区的地方税务局、公安局、工商局、各县政府及其他政府部门执行。

为了肃清根据地内的毒品犯罪，粉碎日军的毒化阴谋，保卫边区人民的身心健康，维护边区政府的声誉，争取抗战的胜利，各抗日根据地相继制定和颁布了《晋冀鲁豫边区毒品治罪暂行条例》、《晋西北禁烟治罪暂行条例》、《陕甘宁边区查获鸦片毒品修正办法》等一系列禁烟禁毒法规，有效地遏制了根据地内的各种毒品犯罪活动，有力地打击了日军对华北的毒化政策。

1938年7月5日
邓小平到冀南进行整编建政

今天是7月5日，1938年的今天，八路军第129师政治委员邓小平在冀南地区进行了部队整编和政权建设。

1937年10月冀南区先后组建了八路军别动大队等抗日武装。之后，八路军第129师先后派出推进支队和东进纵队，到冀南组织和扩大抗日武装。1938年3月，第129师政治部副主任宋任穷率骑兵团到冀南。到4月底，冀南先后成立了20多个县的抗日政权，东进纵队也发展到2万多人。

1938年5月初，第129师副师长徐向前又率第769团及第115师的第689团和第5支队到达冀南，于5月10日进行了威县战斗，毙伤日、伪军100余人。接着，冀南地区的八路军部队又在南宫以东平息了反动会道门组织“六离会”的叛乱，并随即分兵向东、向南发展。到6月底，冀南八路军部队先后收复高唐、夏津、枣强、城安、肥乡、广平等县城，开辟了卫河东西和漳河以北广大地区，并收编、改编了数十股各色武装和20多个县的民团、保安队共2万多人。

7月5日，第129师政治委员邓小平来到冀南，立即展开部队的整编工作，他将冀南部队统一整编为新编第1团、青年抗日游击纵队、冀豫支队、东进纵队等。整编中，由于新编的部队很多，需要大批干部，邓小平决定：把班长拿出一大批，经过集训后放到新部队中当干部，把老部队的副职和机关干部派到新部队中去担任指导员和政工干部，以便从政治上、组织上掌握新部队。这些措施，使新改编部队的各级领导权牢牢地掌握在共产党手中，有效地提高了广大官兵的阶级觉悟，加强了部队建设。经过整编和教育，冀南的部队在大发展的基础上得到巩固。

与此同时，邓小平从部队中抽调大批党员干部协助中共地方组织在近30个县建立抗日政权。8月中旬，又将冀南军政委员会改为冀南行政主任公署。至此，以南宫为中心，西起平汉、东至津浦铁路，北起沧石公路，南跨漳河、卫河的冀南抗日根据地基本形成。

1935年7月6日
《何梅协定》签订

今天是7月6日，1935年的今天，国民党政府屈服于日本帝国主义的压力，与日本达成《何梅协定》，使日本实现了分离华北的方针。

华北当时包括河北、山东、山西、察哈尔、绥远5省和北平、天津2市，是中国的政治、经济、文化中心地区之一。日本在侵占了中国东北和热河后，企图把华北变为第二个“满洲国”。

为实施分离华北的第一步，日本侵略者决定“以制造事端作为提出要求的借口，从而迫使中国政府就范”。1935年5月29日，日本中国驻屯军参谋长酒井隆等人借口中国当局援助东北义勇军孙永勤部进入滦东“非武装区”，以及天津日租界汉奸报《振声》

社长白逾恒、《国权》社长胡恩溥被杀，即所谓“河北事件”，是排日行为，向北平军分会代委员长何应钦提出交涉，无理要求中国军政机构退出平津地区。第二天，日军还炫耀武力，进行恫吓。

国民党政府屈从日方压力，答应愿与日方谈判。6月9日，日本中国驻屯军司令官梅津美治郎在致何应钦备忘录中，提出了苛刻条件：罢免河北省主席于学忠、天津市长张廷谔；撤退国民党在河北省内的党部；撤退驻河北的东北军、中央军和宪兵第3团；解散北平军分会政治训练所；取缔河北省的反日团体和反日活动；禁止中国国内排外排日行为；等等。6月10日，何应钦根据行政院院长汪精卫的电报指示，以口头形式通知日本代表，表示接受日方的条件。但日方仍不满足，催逼中方用文书形式答复，以便作为凭据。在日方的蛮横进逼下，7月6日，何应钦经汪精卫同意，复函梅津美治郎，全部承诺了日方6月9日提出的所有无理要求，中国以向日方复函确认其备忘录内容的特殊形式，与日方达成协议，史称《何梅协定》。

《何梅协定》，实际上使中国丧失了包括北平、天津两市和河北省大部主权，标志着日本帝国主义侵略河北、察哈尔的新局势的形成。这是日本分离冀、察两省的一种形式，也是日本由此入手而分离华北的一个严重步骤。

1937年7月7日
卢沟桥事变爆发

今天是7月7日，1937年的今天，日本帝国主义蓄意制造了卢沟桥事变，中国军队被迫奋起抵抗，全国抗战由此爆发。

卢沟桥位于北平附近，卢沟桥事变前夕，北平天津地区中日军队的部署是：日军方面，北面有关东军一部部署于热河和察东；西北面有关东军控制的伪蒙军约4万人；日军中国驻屯军5000多人部署于从北平到山海关的铁路沿线。中国方面，驻守冀察两省和平津地区的是第二十九军，共有10万人左右。

日军中国驻屯军企图重演九一八事变，多次在宛平城北郊组织以夺取宛平城为目标的军事演习。中国军队面对日军的军事挑衅，也进行了作战准备。

1937年7月7日傍晚，日军中国驻屯军第1联队第3大队第8中队，荷枪实弹地开往紧靠卢沟桥的中国守军驻地，肆无忌惮地进行挑衅性军事演习。当晚22时40分，日军谎称在卢沟桥演习中有一士兵“失踪”，强行要求进入中国守军驻地宛平城搜查，被第二十九军第37师第110旅第219团严词拒绝。24时左右，日本驻北平特务机关长松井太久郎与中国冀察当局通电话，要求立即入城搜查。中方予以拒绝。不久，松井又打电话给中国冀察当局称：若中方不允许，日军将以武力强行进城搜查，并对宛平城予以包围。中国冀察当局为了防止事态扩大，经与日方协商，同意协同派员进行调查。在交涉过程中，日方虽已得知失踪的士兵已归队，却仍提出宛平城内中国驻军向西门外撤退的无理要求，遭到中方拒绝。7月8日晨5时左右，日本侵略军突然向宛平城进行炮击。中国守军奋起抵抗，全国抗战由此爆发。

卢沟桥事变不是偶然事件和局部冲突，而是日本大陆政策的必然发展和有计划、有准备的行动。日本法西斯集团以征服中国为既定目标，并以此作为争霸世界的关键步骤，因此其发动的全面侵华战争，在德、日、意法西斯轴心初步形成并与世界人民之间的矛盾成为主要矛盾的形势下，已超出中日两国的范围而成为第二次世界大战的开端。在中华民族生死存亡的紧要关头，国共两党进一步调整政策，迅速走向正式合作。

1937年7月8日
中国共产党发表《为日军进攻卢沟桥通电》

今天是7月8日，1937年的今天，即卢沟桥事变爆发后的第二天，中国共产党发表《为日军进攻卢沟桥通电》。

《通电》指出："不管日寇在卢沟桥这一挑战行动的结局，即将扩大成为大规模的侵略战争，或者造成外交压迫的条件，以期导入于将来的侵略战争，平津与华北被日寇武装侵略的危险，是极端严重了。""只有全民族实行抗战，才是我们的出路！我们要求立刻给进攻的日军以坚决的反攻，并立刻准备应付新的大事变。全国上下应该立刻放弃任何与日寇和平苟安的希望与估计。"

《通电》大声疾呼："全中国的同胞们！平津危急！华北危急！

中华民族危急！”“全中国同胞们！我们应该赞扬与拥护冯治安部的英勇抗战！我们应该赞扬与拥护华北当局与国土共存亡的宣言！我们要求宋哲元将军立刻动员全部二十九军，开赴前线应战！我们要求南京中央政府立刻切实援助二十九军，并立即开放全国民众爱国运动，发扬抗战的民气，立即动员全国海陆空军，准备应战，立即肃清潜藏在中国境内的汉奸卖国贼分子，及一切日寇侦探，巩固后方。我们要求全国人民，用全力援助神圣的抗日自卫战争！”

《通电》号召：“武装保卫平津，保卫华北！不让日本帝国主义占领中国寸土！为保卫国土流最后一滴血！全中国同胞，政府，与军队，团结起来，筑成民族统一战线的坚固长城，抵抗日寇的侵掠！国共两党亲密合作，抵抗日寇的新进攻！驱逐日寇出中国！”

同一天，中国工农红军将领还致电蒋介石，表示“红军将士，咸愿在委员长领导之下，为国效命，与敌周旋”。7月9日，中国共产党代表周恩来、朱德等会见蒋介石，共商抗日救国大计。在中国共产党的号召、组织和影响下，全国各族、各界、各阶层人民积极行动起来，抗日御侮，支援前线，鼓舞了第二十九军广大官兵守土作战、奋勇杀敌的决心。在中国共产党和抗日救国高潮的推动下，中国国民党的抗战方针和政策发生了积极的变化，从而为不久后抗日民族统一战线的形成奠定了基础。

1937年7月9日

红军请缨杀敌

今天是7月9日，1937年的今天，红军将领彭德怀等人发出《中国人民抗日红军要求改编为国民革命军并请授命为抗日前驱的通电》，请缨杀敌。

1937年7月7日，日本帝国主义发动卢沟桥事变后，7月8日，中国共产党和红军领导人毛泽东、朱德、彭德怀、贺龙、林彪、刘伯承、徐向前致电国民政府军事委员会委员长蒋介石，指出："日寇进攻卢沟桥，实施其武装攫取华北之既定步骤，闻讯之下，悲愤莫名！平津为华北重镇，万不容再有疏失。敬恳严令二十九军奋勇抵抗，并本三中全会御侮抗战之旨，实行全国总动员，保卫平津，保卫华北，规复失地。"

7月9日，中国人民抗日红军将领彭德怀、贺龙等率全体指挥员、战斗员，向国民政府发出通电，表示人民抗日红军要求改编为国民革命军，请缨抗日。通电指出："日本法西斯蒂肆其侵略故技，造成虞晚卢沟桥宛平事变，杀伤我国军民，强占我国土地。此种盗匪行为，充分暴露其侵占华北灭亡我国之野心变本加厉。我冀察当局及二十九军将士为自卫而抗战，誓保国土，忠义壮烈，实为我大中华民族之男儿之良好楷模。德怀等以抗日救国为职志，枕戈待旦，请缨杀敌，已非一日，当此华北危急存亡之紧要关头，敢请我国民政府速调大军增援河北英勇抗战之二十九军。"通电表示："我全体红军，愿即改名为国民革命军，并请授命为抗日前锋，与日寇决一死战。”

7月13日，毛泽东在延安召开的共产党员和工作人员大会上，发表重要讲话，要求大家“完成一切必要准备，随时出动，到抗日前线。”

7月14日，中共中央军事委员会主席团向红军各部下达命令指出，日本大举向华北出兵，国家危急、全国救亡运动正在奋起，我抗日红军有开赴前线增援友军并配合友军消灭野蛮日军之任务。命令各军以军为单位，改组为国民革命军编制，同时增加抗日政治课程听候出动命令。

中国共产党及其领导的武装面对日寇全面侵华的严重局势，出于民族大义的真诚言行，最终推动国共合作抗日局面的形成。

1942年7月10日
朱德就华侨工作致电周恩来

今天是7月10日，1942年的今天，朱德就华侨工作致电周恩来。

抗日战争时期，旅居海外的800万华侨虽身在异乡，却始终心系祖国。当日本侵略者大举侵华，祖国面临危亡时，他们一致奋起，甚至不惜以鲜血和生命支援祖国的抗日战争。

中国共产党积极倡导并推动建立包括广大侨胞在内的抗日民族统一战线。早在1935年，中国共产党就在《八一宣言》中号召“一切关心祖国的侨胞们”，与国内人民共同抗日救国。

1938年3月，毛泽东、周恩来在延安会见马来西亚华侨各界抗战后援会代表团时，高度赞扬了广大华侨的抗日爱国运动，并题词号召“全体华侨同志应该好好团结起来，援助祖国，战胜日寇”，表示共产党是关心海外侨胞的，愿意与全体侨胞建立抗日统一战线。

1938年秋，中共中央从延安中国人民抗日军政大学、鲁迅艺术学院、陕北公学等学校挑选了20多名归侨共产党员和青年学生，组成海外工作团，赴东南亚一带宣传党的抗日主张和中国人民的抗日事迹，并由八路军总司令朱德兼任主任。

1940年春，著名爱国华侨领导人陈嘉庚应毛泽东之邀，访问和考察中国革命圣地延安，认为中国的希望在延安。他的这一思想，在海内外引起强烈反响，先后有600余名爱国侨胞，千里迢迢奔赴延安，进入抗大、鲁艺、陕公等校学习深造后，担任新闻、翻译等方面的工作，其中有10多位爱国归侨牺牲在华北抗日战场上。

1941年12月9日，中共中央政治局决定在延安成立中共中央海外工作委员会，朱德担任主任，对海外侨胞和归侨做了一些卓有成效的统战工作，赢得了广大华侨的信赖与支持。

1942年7月10日，朱德就华侨工作致电周恩来：“为了培养党的海外工作干部，已在海外工作委员会领导下，设立海外工作研究班。请在重庆经常注意了解和收集海外和华侨团体的活动情况。”

1945年4月，毛泽东在《论联合政府》的报告中指出：“海外侨胞输财助战，一切抗日政党，除了那些反人民分子外，都对战争有所尽力。”这也是对朱德领导下的解放区华侨工作的充分肯定。

1937 年 7 月 11 日
日本政府发表《派兵华北的声明》

今天是 7 月 11 日，1937 年的今天，日本政府发表《派兵华北的声明》，决定增兵华北。

1937 年 7 月 7 日，卢沟桥事变爆发。8 日，日军向中国守军发起攻击，并炮轰宛平城，中国守军第二十九军被迫自卫还击。

8 日晚，日方代表松井太久郎与中方代表第二十九军副军长、北平市长秦德纯进行交涉，翌日凌晨达成三项口头协议：一、双方停止射击；二、日军撤至丰台，中国军队撤到永定河西岸；三、宛平由冀北保安队接防。日方以“不扩大”方针为烟幕，压迫中国第二十九军军长宋哲元接受种种苛刻条件，以待援军的到来。

日本挑起卢沟桥事变后，为了达到速战速决的目的，迅速作出对华增兵的决定。7 月 11 日，日本内阁五相会议通过了派兵案，并把卢沟桥事变称为“华北事变”。11 日下午，日本政府发表了《派兵华北的声明》，诬陷中国第二十九军挑起了卢沟桥事变，声称：“内阁会议下了重大决心，决定采取必要的措施，立即增兵华北。”是日，日军参谋本部分别向其关东军和驻朝鲜日军下达命令，以指定的部队向华北开进。与此同时，日本天皇钦命教育总监部部长香月清司中将为中国驻屯军司令官，以接替重病的田代皖一郎。7 月 12 日，香月清司抵达天津后，决定动用第一批增加的兵力，“一举歼灭中国第二十九军”，要求在 20 日以前完成战役部署。15 日至 17 日，日军参谋本部又相继作出《形势判断》，制定了《对华作战要领》和《在华北使用兵力时对华战争指导要领》，认为“迅速收拾时局下最大决心的时机已经到来”，准备在两个月内“讨伐”中国第二十九军，预定在三四个月内消灭中国中央政权。接着，日本援军源源不断地开赴华北。7 月 28 日，日军中国驻屯军便对北平地区的中国第二十九军发起总攻，并于 29 日侵占北平，30 日侵占天津。

从卢沟桥事变到天津之战表明，卢沟桥事变绝不是偶然事件和局部冲突，而是日本大陆政策的必然发展和有计划、有准备的行动；日本发动的全面侵华战争，已经超出中日两国的范围，而成为第二次世界大战的开端。

1945 年 7 月 12 日
中国伞兵首次对日作战

今天是 7 月 12 日，1945 年的今天，中国伞兵空降于广东开平，袭击日军，开创了中国伞兵参战的先河。

1942 年春，中国远征军第五军在缅甸突遭日军空降兵偷袭，部队损失惨重。时任第五军军长的杜聿明深深感到空降兵在战争中的重要作用。他痛定思痛，决心建立一支空降兵部队。1944 年 1 月，杜聿明在昆明组建了伞兵第 1 团，下辖 3 个营，共计 1000 余人。这是中国军队历史上的第一支伞兵部队。

当时，中国伞兵团没有空降技术器材，只能按步兵训练课目进行战术、体能、射击等基本训练。1945 年初，美军派伞兵训练顾问团进驻伞兵第1团，并从美军驻昆明的第14航空队调用了一批伞兵使用的武器、弹药、被服等装具及降落伞等器材，分批装备了中国伞兵团。

此时，侵华日军为了缩短在华战线，开始从中国南方各省北撤。为袭扰日军的撤退，中国伞兵部队在广东、广西、湖南的日军侵占区进行了3次小规模的空降作战。

1945年7月12日上午8时，180名伞兵安全降落在广东开平县苍城镇，迅速潜伏起来。日军得知中国伞兵空降后大为吃惊，立即派兵进行“清剿”。中国伞兵采取避实就虚策略，迅速在敌占区展开了游击战，一度打到广州西南的新会县。8月3日夜，中国伞兵部队向南江口日军占领的渡口进发，拂晓时分，以一部分兵力占领周围的高地，掩护和策应主力行动，而中国伞兵部队主力向日军据点发起进攻，激战至午时，歼敌数十人。

7月18日，中国陆军突击总队出动200余人，乘运输机由昆明起飞，经柳州突然在丹竹机场实施降落。他们着陆后一举歼灭了日军，占领了日军的补给基地。

7月27日，100多名中国伞兵乘运输机抵达湖南衡阳地区，随后，他们隐蔽于山区的一座古庙内，寻找机会袭击日军。几天后，中国伞兵在衡宝公路上伏击了一个日军运粮车队，并于8月初袭击了衡阳以北台源寺镇的一个日军据点。

中国伞兵3次空降作战的规模虽然不大，却开创了中国空降作战的先河，为中国对日反攻作战增添了新的兵种和作战方式。

1936年7月13日
斯诺初访毛泽东

今天是7月13日，1936年的今天，毛泽东初次会见美国著名作家和记者埃德加·斯诺。

1931年九一八事变爆发时，斯诺正在上海。他亲眼目睹了日本帝国主义1932年入侵上海、1933年入侵热河，对日本帝国主义的野蛮暴行，看在眼里，恨在心里。

1936年6月，斯诺冒着生命危险，来到陕甘根据地，进行实地采访。7月13日，毛泽东在保安初次会见了他。随后，毛泽东就中国共产党的抗日民族统一战线政策等问题同斯诺进行了多次长谈。毛泽东说，今天中国人民的根本问题是抵抗日本帝国主义。毛泽东同斯诺谈了中国抗日战争的形势和方针问题，他说：中国战胜日本帝国主义，要有三个条件：第一是中国抗日统一战线的完成，第二是国际抗日统一战线的完成，第三是日本国内人民和日本殖民地人民的革命运动的兴起。这三个条件中，中国人民的大联合是主要的。中国抗日战争的结果是：日本必败，中国必胜。中国当前的任务是收复全部失地。中国军队要胜利，必须在广阔的战场上进行高度的运动战，迅速地前进和迅速地后退，迅速地集中和迅速地分散，而不是深沟高垒、层层设防，专靠防御工事的阵地战。

毛泽东坚定的抗日决心、必胜的抗日信念、清晰的抗日战略，给斯诺留下深刻的印象。毛泽东还回答了关于他个人经历和中国工农红军的历史问题，使斯诺对中国共产党及其所领导的广大军民有了真挚的感情。他回到北平后，为英美报刊写了许多篇轰动一时的通讯报道，然后汇编成册，于 1937 年 10 月由伦敦戈兰茨公司出版发行了《红星照耀中国》一书，对中国共产党的英勇斗争，向世界作了真实、客观的报道，畅销欧美，扩大了中国革命在国内外的影响。1938 年 2 月，经斯诺同意，中译本改名为《西行漫记》出版，成为国内外研究中国问题的重要著作。

斯诺后来成为中国人民的老朋友。斯诺逝世后，他的一部分骨灰安葬在北京大学未名湖畔。这是他去西北探险的出发地，也是他整理资料和撰写《西行漫记》的地方。

1937 年 7 月 14 日
上海各界筹组成立抗敌后援会

今天是 7 月 14 日，1937 年的今天，上海各界人士共同筹备成立抗敌后援会，为动员上海各界积极参加抗战、支援抗战，发挥了重要作用。

1937 年 7 月 7 日卢沟桥事变爆发后，中国共产党为抗日救国，先后两次发表宣言，一再表明中国共产党实行全国全面全民族抗战路线，得到全国各界人士的拥护和支持。7 月 15 日，上海出版发行的《申报》报道了上海各团体共同筹组成立抗敌后援会。

7 月 22 日，上海市各界抗敌后援会正式成立，拥有 500 多个群众团体，推定杜月笙、潘公展、钱新之、虞洽卿等任主任委员，时任淞沪警备司令部军法处长的陶百川被推选为秘书长。这个组织设执行委员 121 人，常务委员 45 人，集合了包括一些共产党人和进步人士在内的社会各方人士，成为当时上海重要的抗敌救亡组织。7 月 31 日，抗敌后援会的宣传委员会为提高人民的自信力，在大纲中提出要确立“民为邦本，本固邦宁”的国家观，激发“义之所在，勇敢赴之”的勇气，并以“悲壮的精神、沉着的态度，牺牲之决心以应付一切事变”。

1937 年 8 月 13 日，日本侵略军武装入侵上海，制造了震惊中外的八一三事变。抗敌后援会之分支筹募委员会发布紧急通告：“紧急！血在沸腾，心在亢奋，耳听着隆隆的炮火，眼看着熊熊的火焰，全面抗敌御侮的战争已经发动了。这正是我们毁家拼命，为国牺牲的时候。亲爱的同胞们，请再不要迟疑，肩负起筹募救国款，接济前方忠勇战士的伟大光荣的责任来！”

上海各界人士积极响应，出钱出力，出技术，全力支持淞沪抗战。许多工商巨子踊跃捐献金银、汽车、医疗用品、衣被食物、车辆油料、五金电器以及日用品等，犒赏前方将士抗击日寇。

为了加强对群众性抗日救国运动的领导，中国共产党适时地成立了党的群众团体工作委员会，建议各抗日救国协会以团体的名义加入抗敌后援会，并指示文协和职协这两个团体参加抗敌后援会，成为团体会员，取得合法活动的地位，积极支持抗敌后援会的工作，取得显著成绩。

1937年7月15日
中共中央向国民党递交《为公布国共合作宣言》

今天是7月15日，1937年的今天，中共中央代表周恩来向国民党提交了《中共中央为公布国共合作宣言》。

1937年7月7日，卢沟桥事变爆发后，中共中央立即发表通电，呼吁“全中国同胞，政府与军队，团结起来，筑成民族统一战线的坚固长城”，“国共两党亲密合作，抵抗日寇的新进攻”。7月15日，正在与国民党进行谈判的周恩来向蒋介石提交了《中共中央为公布国共合作宣言》，提出了发动全民族抗战、实行民权政治和改善人民生活等三项政治主张，作为国共合作的总纲领和全国人民的共同奋斗目标。同时，向全国郑重声明：愿为彻底实现孙中山的三民主义而奋斗；停止推翻国民党政权和没收地主土地的政策；取消苏维埃政府，改称特区政府；取消红军名义及番号，改编为国民革命军。这个《宣言》，再次显示了中国共产党以民族利益为重，促成国共两党合作抗日的诚意。但是，蒋介石却把这个《宣言》搁在一边，在红军改编方面另提一套方案，企图通过改编达成消灭或削弱红军的目的，致使这次谈判没有取得成果。

8月13日，日军入侵上海，直接威胁中国政治、经济中心地区和国民政府首都南京。这使蒋介石抗战的方针和政策有了进一步转变，最终下定接受中国共产党倡导的合作抗日的决心。8月18日，国共双方就陕甘宁边区人事、红军改编和设立总指挥部以及在若干城市设办事机构、出版《新华日报》等问题达成协议。9月中旬，国共两党代表在南京再次举行会谈，就发表中共中央的国共合作宣言问题取得一致意见。9月22日，国民党终于通过中央通讯社发表了《中共中央为公布国共合作宣言》。23日，蒋介石发表《对中国共产党宣言的谈话》，指出团结御侮的必要，认为“此次中国共产党发表之宣言，即为民族意识胜过一切之例证”。事实上承认了中国共产党在全国的合法地位。至此，国共两党第二次正式合作，以国共两党为基础的抗日民族统一战线正式形成，从而为取得中国抗日战争的胜利奠定了重要基础。

1939年7月16日
邓小平发表《八路军坚持华北抗战》

今天是7月16日，1939年的今天，邓小平在重庆《群众》周日刊上发表文章《八路军坚持华北抗战》，阐述了八路军两年来在华北战场以劣势武器，消灭日军，收复国土的辉煌战绩，以有力事实回击了国民党顽固派对八路军“游而不击”的攻击 。该文是在中国抗战面临严重困难的时刻发表的。

1938年10月，日军占领武汉和广州后，放弃速战速决战略，转变为长期作战，将军事进攻的重点转向敌后战场的八路军和新四军，日本华北方面军将作战重点转变为维护华北治安和确保交通线，连续不断地对抗日根据地进行“扫荡”、“清剿”，实施残酷的烧光、杀光、抢光“三光”政策，八路军和华北敌后抗战的形势十分严峻。

文章指出，两年来八路军驰骋在华北战场，武器是最坏的，生活是最穷困的，但钳制了日军 9 个师团，占侵华日军兵力的四分之一，给予日寇以严重的打击和消耗，并配合友军收复了广大国土，创立了多块抗日根据地。八路军的英勇作战启发了民族的自尊心和自信心，给了华北抗战以新的生命，给了全国各个战线以很大的助力，保卫了西北，起了很大作用。事实证明，八路军肩负着民族的重大使命，没有辱没历史的责任。

文章特别指出，八路军两年来坚持华北抗战证明了八路军能在最困难的条件下，以劣势的武器与日寇进行胜利的斗争；抗战的过程是长期的、艰难的，是有光明前途的，只要坚决抗战，就能够逐渐削弱敌人，最后战胜日本强盗；只有巩固团结，充分地组织、动员和依靠民众，才能使抗战获得胜利；八路军之所以能在最困难的条件下坚持华北抗战，为敌人所畏惧，是由于它具有高度的民族意识，处处尽忠职守、服从命令、英勇顽强、艰苦奋斗，以数千次的战斗，数万将士伤亡的鲜血，粉碎了八路军“游而不击”的谰言。

这篇文章发表后，在重庆以及国民党统治区内产生了广泛影响。

1937 年 7 月 17 日
蒋介石在庐山发表谈话

今天是 7 月 17 日，1937 年的今天，蒋介石在第二次庐山谈话会上发表谈话，宣布准备对日作战。

1937 年卢沟桥事变爆发后，中国共产党迅速表明了抗战的态度，积极呼吁“全民族实行抗战”，“立刻给进攻的日军以坚决的反攻”，“立刻放弃任何与日寇和平苟安的希望和估计”。

在中国共产党的积极倡导和全国人民抗日救亡高潮的推动下，1937 年 7 月 17 日，蒋介石在第二次庐山谈话会上谈话表示：卢沟桥事变已到了无可避免的最后关头，“再没有妥协的机会。如果放弃尺寸土地与主权，便是中华民族的千古罪人！”声明，“如果战端一开，那就是地无分南北，年无分老幼，无论何人，皆有守土抗战之责任，皆应报定牺牲一切之决心”。 并提出和平解决卢沟桥事变的四项原则：一、任何解决，不得分割中国主权与领土之完整；二、冀察行政组织，不容有任何不合法之改变；三、中央政府所派地方官吏如冀察政务委员会委员长宋哲元等，不能任人要求撤换；四、第二十九军现在所驻地区，不能受任何约束。

但这时，蒋介石仍然存在和平幻想。他说：“在和平未到根本绝望时期之前一秒钟，决不放弃和平；牺牲未到最后关头，决不轻言牺牲。”又说：“在和平根本绝望之前一秒钟，我们还是希望和平的，希望由和平的外交方法，求得卢事的解决”。我们希望和平，准备应战，决不求战。

蒋介石的这次庐山谈话，表明了国民政府准备抗战的态度，因而受到中国共产党和全国同胞的欢迎。但是，蒋介石和平解决卢沟桥事变的幻想并未泯灭，抗战的决心并未下定。正像 1937 年 8 月 9 日，毛泽东在出席中共中央召集的各有关单位负责人参加的会议上讲话中所说的，卢沟桥事变是中国大规模全国性抗日战争的开始。国民党转变已大进一步，但离彻底转变还远。目前还存在着严重的危机，即统治者害怕群众起来。蒋介石的抗日决心是日本逼起来的，应战主义是危险的，在华北实际是节节退却。

1942年7月18日
史迪威正式提出“反攻缅甸计划”

今天是7月18日，1942年的今天，美军中将史迪威正式提出“反攻缅甸计划”，筹划夺取缅北、滇西。

1942年5月，缅甸的失陷，对同盟国的总体战略产生了十分不利的影响，因此，同盟国开始考虑反攻作战计划。5月25日，中国战区参谋长、美军中将史迪威致电美国陆军部说：“我坚信中国在战略上具有决定性的重要意义，因此，我认为美国不向这一战区派遣作战部队是犯了个严重错误。”6月3日，史迪威向蒋介石提出拨用中国所得租借物资中的装备，由美国军官在印度训练10万中国军队和在云南装备训练30个师的计划，得到蒋介石的批准。

1942年7月18日，史迪威向蒋介石正式提出“反攻缅甸计划”。其要点是：以英军3个师、美军1个师、中国2个师，由印度阿萨姆渡亲敦江入缅，向曼德勒出击；以中国20个师由滇西出击腊戍，与由印入缅之英美中联军在曼德勒会师，尔后挥师南下仰光。

7月29日，史迪威又提出“西南太平洋攻击日军计划”。其中要求：以英国3个师、美国1个师、中国2个师从印度阿萨姆出发，经加里瓦、达木、霍马林进攻曼德勒；以12个师兵力由滇西出动，进攻腊戍、八莫，与由印入缅的中、美、英联军在曼德勒会师，尔后成扇形展开，夺取缅甸南部。同时，位于滇越边境的9个师应立即进占河内，接着再夺取香港、广州、海南岛；美军分两路向新几内亚、帝汶、新不列颠岛以及西南太平洋其他岛屿进攻，切断日军增援。

在史迪威的积极倡导和努力下，中国驻印军、远征军经过整训和装备后，于1943年10月和1944年5月分别向缅北、滇西的日军发起反攻，在英军、美军的配合下，于1945年3月胜利完成了缅北、滇西反攻作战任务，收复缅北大小城镇50余座，收复滇西失地8万多平方公里，歼灭日军4万多人。这不仅打通了中国西南国际交通线，使国际援华物资源源不断地运抵中国，而且有力地支援和配合了盟军在印缅战区和太平洋地区的作战，从而为中国抗日战争和世界反法西斯战争的胜利作出了重要贡献。

1943年7月19日
太行军区发起蟠武战役

今天是7月19日，1943年的今天，太行军区发起蟠武战役。

经过1941年和1942年的艰苦斗争，华北抗日根据地军民，先后战胜了敌人的5次“治安强化运动”。1943年3月24日，日本华北方面军下达了1943年度《作战警备纲要》，重点指向八路军及其抗日根据地。

在此种形势下，华北八路军根据中共中央北方局关于进一步巩固抗日根据地，坚持敌后游击战争的指示，决定深入贯彻“敌进我进”的方针，派遣大量武工队和小部队，深入敌占区，积极配合抗日根据地军民的反“扫荡”、反“蚕食”斗争，恢复和扩大抗日根据地。

1943年5月6日，日军第一军以3个师团及伪军一部共2万余人的兵力，分别由潞城、武乡、左权、林县、陵川等地出动，对太行抗日根据地中心区进行梳篦式“扫荡”，企图消灭八路军总部及第129师主力。当敌人开始行动时，早就预判的八路军总部和第129师部队，乘日军尚未形成包围之前，主力适时转移到外线，向敌交通线展开破袭战。第129师一部兵力配合地方武装及1.5万多名参战民兵，坚持内线斗争，以冷枪射击结合地雷战打击敌人，保卫群众利益。太岳和冀南军区部队分别对本区内的白晋和平汉铁路展开破袭战，有力地配合了太行军民的反“扫荡”作战。在太行、太岳、冀南军区3区军民的联合打击下，“扫荡”太行军区的日伪军被歼灭2500余人，并于5月下旬撤退。

贼心不死的日伪军1600余人，于1943年6月14日进占太行腹地武乡县的蟠龙镇及其附近地区，设置据点，修筑公路，企图长期驻守，以此分割抗日根据地。为粉碎敌人的阴谋，太行军区集中约6个团的兵力，在地方武装的配合下，于7月19日发起蟠武战役，攻克敌人控制的胡蛮岭、东庄、侯加垴等碉堡10余处，歼灭日军2个小队、伪军500余人，给敌人以沉重的打击。

太行军区的反“扫荡”作战，是当时各抗日根据地对敌斗争的一个缩影。1943年上半年，八路军深入贯彻“敌进我进”的方针，粉碎了日伪军的春、夏季“扫荡”，使华北各抗日根据地得到了恢复与发展。

1941年7月20日
新四军在盐阜、苏中开始反“扫荡”

今天是7月20日，1941年的今天，新四军在盐阜、苏中开始进行反“扫荡”作战。

1941年7月上旬，日伪军纠集1.7万余人，准备对苏北抗日根据地的盐城、阜宁地区进行“扫荡”，企图歼灭新四军领导机关，夺取产盐区。新四军军部为便于指挥，于10日撤离盐城，转至阜宁以西的陈家集地区。

7月20日，日军第12混成旅团和第15、17师团各一部及伪军，分4路由东台、兴化、射阳等地出动，合击盐城。新四军第3师与敌周旋，在毙伤一部分敌军后，转向敌军侧后。22日，日伪军对盐城周围地区进行“清剿”，并控制水陆交通，实行分割、封锁，同时在水网地区使用特制的装甲汽艇到处搜索，寻歼新四军军部和主力部队。28日以后，日军重点转向对阜宁、东沟、益林地区“扫荡”，并侵占阜宁县城。

新四军军部为配合盐阜地区反“扫荡”，命令新四军第1师结合采取阻击、袭击和伏击等手段，向苏中地区发起攻势，歼灭日伪军1000余人。

8月初，日军将大部兵力转向苏中地区进行报复“扫荡”。新四军第1师兼苏中军区部队，积极展开反“扫荡”作战。与此同时，位于苏北的新四军第3师和第1师第2旅等部，对当面之敌发起反击，先后收复阜宁、东沟、益林、大中集、裕华镇等重要集镇，迫使敌军退居于盐城附近。到8月底，日军对盐阜、苏中地区的大规模“扫荡”告一段落。

苏中、苏北军民，经过一个多月的英勇奋战，相互支援，密切配合，协同作战，进行战斗130余次，共歼日伪军3800余人，击沉日军汽艇30余艘，粉碎了敌人歼灭新四军领导机关、夺取产盐区的企图，保卫了抗日根据地。

1941年秋，日伪军为了进一步分割、缩小苏中抗日根据地，连续发动数百至千人的“扫荡”。12月8日至9日，日伪军4000余人分别向如皋、丰利镇、东台、三仓河等地发动进攻。新四军第1师给进犯之敌以坚决打击，日伪军被迫撤回原地，第1师兼苏中军区遂发动10个团的兵力，向日伪军据点主动攻击。“十团大战”共毙伤日伪军500余人，再次消耗了苏中日军。

1940年7月21日
八路军第120师发起石门堰战斗

今天是7月21日，1940年的今天，八路军第120师在山西离石进行了石门堰战斗。

欧洲战争爆发后，亚太地区出现了西方大国无暇顾及的局面。为了尽快腾出手来参加新的世界大战，日本急于解决“中国问题”，于是在1940年一方面加紧对中国国民党的政治诱降，一方面加强对中国共产党领导的抗日力量的军事进攻。

面对这一形势，中共中央于1940年初连续发出指示，要求各抗日根据地军民立足于发展自己的力量，粉碎日军的进攻，坚持游击战争，争取时局好转。

1940年3月，晋西北抗日根据地开始全面整军，八路军第120师补充了1万余人，战斗力有了新的提高。在夏季反“扫荡”中，晋西北的第120师和其他部队共作战250余次，歼灭日伪军4500多人，收复了5座县城。夏季反“扫荡”胜利后，八路军第120师又决定向山西省离石县石门堰的日军发起进攻作战。当时，驻守石门堰的敌人为日军独立混成第16旅团第82大队第1小队，30余人。八路军第120师参战部队为独立第1旅第2团第3营。

7月21日晚6时，八路军参战部队从寺沟出发，于10时接近石门堰日军碉堡的外壕。趁着夜色，八路军参战部队立即行动，迅速破坏碉堡外的铁丝网。在破坏铁丝网时，突然被日军发现，八路军参战部队当即发起进攻，与敌人交火。战斗中，八路军发起猛烈攻势，负隅顽抗的日军被迫退入碉堡内，据守不出。八路军突击队随即跟进，向碉堡内塞进30余颗手榴弹，将碉堡里面的日军大部分炸死，少数敌寇夺门而出，逃离碉堡，马上又钻入交通壕的掩蔽部内。八路军突击队乘胜进入碉堡清剿残敌，尔后转移兵力，彻底消灭了残敌。

与此同时，第3营第11连袭击寺圪塔的日军。敌人一面还击，一面以迫击炮向石门堰方向射击，支援石门堰的日军。拂晓前，八路军完成战斗任务，全部撤离战场。

石门堰袭击战，八路军参战部队共击毙日军20余人，俘虏2人，缴获重机枪2挺，步枪20余支和部分军用物资。

1944年7月22日
美军观察组开始考察延安

今天是7月22日1944年的今天，美军观察组来到延安，进行全面考察。

1941年12月8日太平洋战争爆发后，美国出于共同对日作战的需要，积极支持中国进行抗日战争。在对中国内政问题上，美国支持蒋介石的统治地位，同时又希望中国国共两党团结起来，从而有效地进行对日作战。开罗会议期间，美国总统罗斯福就曾建议蒋介石与中国共产党组织一个联合政府。为促使蒋介石联共抗日，罗斯福于1944年6月派副总统华莱士访华，向蒋介石进行斡旋，又派美军观察组赴延安考察。

7月22日和8月7日，美军观察组在包瑞德上校的率领下，分两批飞抵延安，对中共及其领导的军队进行考察。中共中央对美军观察组的到来十分重视，给予热情而周到的接待。8月15日，《解放日报》发表毛泽东亲自修改的社论《欢迎美军观察组的战友们》。毛泽东、周恩来、朱德、彭德怀、叶剑英等人向美军观察组成员介绍了中国共产党抗日的路线、方针、政策和八路军、新四军等人民抗日武装在敌后抗战等方面的情况。

美军观察组除在延安外，还到晋察冀等抗日根据地进行了实地考察，亲历了八路军的游击战争，获得了大量新鲜的感觉。他们认为，共产党领导的军队是真正抗日的，如果国民党像共产党一样发动人民全面抗战，就不会出现豫湘桂战场的大溃败。救中国，非共产党之力量不行。“共产党的政府和军队，是中国近代史上第一次受到广大人民支持的政府和军队。”“在即将到来的争取中国的斗争中，支持共产党人是使我们自己同中国最团结、最进步、最强大的势力站在一起的最好办法。”

可惜的是，随着世界反法西斯战争临近胜利，为了在远东地区同苏联抗衡，美国决策者最终还是没有采纳美军观察组的建议支持中国共产党，而是用支持国民党统一中国的做法来削弱中共在中国的影响力。1945 年 7 月 12 日，毛泽东指出：美国的这一政策，“在目前，妨碍抗日战争，在将来，妨碍世界和平”。

1937 年 7 月 23 日
毛泽东发表《反对日本进攻的方针、办法和前途》

今天是 7 月 23 日，1937 年的今天，毛泽东发表《反对日本进攻的方针、办法和前途》，再次表明中国共产党坚决实行全面全民族抗战路线，反对一切妥协退让的态度。

卢沟桥事变爆发后，全国各族人民一致要求对日作战。蒋介石迫于全国人民的压力，同时也由于日本帝国主义全面武装入侵行动，即于 7 月 17 日确定了准备抗战的方针。但是，蒋介石国民党仍然对日本帝国主义存在和平幻想。

在这种情况下，中国共产党继7月8日发表《为日军进攻卢沟桥通电》后，为保证全国人民抗日救国的希望和要求的实现，于7月23日发表《中国共产党为日本帝国主义进攻华北第二次宣言》，明确提出八项具体办法。主要包括：立即命令冀察当局拒绝执行日本帝国主义提出的妥协条件，立刻增援第二十九军抗战，立刻实行全中国人民总动员，立即实行全面的对日抵抗，立刻改革组织机构，立刻实现国共两党亲密合作，立即实施财政经济土地劳动文化教育等各种抗日救国政策，立刻实现抗日的积极外交等。宣言强调指出：只要国民党政府与人民能够坚决实行这些办法，我们就有力量战胜日本帝国主义，驱逐日本帝国主义出中国，收复一切失地，建立民族独立民权自由与民生幸福的新中国！

宣言再次号召："所有中华民族的儿女们！所有不愿当亡国奴的同胞们！大家紧密地联合起来，紧急动员起来，拼着我们民族的生命去求得我们民族的最后胜利！"并明确提出："反对一切对于日寇的让步妥协，坚决抗战到底！只有坚决抗战，才是中华民族的生路！粉碎日本帝国主义的新进攻，保卫平津华北！"

同日，毛泽东也发表《反对日本进攻的方针、办法和前途》一文，论述了抗日战争的两种方针、两套办法、两个前途，号召一切爱国的国民党员和共产党员团结起来，全国的爱国同胞、爱国军队、爱国党派团结起来，坚决地实行坚决抗战的方针，争取实现驱逐日本帝国主义，实现中国自由解放的前途。

1944年7月24日
邹韬奋逝世

今天是7月24日，1944年的今天，著名的爱国民主战士邹韬奋因病逝世。

邹韬奋，江西省余江县人。1926年10月，他在上海主编中华职业教育社的《生活》周刊。九一八事变后，邹韬奋热烈主张抗日御侮。一·二八淞沪抗战爆发后，《生活》周刊刊登《上海血战抗日画报》，及时地报道了战况，销量达到15.5万份，打破了当时中国杂志界的发行纪录。

邹韬奋积极宣传抗日救国，触动了国民党的不抵抗政策。1933年，发表了胡愈之的《民众自己起来吧》一文后，《生活》周刊遭国民党政府密令停刊。1933年6月，中国民权保障同盟总干事杨杏佛遇刺后，身为执行委员的邹韬奋经常被特务跟踪，被迫流亡海外避难。1935年8月回国后，创办了《大众生活》，明确提出了抗日民族统一战线的主张，连续几期刊登照片与文章对一二·九运动作了详尽的报道，不久被迫停刊，第二次流亡。1936年7月，邹韬奋在香港创办《生活日报》，继续宣传抗日主张。1936年11月，他与沈钧儒、章乃器、李公朴、沙千里、史良、王造时等7人，在上海被国民党政府逮捕，史称“七君子事件”。全国抗战爆发后，迫于全国人民的强大压力，国民党才被迫将邹韬奋等7人释放。

邹韬奋出狱后，继续坚持文化抗战。邹韬奋主持的生活书店，在中国共产党的支持下，经过数年的发展，深受广大读者的爱慕，发展到包括香港、新加坡在内的56处分支店，陆续出版杂志10余种，书籍千余种，抗战读物500余万册，成为抗战时期一个坚强的文化堡垒。生活书店联合读书、新知书店发展而来的三联书店，至今仍为中国的学术与出版重镇。1941年，他在各地设立的生活书店被国民党政府查封后，愤然辞去参政员职务，出走香港，继续办报。

1943年春，邹韬奋耳疾加剧，被迫到上海就医，经诊断，已经发展为癌症。1944年7月24日，邹韬奋在上海病逝，享年49岁。

1944年10月11日，周恩来在延安主持了邹韬奋追悼会，并接受遗嘱追认他为中共正式党员。1987年，中国出版工作者协会设立韬奋出版奖，以纪念邹韬奋对中国出版事业的卓越贡献。

1944年7月25日
中共中央发出《关于发展河南敌后工作的指示》

今天是7月25日，1944年的今天，中共中央发出《关于发展河南敌后工作的指示》。

1944年6月，中共中央为打击进攻正面战场的日军，发展河南敌后抗战，确定向河南发展。鉴于当时河南日军、伪军、顽军、友军交织在一起，情况复杂，因此，1944年7月25日，中共中央发出《关于发展河南敌后工作的指示》，要求八路军、新四军借敌顽空隙，在敌伪区及其边沿建立抗战秩序；深入新区工作，迅速发动群众抗日运动和减租减息运动；严禁各部队往来重复摊派粮草；我军初到首先要安定人心，多做好事；兴办造福于民的建设。

根据中共中央的指示，八路军、新四军先后派部队挺进河南敌后，河南敌后工作顺利开展。1944 年 7 月至 8 月，新四军第 5 师组成豫南游击兵团，进入豫南敌后，开展游击战争。10 月，该师又派出一部进入豫南，并指示部队向豫中发展。为增强新四军在河南敌后的力量，第 5 师后来又陆续派部队进入河南，与先期到达的部队会合。到 1945 年 4 月，新四军第 5 师挺进河南敌后的部队开辟了东西宽 70 余公里、南北长近 100 公里的抗日根据地，建立了 7 个县的抗日民主政权。1944 年 9 月至 11 月，八路军太行、太岳军区及驻陕甘宁边区部队分别组成 4 个支队，先后渡过黄河，挺进豫西，开展游击战争；同年底，晋绥军区一部也奉命进入豫西。到 1945 年 5 月底，八路军在豫西开辟了拥有 20 个县、300 余万人口的抗日根据地。八路军冀鲁豫军区部队从 1944 年 6 月起即南下进入豫东，到 1945 年 7 月，八路军在豫东共建立 14 个县的抗日民主政权，扩大了豫东抗日根据地。新四军第 4 师也于 1944 年 12 月控制了东起津浦路、西至商（丘）亳（县）公路、北自陇海路、南到涡河的广大地区，完成了收复原豫皖苏边区的任务。

在中共中央的统一部署下，八路军和新四军共同开辟了豫西，发展了豫南，扩大了豫东，恢复了豫皖苏边抗日根据地，进一步打通了华北与华中的联系，基本达到了绾毂中原的战略目的。

1945年7月26日
《波茨坦公告》发表

今天是7月26日，1945年的今天，波茨坦会议发表《中美英促令日本投降之波茨坦公告》，敦促日本法西斯立即投降。

1945年欧洲战争结束后，日本法西斯的灭亡已经临近。在此形势下，苏、美、英三国政府首脑斯大林、杜鲁门、丘吉尔（后艾德礼）和三国的外长、参谋长等，于1945年7月17日至8月2日，在德国柏林西南的波茨坦举行会议，就一些共同关心和面临的重大问题进行协商。会议着重讨论了结束对日作战的条件和对日本的战后处置问题。7月26日，会议以宣言的形式发表了《中美英促令日本投降之波茨坦公告》，促令日本法西斯立即投降。8月8日，苏联对日宣战，亦正式加入公告。所以公告最后成为四国对日作战的共同宣言。

《波茨坦公告》要求“日本政府立即宣布所有日本武装部队无条件投降，并对此种行动诚意实行予以各项保证，除此一途，日本即将迅速完全毁灭”，并宣布盟军将占领日本本土，依照法律惩办战犯，实施《开罗宣言》条款，等等。《波茨坦公告》对负隅顽抗的日本法西斯是一个沉重的打击。

波茨坦会议是第二次世界大战期间，美、英、苏三国政府首脑，继德黑兰会议、雅尔塔会议之后，时间最长的一次会议，历时17天，也是二次大战期间最后的一次国际会议，它的成功具有重大意义。会议上苏、美、英三大同盟国对战后安排虽有分歧，但均能以最终打败日本法西斯的最高目标为大局，而各有妥协让步，从而对彻底击败日本法西斯，赢得世界反法西斯战争的最后胜利起了重要作用。但同时，这次会议划分大国势力范围，造成许多战后矛盾冲突，为以后“冷战”埋下了种子。

8 月 15 日，日本宣布正式接受《波茨坦公告》，无条件投降。9 月 2 日，在签署无条件投降书时，日本承诺“日本天皇、日本政府及其继承者忠实执行《波茨坦公告》的各项条文”。然而，《波茨坦》公告的各项条文今天却受到日本右翼势力的挑战。因此，重温《波茨坦公告》的各项条文，对于今天更好地维护亚太乃至世界和平具有重大现实意义。

1945 年 7 月 27 日
收复桂林

今天是 7 月 27 日，1945 年的今天，中国军队成功收复了广西省会桂林，广西全境基本收复。

1945 年春，德军在欧洲已濒临崩溃，印缅战区中国驻印军缅北反攻告捷，美军在太平洋占领硫黄岛，登陆冲绳岛，直指日本本土。中国战区最高统帅部适时策定对日反攻计划。

4 月，广西境内的日军第 22 师团、第 58 师团及第 13 师团一部，缩短防线，谋求集中兵力，以防中国军队的反攻。4 月 27 日，中国第二方面军乘日军撤退之际，以第四十六军攻占都安后，主力即经都阳山向南宁迫近，在民团配合下，进展迅速。5 月 27 日，第六十四军收复南宁。日军第3师团向柳州撤退。第二方面军以第六十四军一部向龙州追击，以第四十六军主力向柳州东南迂回攻击。向龙州追击的部队，于7月3日先后攻占龙州、凭祥，将日军驱逐于国境之外。第四十六军主力于6月上旬向柳州攻击前进，先后攻克桂平、武宣，6月19日第四十六军第175 师迫近柳州。

中国第三方面军于5月初以第二十九军，向河池、黎明关攻击，并以预备第11 师攻取天河，至5月21日，收复河池县城，并沿黔桂铁路追击，于5月23日攻克德胜，6月6日收复宜山。此时，日军由柳州增援宜山，与中国第二十九军展开反复争夺。激战至14日，第二十九军再次收复宜山，日军第13师团便向柳州撤退。第三方面军以第二十军向日军跟踪追击，在第二方面军第四十六军自柳州南侧的配合下，向柳州之日军展开总攻，6月30日收复柳州。日军向桂林撤退。

第三方面军随即分兵3路：第二十军第133师在左，经百寿；第91师在右，沿桂柳公路；第二十九军两个师居中，沿湘桂铁路，向桂林急进。同时又以第四方面军攻击宝庆、衡阳，以为策应。到7月24日，第三方面军第二十九军夺占桂林南方门户永福，直逼桂林近郊。此前，第三方面军主力第二十七集团军以第二十六军、第九十四军等部，自越城岭向桂林推进，于7月10日攻占南圩，26日克义宁。在各路军队的包围总攻下，中国军队终于在7月27日收复了桂林。经过近3个月的作战，中国军队收复了广西的大片国土。

1937年7月28日
佟麟阁、赵登禹殉国

今天是7月28日，1937年的今天，爱国将领佟麟阁、赵登禹，在抗击日本侵略军的战斗中英勇牺牲。

华北危机后，第二十九军副军长兼军事训练团团长的佟麟阁，负责军事训练，坐镇南苑。他曾对部下表示："中央如下令抗日，麟阁若不身先士卒者，君等可执往天安门前，挖我两眼，割我两耳。"他的这种抗日精神，激励了有志于抗日救国的热血青年参加第二十九军。

1937年7月7日，卢沟桥事变爆发后，佟麟阁在南苑召开全军将校会议，坚决表示："日寇进犯，我军首当其中，战死者光荣，偷生者耻辱；荣辱于一人者轻，而系于国家民族者重。国家多难，军人应当马革裹尸，以死报国。"

《北平时报》曾赞扬佟麟阁："佟副军长善治军，第二十九军纪律严明，勇于作战，而于老百姓秋毫不犯，佟将军训练之力也。""对老百姓恭而有礼，杀敌则勇猛无伦，堪称模范军人。"

1937年7月28日晨，日本侵略军由通县、丰台调集陆海空军主力，在数十架飞机的支援下向南苑发起猛攻。时任北平南苑前线总指挥的佟麟阁与星夜从任丘赶来的第132师师长赵登禹率部死守。激战至下午，佟麟阁等奉命率部向城南大红门转移途中被日军包围，仍指挥部队继续与敌人苦战。佟在指挥右翼部队向日本侵略军突击时，被敌机枪射中腿部，部下劝他退下裹伤，他执意不肯。敌机又来狂轰滥炸，他头部受重伤，流血过多，英勇殉国。他是全国抗战初期牺牲的第一位高级将领，时年45岁。

赵登禹师长作战中右臂中弹，仍继续作战。不久，他腿部等多处受伤，在指挥率部队突围时，车行到黄亭子受日军伏击，胸部中弹，亦壮烈牺牲，时年39岁。

7月31日，国民政府发布褒恤令，追授佟、赵将军为陆军上将。冯玉祥将军闻讯后，怀着悲愤的心情写下《哭登禹》《吊佟麟阁、赵登禹》的诗文，悼念佟麟阁和赵登禹将军。1947年，为纪念佟麟阁和赵登禹将军，北平两条大街被分别命名为佟麟阁路和赵登禹路。中华人民共和国建立后，佟麟阁、赵登禹都被追认为革命烈士。1952年，毛泽东亲自为他们签发了烈士证书。

1937年7月29日
日军侵占北平

今天是7月29日，1937年的今天，日本侵略军侵占北平。

1937年7月7日卢沟桥事变爆发后，日军中国驻屯军一面压迫宋哲元接受种种苛刻条件，一面加紧调整部署，图谋夺取北平与天津。

1937年7月25日，日军第20师团一个中队以维修电话线路为名，侵占了廊坊火车站。中国驻军反复提出交涉，日军坚持不退，遂发生武装冲突。日军立即以第20师团第77联队和日军中国驻屯军一部在飞机和装甲车配合下，于26日晨向中国守军发动猛烈攻击。中国守军损失严重，被迫向东转移，廊坊即被日军侵占。

7 月 26 日下午，日军向中国第二十九军发出最后通牒，要求他们于 7 月 28 日前全部撤出平津地区，否则将采取行动。紧接着，日军中国驻屯军步兵旅团一部，于 19 时到达广安门，企图强行进入北平城，与中国守军发生战斗。到晚 10 时左右，日军一部进到城内使馆区兵营，一部退回丰台。

7 月 27 日，日军参谋本部命令日军中国驻屯军向中国第二十九军发动攻击，并下令从国内增调 20 多万人开赴中国。同一天，中国第二十九军军长宋哲元设立北平城防司令部，并发出自卫守土通电。7 月 28 日，日军中国驻屯军在香月清司指挥下，对中国第二十九军驻南苑部队发起总攻。第二十九军在前敌总指挥佟麟阁、第 132 师师长赵登禹指挥下，官兵奋起抵抗。日军在飞机、大炮火力支援下，向中国守军猛烈攻击。经五个多小时激战，南苑失陷，佟麟阁、赵登禹相继壮烈殉国。7 月 29 日，北平被日军侵占。

这时，由于日军中国驻屯军集中主力在北平作战，天津仅有五千余人。7 月 29 日凌晨 1 时，在天津的中国第二十九军第 38 师独立第 26 旅、师部手枪团和天津保安队等部乘机向日军发起进攻，烧毁日机十余架，攻占了天津火车总站和东站。日军中国驻屯军司令官闻讯后，立即调北平第 20 师团的 4 个大队及关东军堤支队增援天津，并以临时航空兵团对中国军队进行狂轰滥炸。第二十九军伤亡严重，被迫于 7 月 30 日放弃天津，向马厂方向撤退。至此，天津也被日军侵占。

1943年7月30日
毛泽东提出敌后八项政策

今天是7月30日，1943年的今天，毛泽东就敌后工作方针、政策和任务，提出中国共产党在敌后的八项政策。

在此之前，国民党公开宣传“取消中共”、“取消边区”，并调集兵力积极准备进攻边区。1943年7月13日，毛泽东致电彭德怀，要求在敌后抓紧实行六项政策。电报指出：蒋介石调兵遣将准备向我进攻，迫我作城下之盟，又见我两年缄默，以为可以压服。殊不知自我党实行整顿三风、精兵简政、统一领导、拥政爱民、发展生产、审查干部六项政策后，党内党外，精神物质，焕然一新，大进一步，空前团结，无隙可乘。敌后亦请你们抓紧此六项政策，求于今明两年完成任务。在群众中所提经常任务，则是战争、生产、教育三项。7月30日，毛泽东又次致电彭德怀和各大单位，把六项政策增加为敌后八项政策。毛泽东认为，打退国民党顽固派发动的第三次反共高潮后，争取一年和平已有希望，但我军事防御准备绝不松懈，要借此作一次广大深入的有计划的阶级教育，彻底揭破国民党的欺骗影响，不要把此事的重要性看低了。国民党思想在我们党内是相当严重地存在的，因此，在敌后应加对敌斗争，再加阶级教育，成为八项政策，其次序是：一、对敌斗争；二、整顿三风；三、精兵简政；四、统一领导；五、拥政爱民；六、发展生产；七、审查干部；八、阶级教育。并强调：在群众中普遍的经常的任务则是战争、生产、教育三项。

不久，八项政策又发展为十大政策。1943 年 10 月 1 日，毛泽东为中共中央起草的关于宣传十大政策的指示中指出，我党在各根据地所实行的各项政策中，举其现时最切要的，共有十项。这十项政策就是：第一，对敌斗争；第二，精兵简政；第三，统一领导；第四，拥政爱民；第五，发展生产；第六，整顿三风；第七，审查干部；第八，时事教育；第九，三三制；第十，减租减息。

敌后各抗日根据地军民以此为指导，在中国共产党领导下，调动一切积极因素，充分发挥党政军民的整体力量，为争取抗战最后胜利积蓄了力量。

1945 年 7 月 31 日
陈纳德去职

今天是 7 月 31 日，1945 年的今天，抗战英雄、“飞虎队”队长陈纳德，接到美国空军司令部的命令，他在中国战区的职务被正式解除。

陈纳德是美国陆军航空队退役军官。他鉴于中国的空中威胁，建议利用中国战略纵深的有利条件，组建一支拥有 100 架驱逐机和 100 名优秀驾驶员的航空队，抵抗日本侵略军的空中威胁。蒋介石采纳了他的这一建议，并委托他组建一支由美国飞行员组成的美国志愿航空队。美国总统罗斯福也支持陈纳德的建议，1941 年 6 月，中国从美国购买到 P-40 驱逐机 100 架。7 月，由 110 名飞行员和 150 名机械师、医生等地勤人员组成的美国志愿航空队首批队员从美国启程经澳大利亚、新加坡抵达缅甸，在缅甸的同古开始训练。

最初，美国志愿航空队在飞机头部画了鲨鱼头，用以吓唬日本人。1941 年 12 月，美国志愿航空队在昆明上空第一次对日机作战胜利，击落日机 6 架。由于当地居民从未见过鲨鱼，于是将这些飞机称作“飞老虎”。陈纳德得知这个名称后，觉得很好，好莱坞著名的迪士尼公司艺术家华特·迪士尼亲自动手，设计了一幅张着翅膀的老虎图案。至此，美国志愿航空队被正式命名为“飞虎队”。

1942 年 7 月 3 日，根据美国陆军部和蒋介石的命令，陈纳德将美国志愿航空队解散，另组美国陆军第 10 航空队第 23 大队，为美国驻华空军特遣队的骨干力量。陈纳德改任特遣队司令，军衔为准将。翌年 3 月，特遣队扩编为美国陆军第 14 航空队，陈纳德晋升为少将司令。

从 1941 年 12 月到 1943 年 6 月，“飞虎队”共出击 102 次计 512 架次，击落日机 193 架，击毁日机 75 架，有力地配合了中国军队的作战；此外，还开辟了“驼峰航线”，为中国从印度接运战略物资 70 万吨，运送人员达 33477 人。

1945 年 7 月 6 日，陈纳德正式向他的上司提出辞职，7 月 31 日在得到批准后，8 月 1 日清晨，陈纳德乘飞机离开了中国，很多中国人站在跑道边向他这位中美联合抗日的杰出代表致敬。

八月

1935年8月1日
中国共产党拟定《八一宣言》

今天是8月1日，1935年的今天，中共驻共产国际代表团草拟了《中国苏维埃政府、中国共产党中央为抗日救国告全体同胞书》，后于10月1日正式发表，史称《八一宣言》。

九一八事变后，中国共产党多次发表决议和宣言，坚决反对蒋介石国民党政府的“剿共”内战和“攘外必先安内”的错误方针，积极引导全国的抗日救国运动。

1934年4月10日，中共中央发表《为日本帝国主义占领华北并吞并中国告全国民众书》，号召一切真正愿意反对帝国主义的不甘做亡国奴的中国人，不分政治倾向，不分职业与性别，都联合在反日统一战线之内。同年4月20日，中国共产党发表《中国人民对日作战的基本纲领》，提出抗日救国的六大纲领，目的在于“尽最大可能团结一切反日的力量来建立真正的广大的民众的反日统一战线”。

1935年8月1日，中共驻共产国际代表团草拟了《中国苏维埃政府、中国共产党中央为抗日救国告全体同胞书》，并在10月1日法国巴黎出版的《救国报》上正式发表。《八一宣言》响亮地提出“抗日救国”的口号，号召“有钱的出钱，有枪的出枪，有粮的出粮，有力的出力，有专门技能的贡献专门技能”，并进一步提出建立“全国统一的国防政府”，组织“全国统一的抗日联军”等。宣言呼吁全国各党派、各军队、各界同胞都应以“兄弟阋于墙，外御其侮”的真诚觉悟，“停止内战，以便集中一切国力去为抗日救国的神圣事业而奋斗”。

中共中央随红军长征到达陕北不久，即于1935年11月13日发表《为日本帝国主义并吞华北及蒋介石出卖华北出卖中国宣言》，号召一切“抗日反蒋”的中国人民与武装队伍联合起来，为打倒日本帝国主义与蒋介石统治集团而奋战。11月中旬，中共驻共产国际代表团派张浩由苏联回到陕北，向中共中央传达了共产国际七大精神。11月28日，中共中央又发表了与《八一宣言》内容基本相同的《抗日救国宣言》。

中国共产党的抗日救国主张，反映了当时大多数人的愿望和要求，在社会各阶层中引起了强烈反响，有力地推动了全国抗日救亡运动的高涨。

1936年8月2日
赵一曼英勇就义

今天是8月2日，1936年的今天，年仅31岁的抗日女英雄赵一曼在黑龙江省珠河（今尚志）县英勇就义。

赵一曼，又名李一超，四川省宜宾县人。五四运动后，她积极投身于妇女解放运动，1926年，加入中国共产党，后入黄埔军校武汉分校学习，1927年9月，被派到苏联学习。1928年冬回国。九一八事变后，她被派到东北，并更名为赵一曼，先在奉天工厂从事秘密工作，后到哈尔滨工会代理书记，领导工人斗争。1935

年秋，她以通北区委书记身份兼任东北人民革命军第三军第2团政委，多次指挥部队打击日本侵略军。

1935年11月，赵一曼率领第2团在滨绥铁路北边的左撇子沟与日伪军作战时被敌人包围。她在掩护团长率部队突围中，左手腕中弹负伤。在村里隐蔽养伤时，她被敌人发现，左大腿骨又被敌人子弹打穿，由于流血过多昏迷而被捕。在哈尔滨伪滨江省警务厅，她被敌人严刑拷打，几度昏倒，始终坚贞不屈。在她生命垂危时，日寇怕她死去得不到口供，即送她到哈尔滨市立第一医院监视治疗。负责看守她的伪满警察董宪勋和医院女护士韩勇义，被她的精神所感动，他们于1936年6月28日深夜，趁着滂沱大雨，把赵一曼救出，安排在阿城县金家窝棚董宪勋的叔叔家中。6月30日，赵一曼不幸再次落入日寇的魔掌。敌人用尽了酷刑，赵一曼宁死不屈，怒斥道："你们可以让整个村庄变成瓦砾，可以把人剁成烂泥，可是你们消灭不了共产党员的信仰！"1936年8月2日，敌人把赵一曼拉到珠河县游街示众，在县城北门外，杀害了赵一曼。

赵一曼在赴刑场的车上给儿子写下了遗书：我的亲爱的可怜的宁儿，妈妈已经到了牺牲的前夕。我亲爱的儿子，妈妈对得起你，因为是慷慨赴死的；我的苦命的儿子，妈妈又对不起你，因为你还要艰难地活着。赶快长大成人吧，我的宁儿，长大成人之后，你要自豪地告诉所有的人，你的母亲叫赵一曼。

新中国成立后，赵一曼烈士的英雄事迹被拍成电影，在她遭受酷刑的地方，政府为她建立了革命烈士纪念馆。朱德题词"革命英雄赵一曼烈士永垂不朽"。

1938年8月3日
八路军夜袭榆林、泥河

今天是8月3日，1938年的今天，八路军第120师第358旅第716团夜袭日军控制下的山西省朔县榆林车站和山阴县泥河村，取得胜利。

日军侵占太原、上海后，为了实现其速战速决、一举灭亡中国的战略企图，将其陆军的绝大部分兵力先后投入到中国战场。在日军的大举进攻下，中国共产党领导的八路军挺进敌后，迅速实行战略展开，广泛发动群众，开展敌后抗日游击战争，创建敌后抗日根据地，使日本侵略军陷入中国正面战场和敌后战场的夹击之中不能自拔。尤其是华北敌后战场，牵制了日本侵略军的大量兵力。

榆林、泥河村位于雁门关外，居于黄土高原，沟壑纵横，地形险要，处于北同蒲铁路沿线，是连接大同至太原的重要交通枢纽，为兵家必争之地。1938年8月3日夜，八路军部队发起榆林、泥河战斗。趁夜色昏暗，八路军第120师第358旅以第716团第3营为主力部队袭击榆林车站，同时以第716团第1、第2营在山西朔县榆林以东的泥河地区悄悄设伏，准备伏击可能经此处增援的日军。当晚12时，八路军第3营以迅猛之势，迅速攻占了榆林车站，并乘势歼灭了站内全部日军。驻扎在山西省山阴县岱岳的日军闻讯后，立即用火车运载200余人前来增援。当该部日军列车行至泥河、进入八路军第2营伏击区域时，遭到八路军第

716团第2营的突然攻击。在第2营的猛烈射击下，日军不得不跳下火车，仓促组织还击。经过激战，日军不支，开始向北逃窜。八路军第716团果断地将这列日军火车焚毁。天亮后，八路军第716团得到情报，大批日军增援部队正在赶来。于是，八路军第716团主动撤出了战斗。

这次战斗，八路军第120师第358旅第716团3个营相互配合、并肩作战，毙伤、俘虏日军300余人，缴获轻机枪2挺、步枪18支，炸毁火车一列。八路军以游击战术，取得榆林、泥河村战斗的胜利，有力地打击了日军的嚣张气焰，配合了国民党军正面战场的作战，锻炼了部队，积累了抗日游击战争的经验。

1941年8月4日
中共中央作出对敌伪军伪组织工作的决定

今天是8月4日，1941年的今天，中共中央作出《关于对敌伪军伪组织的工作决定》，它对指导敌后抗日根据地瓦解敌军，起了重要作用。

《决定》的主要内容为三部分。第一部分是对敌军工作。内容有：要利用条件瓦解日军，对敌军工作方针是加深敌兵厌战怠战情绪与思家思乡情绪，促进其觉悟，达到削弱敌军战斗力之目的。所有敌人俘虏，一经解除武装，无论官兵、特务、宪兵等，一律不准杀害。凡是普通日侨，不没收其财产，不伤害其生命。对突入根据地内的敌人据点，应与守备的敌兵及下级军官扩大交朋友的工作。使用日本俘虏及日军中的华人、鲜人翻译官来进行对敌军工作。

第二部分是对伪军、伪组织的工作。内容有：孤立日寇，使日寇不能扩大伪军与巩固伪军。对不同的伪军须采取不同的政策。总的原则是争取同情分子，控制两面派，打击坚决作恶的分子。对伪军、伪组织应普遍进行交朋友的工作。在敌占城市及据点，普遍对伪军、伪组织建立关系。对大股反正的伪军，以外围军看待，加强争取伪军各级军官。

第三部分是关于工作机关。内容有：各根据地由党政军成立统一的敌伪工作委员会。军队中的敌伪工作部，应接受上述委员会领导。在接近敌伪地区，设立敌伪工作站。党政军必须抽调得力的忠实的干部去加强敌伪工作和建立工作站。

按照中共中央的决定，敌后抗日根据地制定了敌伪军工作的制度，加强了敌伪军工作和对被俘日军的感化教育工作，在敌后游击战中积极开展瓦解日伪军工作。1942 年 11 月 29 日，晋冀鲁豫边区政府公布《优待日本逃战避战军民规程》，规定，逃战避战的日本人均享受国际友人待遇，尊重其民族、语言、风俗习惯，负责其人身、财产安全，予以生活保证。

由于各项瓦解敌军工作的开展，侵华日军中的反战、厌战情绪与日俱增。晋察冀根据地 1943 年在战场上投诚的日军占日俘总数的 43%，是 1940 年的 7 倍。八路军和新四军及华南游击队在抗日战争中共俘虏日军 6210 人，其中自动投诚的有 756 人，俘虏伪军 51 万余人，为争取抗日战争的胜利发挥了重要的作用。

1944年8月5日
中国驻印军攻克密支那

今天是8月5日，1944年的今天，中国驻印军攻克密支那。

密支那是缅北重镇，曼德勒、密支那铁路的终点，中印公路必经之地，战略地位重要。

1944年4月29日，由中国驻印军2个团和美军第5307支队混合组成中美突击队，在美军梅里尔准将指挥下，由胡康河谷出发，经库芒山区，向密支那突击，于5月中旬抵达密支那附近地区。同时，中国驻印军总指挥部为支援中美突击队袭击密支那作战，编组空中突击队，由印度空运到密支那参加作战。

5月17日，中美突击队突然发动攻击，夺取机场，掩护空运部队顺利着陆。随后，中美突击队和其余部队向密支那发起攻击。密支那日军共3000余人，凭借坚固工事，据守顽抗。中美攻击部队伤亡重大，进攻没有进展。从5月下旬到6月下旬，进攻一直处于停滞状态。在此期间，日军先后从其他地方抽兵前来增援。

7月6日，中国驻印军新一军军长郑洞国，新编第38师师长孙立人抵达密支那战场，直接指挥新编30师、第50师及第14师一部继续进攻，于当晚下达总攻击命令。随即改进陆空联络方法和炮兵的射击指挥，使空炮支援与攻击密切配合，并组织突击队，隐蔽接近和摧毁敌人坚固火力点，逐块夺取敌军阵地。从7月13日起，中国驻印军重新进行攻击。经三天激战，于16日晚迫近市区。18日，在空军、炮兵的火力支援下，中国驻印军向密支那市区攻击，与日军逐巷逐屋展开争夺战。到26日，接近密支那中心地区。同一天，新编30师的第90团空运到密支那，第50师的第149团在攻克孟拱后，也驰达密支那。

8月5日，中国驻印军终于全部占领了密支那，日本守军大部被歼灭，少数向八莫逃窜。日军指挥官水上源藏少将自杀。这一战，中国驻印军共计击毙日军2700多人，俘虏日军70多人。

中国驻印军攻克密支那后，反攻缅北的第一阶段作战任务完成，部队利用雨季转入休整，10月中旬，中国驻印军结束休整，进行第二阶段作战，先于1945年1月与中国远征军会师芒友，再于1945年3月底与英军会师乔梅，胜利完成了反攻缅北的作战任务。

1945年8月6日
美国在日本广岛投下第一颗原子弹

今天是8月6日，1945年的今天，美国在日本广岛投下第一颗原子弹。

1945年5月8日，德国政府宣布无条件投降。同盟国军队的作战重心东移，用全力对付日本法西斯。美国为了争取掌握占领日本的主动权，急欲单独迫使日本投降，以便获得在战后的有利战略地位。7月16日，美国在新墨西哥州的荒漠中成功地试验爆炸了原子弹，7月24日，美国总统杜鲁门在波茨坦以美国陆军部的名义，指示向太平洋战略空军司令下达命令："在8月3日后，只要天气条件允许，第509特混大队即可向下列目标投放第一枚特种炸弹：广岛、小仓、新潟和长崎。”

7月26日，波茨坦会议发表了《中美英促令日本投降之波茨坦公告》，敦促日本法西斯立即投降。7月28日，日本政府公开拒绝《波茨坦公告》。盟国只有对日本法西斯进行最后一战。

美国陆军部长史汀生认为：“日本政府拒绝《波茨坦公告》，此时美国除了按照《波茨坦公告》所述，动用全部武装力量消灭日军并摧毁日本外，其他别无选择，而原子弹是实现这个目的的最佳武器。”

日本的广岛市，没有重要的军工企业，因此没有遭到美国空军的大规模轰炸，市民也没有向外疏散。广岛市由于没有遭到大规模轰炸破坏，比较完整，因此，就成为美军用来检验原子弹威力的首选目标。8月6日，美国抢在苏联出兵中国东北之前在日本广岛投下了第一颗原子弹。8月9日，美国又在日本长崎投下了第二颗原子弹。人类历史上空前的毁灭性武器——原子弹的两次轰炸，使日本两个城市遭受重大的破坏。原子弹投下的当天，广岛死伤17万人，长崎死伤6.6万人。由于日本法西斯政府拒绝投降，致使日本国民遭受了重大灾难。战争的发动者日本，又一次尝到了战争的苦果。

美国对日本广岛、长崎投掷原子弹，震动了日本朝野，沉重地打击了日本军国主义统治集团顽抗到底的反动气焰，加快了日本投降的进程。

1944年8月7日
东江纵队挺进广州城乡地区

今天是8月7日，1944年的今天，东江纵队挺进广州城乡地区，对敌侵占城镇和交通线展开攻击。

1944年，日军为防备美军在华南沿海登陆，向华南增派了部分兵力。到1944年底，华南日军由年初的1个师团、3个独立混成旅团增加到2个师团、2个混成旅团和2个独立步兵旅团。华南人民抗日游击队为打击和钳制日军，于1944年春季开始对敌侵占的城镇和交通线展开攻击。

东江纵队按照中共中央关于继续团结国民党共同抗日，集中力量打击日伪军，巩固与扩大抗日根据地的指示，以广九铁路及其两侧为作战重点，多次袭击铁路沿线的车站及两侧的日伪军据点，并以一部向港九地区出击，一部挺进粤北，开辟新区。

1944年1月，东江纵队袭击常平车站，歼灭伪军1个连，尔后又连续袭击东莞、寮步、横沥、宝安等地及平湖车站。2月，袭击了林村车站日军的物资搜集队，并奔袭保（安）太（平）公路的霄边，全歼伪军1个重机枪连。3月，袭击了广九铁路的石滩。4月中旬，对港九地区全面出击，先后在大埔、元塱之间和吉坳地区打击敌人，袭入九龙市区，炸毁铁路大桥。

日军连遭打击后，气急败坏。5月7日，驻樟木头车站的日伪军远道奔袭东江纵队领导机关驻地东莞梅塘。东江纵队奋起还击，毙伤日伪军100余人，迫其撤退。8月7日，东江纵队乘胜挺进广州城乡，捣毁番禺县伪保安警察所，使日伪军惊恐不安。

接着，东江纵队按照中共中央关于尽力发展抗敌武装斗争的指示，和中共广东临委和军政委员会关于创立罗浮山以北、翁源以南、东江与北江之间的抗日根据地，并向东江、韩江之间（潮汕在内）伸展的决定精神，以东莞地区的部队及在增城的部队一部组成北上抗日先遣队，由邬强率领，从东莞出发，经博罗、从化等地北上，沿途打击日伪军，截击日军进攻广西的后续部队，一度解放清远县城，扩大了抗日游击区。

据统计，从1943年12月至1944年12月，东江纵队共攻克日伪军据点23个，歼灭日伪军2789人。

1945年8月8日
苏联对日宣战

今天是8月8日，1945年的今天，苏联对日本宣战。8月9日苏军出兵中国东北，加速了日本投降。

早在雅尔塔会议刚结束时，苏军就拟定了增兵苏联远东地区的计划。德国投降后，苏军加速对日作战的准备，将西部战区的部队调往远东。到远东战役开始时，苏军共集结了11个合成集团军、1个坦克集团军、1个骑兵机械化集群、3个航空兵集团军、3个防空集团军；火炮2.6万门，坦克和自行火炮5500余辆，作战飞机3800余架，海军各种舰船500余艘，海军航空兵飞机1500余架；总兵力达150余万人。

1945年7月26日，《中美英促令日本投降之波茨坦公告》正式发表，敦促日本法西斯立即投降。然而，日本公开拒绝《波茨坦公告》。1945年8月8日17时，苏联外交人民委员莫洛托夫召见日本驻苏大使佐藤尚武，交给他一份苏联对日宣战书，宣布苏联参加《波茨坦公告》，从8月9日起同日本处于战争状态。

苏联对日宣战，大大出乎日本预料。日军原来判断，苏军对德作战结束后，需要休整，对日作战时间可能在1946年春，最早也要在1945年9月上旬；苏军的主要进攻方向，可能由苏联远东滨海地区向中国东北实施。据此，日本关东军把防御重点定在中国东北的东部方向。此时，关东军下辖第一、第三两个方面军共6个军和第二航空军，总计24个师团又12个旅团，70余万人；伪满军、伪蒙军8个师又12个旅，约20万人。日伪军总兵力近100万人，作战飞机150架，坦克160辆，各种火炮5000门。

8月9日零时，苏联军队三个方面军从西、东、北三个方向向中国东北地区的日本关东军发起突然进攻。10日，突破日军堡垒，跨越宽大的中苏国境线，进入中国东北地区。日本关东军第一线部队迅速崩溃。8月12日，日本关东军总司令官匆忙将总司令部移往通化，并令中部平原各部队向最后阵地撤退。苏军在中国东北抗日联军的配合下，迅速向大纵深推进，并以空降兵向哈尔滨、沈阳、长春等主要城市实行空降。经20余天作战，击毙日军8.3万余人，俘日军60.9万余人，迫使日本关东军投降，加速了日本投降的进程。

1945年8月9日
毛泽东发表《对日寇的最后一战》声明

今天是8月9日，1945年的今天，中国共产党中央委员会主席毛泽东就苏联对日宣战发表《对日寇的最后一战》声明，号召中国人民的一切抗日力量举行全国规模的反攻。

1945年8月8日，苏联政府宣布对日作战，中国人民表示热烈欢迎。8月9日，毛泽东就此发表《对日寇的最后一战》声明，指出："由于苏联这一行动，对日战争的时间将大大缩短。对日战争已处在最后阶段，最后地战胜日本侵略者及其一切走狗的时间已经到来了。在这种情况下，中国人民的一切抗日力量应举行全国规模的反攻，密切而有效力地配合苏联及其他同盟国作战。八路军、新四军及其他人民军队，应在一切可能条件下，对于一切不愿投降的侵略者及其走狗实行广泛的进攻，歼灭这些敌人的力量，夺取其武器和资财，猛烈地扩大解放区，缩小沦陷区。组织人民，破击敌人的交通线，配合正规军作战。必须放手发动沦陷区的千百万群众，准备武装起义，配合从外部进攻的部队，消灭敌人。"声明同时号召"全国人民必须注意制止内战危险，努力促成民主联合政府的建立。全国人民应该加强团结，为夺取最后胜利而斗争"。

8月10日，日军大本营仍命令各地日军坚持继续作战。为歼灭拒降的日伪军，中共中央于8月10日指示各解放区应立即布置动员一切力量，向敌伪进行广泛的进攻，迅速扩大解放区，壮大我军。8 月 10 日 24 时至 8 月 11 日，延安总部朱德总司令连续发出七号命令，令敌后各抗日根据地部队向本区一切敌占交通要道和城镇展开进攻，迫使日伪军无条件投降。

根据毛泽东主席、朱德总司令的命令和中共中央的方针部署，八路军、新四军和华南人民抗日游击队，利用自己长期浴血奋战在敌后，处于敌占区最前沿的有利态势，迅即对华北、华中和华南地区日伪军占领的大中城镇及交通要道发动大规模全面反攻，给日寇以最后的一击，为夺取中国抗日战争的最后胜利，为民族独立、人民解放，为世界反法西斯战争的胜利，作出了不可磨灭的历史贡献。

1945 年 8 月 10 日
延安总部朱德总司令发布第 1 号命令

今天是 8 月 10 日，1945 年的今天，延安总部朱德总司令向各解放区所有武装部队发出第 1 号命令，要求各抗日人民武装向附近日伪军送出最后通牒，限期缴出全部武装，否则，彻底消灭。

1945 年 8 月 6 日，美军在日本广岛投下第一颗原子弹。8 月 9 日零时，苏军向中国东北的日本关东军发起进攻。同日，美国在日本长崎投下第二颗原子弹。8 月 9 日，中共中央主席毛泽东发表声明，号召进行对日寇的最后一战。

1945 年 8 月 10 日 24 时，延安总部朱德总司令向各解放区所有武装部队发布第 1 号命令：“各解放区任何抗日武装部队均得依据《波茨坦宣言》规定，向其附近各城镇交通要道之敌人军队及其指挥机关送出通牒，限其于一定时间向我作战部队缴出全部武装。在缴械后，我军当依优待俘虏条例给以生命安全之保护。”“各解放区任何抗日武装部队均得向其附近之一切伪军伪政权送出通牒，限其于敌寇投降签字前，率队反正，听候编遣，过期即须全部缴出武装。”

“我军对任何敌伪所占城镇交通要道，都有全权派兵接受，进入占领，实行军事管制，维持秩序，并委任专员负责管理该地区之一切行政事宜，如有任何破坏或反抗事件发生，均须以汉奸论罪。”

8 月 11 日，朱德又连续发出第 2 至第 7 号命令：令晋察冀、晋绥和山东军区等部，各以一部兵力向察哈尔、热河、辽宁、吉林等地进发；各解放区部队向本区一切敌占交通要道和城镇展开进攻，迫使日、伪军无条件投降。

晋察冀军区部队迅速进逼北平、天津，攻占张家口等城镇，控制交通要道；晋绥军区部队逼近太原，攻入归绥，夺取日伪军占据的城镇据点；晋冀鲁豫边区部队向太原、开封、安阳等城市逼近，切断同蒲、陇海、平汉等铁路线；山东军区部队向济南、青岛、徐州等地进军，切断津浦、胶济、陇海铁路交通线；新四军各部队夺取苏、皖、浙地区敌占各村和县城；华南人民抗日游击队歼灭当地日、伪军。

解放区战场独具特色的战略反攻作战，为加速日本法西斯的彻底灭亡作出了重大贡献。

1938年8月11日
抗敌演剧队成立

今天是8月11日，1938年的今天，抗敌演剧队在武汉成立，在周恩来和中共长江局领导下，采取各种艺术形式，积极宣传党的抗日救国主张，对于鼓舞抗日军民的斗志、团结友军和坚决打击敌人，发挥了重要作用。

1938年8月6日，毛泽东、张闻天、陈云、刘少奇等就保卫武汉和坚持抗战总方针等问题，致电王明、周恩来、博古等，明确指出："保卫武汉重在发动民众。"为此，周恩来等决定在武汉成立抗敌演剧队，积极宣传党的抗日救国主张，坚持抗战，坚决打击投降派，保存和发展抗日武装力量。

8月11日，抗敌演剧队在武汉正式成立。抗敌演剧队由国民政府军事委员会政治部第三厅领导，演职人员汇聚了全国各地有进步思想、有革命抱负的青年演员，诸如：瞿白音、沙蒙、吕复、赵明、石联星等，一流的剧本创作者郑君里、田汉等，优秀的领队光未然等。演出队坚持以"文艺大众化"、"以广大抗战军民为对象"的原则，取材广泛，形式多样，不少剧目深受抗日军民的欢迎，成为经典之作。

抗敌演剧队经过短期军事训练后，便奔赴各战区进行演出活动。1938年8月，抗敌演剧队第1队被派往武汉前线演出；9月，第3队被派往西北战场演出；12月，第5队被派往第三战区演出，第6队深入大别山敌后抗日游击队演出。他们的足迹踏遍湖北、湖南、河南、浙江、广西、广东、江西、陕西、山东、安徽、江苏、上海、北平、天津等地，有的还到了新疆，冒着敌人的炮火，在街头、巷尾和战场，先后演出《沦亡之后》、《打鬼子去》、《九一八以来》等剧目。

抗敌演剧队和其他形式的宣传队，在第三厅的组织下，以文艺形式唤起广大民众，促进了中华民族的觉醒。在民族危亡的关头，他们继承和发扬了左翼戏剧运动的革命传统，以流动演出形式，积极宣传中国共产党的抗日救国主张，为被侵略者呐喊，为战士们颂扬，发挥了战斗威力。

1945年8月12日
嘎丽娅英勇牺牲

今天是8月12日，1945年的今天，年仅17岁的嘎丽娅，作为特别军使翻译随苏联红军劝降侵华日军残部时英勇牺牲。

1945年7月，日本军国主义者在中国战场上节节败退的情况下，仍然顽固地拒绝接受《波茨坦公告》规定的无条件投降条件。8月8日，苏联外交人民委员莫洛托夫召见日本驻苏联大使佐藤尚武，宣布参加《波茨坦公告》，并交给他一份苏联对日宣战书。8月9日，苏联红军从东、北、西三个方向突破日本侵略军在中苏边境的防御，对驻中国东北的日本关东军同时发起猛烈进攻。在东线，第五集团军以先遣支队摧毁日本侵略军的火力点后，主力迅速向前推进，基本歼灭绥芬河城区内的日本侵略军。但盘踞在绥芬河天长山要塞的日本侵略军，挟持部分中日妇女和儿童仍在负隅顽抗。为使要塞中无辜的妇女儿童免遭战争伤害，苏军决定上山劝降。精通中、俄、日三国语言的嘎丽娅成为最理想的劝降使者。

嘎丽娅，1928年2月18日出生于绥芬河，父亲张焕新是中国人，母亲张·菲克拉·列奥奇耶娃是俄罗斯人。她聪明伶俐，曾在学校教授过日语课程。

苏联红军成立了以军官菲多尔琴科为首的小分队执行此次劝降任务，嘎丽娅跟随小分队其他成员一起向日军盘踞的天长山要塞出发了。8月12日，他们冒着生命危险先后两次登上天长山。第一次谈判未果。第二次上山后，狡猾的日军提出谈判要求：只允许嘎丽娅一人单独与他们接触，禁止苏军小分队队员接近谈判地点。为了拯救要塞中那些无辜的生命，深明大义的嘎丽娅毅然跟随日军走进了天长山要塞，小分队其他人员则在要塞外等待谈判结果。时间一分一秒地过去，菲多尔琴科和士兵们在要塞外焦急地等待着。3个多小时过去了，已是黄昏，要塞中突然传出枪声，随后，日军士兵持枪扫射前来劝降的菲多尔琴科等人，劝降任务彻底失败。

苏联红军攻下要塞后，嘎丽娅的家人和她的同学、邻居们多次上山寻找她，但始终没有找到她。嘎丽娅永远留在了天长山上，她也是和平天使的化身，中俄友谊的象征。

1937年8月13日
淞沪会战开始

今天是8月13日，1937年的今天，日本侵略军蓄意制造了八一三事变，淞沪会战爆发。

1937年8月9日，日本驻上海的海军特别陆战队大山勇夫中尉等，驱车强行闯入上海虹桥机场警戒线内，不听制止，被中国哨兵当场击毙，史称“虹桥事件”。日军以此为借口，要挟中国政府撤出上海保安队、拆除防御工事，并向上海增兵。

8月13日，日军向中国驻军发起全线进攻。中国驻军第88师当即予以猛烈还击，淞沪会战开始。

淞沪会战开始后，中国第九集团军在虹口至杨树浦港地区与日军反复争夺，仅第88师第264旅即伤亡1000余人。9月1日，日军1000余人围攻狮子林炮台，中国守军第98师583团第2营大部牺牲。9月5日，当日军猛攻宝山时，中国军队第98师第583团第3营500名官兵奋战两昼夜，多数以身殉国。与此同时，中国空军也与日机展开激战，8月14日，中国空军第4大队由笕桥机场紧急升空作战，击落敌机3架，首创中国空军空战胜利的记录。中国海军也在长江与日军激烈战斗，从8月16日到9月下旬，中国海军共击落日军飞机7架，重伤日军军舰两艘。中国舰艇大部被炸沉或炸伤。

9月中旬，日本从台湾、华北增兵上海。10月1日，中日双方在蕴藻浜南岸地区开始了淞沪会战中最为激烈的争夺战。10月

26日大场失陷后，中国军队主力转移到苏州河南岸新阵地，到28日，仅剩第88师524团一个营在团附谢晋元、营长杨瑞符的指挥下，据守苏州河北岸四行仓库，该营“八百壮士”孤军奋战到30日，才退入英租界。其抗日壮举至今仍广为传颂。11月12日，上海市区沦陷，淞沪会战结束。

淞沪会战，历时3个月。中国军队官兵同仇敌忾，以劣势装备与优势装备的敌人顽强拼搏，以伤亡约25万余人的巨大代价，毙伤敌4万余人，为上海工厂内迁、保存经济实力，以及为掩护国家转入战时体制赢得了时间。

1937年8月14日
首批故宫文物由南京起运西迁

今天是8月14日，1937年的今天，为躲避战火，首批故宫国宝搭乘招商局“建国轮”，沿水路由南京起运西迁。

九一八事变后，平津危急，为避免故宫文物沦入敌手，国民政府决定转移文物至内地保存。

1933年1月，日军进入山海关，局势险恶，迁移文物势在必行，代理行政院长宋子文决定将文物迁往上海。2月6日清晨，两列火车从北平西站出发。为防日军轰炸，列车绕开天津，由平汉线转陇海路再转津浦线，顺利抵沪，文物存放于上海英、法租界，前后5批合计19557箱24.2万余件文物。1936年，故宫博物院在南京的库房落成，存放于上海的文物又陆续运到南京。

全国抗战爆发后，日军逼近南京，刚刚安顿好的故宫国宝被迫再度转移。国宝迁移工作以南京为起点，分南、中、北三路，先后到达安顺、峨眉、乐山。

首批沿南路西迁的国宝，主要是1935年远赴英伦参展的八十余箱文物。1937年8月14日，这些文物搭乘招商局“建国轮”，由南京水路运至汉口，然后再转汽车抵达长沙，存放在湖南大学图书馆地下室。当时日军已开始对湖北、湖南轮番轰炸，国民政府又紧急下令将文物迁至贵阳。

国宝入黔之路异常曲折。当时湘西一带常有土匪出没，为保证文物安全，湖南公路局先派出10辆汽车将其运至广西边境，由广西公路局派卡车接运，转道桂林、柳州至贵州边境，再换贵州公路局车辆，1938年1月，到达贵阳。为免遭日军飞机的轰炸，1938年11月，这批文物被迁移到更为安全的安顺县华严洞存放。

首批国宝的转运之路是当时文物西迁艰难曲折的历史缩影。此后中路、北路的国宝也是历经艰辛，转运到安置地点。1945年8月，抗战胜利，分散在安顺、峨眉、乐山的文物又集中到了重庆，运回南京。南京解放前夕，国民政府把这批文物运抵台湾。

故宫文物先后南运、西迁、东归，历时15年，行程10余万里。途中遭遇敌机轰炸，货船触礁，汽车坠谷，苦不堪言。由日本侵华而造成的这一文物大劫难，是日军侵华战争对人类文明的一次大破坏。

1945年8月15日
日本天皇宣布无条件投降

今天是8月15日，1945年的今天，日本天皇宣布无条件投降。

1945年8月，中国战场的全面反攻、苏联参加对日作战和美国在广岛、长崎投掷原子弹，逼迫日本统治集团不得不接受中、美、英、苏四国政府签发的《波茨坦公告》。8月9日10时30分，日本召开最高战争指导会议，讨论战与降的问题。军方与外务省意见对立，双方相持不下，一直到10日凌晨3时，才以“天皇的决断”，即以不变更天皇统治国家大权为附带条件通过决定接受《波茨坦公告》的决议。8月10日7时15分，日本外务省将日本接受《波茨坦公告》的照会电报，发给驻瑞士公使加濑和驻瑞典公使冈本，令其转达给中、美、英、苏四国。8月12日零时45分左右，日本军政要员从美国广播中听到了中、美、英、苏四国对日照会的答复。8月14日10时50分，日本召开最后一次御前会议，天皇鉴于大势已去，才作出接受同盟国答复的决定，并让政府起草“停战诏书”。

正当日本政府准备接受同盟国投降条件时，少数最顽固的法西斯分子，阴谋发动政变，妄图以武力阻止日本政府投降。14日午夜至15日凌晨，一些少壮派军人发动兵变，枪杀近卫师团师团长，下达假命令，包围皇宫，搜查天皇的诏书录音盘，企图阻止录音的播放，并企图镇压主和派，但终因日本的投降大势不可逆转，没有得到军部上层的赞同，立即被镇压下去。陆相阿南惟畿于8

月15日凌晨畏罪自杀。8月15日正午，日本天皇裕仁亲自宣读的《终战诏书》录音向日本全国播放，日本以此形式宣布无条件投降。

8月15日，铃木内阁总辞职。17日，成立了以陆军大将东久迩宫稔彦亲王为首的新内阁，重光葵任外相。这一天，天皇还向国内外的日本陆海军人颁布一项“敕谕”，命令他们遵照《终战诏书》投降。到9月中旬，远东、东南亚各国、南太平洋地区和太平洋诸岛的300多万日军，先后陆续向同盟国投降。

日本无条件投降的消息传遍中华大地，坚持长期抗战、深受战争苦难的中国人民激动万分，纷纷以各种方式庆祝抗日战争的伟大胜利。

1937年8月16日
中国快艇袭击日本“出云”号旗舰

今天是8月16日，1937年的今天，中国江阴区江防司令部派鱼雷快艇，重创日军海军第3舰队“出云”号旗舰，打击了日本侵略军的嚣张气焰，鼓舞了中国军民的抗日救国决心和胜利信心。

“出云”是日本的一个古国名，位于现在的日本岛根县东半部。

甲午战争后，日本帝国主义者逼迫腐败无能的中国清政府割让台湾和澎湖列岛，并支付2亿3000万两白银巨额赔款。日本用清政府的战争赔款，从英国定制了“出云”号装甲巡洋舰，1900年开始服役。该舰长121.92米，宽20.93米，吃水7.37米，主机功率1.45万马力，航速20.75节，装备203毫米炮4门，150

毫米炮14门，12磅速射炮12门，2.5磅速射炮8门，450毫米鱼雷发射管4具。作为“六六舰队”的旗舰，“出云”号也是日本海军的主力舰。

1932年一·二八事变后，日本帝国主义武装入侵上海。日本海军将“出云”号战舰停泊在上海的黄浦江江面上，成为日本第一外遣舰队的旗舰。在一·二八事变和淞沪会战中，“出云”号战舰多次引领日本侵略军的战舰，野蛮地向中国军民开炮，给中国人民造成了深重的灾难。

中国有句老话，“多行不义必自毙”。1937年8月16日晚，中国海军获悉驻华日本海陆军和外交首脑将在“出云”号旗舰上召开军事会议，即派出两艘鱼雷快艇“史可法102”和“文天祥171”伪装成民船，从江阴经内河潜驶至黄浦江，冲出董家渡封锁线，直扑停泊在外滩的日军“出云”号旗舰300米处，连续发射两颗鱼雷，都命中爆炸，重创了“出云”舰，中国鱼雷快艇在返航中被敌击沉，官兵泅水离艇。1945年7月24日，在日本天皇宣布投降、日本军国主义全面崩溃灭亡之前不到一个月，罪恶昭著的日本旗舰“出云”号，在吴淞港被美军击沉，罪有应得。象征着日本军国主义的这艘罪恶战舰的沉没，大快人心。

1944年8月17日
八路军沂水战役胜利

今天是8月17日，1944年的今天，八路军鲁中军区取得沂水战役的胜利，收复沂水县城。

沂水县位于山东省东南部沂蒙山区中心地带，沂河上游东岸。境内为低山丘陵区，以山崮著名，素有“蒙阴、沂水七十二崮”之称。

1938 年 2 月 21 日，日本华北方面军第 21 旅团旅团长坂本顺率 3 个步兵联队、1 个炮兵联队、1 个骑兵大队，向临沂地区进攻，沿途遭到中国军队第三军团等部的节节抵抗。不久，诸城、莒县、沂水被日本侵略军侵占。中国第五战区即令张自忠之第五十九军从滕县地区紧急驰援临沂。第五十九军于 3 月 14 日强渡沂河，与第三军团协同作战，至 18 日收复沂水等地区，取得临沂反击战的重要胜利。

1939 年 6 月，日本侵略军第二次向沂水地区进犯，并侵占沂水城。当地军民在中共山东分局领导下，不断奋起抗击，多次打退敌人的进攻，保卫沂水地区的物产和矿产资源。

八路军鲁中军区在第三次讨伐吴化文战役胜利后，积极准备拔除沂水县城据点。沂水县城驻有伪军 1000 余人，南关驻有日军 50 余人。1944 年 8 月 15 日晚，八路军鲁中军区集中 4 个主力团、军区特务营及地方抗日武装和民兵一部，发起沂水战役。其部署是：以 2 个团进攻沂水县城，1 个团攻击南关，1 个团、军区特务营及地方抗日武装一部围攻外围据点。攻城部队采取偷袭和强攻相结合的战术，从四面突入城内，与伪军展开巷战。战至 16 日下午两点，全歼守城伪军。

与此同时，攻击南关的部队，向日本侵略军的堡垒据点发起猛烈攻击，连续炸毁其东南、西南两个碉堡。日军不支，被迫退守于东北、西北和中心区 3 个碉堡，进行顽抗。鲁中军区部队经过激战，于 17 日 6 时，全歼南关日本侵略军守军，并占领了沂水城外日本侵略军的所有据点。

这次战役，鲁中军区部队共毙伤日军 31 人、伪军 219 人，生俘日军 20 人、伪军 820 人，收复沂水县城，巩固了鲁中山区抗日根据地，使鲁中、滨海两区连成一片。

1943 年 8 月 18 日
八路军发起林南战役

今天是 8 月 18 日，1943 年的今天，八路军太行军区和冀南军区发起林南战役。

1943 年夏开始，日军在华北战场逐渐丧失主动权。在此情况下，华北地区的八路军首先发起攻势作战。林南战役就是其中之一。

1943 年 7 月，伪暂编第二十四集团军在日军配合下，侵占了太行抗日根据地的林县县城及其周围地区，企图继续进攻太行抗日根据地。八路军第 129 师决定以太行军区、冀南军区主力各一部及冀中警备旅共计 13 个团，分别组成东、西两个集团，发起林南战役。

8 月 18 日凌晨，八路军东集团以主力部队夹击包围林县城东北的南北陵阳、东西夏城等地伪军据点，以吸引县城伪军的注意力。八路军西集团则乘机集中优势兵力向林县城及城西、城北外围据点发起进攻。经过激战，突破东西南北 4 门，冲入城内，打退敌人的反扑。激战至 12 时，除伪军第二十四集团军前敌总指挥刘月亭负伤潜逃外，其余全部被歼，林县日军退集头道营据点。当天深夜，八路军集中兵力攻击头道营日军，日军不支，溃窜到南关，固守待援。19日，数架日军飞机前来轰炸，八路军顶住敌机轰炸，攻克了林县周围除南关以外的所有日伪军据点。

20日，八路军东西集团顺势南下，扩大战果。东集团收复东姚，攻占李家厂，横扫鹤壁集、汤阴县西鹿楼以西地区。西集团收复合涧、原康，进攻临淇，攻克东西平罗。

24日，日军从安阳出动1000余人进到林县，从辉县出动400余人到达临淇。26日，敌人从林县、临淇，进攻原康。八路军西集团以第2团反击日军。日军乘夜暗渡过淇河向林县撤退。这时，正值秋雨连绵，山洪爆发，渡河日军，被河水冲走100余人。27日，八路军因战役主要目的已经达到，加上渡河困难，决定停止追击，结束战役。

林南战役，八路军共歼灭日、伪军7000余人，缴获山炮1门、迫击炮20门、轻机枪83挺、步枪3118支，击落敌人飞机1架，攻克据点80余处。八路军以伤亡790余人的代价，解放了林县以南、辉县以北40多万人口的广大地区。林南战役与卫南战役等一道，开始形成中国敌后战场上局部反攻的态势。

1941年8月19日
中共对《大西洋宪章》发表声明

今天是8月19日，1941年的今天，中国共产党发表《中共中央关于最近国际事件的声明》，对于罗斯福和丘吉尔双方签署的《大西洋宪章》，表明自己的原则态度。

1940年9月27日，日本同德国、意大利签订《三国同盟条约》，把三国轴心关系进一步发展为军事同盟，标志着法西斯侵略集团最终形成，加强了东西方法西斯的合作。同时，这也促使受侵略国家和民族逐步走向联合对敌的道路。1940年9月，日军以武力侵占法属印度支那北部，开始了南进尝试。日本战史认为，这是“对南方作战的第一步”。从1940年下半年开始，美国政府把支援中国持久抗战作为遏制日本侵略扩张的重要手段。12月29日，罗斯福在“炉边谈话”中高度赞扬中国抗战：“中国的抗日具有美国国防第一线的作用。”

1941年6月22日，德国进攻苏联，苏德战争爆发。日本入侵法属印度支那南部前后，世界反法西斯国家的合作更为密切。6月17日，罗斯福接见日本驻美大使提出警告：如果日本使用武力采取进一步扩张措施，美国将不得不立即采取它认为必需的一切手段。8月9日，罗斯福与英国首相丘吉尔在加拿大纽芬兰海面的军舰上举行会谈，并于14日签署《英美共同宣言》，亦称《大西洋宪章》，其主要内容有：两国不追求领土或其他方面的扩张，尊重各民族自由选择政府形式的权利，赞同摧毁德国纳粹暴政和解除侵略国家的武装等。16日，苏联发表声明，赞同《大西洋宪章》。17日，中国国民政府外交部发表声明，赞成《大西洋宪章》。

8月18日，中共中央召开政治局会议，分析《大西洋宪章》。8月19日，中国共产党发表《中共中央关于最近国际事件的声明》，表示原则上支持这一宣言，认为罗、丘宣言证明美国决心参加反侵略战争，对英、美、苏、中都是有利的。

《大西洋宪章》不仅标志着美英两国在反法西斯基础上的政治联盟，而且为由中国、美国、英国、苏联领衔，26 国在华盛顿签署《联合国宣言》奠定了基础，受到广泛的欢迎。

1940 年 8 月 20 日
八路军发起百团大战

今天是 8 月 20 日，1940 年的今天，八路军发起了百团大战，予日伪军以沉重打击，极大地鼓舞了广大抗日军民的斗志。

1940 年欧洲战局的急剧逆转，促使日本更加急切地征服中国，以便放手南进。为此，日本加强了对中国的军事、政治和外交攻势。妥协空气弥漫在国民党及其政府内部。为了打破日军的“囚笼政策”，争取华北战局向更有利的方向发展，进而振奋全国的抗战精神，克服国民党及其政府的妥协危险，八路军总部决定发动一场大规模攻势作战。

八路军此次大规模攻势作战，覆盖了除山东外的整个华北地区的主要交通线。在这些地区驻有日军约 20 万人，伪军约 15 万人。参战的八路军有 105 个团，故称“百团大战”。百团大战分为 3 个阶段。1940 年 8 月 20 日至 9 月 10 日为第一阶段，中心任务是摧毁正太路交通。在破击正太路西段的作战中，129 师总预备队一部在山西阳泉西南的狮脑山，坚守 6 昼夜，歼敌 400 余人。9 月 22 日至 10 月上旬为第二阶段，主要任务是继续破坏日军的交通线，并摧毁日军深入抗日根据地的主要据点。其间，冀中部队于10月1日发动攻势，激战12天，歼敌1500余人。1940年10月上旬到1941年1月24日为第三阶段，主要任务是反击日军的报复性“扫荡”。百团大战历时5个多月。据八路军总部1940年12月10日的统计，百团大战仅前3个半月期间，就进行大小战斗共1824次，毙伤日军20645人、伪军5155人；俘日军281人、伪军18407人；缴获枪支5942支、各种火炮53门、摧毁据点2993个；破坏铁路474公里、公路1502公里、车站37个、桥梁213座、隧道11个、铁轨21.7万余根、枕木154.9万余根、电线杆10.9万余根；破坏煤矿5个、仓库11所，八路军伤亡1.7万余人。

百团大战，是八路军在敌后战场发动的一次规模最大、持续时间最长的攻守兼备的战略性战役，重击了日伪军的反动气焰，有力地配合了国民党军正面战场的作战，极大地振奋了全国的抗战信心，以事实粉碎了顽固派对八路军“游而不击”的污蔑。

1945年8月21日
中日两国代表在芷江洽谈日本投降事宜

今天是8月21日，1945年的今天，中日两国代表在湖南芷江洽谈日本投降事宜。日本代表签署了投降备忘录，开始了中国战区投降行动。

日本政府宣布投降后，1945年8月15日，蒋介石电令日军中国派遣军总司令官冈村宁次：中国战区所属日军应停止一切军事行动，并派代表到江西玉山接受中国陆军总司令何应钦之命令。后因玉山机场跑道雨后损坏，洽降地点改在湖南芷江。

中国战区的受降范围包括：除东北地区外的中国及越南北纬16度以北的全部日军。8月20日，何应钦率中国陆军总部参谋长萧毅肃等30余人，乘两架美制运输机抵达芷江。参加受降工作的中国陆军总部副参谋长冷欣及中国战区各地受降主官也先后抵达芷江。

8月21日中午，日本洽降使节、日军中国派遣军副总参谋长今井武夫一行8人受冈村宁次指派，乘机到达芷江。

下午3时25分，中国战区中国接受日军投降事宜洽谈正式举行。今井武夫接受中国陆军总部关于受降的第一号备忘录，并在投降备忘录上签字。作为投降必须履行的第一步，日方交出了日本侵略军在华兵力配备图。23日下午，受降洽谈结束后，何应钦召见了日本投降代表今井武夫，并告之日本投降书签字地点定为南京。中国战区空运南京的部队，将在8月26日至30日间进行，并将一至四号受降备忘录由今井武夫转交冈村宁次。今井武夫洽降任务至此结束，随后飞离芷江。此后中国在京沪地区等16个区域，相继接受总共128.3万余日本侵略军的投降，另有伪军146万余人投降。

1946年，芷江县城东七里桥村磨溪口建造了第一座受降纪念坊。它所纪念的不仅是中国接受日本投降这一在中国历史上和日本历史上都具有转折性意义的重大事件，而且也是纪念的中国抗日战争胜利这一在中国历史上和世界历史上都永远闪耀着光辉的伟大胜利。

1937年8月22日
中共中央召开洛川会议

今天是8月22日，1937年的今天，中共中央在洛川召开政治局扩大会议，史称洛川会议，确定了党的全面全民族抗战路线和持久战战略方针。

抗日战争是在敌强我弱的形势下进行的，如何夺取抗日战争的最后胜利，是摆在全国人民面前亟待解决的重大问题。中国共产党从国家和民族根本利益出发，在全国抗战一开始就积极主张实行全面的全民族抗战路线。1937年7月8日，卢沟桥事变爆发后第二天，中国共产党就发表通电，明确指出："只有全民族实行抗战，才是我们的出路！"

1937年 8月22日至25日，中共中央在陕西省洛川县冯家村召开政治局扩大会议，正式确定了全面全民族抗战路线。会上，毛泽东指出：我们的总任务就是动员一切力量争取抗战胜利，实行抗日的军事、政治、财政经济、教育和外交，使现在开始的抗战成为全面全民族抗战。会议通过了《关于目前形势与党的任务决定》，指出：全国抗战新阶段内的最中心的任务，是动员一切力量争取抗战的最后胜利，其关键在于使全国抗战发展为"全面的全民族的抗战。只有这种全面的全民族的抗战，才能使抗战得到最后胜利"。决定号召共产党员及其所领导的民众与武装力量，最积极地站在斗争的最前线，使自己成为全国抗战的核心，用极大的力量发展抗日群众运动。争取组织千百万群众进入抗日民族统一战线，取得抗日战争的最后胜利。

会议通过了《抗日救国十大纲领》，内容为：一、打倒日本帝国主义；二、实行全国军事的总动员；三、进行全国人民的总动员；四、改革政治机构；五、实行抗日的外交政策；六、实施战时的财政经济政策；七、改良人民生活；八、实行抗日的教育政策；九、肃清汉奸卖国贼亲日派，巩固后方；十、实现抗日的民族团结。会议还确定了持久抗战的总方针，指出，我们最基本的方针是持久战而不是速决战。会上成立了以毛泽东为主席的中共中央军委。

在全国抗战开始后的历史关头，洛川会议确定的全面全民族抗战路线和持久战战略方针，为动员和指导全国人民，准备长期抗战，争取抗日战争最后胜利指明了方向。

1945 年 8 月 23 日
八路军收复张家口

今天是 8 月 23 日，1945 年的今天，八路军晋察冀军区部队收复张家口。

张家口是察哈尔省的省会。它北靠长城，南临平川，三面环山，清水河从北向南流经市区，将城市分为两个区，地形十分险要，自古以来便是军事要地。1937 年，侵华日军占领了张家口。

1945 年 8 月 9 日，毛泽东发出《对日寇的最后一战》声明后，八路军晋察冀军区司令员聂荣臻、代政治委员程子华决定：展开全面反攻作战，其中包括以冀察军区一部兵力夺取张家口等城镇。8月12日，各部队迅速逼近指定的进攻目标。冀察军区第十二军分区察蒙骑兵支队北上接应南下的苏军，其主力则参加夺取张家口的作战。

张家口驻有侵华日军驻蒙军司令部，拥有第118师团和独立混成第2旅团，还有部分伪军，共计2万余人。敌人将主力部署在张家口北部的张北、西部的万全、南面的沙岭子，准备抵抗八路军和苏联军队的攻击；由伪军担任守城任务。

按照冀察军区的命令，第十二军分区司令员詹大南、政治委员段苏权率部进攻张家口外围及城市，第十三军分区政治委员吴光率部协同作战。8月16日开始第十二军分区分4路向张家口进攻。同时，地方武装和民兵配合作战，占领矿山、电厂、车站等。激战到19日，八路军扫清了张家口的外围据点，切断了日伪军的退路。20日，八路军对张家口发动总攻，迅速攻占了张家口市东区。这时，城内外的敌人用猛烈炮火向八路军反击，攻城部队主动撤退到张家口东面控制敌人。21日，驻张家口的日军开始撤退。22日，八路军迅速攻占张家口东城，并向西城进攻。此时，从大同方向撤退的日军进到张家口的东区。八路军与撤退的日军遭遇，展开激战，歼灭日军一部。8月23日，八路军全力围歼张家口的敌人，当日下午3时，占领张家口。同时，迅速收复了涿鹿、尚义、崇礼等县城。

张家口作战，共歼灭日、伪军2000余人，缴获步枪1万余支，轻重机枪20余挺，炮50门，收复了张家口市和涿鹿、尚义、康保、崇礼、万全等县城。张家口成为八路军从日、伪军手中收复的第一座省会城市。

1939年8月24日
东北抗联发起大沙河战斗

今天是8月24日，1939年的今天，东北抗日联军第一路军在吉林省安图县大沙河地区发起战斗，打击日、伪军，取得胜利。

东北抗联的壮大和抗日游击战争的广泛开展，沉重地打击了日本在东北的殖民统治。为了消灭东北抗联，日军采取所谓“标本兼治”的全方位进攻，从1938年起，日军向东北大量增兵，对东北抗联展开了更加凶狠的“讨伐”。在日本的全力进攻下，东北抗日游击战争进入极端艰苦的阶段。

1939年4月起，日伪军7万余人，采取分兵合击、紧咬穷追等手段，对东北抗日联军第一路军进行“讨伐”。据日军统计，仅1939年下半年，就与东北抗联第一路军作战276次，平均每个月23次。在几乎不间断的战斗中，东北抗联第一路军各部受到较大损失。

然而，英勇的东北抗联第一路军在总司令兼政治委员杨靖宇领导下，流血牺牲，英勇抗战，坚决抗日。抗联第一路军第三方面军采取“攻城打援”战术，以一部兵力攻克安图县城；以一部兵力于安图以北大沙河伏击由明月沟出援之敌。1939年8月24日晨，大沙河伏击战斗打响，抗联第一路军第三方面军第14团和第二方面军一部一举攻入大沙河镇，占领炮台和伪警察署，歼灭日伪军 100 余人。安图县城日伪军一部获悉后，迅速出援，不料在大沙河南面的杨木条子地区遭到第三方面军的阻击，被歼灭一部。25 日，第三方面军一部袭击大沙河北面的大酱缸“集团部落”，并阻击由明月沟出援的敌人。27 日，日军宫本“讨伐队”和“特设部队”110 余人，乘 9 辆汽车从明月沟向大沙河进攻。第三方面军在柳树河子设伏，一举将日军大部歼灭，日军仅 6 人乘 1 辆汽车逃走。是役，抗联毙伤俘日军、伪军、伪警察四五百人，缴获轻机枪 7 挺、步枪 300 余支。

1940 年 2 月 23 日，杨靖宇在濛江县西南的三道崴子陷敌重围，壮烈牺牲。1940 年春，东北抗联各军在日军“大讨伐”中都遭到严重挫折。1941 年春，抗联部队多数向中苏边境集结，组成南北两个野营进行整训。1942 年 8 月，两个野营的抗联部队合编为教导旅，一面整训，一面不断派小分队进入东北打游击战，直到抗日战争结束。

1937 年 8 月 25 日
中共中央军委发布红军改编为八路军的命令

今天是 8 月 25 日，1937 年的今天，中共中央军委发布命令，将中国工农红军改编为国民革命军第八路军。

根据国共两党达成的协议，中共中央军委于 8 月 25 日发出改编命令，将中国工农红军第一、第二、第四方面军及陕北红军等部改编为国民革命军第八路军。红军前敌总指挥部改编为第八路军总指挥部，朱德任总指挥，彭德怀任副总指挥，叶剑英任参谋长，左权任副参谋长；红军总政治部改为第八路军政治部，任弼时任主任，邓小平任副主任。八路军辖第 115、第 120、第 129 师和总部直属队，共计 4.6 万人。

第 115 师，林彪任师长，聂荣臻任副师长，周昆任参谋长，罗荣桓任政训处主任，辖第 343、第 344 旅，陈光、徐海东分任旅长，全师 1.55 万人；第 120 师，贺龙任师长，萧克任副师长，周士第任参谋长，关向应任政训处主任，辖第 358、第 359 旅，张宗逊、陈伯钧分任旅长，全师共 1.4 万人；第 129 师，刘伯承任师长，徐向前任副师长，倪志亮任参谋长，张浩任政训处主任，辖第 385、第 386 旅，王宏坤、陈赓分任旅长，全师共 1.3 万人；总部直属队 3000 余人。同时，从第 115、第 120、第 129 师各抽出一部成立八路军后方留守处，萧劲光任主任，部队共 9000 余人，留守陕甘宁边区。

8 月 25 日，朱德、彭德怀发表就职通电，向全国人民承诺：八路军将“效命疆场，誓驱日寇，收复失地，为中国之独立自由幸福而奋斗到底”。

9 月 11 日，国民政府军事委员会按新的全国陆海空军统一序列，将国民革命军第八路军改称国民革命军第十八集团军，但“八路军”的称呼，仍被广大指战员和人民群众习惯地沿用下来。

为加强红军改编后共产党对军事工作的领导，1937 年 8 月 22 日中共中央政治局洛川会议决定，成立中共中央革命军事委员会；29 日又成立中央军委前方军分会，同时决定在八路军各师成立军政委员会。10 月，又恢复此前一度取消的政治委员制度，任命了各师、旅的政治委员。

主力红军改编为八路军，对于推动全民族抗战，开辟华北敌后战场，夺取中国抗日战争的胜利，具有重要作用。

1945年8月26日 何应钦发布中国战区受降区划分命令

今天是8月26日，1945年的今天，中国陆军总司令何应钦发布中国战区受降区划分的命令。

1945年8月15日，日本宣布无条件投降后，中国陆军总司令何应钦于8月26日发布命令，将中国战区划分为16个受降区，100处缴械点，并指令了受降主官。

中国战区的受降范围，包括中国除东北地区外及越南北纬16度线以北地区的全部日军。16个受降区分别是北越区、广州地区、汕头地区、长衡地区、江西地区、浙江地区、沪宁地区、湖北地区、徐蚌地区、平津地区、山西省、洛阳地区、郾城襄樊地区、山东地区、热察绥三省地区、台湾地区。

在之后的20天内，何应钦又签发了24份备忘录，部署各地的受降事宜。9月9日，中国战区日军投降签字结束。从9月4日起，中国军队陆续开往各个受降点。9月14日，日军开始在有关受降地区向中国军队缴械。

9月11日，汤恩伯接受上海地区的日军投降；15日，王耀武在长沙接受日军投降；16日，张发奎在广州接受日军投降；18日，孙蔚如在汉口接受日军投降；20日，刘峙在河南漯河接受日军投降；22日，胡宗南在郑州接受日军投降；24日，李品先在蚌埠接受日军投降；28日，傅作义在归绥接受日军投降；同日，余汉谋在汕头接受日军投降；卢汉在河内接受日军投降；10月8日天津举行受降仪式；10月10日，孙连仲在北平接受日军投降；10月16日，北平日本空军在南苑签降；10月25日，陈仪在台湾接受日军投降；同日，陈宝仓在青岛接受日军投降。

国民党军接受投降的日军10个军、36个师团、41个独立旅团及其他部队，共有128.3万余人，还有伪军146万余人。国民党军接收日军缴械的有步骑枪68.5万余支，轻重机枪2.9万余挺，火炮1.2万余门，坦克383辆，飞机1068架，舰艇船舶1400艘，还有大批军用物资。

在中国战区的对日受降中，国民党竭力限制共产党所领导的军队的对日受降，中国共产党对此进行了理所当然的反击。解放区广大军民挥出正义之剑，在广大敌后地区命令日本侵略者无条件投降。

1942年8月27日
美国提议英、美立即与中国进行废约谈判

今天是8月27日，1942年的今天，美国国务卿赫尔致电驻英大使，提议废除在华领事裁判权。

近代历史上，美、英都同中国签订了有关领事裁判权的不平

等条约。废除不平等条约，是近代以来中国人民的迫切愿望，但帝国主义列强一直不愿放弃在华特权。在艰苦的抗日战争中，中国赢得了世界的尊重，国际地位得到提高。同时，日本在亚洲的持续扩张，严重侵害着美、英的权益，他们希望中国坚持抗日、牵制日军。

全国抗战爆发后的最初几年中，由于中国的要求和对抗日本扩张的需要，美、英两国虽多次表示愿与中国商讨取消领事裁判权问题，但并未采取实际行动。

太平洋战争爆发后，美国、英国、中国相继对日本宣战，正式成为反法西斯战争的盟国；同时在中国的日本占领区内，美、英等国原来享有的治外法权事实上已被日本取消。1942 年 8 月 27 日，在中国一再要求下，美国国务卿赫尔致电美国驻英大使怀南特，要其转达英国外交大臣艾登，提议美、英两国分别立即与中国进行谈判，在短时间内达成废除在华领事裁判权的简要条约。

经过一个多月的磋商，美、英两国决定分别与中国谈判废约。10 月 9 日，美、英两国将其决定正式通知中国。10 月下旬，中国接到美、英两国的新约草案，随后即与两国分别进行谈判。中美间的谈判比较顺利，中英间的谈判则因香港问题而一再拖延。1943 年 1 月 11 日，中美新约，即《中美关于取消美国在华治外法权及处理有关问题条约》在华盛顿签字；中英新约，即《中英关于取消英国在华治外法权及其有关特权条约》，在重庆签字。5 月 20 日，条约生效。此后，其他一些享有在华特权的国家，也相继与中国签订了新的条约。

废除旧约，订立新约，是抗战时期中国对外关系史上的一件大事，它提高了中国的国际威望和国际地位，鼓舞了中国军民的抗战斗志。1943 年 1 月 25 日，中共中央作出决定，庆祝中美和中英废除不平等条约。全国人民也纷纷集会，热烈庆贺中国与美、英废除旧约、签订新约这一外交胜利。

1941 年 8 月 28 日
彭德怀、左权发电部署晋察冀反“扫荡”

今天是 8 月 28 日，1941 年的今天，彭德怀、左权致电八路军晋察冀军区，就晋察冀反“扫荡”作战问题提出意见。

1941 年，是日军调整并确定新的侵华战略、导致中国抗战出现严重困难局面的一年。1941 年下半年，日军华北方面军将“扫荡”的重点转向山区的抗日根据地。7 月 9 日，日军华北方面军下达“扫荡”晋察冀抗日根据地的命令，调集 6 万余人及伪军 1 万余人，重点“扫荡”北岳区和平西区。8 月 14 日开始，日军进行第一期“扫荡”，实行“铁壁合围”。

鉴于敌人的疯狂报复，八路军领导人彭德怀、左权于 1941 年 8 月 28 日致电聂荣臻等人：此次敌人“扫荡”晋察冀山区，比以前任何一次时间要长，且可能将山区根据地纵深割裂。为保存与敌长时接触，电报对晋察冀边区反“扫荡”作了具体部署。据此，聂荣臻等人领导和指挥晋察冀边区军民在两个多月中共作战 800 多次，消灭日伪军 5500 多人，并涌现出抗日英雄群体“狼牙山五壮士”。

狼牙山位于河北省易县西南部，是晋察冀边区的东大门，也是晋察冀军区的装备仓库。1941 年 9 月 24 日，日本侵略军纠集 3500 人，向狼牙山地区进行“扫荡”。当时，这一地区隐蔽了党的许多干部和三四万群众，而晋察冀军区主力部队转移到敌后，晋察冀军区第一分区第 1 团第 7 连 6 班 5 名战士，即班长马宝玉，副班长葛振林，战士胡德林、胡福才和宋学义，为掩护干部和群众转移，他们坚守狼牙山阵地，边打边撤，于 9 月 25 日拂晓把敌人引上狼牙山棋盘坨的悬崖绝壁，与敌人展开激战，连续打退敌人多次冲锋，毙敌 50 多人。当他们弹尽粮绝后，毅然砸碎枪支，纵身跳下悬崖。马宝玉、胡德林、胡福才 3 人壮烈牺牲，葛振林、宋学义被山崖上的树枝挂住，后经群众营救脱险。英雄的壮举迅速传开，被誉为“狼牙山五壮士”。

1942 年 5 月，晋察冀军区举行“狼牙山五壮士”命名暨反“扫荡”胜利祝捷大会，授予 3 名烈士“模范荣誉战士”称号，追认胡德林、胡福才为中国共产党党员；通令嘉奖葛振林、宋学义，并授予“勇敢顽强”奖章。

1937 年 8 月 29 日
《中苏互不侵犯条约》公布

今天是 8 月 29 日，1937 年的今天，中国和苏联两国政府公布了《中苏互不侵犯条约》。

1937 年日本发动全面侵华战争后，中苏两国从共同的战略利益出发，签署了《中苏互不侵犯条约》。8 月 29 日，中苏两国政府分别向有关国家使节公布了这一条约，并作出说明。

在当时的国内外形势下，这一条约的签署和公布，对中国是一个有力的支援，对日本是一个有力的打击。日本全面侵华后，世界各主要大国都力图表明自己的中立立场，苏联率先声明不与战争中的中国一方为敌，并用条约形式来表明它与中国的非敌对立场，这对抗战中的中国军民起到了精神鼓舞的作用。中国国内舆论普遍对这个条约表示欢迎。日本对此则表示了不满，并认为这个条约成立后，中国政府的对日态度转向强硬。

这一条约对中国抗战的另一个重要意义是，它提供了苏联向中国进行军事援助的方便条件。全国抗战爆发之初，中国急需获得苏联和其他国家的军事援助。提供军援，增强中国抵抗和牵制日本的能力，符合苏联的战略利益。互不侵犯条约签订后不到一个星期，苏联就统一向中国提供价值一亿法币的军事物资。此后，中国便源源不断地获得苏联的军事援助。1937 年 11 月，苏联援华的第一批飞机运抵中国兰州，给中国空军带来新的打击力量。苏联有学者统计，从 1937 年 9 月到 1941 年 6 月苏德战争爆发，苏联共向中国提供飞机 924 架，坦克 82 辆，大炮 1140 门，轻重机枪 9720 挺，步枪 5 万支，子弹约 1.8 亿发，炸弹 31600 颗，炮弹约 200 万发。这些军用物资大大增强了中国抵抗和打击日军的能力。

在提供军事装备的同时，苏联还派出空军志愿人员参加了中国的抗战。抗战期间，苏联先后共有 2000 多名空军志愿队员轮换来中国作战，其中有 200 多人为中国抗战献出了生命。此外，苏联还派出大批军事顾问、军事教官，指导、帮助中国抗战，培训中国军事人员，对中国抗战作出了重要的贡献。

1937年8月30日
中国向国联控诉日本扩大侵略

今天是8月30日，1937年的今天，中国国际联盟常任代表胡世泽向国联控诉日本扩大侵华战争。经中国政府一再要求，国际联盟召开了布鲁塞尔会议，发表了一篇空泛的宣言，未能采取任何制止日本军国主义的措施，反而助长了其侵略扩张的气焰。

1937年7月7日，卢沟桥事变爆发后，中国领导人连续会见英、美两国大使，敦促英、美两国共同表示坚决明确态度，以制止日本侵略中国。7月16日，中国政府向“九国公约国”及英法政府递交备忘录。8月13日，日军进攻上海。8月14日，中国政府发表自卫抗战声明，认为日本已将《国联盟约》、《九国公约》、《非战公约》破坏无余，呼吁同情中国的各国履行国际条约应尽的职责，出面干涉和阻止日本的侵略行为。8月30日，中国驻国联常任代表、驻瑞士公使胡世泽向国联控诉日本扩大侵华战争。

控告书指出：日本发动全面侵华战争，违反了《九国公约》、《巴黎和约》和《国际联盟盟约》。要求国际联盟采取措施，制止日本侵略。

9月9日，国民政府代表顾维钧又赴日内瓦，向国联申诉日本侵略中国。中国政府积极推动国联召开以《九国公约》签字国为基础的国际会议，以对日本施加国际压力和进行国际制裁。9月16日，国联决定将中国的申诉书提交给远东咨询委员会处理。10月6日，国联大会通过了远东咨询委员会的两项报告，指出日本军队的行为违反了《九国公约》和《非战公约》，建议召开“九国公约国”会议，并提议国联明确表示从道义上支持中国，要求各国扩大对中国的援助。但国联大会并未采取任何实质性行动。11月3日，九国公约组织会议在布鲁塞尔举行，共有19个国家参加，日本拒绝出席。

会上，中国代表多次发言，要求与会国对日本采取积极而具体的制裁办法，停止向日本提供贷款和军需物资，并向中国提供军事援助。会议经过3个星期的讨论，于11月24日发表了一篇空泛的宣言，没有采取任何制止日本军国主义侵略扩张的措施。参加会议的中国代表顾维钧认为这是“一次流产的国际会议”。

1937年8月31日
国民政府决定战区部分高校内迁

今天是8月31日，1937年的今天，国民政府教育部决定战区部分高校内迁。

全国抗战爆发前，国民党统治区域内的国立、私立及外国教会办的各种高等学校共有108所，大多分布在东部沿海、沿江地区，尤其集中在北平、上海、天津、南京等大都市。全国抗战爆发后，遭敌破坏的高校有91所，其中25所因破坏严重而停办。

面临此种危急，国民政府教育部于8月31日下令沿海各高校内迁，规定：平、津、沪、京等地的一些重要高校迁往西南、西北地区。1938年，国民政府又成立全国战时教育协会，负责全国各地高校的迁建工作。

沿海、沿江各战区的高校内迁，是在战火遍地的情况下进行的，自1937年到1939年，中国东部战区各高校，除燕京、辅仁等教会学校保持中立没有迁移，上海交大等校迁入租界外，其余都迁往西南或西北，有的就近迁入山区。如国立北京大学、国立清华大学和私立南开大学，在卢沟桥事变后迁往长沙，联合成立长沙临时大学，后因连遭日机轰炸，1938年又迁至昆明，正式改为国立西南联合大学，简称西南联大。在迁移途中，许多师生翻山越岭，长途跋涉1800多公里。又如，北洋大学、北平大学与北平师范大学，迁至陕西合组为西安临时大学，后改名为西北联合大学，简称西北联大。日本的侵华战争，给中国的高教事业造成了极大摧残。

战时高校内迁，保存了中国高等教育的实力，延续了中国的文脉，聚集了当时全国高教与科技的精华，推动了大后方高教事业的发展，尤其西南地区高校云集，人才荟萃，培养了大批抗战与建设所需的经济、政治、文教、外交等方面的人才。据统计，后方高等院校在抗日战争时期培育的毕业生达77600人。

但是，国民政府战前对日本侵华战争的严重性、长期性估计不足，直到全国抗日战争爆发后才仓促动员；内迁过程中又缺乏通盘计划，各校自行其是，仓促搬迁，以致不少高校一迁再迁，颠沛流离，遭到严重损失。

九月

1938年9月1日
八路军挺进大青山地区

今天是9月1 日，1938年的今天，八路军大青山支队进入大青山腹地，创建敌后抗日根据地。

大青山位于绥远省（今内蒙古自治区中部 ）阴山山脉中部，横跨内蒙古高原，成为由塞外进入华北的天然屏障。1938年5月14日，毛泽东主席指示八路军，在平绥铁路以北，沿大青山脉建立抗日游击根据地，至关重要，要迅速进行部署。

八路军第120师决定以第358旅第715团及师直属骑兵营1个连组成大青山支队，由李井泉担任支队长兼政治委员，姚喆担任参谋长。7月29日大青山支队由晋西北的五寨地区出发，向大青山进军。

8月下旬，大青山支队经过雁北、长城内外行军作战20多天，通过日本侵略军的数道封锁线，突破敌人的层层阻击，到达蛮汗山地区。支队主力由李井泉率领，向大青山腹地进军。同时由姚喆率领715团第1营在平绥铁路以南，以蛮汗山为中心开展抗日游击战，以保障大青山和晋西北抗日根据地的联系。9月1日，大青山支队主力越过平绥铁路，胜利抵达大青山腹地的武川县、大滩、 甘沟子一带，并与在当地开展抗日游击战争的蒙汉人民游击队取得联系。

9月3日，大青山支队袭击陶林城的日伪军，打响了进入大青山地区后的第一仗。9月10日，大青山支队又奔袭了包头东北石拐镇的伪蒙军。10月上旬，大青山支队又袭击了陶思浩、苏安盖、毕克齐等车站据点，直逼包头和归绥，打开抗日局面。大青山支队经过三个多月的作战，初步开辟了绥南、绥中、绥西三个抗日游击区，建立了具有政权性质的绥蒙总动员委员会，初步建成大青山抗日游击根据地，使晋西北根据地扩展成晋绥抗日根据地。

1938 年 12 月，大青山支队主力奉命挺进冀中，同时留下 4 个连及独立第 4 支队，继续坚持大青山地区的抗日游击战。

大青山地区抗日游击战争的开展。对于坚持绥远抗战，掩护陕甘宁和晋西北抗日根据地的侧翼安全，具有重要的战略意义。大青山因为坚持敌后抗战而名扬天下。

1945 年 9 月 2 日
同盟国在日本东京湾受降

今天是 9 月 2 日，1945 年的今天，同盟国受降签字仪式在日本东京湾举行。

1945 年 8 月 16 日，即日本天皇宣布无条件投降的第二天，同盟国最高司令官麦克阿瑟通告日本政府命令日军大本营：立即派遣授予充分权能就同盟国最高司令官所发指令进行磋商的使者到该司令官处。19 日，日军参谋次长河边虎四郎全权代表一行 16 人于当晚到达马尼拉，于次日受领了投降事宜相关文件。

1945年9月2日上午9时，受降仪式在停泊于东京湾的美国“密苏里”号战列舰上开始。首先，麦克阿瑟发表了简短宣言。他说：

“以今天这个严肃的仪式为转机，从过去的流血和蛮行中，奠定更美好的世界——建筑在信赖和谅解之上的、能为人类的尊严和人类最理想的愿望，即自由宽容和正义的实现作出贡献的世界。”

日本投降书全文共八条，它宣布：“日本帝国大本营与所有之日本国军队以及日本国支配下任何地带之一切军队，对同盟国无条件投降。”9 月 2 日 9 时 4 分，日本外相重光葵代表日本天皇和政府、参谋总长梅津美治郎代表帝国大本营在投降书上签字。9 时 8 分，麦克阿瑟以同盟国最高司令官的身份签字，然后是接受投降的 9 个同盟国代表分别代表本国依次签字：美国代表尼米兹海军上将、中国代表徐永昌上将、英国代表福莱塞海军上将、苏联代表杰列维亚科中将以及澳大利亚、加拿大、法国、荷兰、新西兰等 9 国代表。签字结束后，上千架美军飞机越过“密苏里”号军舰上空，庆祝这个具有伟大历史意义的时刻。

当日，日本裕仁天皇发布诏书，命令日本臣民“速停敌对行为放下武器”，着实履行投降书之一切条款。同日，日本首相东久迩宫稔彦亲王也向全国发表文告，要求日本国民“秉承天皇圣旨”，“正式投降惟有顺从”。

这次同盟国的受降，正式宣告了日本军国主义的彻底失败和世界反法西斯战争的最后胜利。

2014 年 9 月 3 日，全国人民代表大会常务委员会以立法形式确立 9 月 3 日为中国人民抗日战争胜利纪念日。

1941年9月3日
中国军队收复福州

今天是9月3日，1941年的今天，中国军队收复了沦陷四个多月的福州，极大地鼓舞了抗日军民的斗志。

1941年2月26日，日军大本营下令中国派遣军总司令官对浙江省以北的中国沿海、华南方面军司令官对福建以南的中国沿海，随时进行以封锁为目的的作战。

4月中旬，日本侵略军驻华南方面军陆军第48师团主力，近卫师团多贺大队和第18师团佗美支队以及海军陆战中队一部，由闽江口两侧的连江、长乐等沿海地区强行登陆，企图占领福州、马尾及闽江口外主要岛屿，控制海上交通线，实施对东南沿海的全面封锁。21日，日军侵占福州及福州附近的长门要塞等，激起中国军民的愤慨。

国民政府军政部第13补充兵训练处处长李良荣主动请缨，要求率领装备团开赴前线，收复福州。这一请求得到第三战区司令长官顾祝同的批准，任命李良荣为第1纵队司令官，率装备团沿闽江东下，收复福州。5月22日晚，装备团尖兵连到达大湖东南的秦阳村，与日军先头部队遭遇，装备团尖兵连迅速抢占制高点，并诱其逃往大湖。25日晨，装备团向进至大湖之敌发起猛攻，歼敌300余人，打破敌人向福建腹地推进的计划。

8月19日，顾祝同电令驻防福建的第二十五集团军，夺回被日军侵占的地区。这时，日军在大湖遭到打击后，又不断遭到中共领导的抗日游击队的袭扰，加上福州地区物资缺乏，日军处境维艰，准备撤退。8 月 28 日，李良荣乘机率部向桐口突击，迫使日军于 31 日退回福州。9 月 1 日，李良荣率部由桐口分兵两路：一路从新店，向马尾、闽安推进；一路从洪山桥向峡兜推进。与此同时，中共领导的抗日游击队和福州地区的国民党驻军，积极协同作战。9 月 2 日，中国军队向日军发起总攻，迅速攻占了福州外围据点桐岭，迫使日军于 9 月 3 日全线撤退，福州被中国军队收复。此次作战，日军伤亡 800 余人，中国军队伤亡近 8000 人，失踪 1525 人。

9 月 4 日，中国军队又乘胜收复了马尾等地。日本侵略军乘军舰逃往广州。

1939 年 9 月 4 日
第三次宋家川河防战斗

今天是 9 月 4 日，1939 年的今天，八路军开始进行第三次宋家川河防保卫战。

1938 年 2 月，日军侵略到山西省西部的黄河边，占领了重要渡口军渡、碛口，并炮击河西八路军留守兵团阵地。为了巩固河防，抗击日军的进攻，八路军留守兵团根据中共中央军委的指示，将河防划分为 6 个防区，分别由警备第 1、第 3、第 4、第 5、第 8 团和边区保安司令部神府分区防守。其中，以警备第 8 团主力并加强一个重机枪连，防守宋家川一带渡口，阻止敌人渡河；一部兵力集结在宋家川以西地区，准备随时策应宋家川。

1938年5月至1939年6月，日军曾对宋家川河防进行过两次进攻，均被八路军打退。其中第二次宋家川河防战斗十分激烈。日军集中2000余人，附炮20余门及飞机10余架进攻八路军留守兵团警备第5 团。警备第5 团坚守阵地，依托工事抗击敌人。同时，河东八路军和国民党友军也向日军袭击，破坏敌人交通线。日军腹背遭受打击，被迫撤退。这次战斗，共毙伤日军80余人，缴获步枪10余支。

1939年9月4日，驻汾阳、离石的日军第36师团3000余人，附炮30门，进占军渡，并修筑工事和公路，企图西渡黄河。八路军进行第三次宋家川河防保卫战。八路军留守兵团河东侦察部队以一部袭击穆村、薛村，并破坏敌人交通线。5日，敌人用炮向河西炮击，并向河东部队进攻。河东部队向暖泉、孟门地区抗击敌人。6日，警备第8团以一部兵力东渡黄河，在柳林、穆村间袭击日军。日军在八路军夹击下，被迫退缩到穆村、柳林地区。这次战斗歼灭日军30余人，缴获步马枪5支。

1939年12月，日军又集结4000多人，附炮20多门，再次进犯军渡，炮击宋家川，并于12月12日占领李家垣，企图强渡黄河。八路军留守兵团经过5天的战斗，不断袭击敌人，迫使日军于12月16日撤退，留守兵团收复了军渡、李家垣。

宋家川河防保卫战，阻止了日军渡过黄河进攻陕甘宁边区的企图，保障了驻扎延安的中共中央的安全，也保障了西北大后方的安全。

1937年9月5日
中国守军与日军激战宝山

今天是9月5日，1937年的今天，中国守军姚子青营在上海宝山与日军激战两昼夜，大部官兵壮烈牺牲。

1937年8月13日，日军向上海发动进攻，淞沪会战爆发，中国军队广大官兵同日军展开激烈的争夺战。

8月23日晨，日军上海派遣军第3、第11师团在优势火力掩护下，于川沙河口、狮子林、吴淞镇、张华浜一带强行登陆。中国守军与敌展开激战，但未能阻止日军的进攻。紧接着，日军后续部队陆续上岸，向吴淞、宝山、罗店、浏河之线发起进攻。中国第九集团军总司令张治中立即抽调部队支援江防部队作战，并以第87师一个旅增援吴淞，以第98师、第11师向宝山、罗店、刘家行疾进，阻止登陆之敌。但日军火力太猛，中国军队未能将其阻止。

8月24日，第十五集团军陈诚部进至上海，中国军队向登陆之敌发起反击。第98师一部向吴淞、宝山地区日军实施反攻，至傍晚将敌压缩到长江边，歼敌300余人，并将进攻吴淞之敌打退；另一部收复宝山，残敌向狮子林撤退。8月27日晚，第十五集团军由同浦镇、新镇、罗店之线向敌实施反击。日军第11师团主力向罗店方面反扑，中国守军与敌激烈争夺，罗店数次易手，但因中国守军伤亡过大，罗店被敌侵占。9月1日，日军1000余人围攻狮子林炮台。中国守军第98师一部与敌展开反复白刃搏斗，大部牺牲。

9 月 5 日，日军集中 30 余艘军舰，掩护陆军向宝山发起猛攻。守卫宝山的第十八军第 98 师第 583 团第 3 营 500 名官兵，在营长姚子青率领下，浴血奋战，打退敌人多次进攻。日军恼羞成怒，疯狂地用大炮摧毁城墙，攻入宝山城内。第 3 营官兵与之展开巷战，反复厮杀两昼夜，姚子青以下官兵大部壮烈牺牲，宝山被日寇侵占。到 9 月 17 日，中国军队全线退守北站、江湾、庙行、罗店西南之线，继续抗击日本侵略军的进攻。

由于中国守军在宝山等地的拼死抵抗，使日军占领上海的作战进展缓慢，日军大本营于 9 月 7 日起陆续增兵上海，淞沪会战进一步升级。

1937 年 9 月 6 日
陕甘宁边区政府成立

今天是 9 月 6 日，1937 年的今天，中华苏维埃人民共和国中央政府西北办事处正式改名为陕甘宁边区政府。

1931 年九一八事变后，刘志丹、谢子长、习仲勋等在陕甘边和陕北领导革命游击战争，逐步建立和发展了革命根据地。1935 年 10 月，中共中央和中国工农红军陕甘支队长征到达陕北吴起镇。10 月 22 日，中央政治局召开会议，指出红一方面军历时一年的长途行军已经结束，今后的战略任务是保卫和扩大西北的根据地，领导全国革命斗争，并以陕、甘、晋三省为发展的主要区域。11

月初，中共中央和陕甘支队与同在陕甘根据地的红 15 军团会师。红一方面军到达陕北后，立即反击国民党军队的“围剿”。11 月 20 日至 24 日，在直罗镇取得歼敌一个师又一个团的重大胜利。这一胜利巩固了陕甘根据地，为中共中央把全国革命的大本营放在西北举行了奠基礼。

1937 年七七事变后，中共中央为了与国民党合作抗日，再次主动提议“取消现在的苏维埃政府，实现民权政治”。随后，两党达成协议，将陕甘宁边区作为国民政府行政院直辖的一个行政区域。9 月 6 日，中共中央决定将陕北苏维埃革命根据地正式改名为陕甘宁边区，在延安成立陕甘宁边区政府，林伯渠任主席。边区东靠黄河，北起长城，西接六盘山，南临泾河，面积约 13 万平方公里，共辖 23 个县。

陕甘宁边区实行民主政治，于 1937 年 4 月制定了第一个民主选举条例。自 5 月开始，实行不分阶级、不分党派、不分宗教信仰、男女平等、民族平等的民主选举，成立了边区各级议会和人民民主政府。

陕甘宁边区政府成立后，实行一系列民主改革，加强政权建设，并大力发展经济、文化教育和卫生事业。为保障边区供给，改善人民生活，支持长期抗战，边区政府充分发动群众，进行全民抗战的动员，采取减征田赋等有效政策，施行自给性的农副业生产，使边区的经济得到迅速发展，人民生活改善，社会面貌一新，实现了中共中央确立的把陕甘宁边区建成“抗日和民主的模范区”的总方针，成为全国抗日根据地的模范。

1941年9月7日 第二次长沙战役开始

今天是9月7日，1941年的今天，第二次长沙战役开始。

1941年9月，日军第十一军为打击中国第九战区主力部队，解除对武汉地区的威胁，调集11.5万人，准备从岳阳以南向长沙地区发起进攻。中国第九战区在长沙及外围配置了14个军，37万余人。主力在新墙河、汨罗江、捞刀河地区担任防御，以一部在株洲地区机动，引诱日军在汨罗江以南、捞刀河两岸行动，相机歼灭敌人。

9月7日，日军向中国守军大云山阵地攻击，次日占领该地。9月17日，日军主力展开于新墙河北岸之线。18日凌晨，日军主力强渡新墙河，遭中国守军第四、第五十八、第二十军的阻击。中国守军与日军激战并杀伤一部分日军后，转移至翼侧阵地待机。19日，突破新墙河的日军迅速抵近汨罗江北岸，分路强渡汨罗江。21日，日军全部渡过汨罗江后，向东迂回包抄进攻中国军队。23日，第二十六军被日军包围，部队在突围作战中遭受重大损失。24日，日军突破第三十七军阵地，第三十七军向栗桥、福临铺转移，日军集中兵力跟踪追击，并向第十军阵地攻击。25日，第十军阵地被日军突破。随后第十军和第三十七军向捞刀河南岸转移。日军主力进逼长沙。薛岳下令放弃长沙，转移到湘潭。

26日，第七十四军从万载进抵长沙东面，掩护撤退。第七十四军与日军第6、第3师团及第40师团一部在春华山、永安遭遇。经激战，第七十四军损失一部，向普迹撤退。26日和27日，从湘西增援长沙的第七十九军第98师和从广东增援的暂编第二军第7师在长沙东郊与日军激战。27日下午，日军早渊支队侵占长沙。29日，日军第4师团也开进长沙；日军第3、第6师团向株洲方面追击，占领株洲。

日军经过连日作战，各方面损耗很大，加之战线过长，后勤保障困难，于是从10月1日开始撤退。10月2日，中国第九战区部队跟踪追击日军。10月8日，日军越过新墙河，退守原来阵地，第九战区部队恢复战前阵地。

第二次长沙战役历时33天，击毙日军2万人，中国军队伤亡和失踪达7万人。

1945年9月8日
华南游击队惠东歼敌

今天是9月8日，1945年的今天，华南游击队一部在大反攻作战中，成功地收复了位于广州惠东地区的白芒花和稔山墟。

全国抗日战争进入全面反攻后，华南各抗日游击队根据中共中央关于以主力继续向粤北发展、同时以一部兵力进占广九线及一些小城市的指示精神，迅速攻歼盘踞在本地区的日伪军。华南抗日游击队主要有珠江纵队、东江纵队、南路纵队三支武装力量。8月13日，东江纵队主力一部攻入北栅、太平，歼灭伪军一部。8月17日，东江纵队乘胜出击，相继收复了宝安县城，攻克常平、西乡、固戍等敌人据点，歼伪军第30师及日军各一部。8月20日，东江纵队主动出击，进一步占领了厚街、赤岭和深圳等敌人据点，同时切断了日伪军重要的交通线广九铁路。8月21日至22日，东江纵队积极作战，又先后攻入博罗、增城县城，并成功收复了长洲岛和大屿山等地。与此同时，珠江纵队、中区纵队、南路纵队等也分别向日伪军发起反攻，收复了一些集镇。

为扩大抗战成果，华南人民抗日游击队按照中共中央的指示和根据华南敌我力量悬殊的情况，决定分散坚持斗争，积极寻机打击敌人。9月3日，活动于广九铁路南侧的东江纵队一部，围攻元塱日军，迫其投降。日军不支，被迫投降。东江纵队另一路，活跃在惠东地区，该路武装部队于9月8日成功地收复了白芒花和稔山墟，同时控制了平海盐场；并于10月10日，攻占了平山。活动于海陆丰地区的华南游击队于9月20日和26日，分别攻克了海丰西南的马鬃港及以北的高潭地区。

在此期间，琼崖纵队一度收复儋县、感恩县城，并攻克100多个小据点。八路军、新四军和华南各抗日游击队等人民抗日武装，在1945年8月9日至年底的大反攻中，共歼灭日军1.37万余人、伪军38.5万余人，缴获步、马枪24.3万余支，轻、重机枪5000余挺，各种炮1300多门，收复县以上城市250多座，并一度攻入归绥、天津、保定、石家庄、芜湖等城市，切断平绥、北宁、同蒲、平汉、津浦、正太、德石、胶济、陇海、广九等铁路，取得了全面反攻的重大胜利。

1945年9月9日
中国战区日本投降签字典礼举行

今天是9月9日，1945年的今天，中国战区日本投降签字典礼在南京举行。

日本政府宣布投降后，1945年8月15日，中国战区最高统帅蒋介石电令日本中国派遣军总司令冈村宁次，中国战区所属日军应停止一切军事行动，并派代表接受中国陆军总司令何应钦之命令。何应钦受命处理在中国战区内之全部敌军投降事宜。1945年9月9日，中国战区日本投降签字典礼在南京中国陆军总司令部大礼堂举行。这一天，南京黄埔路中国陆军总司令部的大门口用柏枝扎起了彩坊，上面高悬“中国战区日本投降签字典礼”12个金字。应邀参加典礼的有美国、英国、法国、苏联、加拿大、荷兰、澳大利亚等国的军事代表和驻华武官，以及中外记者等近千人。

上午8时52分，中国陆军总司令何应钦、第三战区司令长官顾祝同、陆军总部参谋长萧毅肃、海军总司令陈绍宽、空军第一路军司令张廷孟等5人步入会场，随即就座受降席。

8时57分，中国战区日本投降代表、中国派遣军总司令官冈村宁次等7人，脱帽由正门走进会场。冈村宁次卸下所带佩刀，交由中国派遣军总参谋长小林浅三郎双手捧呈何应钦，以示侵华日军正式向中国缴械投降。然后，冈村宁次在投降书上签字。受降仪式全过程约20分钟。

何应钦命令日本投降代表退席后，当场发表广播讲话。他说：

“中国战区日军投降签字，已于本日上午9时，在南京顺利完成。这是中国历史上最有意义的一个日子。”

9月9日的南京，街头巷尾，人们欢欣鼓舞，兴高采烈，南京城沉浸在一片欢乐的气氛中。截止到10月中旬，由国民党军接受投降的日军共有128.3万人，另有伪军146万余人。从1945年11月开始，中国政府和人民发扬国际人道主义精神，把投降的侵华日军陆续遣返回国。到1946年8月，从中国大陆及台湾地区遣送回国的日俘共125.5万人，遣返日侨共78.5万人。日本向中国投降，让人看到的是中国在军事上的胜利；中国全部遣返日本战俘，让人看到的是中国在道义上和精神上的胜利。

1940年9月10日
中共中央发出关于“击敌和友”的军事行动总方针指示

今天是9月10日，1940年的今天，中共中央发出关于“击敌和友”的军事行动总方针指示。

1940年夏秋，德国法西斯席卷西欧和北欧。日本法西斯在亚洲进行军事扩张，企图迅速解决中国问题，以便南下开辟太平洋战场。日军在华北推行“以铁路为柱、公路为链、碉堡为锁”的“囚笼政策”。八路军为了打破敌人的“囚笼政策”，争取华北战局的有利发展，于8月20日发动了著名的百团大战。百团大战至9月上旬取得了举世瞩目的战果，在国内外产生了重大影响。中共中央的这个指示就是在这样的背景下发出的。

指示的主要内容，一是要求八路军、新四军在目前加强团结时期，应集中其主要注意力打击敌人，仿照华北百团大战先例，在山东及华中组织一次至几次有计划的大规模的对敌进攻行动。在华北则应扩大百团大战行动，到那些尚未遭受打击的敌人方面去，缩小敌占区，扩大根据地，打通封锁线，提高战斗力，并在山东与华中方面继续扩大我军之数量，而给予200万友军及国民党大后方与敌占区内千百万人以良好之影响，给予敌人向重庆等地进攻计划以延缓的作用。

二是要求对于友军，则不论何部，即使是最反动、最顽固者，在目前时期中，在彼等没有向我进攻或者其进攻已经为我击破时，均应采取缓和态度，对某些部分，只要有可能应与之订立和缓协定，就地解决原有争议。击敌和友是目前军事行动的总方针。但当我对敌大举进攻时，应把防御某些顽固派的可能袭击，包括在我们的军事部署之内。一切大规模军事行动应是更加有计划、有准备的，不应轻率行动，以免减少胜利或者招致失败。

根据这个指示，八路军部队在百团大战第一阶段作战已经取得辉煌战果的基础上，继续对华北地区的日伪军展开积极的作战行动，先后展开第二和第三阶段作战。同时，新四军也积极向当面的敌人发动进攻作战，取得很大胜利。

1945年9月11日
八路军攻克临沂

今天是9月11日，1945年的今天，鲁中军区部队和滨海军区部队，遵照八路军山东军区司令员兼政治委员罗荣桓的命令，协同作战，一举攻克临沂县城，使鲁中、鲁南、滨海三个地区连成一片。

日本宣布无条件投降后，山东日伪军20余万人拒绝向八路军缴械投降，八路军山东军区命令全区主力，向日伪军发动全面反攻。

9月10日，八路军鲁中、滨海军区部队各一部，对鲁南重镇临沂发起强攻，用2000公斤炸药，炸开坚固的城墙，迅即攻入城内，同负隅顽抗的伪军进行激烈争夺。9月11日，八路军终于攻克临沂城，歼灭了伪军2000余人，打通了鲁中、鲁南和滨海三个抗日根据地。

在此前后，八路军滨海军区第1师于9月6日至8日攻克诸城、日照。胶东军区第5师及警备第5旅于9月7日发起平度战役，激战3天，毙伤俘伪军5700余人，拔除了日伪军在胶东腹地的最大据点。渤海军区部队于9月1日到17日，相继收复惠民、济阳、齐东、盐山、宁津和无棣等县城，再于26日攻下商河，从而收复渤海腹地的全部县城。鲁南军区部队于9月8日攻克徐州外围的孤立据点峄县城，为进击津浦、陇海铁路创造了有利条件。

10月初，山东军区部队主力进军东北。为了控制济南以北铁路线，渤海军区部队发起平原、禹城战役，到31日，攻克平原县城。

另一部攻克南皮县城及许官屯、桑园车站，控制铁路 30 多公里。11 月 1 日，济南日军 1000 余人及伪军 1 万多人，重新占领平原城。渤海军区部队连续作战，使平原、禹城成为两座孤城。12 月 31 日，禹城日军弃城南逃，渤海军区部队将其围困于车站以南的大沟内，经 3 小时激战，毙伤日军 500 多人。鲁南军区部队于 10 月 17 日向邹县县城发起进攻，到 19 日，全歼城内日伪军，迫使邹县车站的日军缴械投降。

到 12 月底，八路军山东军区部队在大反攻作战中，共歼灭日伪军 12 万人，解放 54 个城镇和港口，切断了胶济、津浦和陇海铁路线。山东境内除铁路沿线及西部几座城镇外，大部国土都从日伪军的统治下解放了出来。

1937 年 9 月 12 日
毛泽东阐述八路军军事战略方针

今天是 9 月 12 日，1937 年的今天，毛泽东致电彭德怀，阐述八路军“独立自主的山地游击战争”的军事战略方针。

全国抗战爆发后，国共两党再度合作，八路军开赴抗日前线。毛泽东所关心的一个焦点问题是：部队在实战中能不能坚定不移地贯彻执行中共中央洛川会议确定的“独立自主的山地游击战”的战略方针。

1937 年 9 月 12 日毛泽东致电彭德怀，要求向全军和国民党及其军队解释八路军“独立自主的山地游击战争”的军事战略方针，提出了为什么和如何实行这一方针的四项原则；八路军有依照情况使用兵力的自由；有发动群众创造抗日根据地组织义勇军之自由，地方政权与邻近友军不得干涉；南京国民政府只作战略规定，八路军有依据情况灵活机动的执行战略之一切自由；坚持依托山地与不打硬仗的原则。21 日，毛泽东再次致电彭德怀，强调：今日红军在决战问题上不起任何决定作用，而有一种自己的拿手好戏，在这种拿手好戏中一定能起决定作用，这就是真正“独立自主的山地游击战（不是运动战）”。25 日，毛泽东在给中共中央北方局的电报中又指出：“整个华北工作，应以游击战争为唯一方向。”遵照中共中央和毛泽东的指示，中共中央北方局和八路军总部确定当前的中心任务是：以山西为主要阵地支撑华北抗战，独立自主的开展游击战，创建抗日根据地，同时配合国民党军作战。

山地是人民军队开展游击战得心应手的用武之地，也是日军坦克、大炮等重装备难以发挥作用的地区。进行山地游击战，以我之长，击敌之短，有利于我而不利于敌，从根本上解决了人民军队创建抗日根据地、发动群众与集中打仗的关系。这是贯彻执行中国共产党全面全民族抗战路线和持久抗战战略总方针的唯一正确的军事战略方针。1938 年 5 月，毛泽东在《论持久战》中对人民军队的军事战略方针进一步表述为：“基本的是游击战，但不放松有利条件下的运动战。”这是从根本上洞察抗日战争的全局而作出的正确战略决策，成为人民军队在敌后战场克敌制胜的法宝。

1937年9月13日
香港学生赈济会成立

今天是9月13日，1937年的今天，香港学生赈济会成立，实现了全港学生最大范围的团结。

全国抗战爆发后，香港和澳门同胞在抗日民族统一战线的旗帜下，广泛地建立抗日救亡团体，开展抗日救亡宣传，进行募捐筹款，救济受难同胞，支援抗日前线。

香港惠阳青年会、余闲乐社、青年记者学会、海员工会、印刷工会、中华艺术协进会、香港学生赈济会等群众团体，积极开展抗日活动。30多个工会组织了香港工人筹赈联合会。1937年9月13日，香港学生赈济会成立，共600多所大中小学的学生参加，全港学生实现了大团结。

广州沦陷后，香港同胞抗日热情高涨。他们响应祖国的号召，为了抗日救国，纷纷组织抗日回乡服务团，回国回乡参加抗日救亡斗争。全国抗战开始后，惠阳青年会回乡救亡工作团和海陆丰回乡救亡工作团，先后几批回广东开展抗日救亡活动。到1939年上半年，港澳地区共组织了五六十个回国回乡服务团，人数达1000人以上。香港学生赈济会从1938年12月至1940年2月，先后组织了4个回国服务团，共242名团员回国，分别在广东各地开展抗日宣传，建立救亡团体和民众抗日武装，开展战地救护和战地服务，还协助各地中共地方组织开展工作，在抗战中发挥了积极作用。

太平洋战争爆发前，香港地区是中国获取海外援助的重要中转地，大量抗战物资由香港从陆上转运内地。中国政府和中国共产党在香港设立了许多国际支援抗战的机构，均得到香港同胞的全力支持。1938 年 1 月，由廖承志、潘汉年负责的八路军办事处正式成立，得到当地许多爱国人士和海外华侨的援助。6 月，宋庆龄领导的保卫中国同盟在香港成立，在港、澳同胞的配合下，募集到大量捐款、物资支援祖国抗战。1941 年 12 月 25 日，日军侵占香港后，香港地区的广大人民，在内地人民抗日武装的支援下，与日本占领者展开了多种形式的斗争。

同时，澳门同胞也利用澳门“中立”的特殊环境和地位，大力开展抗日救亡运动。港澳地区人民的抗日斗争，有力地配合和支持了广东抗日游击战争的开展，为中国抗战胜利作出了重要贡献。

1937 年 9 月 14 日
中国军队开始平汉、津浦铁路北段防御作战

今天是 9 月 14 日，1937 年的今天，日本由北平三路南犯，中国军队开始在平汉、津浦铁路北段进行防御作战。

日军占领北平后，没有停止其侵略的步伐，1937 年 9 月 14 日，日军第一军从北平附近出发，分三路向河北涿县、保定方向进犯。中国第一战区军队依托既有防御阵地，顽强抵抗日军，遭受严重伤亡，不得不向后撤退。日军乘势沿平汉铁路向南推进。9 月 21 日，日军第一军沿平汉铁路及其两侧向南推进。9 月 24 日，日军攻击

保定城垣，中国守军撤往滹沱河南岸，日军侵占了保定以北地区。与此同时，日军第二军第10师团沿津浦铁路南下，于9月21日开始与中国军队激战4天。9月24日，日军进入沧县县城。

9月下旬，国民政府军事委员会拟定平汉路北段为第一战区，由程潜代理司令长官；在津浦路北段设第六战区，由冯玉祥任司令长官。

10月1日，日军开始向石家庄方向进攻。10日，日军第14师团占领了石家庄。在此期间，津浦线的日军第二军也于10月3日开始进攻山东德县。中国第十二军一个团奋勇抗击，遭到巨大牺牲后，余部南撤，德县被日军侵占。平汉路日军第14师团于10月中旬相继占领了邢台、邯郸等县市，中国守军逐次撤到漳河南岸。日军又从武安以南强渡漳河，中国守军第五十二军与日军激战两昼夜，双方伤亡重大，形成对峙。11月4日，日军向驻守安阳的中国第二十集团军进攻，次日占领安阳。11月6日，中国第一集团军在平汉、津浦铁路之间向日军发动进攻，连克沙河、任县，逼近邢台，切断了平汉路。日军调集重兵夹攻向邢台逼近的中国军队，并向大名反击。11月11日，日军侵占大名。在津浦铁路沿线，日军于11月5日开始向中国军队进攻，中国第三集团军退守黄河南岸，与日军隔河对峙。12月23日，日军一部由青城附近渡过黄河，攻陷周村，切断了胶济铁路。12月27日，日军侵占济南。

平汉和津浦铁路北段的作战，从9月中旬到12月下旬，历时3个多月。广大中国官兵在日军的强大进攻下，浴血奋战，进行抗击，给日军以沉重打击，延缓了日军占领华北的步伐。

1938年9月15日
日军开始进攻田家镇要塞

今天是9月15日，1938年的今天，日军开始向长江田家镇要塞攻击前进，中日武汉会战中的重要一仗田家镇之战由此拉开序幕。

在武汉会战中，中国军队防御黄梅、广济地区的战役，是保卫武汉的第一线战役。1938年8月30日，日军由黄梅地区向广济进攻。中国守军于广济以东与日军反复展开阵地争夺战。日军出动飞机，从早到晚轮番轰炸广济。9月8日起，中国守军不断向日军发起反击，但日军凭借强大的航空兵及炮兵火力，并且频繁使用毒气，使中国军队伤亡严重。在广济附近丛山口阵地与回望山阵地的争夺战中，中国军队就牺牲数千人。9月9日，日军占领了广济。

广济失守严重影响着田家镇要塞的安全。田家镇是长江中游要塞中最坚固、最大的堡垒。它同长江对岸的富池口要塞，共同形成武汉的锁钥，是武汉三镇的门户。

9月15日，日军第6师团开始向田家镇方向攻击前进。第二天，日军攻陷武穴，接着又围攻田家镇要塞。中国军队第二军的第9师、第57师和田家镇要塞炮兵部队，与围攻日军展开激战。日军为了攻占田家镇，适应山地进攻的需要，临时改编成驮马部队，组成今村支队。9月22日，中国第9师与日军第6师团及今村支队，在田家镇附近的松山等地进行了非常激烈的战斗。中国军队凭借坚固阵地，在炮兵的火力支援下，沉着应战，迎头痛击来犯之敌。

阵地被日军摧毁，就利用弹坑做掩护，继续抗击强敌。弹药用完了，又和敌人肉搏格斗。在保卫田家镇要塞的战斗中，中国第9师伤亡旅长以下官兵2000多人，第57师也伤亡严重。

9月28日，日本海军部队来到田家镇江面支援作战。日军出动100多架飞机，集中100多门火炮，轰炸田家镇要塞，摧毁了要塞的防御工事后，地面部队向田家镇要塞发动进攻。29日，中国军队被迫退却，日军攻陷田家镇，打开武汉的最后一道屏障。

田家镇保卫战中，中国军队给予日军以沉重打击，仅今村支队当时就伤亡1150余人。

1939年9月16日
毛泽东与国统区三位记者谈话

今天是9月16日，1939年的今天，毛泽东会见了来自国民党统治区的三名记者，阐述了中国共产党的抗战与政治主张。

1938年10月，广州、武汉失陷后，抗日战争进入战略相持阶段。国民政府内外政策开始出现重大变化，抗日的一面日趋消极，反共的一面逐步加强。中央社记者刘尊棋、《扫荡报》记者耿坚白和《新民报》记者张西洛赶赴延安，就抗日战争的前途、国共两党的关系问题，采访中共中央领导人毛泽东。

当记者问到抗战的相持阶段是否已经到来时，毛泽东说：“我以为，相持阶段是有条件地到来了。”“中国要在相持阶段中准备一切力量，以备将来的反攻。”毛泽东提出中国在新阶段的任务是："在敌人后方，一定要坚持游击战争，粉碎敌人的'扫荡'，破坏敌人的经济侵略；在正面，一定要巩固军事防御，打退敌人可能的军事进攻；在大后方，主要的是积极改革政治。"

当记者提到国共磨擦时，毛泽东说：我们已向蒋介石和国民政府提出，"要求取消那个秘密流行成为各地磨擦根源的所谓《限制异党活动办法》"。他说："共同抗日的党派就是友党，不是'异党'。""国民党、共产党，在政治上是有共同之点的，这就是抗日。""我们根本反对抗日党派之间那种互相对消力量的磨擦。但是，任何方面的横逆如果一定要来，如果欺人太甚，如果实行压迫，那末，共产党就必须用严正的态度对待之。这态度就是：人不犯我，我不犯人；人若犯我，我必犯人。"这是毛泽东第一次公开宣布了中国共产党的自卫原则。

当记者问到国共两党是否有分裂的可能时，毛泽东回答："如果只说到可能性的话，那末，团结和分裂两种可能性都有。""我们不但希望长期合作，而且努力争取这种合作。"为了找到长期合作的政治保证，我们明确提出了三大政治口号："坚持抗战，反对投降；坚持团结，反对分裂；坚持进步，反对倒退。""只有这样做，中国才能避免亡国，并把敌人打出去；除此没有第二条路好走。"

1937年9月17日
毛泽东指示八路军变更战略部署

今天是9月17日，1937年的今天，毛泽东向八路军总部发出变更战略部署的指示。

全国抗日战争爆发后，1937年8月下旬至9月下旬，八路军总部按照中共中央的部署，率第115、第120、第129师，东渡黄河，进入华北抗日前线。当八路军按原定部署向恒山山脉开进时，9月13日，日本关东军察哈尔派遣兵团侵占大同，随后以一部兵力继续沿平绥铁路西进，夺取绥远；主力沿同蒲铁路南下。与此同时，日本驻华北方面军第5师团由宣化南下，直取浑源、广灵、灵丘等地。沿平汉铁路和津浦铁路南进的日军，相继突破第一战区的防线，向石家庄和德县进攻。

根据敌情的最新变化，1937年9月17日，毛泽东致电八路军总部，指示变更战略部署，实施战略展开。电报说，敌之战略计划是以大迂回姿势，企图夺取太原，威胁平汉路友军侧背，进而实现其夺取华北五省的计划。恒山山脉必为日军夺取晋察冀三省之战略中枢。因此，过去决定我军全部在恒山山脉地区创造游击根据地的计划，已根本不适用了。为进行独立自主的山地游击战，广泛发动群众，创造游击根据地，使我军在战略上处于主动地位，应将原来把三个师集中配置于恒山山脉一区的计划，改为分散配置于山西省的四角，即：第120师转至以管涔山脉为依托的晋西北地区；第129师于适当时机进至以吕梁山脉为依托的晋西南地区；第 115 师立即进入晋东北恒山山脉南段地区活动，并准备依情况逐渐南移，展开于晋东南太行、太岳两山脉地区。9 月 20 日，毛泽东进一步发电指出：游击战争主要应处于敌之翼侧及后方，在山西应分为晋东北、晋西北、晋东南、晋西南四个区域，向着进占中心城市和要道的敌人采取四面包围态势。不宜集中于五台一区，集中于一区则难以立足。

随后，根据敌情变化，毛泽东确定第 115 师、第 120 师除一部在晋察冀边界的恒山和五台山地区活动外，第 115 师主力进至晋西南地区，第 120 师主力仍在晋西北地区活动，第 115 师第 344 旅和第 129 师进至晋东南地区。实践证明，这一部署的改变，对敌后抗战是具有重要的战略意义。

1931 年 9 月 18 日
九一八事变爆发

今天是 9 月 18 日，1931 年的今天，日本关东军在沈阳蓄意制造“柳条湖事件”，发动了武装侵华的九一八事变。中国人民奋起抵抗，开始了长达 14 年的抗日战争。九一八事变是中国人民抗日战争的起点，揭开了世界反法西斯战争的序幕。

独占中国东北，是日本实现其大陆政策及称霸亚洲和世界战略的重要步骤。经过一系列紧锣密鼓的准备和策划，1931 年 9 月 18 日 22 时 20 分，日本关东军按照预定计划，用 42 包小型黄色炸药，炸毁了通过柳条湖地区的南满铁路的一段铁轨。柳条湖位于沈阳城北 2.5 公里，距中国东北军驻地北大营较近。因此，日军反诬爆炸是中国军队干的，指挥事先埋伏在柳条湖附近的日军独立守备队一部，攻击驻北大营的东北军第 7 旅。23 时 18 分，日本奉天特务机关辅佐官花谷正少佐，以人在东京的土肥原贤二的名义，向关东军参谋长和日本陆相拍发急电，谎称："18日夜10时半左右，在奉天北大营西侧，暴虐的中国军队破坏我南满铁路，袭击我守备队，与赶赴现场的我守备队一部发生冲突。"

关东军司令部当即命令日本独立守备队第 2、第 5 大队和第 2 师团第 29 联队分别进攻北大营和沈阳城。19 日凌晨 3 时半，在旅顺的关东军司令官本庄繁亲赴沈阳坐镇指挥。日军独立守备队一部，在其后续部队的支援下，继续向北大营进攻。19 日凌晨，日军完全占领了北大营。

当时，面对日本武装入侵的严重局势，在中日民族矛盾迅速上升的情况下，蒋介石国民党仍坚持"攘外必先安内"的方针及对日"不抵抗"政策。因此，在日军包围北大营时，驻守的东北军第 7 旅共 7000 多人，大部因不抵抗的命令而未作抵抗，但也有部分官兵忍无可忍，被迫自卫还击，毙伤日军 24 人。

9 月 19 日零时 50 分，日军分三路进攻沈阳城。驻沈阳的东北军及警察、宪兵 9000 余人，在国民党军政当局"不许与日军冲突"的命令下，未作有效的抵抗。到 6 时 30 分，日军仅用短短的 5 个小时，便占领了沈阳城。其后，又仅用短短的 4 个月零 18 天，就占领了整个中国东北。

1931年9月19日
中国政府就九一八事变对日提出严重抗议

今天是9月19日，1931年的今天，国民政府外交部就日本侵占沈阳照会日本驻华公使重光葵，要求日军立即撤回原驻防地。

九一八事变爆发后，蒋介石国民党政府仍然坚持“攘外必先安内”的方针及对日不抵抗政策。他们一方面与日本政府交涉，一方面诉诸国际联盟以求仲裁。9月19日，国民政府外交部照会日本驻华公使重光葵，提出严重抗议，要求日军立即撤退，并声明保留将来提出正当要求之权。同时命令中国驻国联代表施肇基在国联理事会上揭露日本侵略中国东北的真相，要求国联立即采取制止日本侵略的措施。9月20日，国民政府又向日本提出第二次抗议。同时，国民党中央常委会作出决议，对日武力可退让。他们把希望完全寄托在国联的干涉上。9月22日，国民党中央发表《告全国同胞书》，号召国人确实团结，坚定沉着和加倍刻苦。同一天，蒋介石在南京国民党党员大会上演说，声称要暂取逆来顺受态度，以待国际公判。9月22日，国联理事会通过了要求中日双方撤军的决议。9月30日、10月23日，国联又先后两次作出决议，限定日本撤军时间，但日本置若罔闻，继续把战火扩大到了整个东北。

当时，东北军总兵力30万人，其中留在东北的有近20万人，另外还有公安警察部队。与在中国东北的日军1万兵力相比，东北军占有很大优势。但是，由于蒋介石国民党仍坚持“攘外必先安内”的方针和对日“不抵抗”政策，东北军大都不战自溃，东北大片国土沦入敌手。

九一八事变爆发后，与国民政府对日不抵抗政策形成鲜明对照的是，中国共产党发表一系列抗日救国的主张。在中国共产党的号召和推动下，在其他爱国党派团体和爱国人士的呼吁下，在祖国大好河山一片一片被日本侵占的强烈刺激下，一个群众性的抗日救亡运动在全国城乡蓬勃兴起，并迅速形成高潮。

1931年9月20日
中国共产党发表为日本占领东三省宣言

今天是9月20日，1931年的今天，中共中央发表《中国共产党为日本帝国主义强暴占领东三省事件宣言》。

九一八事变爆发后，日本侵略中国东北地区，激起了全国民众空前的抗议浪潮。但是，蒋介石国民党政府仍采取“攘外必先安内”的方针，对日军侵略奉行“不抵抗”政策。中国共产党代表全国人民要求抗日的意愿和要求，站在抗日救亡运动的最前沿，提出了收复失地、抗日救国的正确主张。1931年9月20日，中共中央发表《中国共产党为日本帝国主义强暴占领东三省事件宣言》，明确指出：日本帝国主义“现在他更公开更强暴的占领中国土地，其显明的目的显然是掠夺中国”，“使中国完全变成它的殖民地”。宣言谴责当局“高唱不抵抗主义，与和平镇静的忍耐外交”。宣言号召全国人民，“一致动员起来，给日本强盗与一切帝国主义以严重的回答”。“驱逐帝国主义在华的一切陆海空军滚出中国”。9 月 30 日，中共中央发表了《中国共产党为日本帝国主义强占东三省第二次宣言》，强调只有依靠工农兵、学生，以及一切劳苦群众自己的力量，才能打倒日本帝国主义。10 月 12 日，中共中央发表了《中国共产党为反对帝国主义、国民党一致压迫与屠杀中国革命民众宣言》，再次强调：我们的唯一出路，就是组织我们自己的力量，武装我们自己，驱逐一切帝国主义的海陆空军滚出中国，我们才有出路。

1932 年 4 月 15 日，中华苏维埃共和国临时中央政府主席毛泽东发布《对日战争宣言》，号召全国工农兵及一切劳苦群众，积极参加革命战争，驱逐日本帝国主义出中国，反对帝国主义瓜分中国，彻底争得中华民族真正的独立与解放。同日，毛泽东签署了《关于动员对日宣战的训令》等。

在中国共产党的领导、推动和影响下，各界爱国民众纷纷起来反对国民党政府的不抵抗政策，坚决抗击日本帝国主义的进攻。从此，波澜壮阔的抗日救亡运动在全国蓬勃兴起，沉重打击了日本侵略者的嚣张气焰，促进了中华民族的觉醒，有力地推动了局部抗战的发展。

1938 年 9 月 21 日
万家岭大战开始

今天是 9 月 21 日，1938 年的今天，中国军队在万家岭合围进攻赣北的日军，经过长达半个多月的激烈厮杀，中国军队于 10 月 9 日取得万家岭大捷。

1938 年 7 月下旬。日军攻陷九江后，以 4 个师团兵力在长江南岸地区发动进攻。8 月上旬，中国第九战区决定集中主力在德安、瑞昌地区与敌决战，打击该敌。8 月 4 日，日军第十一军第 106 师团进攻庐山北麓，中国军队利用有利地形，重创日军，遏制了日军的攻势。

为增援第 106 师团，日军第 101 师团向庐山东南面的星子地区发动进攻，进而向德安推进。中国第二十五军等部在星子一带同日军展开激烈的拉锯战。日军第 101 师团攻星子不下，而第 106 师团又无力再次发动进攻，于是，日军又把第 27 师团投入作战。

9 月中旬，日军第 27 师团从瑞昌向武宁推进，中国第九战区司令长官陈诚命令薛岳的第 1 兵团 3 个军，在德安以西阻击日军。1938 年 9 月 21 日，日军第 106 师团在德安正面攻击没有成功，即以其所属第 136 旅团进攻德安以西的万家岭，企图包围中国第 1 兵团德安阵地左翼。中国第 1 兵团总司令薛岳即令第六十六军 2 个师、第七十四军 2 个师、第四军 2 个师共 6 个师，对进攻之敌实施合围。围攻战自 9 月底开始，双方战斗异常惨烈。日军伤亡惨重，武器装备损失巨大。中国军队第六十六军攻击石头岭的战斗，第七十四军猛攻长岭和张古山的战斗，与日军的争夺都很惨烈。10月8日，日军见第106师团陷入绝境，慌忙派飞机空运弹药粮食，并派第27师团前往救援。10月9日，薛岳下令各师选派敢死队数百名，合力攻击，前赴后继，轮番冲杀，经一夜血战，终于攻占了万家岭和雷鸣鼓等地。这一战，中国第一兵团共毙敌3000人，伤敌更多，并俘虏日军30多人，缴获轻重机枪50多挺，步枪1000多支，军马100多匹。时称万家岭大捷。

之后，德星公路正面的日军第101师团等部会攻德安，第1兵团又与日军进行了半个多月的阻击战。10月28日，第1兵团为配合战区全盘态势，自动放弃德安，转移到修水南岸，与日军隔河对峙。

1941年9月22日
八路军太岳地区反“扫荡”开始

今天是9月22日，1941年的今天，日本侵略军开始对华北太岳根据地发起大“扫荡”，八路军第129师等部和国民党第九十八军奋起反击。

1941年5月中条山会战后，国民党第九十八军武士敏所部在太岳南部沁河以东长子、沁水地区继续坚持抗日斗争。八路军太岳纵队兼太岳军区，在8月初奉八路军总部命令，以第129师第386旅第17、第18团以及决死队第1旅第59团组成太岳南进支队，在周希汉司令员和太岳区党委书记兼政治委员聂真的率领下，进入临（汾）屯（留）公路以南，沁河以西孔滩、马壁地区，开辟抗日根据地。日军第一军为歼灭沁河河畔的八路军，迫降或歼灭国民党第九十八军，分兵多路，对新开辟的岳南抗日根据地进行大“扫荡”，企图首先解决太岳南部的八路军、国民党军，尔后进攻沁源地区的八路军。

9月22日，日军2万余人，分别从安泽、浮山、屯留、长子等地向南北孔滩、马壁合击。八路军太岳南进支队为了避免同日军拼消耗，即以一部兵力与敌人保持接触，主力部队迅速隐蔽转移到高平以西的东西峪地区。日军第一次进攻扑空。29日，日军又向东西峪合击而来，再次扑空，并遭到南进支队小部队和民兵的不断打击。与此同时，位于长子、沁水之间的国民党第九十八军，不仅拒绝日军的劝降，而且主动攻击日军石哲镇警备队。日军于28日包围了第九十八军。在八路军的支援下，第九十八军部分官兵突出重围，而军长武士敏则在战斗中不幸牺牲。10月3日，反“扫荡”胜利结束。

10月6日，日伪军又纠集3万余人开始对以沁源为中心的地区进行大“扫荡”。太岳抗日军民事先做好了“空舍清野”等准备，以地方武装坚持内线作战，八路军主力部队转移至外线抗敌，采取内外线密切结合的方式，积极打击敌人，取得成功。日伪军疲于奔袭，作战不利，被迫于18日退出抗日根据地，结束“扫荡”。

八路军太岳地区反“扫荡”，共毙伤日伪军1400余人，取得了作战的胜利。

1940年9月23日
八路军第129师发起榆辽战役

今天是9月23日，1940年的今天，八路军第129师发起榆辽战役，推动了百团大战的胜利进程。

榆（社）辽（县）公路，是日军突入太行抗日根据地的一条重要交通要道，对太行抗日根据地威胁很大。

1940年9月22日，八路军第129师根据八路军总部关于百团大战第二阶段作战意图，决定举行榆辽战役。部署是：以第385旅附第32团为右翼队，主力攻取管头、铺上、小岭底等地的敌人据点；以第386旅、决死第1纵队各2个团为左翼队，攻取榆社、沿壁等据点；以新编第10旅为平辽支队，破击平辽公路和顺南北段公路，截击南援之敌；以太岳军区第17、第57团组成沁北支队，破击白晋路沁县至分水岭段，钳制敌人由白晋铁路增援之敌。

9月23日夜，攻坚作战开始。24日，左翼队攻克沿壁、王景，右翼队攻克铺上。25日，榆社县城也被攻克。同时，平辽支队也攻克辽县以北寒王镇；沁北支队频繁出击，使武乡、白晋路日军受到钳制。26日，右翼队以一部兵力继续围攻管头之敌，主力和左翼队东移，乘胜收复辽县并消灭可能向辽县增援的敌人。27日拂晓，右翼队进攻辽县以西石匣，当夜将其占领。28日，左翼队进抵马厩附近，准备当晚进攻辽县。这时，和顺、武乡日军分别向辽县、管头增援。八路军总部命令停止进攻辽县，以一部兵力钳制由和顺南下的敌人，主力部队转移到红崖头、关家垴地区，准备歼灭由武乡来援之敌。第129师随即转移兵力，于29日24

点攻克管头。

30 日，武乡日军 600 余人越过八路军预伏区时，与八路军右翼队遭遇。左翼队迅速向日军后尾、侧翼同时展开攻击。日军在 8 架飞机掩护下，立即投入作战。第 129 师与敌激战两天一夜，双方损失惨重。至 10 月 1 日黄昏，辽县来援之日军 500 余人突破八路军右翼队的阻击，迫近左翼队指挥所，阳泉南援日军 1000 余人已抵辽县以北的寒王镇，第 129 师按照八路军总部的命令，乃决定结束榆辽战役。这次战役，八路军共歼灭日军 1000 余人，收复县城 1 座，攻克敌人据点多处，获得胜利。

1939 年 9 月 24 日
国民政府军委会拟定对日军进攻长沙的作战方案

今天是 9 月 24 日，1939 年的今天，中国国民政府军事委员会拟定对日本侵略军进攻长沙的作战方案。这时，第一次长沙战役已开始了 10 天。

日军为打击粤汉路沿线中国第九战区主力，进一步挫伤中国的抗战意志，确保日军对武汉及其周围地区的控制，发起对湘北中国军队的进攻。中国第九战区司令长官陈诚调集了 24 万人的兵力应战。这就是第一次长沙战役。

9 月 14 日夜，日军一部在赣北向西发动牵制性进攻，遭到中国军队阻击和侧击。9 月 18 日，日军主力在湘北发起进攻，在中国军队的顽强抵抗下，到 23 日，才渡过新墙河。23 日，日军又经洞庭湖在鹿角和营田登陆，中国军队主力被迫撤出新墙河第一道防线，退守汨罗江第二道防线。

9月24日晚，因湘北战局紧张，国民政府军事委员会召开最高幕僚会议，确定第九战区应保持幕阜山根据地，在铁路正面，可逐次抵抗消耗敌人，换取时间，俟敌突入长沙附近时，则以有力兵团相机予以打击，并以第四军控制于湘潭方面，掩护湘、桂、黔各路。

9月24日、25日，日军渡过汨罗江。中国第九战区部队贯彻国民政府军事委员会作战方针，除留部分兵力于日军侧翼和后方待机反攻外，主力边战边退至长沙、浏阳一带的第三道防线。9月28日和29日，日军进至长沙西面的永安附近，沿粤汉线南下的日军也进占长沙北面的桥头驿。由于战线过长和兵力分散，日军无力保持进攻势头。中国军队开始逐步掌握主动，连续取得金井伏击战、永安包围战的胜利。为摆脱处处受到攻击的困境，日军于9月29日下令各部回撤。中国第九战区部队当即转入追击，并于10月9日进至新墙河一线，恢复了战役前态势。

这次会战，中国军队将士以鲜血和生命打退了日本侵略军的进攻，粉碎了日本军国主义的作战企图，取得了战役的胜利。作战中，日本侵略军伤亡2万余人，中国军队伤亡3万余人。日军承认，“此次会战与南昌、襄东两次会战相比，颇有决战之势”。

1937年9月25日

平型关大捷

今天是9月25日，1937年的今天，八路军第115师取得平型关大捷。这是全国抗战以来中国军队主动歼敌的第一个大胜仗，打破了日军不可战胜的神话。

1937年9月中旬，日军迅速向内长城线逼近，企图突破平型关要隘，歼灭中国第二战区部队。

中国第二战区司令官阎锡山决心在平型关—雁门关—神池内长城线组织防御，阻止日军进入山西腹地。他致电八路军总司令朱德："希电林师夹击敌之侧背。"

为配合友军作战，朱德令第120师进至雁门关以西的神池地区，侧击由大同南犯的日军；令第115师进至平型关以西大营镇待机，准备侧击进犯平型关的日军。

平型关以东是群山连绵的谷道，而南侧高地又便于隐蔽机动和伏击。第115师当即决定在此设伏歼敌。9月23日夜，师部率主力进至平型关东南15公里的冉庄地区。24日，师长林彪和副师长聂荣臻组织干部现地勘察后，确定在平型关东北长约十三公里的公路旁，伏击将由灵丘向平型关进攻的日军。24日午夜，第115师冒着暴雨，进入预伏地域。

9月25日拂晓，日军第5师团第21旅团主力和师团辎重等部队沿着灵丘至平型关公路西进。7时许，全部进入第115师预伏地域。第115师突然全线开火，猛烈地发起冲击，截断敌军退路，将其分割包围，与敌展开白刃格斗。日军利用辎重车辆作掩护，进行顽抗。战斗中，八路军第685团2营5连连长曾贤生只身刺死10多个日本兵，并率全连烧毁日军汽车20多辆，最后他拉响仅剩的一枚手榴弹，与敌人同归于尽。第686团3营9连指战员除剩10多人外，其余全部阵亡。5连3排有的战士多次负伤仍坚持战斗，最后全排壮烈殉国。13时许，蔡家峪以东日军在6架飞机掩护下，向老爷庙高地反扑，被八路军击退并全歼。至此，战役胜利结束。这次大战，八路军第115师歼灭日军1000余人，击毁汽车100余辆、马车200余辆，缴获步枪1000余支、机枪20余挺、火炮1门，自身伤亡600余人。平型关战役八路军首战告捷，举国上下，一片欢欣，极大地振奋了全国的民心、士气，提高了共产党和八路军的威望，并赢得了国际舆论的称赞和好评。

1931年9月26日
上海工人举行抗日救亡大会

今天是9月26日，1931年的今天，上海数万工人举行抗日救亡大会，通过对日宣战等决议案，掀起了全国抗日救亡运动新高潮。

九一八事变后，全国各界迅速掀起抗日救亡运动。9月20日，北京大学学生会向国民党政府发出电报，呼吁“速息内战一致抗日”。上海、北平、南京、天津、杭州、太原、长沙、西安、开封、广州、福州、武汉、南昌等地的大中学生，纷纷走上街头，建立抗日团体，要求国民党政府停止内战，一致对外，武装民众，出兵抗日。9月下旬，全国各地学生代表还汇集南京向政府请愿，强烈要求出兵抗日。以学生的爱国运动为先声，全国各界迅速形成抗日救亡的群众运动。

1931年9月24日，上海3万多名码头工人，举行反日大罢工，拒绝为日本船只装货卸物。接着，上海23家日商纱厂成立日商纱厂工人抗日救国会，号召广大工人不替日本资本家做工。随后，上海80多万工人组织了抗日救国会。各工厂工人也纷纷组织抗日义勇军，派代表去南京要求国民党政府发枪开赴东北抗日。

9月26日，上海100多个工会和各界群众数万人，在公共体育场举行抗日救亡大会。会上通过了对日宣战、武装群众、惩办失职地方官吏等决议案，会后举行了声势浩大的示威游行。10月2日，上海150多个工会举行代表大会，讨论抗日救国纲领，决定发表《告世界工人书》。除上海外，北平、广州、天津、南京、武汉、青岛、太原、芜湖、长沙、重庆、桂林、汕头、沈阳以及许多偏远城市，也爆发了工人罢工、游行、抵制日货等斗争，并成立义勇军，抗日救国会等组织。

与此同时，全国各界民众的抗日救亡运动也随之兴起。1931年9月27日，由东北流亡到北平的知名人士阎宝航、高崇民等500多人，成立东北民众抗日救国会。南京各界也成立抗日救国会，号召全国各界投入抗日救亡。国民党内的抗战派，民族资产阶级和海外华侨、港澳同胞，也加入了抗日救亡的行列。中国人民的抗日救亡运动的兴起，对中国局部抗战的发展起了推动作用。

1937年9月27日
国民政府工矿委员会决定扩大工厂内迁

今天是9月27日，1937年的今天，新设立的国民政府工矿调整委员会召集会议，决定扩大工厂内迁规模，并增拨经费。

七七事变前，中国工业大部集中于东南沿海地区。七七事变后，国民政府被迫议决将沿海工矿向内地迁移。1937年8月10日，国民政府行政院决定由资源委员会、财政部、军政部、实业部组成上海工厂迁移监督委员会，以资源委员会为主办机关。随后又成立了上海工厂联合迁移委员会，确定工厂迁移的目的地为武昌。8月13日，日寇进攻上海。上海等地要求内迁的厂家不断增加。这样，原先的补助经费等内迁方案已不现实。资源委员会于9月18日向行政院提出《迁移工厂扩充范围请增经费办法》。经行政院决议，由新设立的工矿调整委员会取代资源委员会负责工厂内迁工作，并把迁移工厂分为军需厂矿和普通厂矿两种，政府不再负责普通厂矿的内迁需用。但其自愿内迁者，得予以免税免验、便利运输、代征地亩等便利。9月27日，工矿调整委员会主任委员翁文灏召集各有关单位开会，决定增拨工厂内迁的经费和地亩额度，增迁8家工厂，以及中华书局等十余家文化印刷厂。内迁工厂先是由沿海地区迁到华中的武汉、长沙等地。随着战争的扩大，徐州会战、武汉会战的发起，内迁工厂又由中部地区向西部的四川、贵州、湘西等地迁移。

从此，近代以来一场规模空前的中国工业大迁徙紧张地开展了。迁厂工作极其复杂，困难重重，在日军炮口下把大量的机器设备拆运出来，其风险更是显而易见。但是，内迁各厂满怀爱国激情，“誓不以厂资敌”，冒着连天炮火抢拆、抢装、抢运，长途辗转，历尽千辛万苦，陆续抵达武汉。有人评论道：“冷冰冰的机器，每每涂上热腾腾的血。”当时承担主要运输任务的民生公司，在日军的空袭中，连续抢运40多天，公司伤亡员工177人，损失船只16艘。到1938年底，迁到大后方的沿海工厂共有304家，机件重量5万余吨。这一大规模的工厂内迁，是近代史上中国实业界的一大壮举。大批工厂的内迁，对中国坚持抗战发挥了重要的支持作用。

1934年9月28日
东北义勇军领袖邓铁梅遇害

今天是9月28日，1934年的今天，东北义勇军领袖邓铁梅在沈阳遇害。

东北义勇军，是九一八事变后，由东北各阶级各阶层人士自发组织起来的抗日武装力量。据不完全统计，当时直接参加抗日武装的人数多达30余万人，利用各种方式进行抗日救国的人数超过100万。

邓铁梅，原名邓古儒，曾任凤城县公安局长、牡丹江警察分署署长等职。九一八事变爆发后，他从锦州回到凤城县，联络了近200名抗日志士，于1931年10月，成立了东北民众自卫军，被推举为司令。由于邓铁梅在凤城、岫岩一带很有名望，部队建立不到 1 个月，就迅速发展到一千七八百人。同年年底，邓铁梅指挥自卫军攻打凤城县城，毙伤日伪军 50 余人，捣毁了伪县公署、警察局，砸开监狱，释放了 100 余名爱国志士，缴获步枪 300 余支、轻机枪 3 挺、迫击炮 2 门。接着，自卫军又乘胜远征庄河县城，守城军闻风而逃。

邓铁梅接受中国共产党的抗日主张，坚持自卫军来自民众、扎根民众，受到广大人民群众的欢迎。同时，他在部队中设立了政治处，建立了政治工作制度，规定了比较严格的纪律，并创办了军官学校等，有力地促进了部队的建设。

东北民众自卫军在邓铁梅指挥下，成立不到 10 个月，共进行大小战斗近 100 次，部队很快发展到 1.5 万余人，引起了日本侵略军的恐惧。1932 年 12 月中旬，日军以第 2 师团主力和守备队及伪军组成岫岩、庄河两个讨伐队，向辽南各地疯狂进攻，大肆“讨伐”。邓铁梅率部奋勇抗敌，取得岫岩县文家街、红花岭等战斗的胜利，粉碎了日伪军的第一次大“讨伐”。

但是，日伪军不甘心失败，至 1934 年 1 月，又连续进行了第二、第三、第四次大“讨伐”，邓铁梅所部大为削弱，仅存苗可秀率领的一部继续坚持斗争。邓铁梅由于长期作战，操劳过度，身患重病，于 5 月 30 日被敌人便衣暗杀队逮捕。但邓铁梅拒不投降。9 月 28 日，抗日英雄邓铁梅被敌人杀害于沈阳陆军监狱。

1938年9月29日
中共六届六中全会召开

今天是9月29日，1938年的今天，中国共产党扩大的六届六中全会在延安桥儿沟召开。会议于11月6日结束。会议为坚持持久抗战指明了正确的政治方向。

在武汉会战期间，中共中央依据当时的情况，及时地预见到中日战争形势即将发生变化，决定于1938年9月29日召开党的六届六中全会。毛泽东在会上作《论新阶段》政治报告。他预言，日本的进攻已接近顶点，敌我相持的局面即将到来。日本将转入军事上保守占领区，而从政治上和经济上向我进攻。在政治上建立全国性的汉奸政府，破坏国共合作与全国团结。军事上将抽兵进攻游击战争。世界的主要重心在欧洲，西方各国都将以解决欧洲问题放在议程的第一位。一些西方国家在一定时期内甚至还可能同日本进行某种妥协。国内的抗战营垒中可能产生意见分歧甚至某些分子的动摇与局部叛变。后来的国内外局势发展，完全应验了这些预判。

基于上述判断，中共六届六中全会制定了抗战新阶段的战略任务，即：坚持抗战，坚持持久战，巩固和扩大抗日民族统一战线，以便克服困难，增加力量，停止敌人进攻，实行我之反攻，以取得最后驱逐日寇出境和建立独立自由幸福的新中国的光荣胜利。

为达成这一基本任务，会议还提出了15项具体主张。全会特别阐明了新阶段中巩固和扩大抗日民族统一战线的重要性，指出，长期的战争只有长期的统一战线才能支持，巩固扩大统一战线，发动全民族各阶层中一切生动力量，是战胜敌人的中心任务。全会要求全党继续把工作重点放在敌后和战区，并把巩固和发展敌后游击战争作为党的军事战略的首要任务。全会确定会后开展敌后游击战争的基本方针是："巩固华北，发展华中华南。"

在中国抗日战争形势即将发生重大变化的历史关头，中共中央及时制定了新阶段的战略方针和任务，为全党全国人民坚持抗战作了有针对性和预见性的预先部署，充分显示了中共中央认识抗战、把握抗战、引领抗战的卓越能力。

1939年9月30日
八路军陈庄战斗结束

今天是9月30日，1939年的今天，八路军第120师和晋察冀军区第四军分区第5团部队发起的陈庄战斗胜利结束。

1939年9月23日，日军独立混成第8旅团第31大队及伪军一部共1500余人，突然集中在灵寿县城，企图奔袭晋察冀军区后方机关。八路军晋察冀军区及第120师首长决心集中主力歼灭来犯日伪军。25日，日军从灵寿县出动，先占领慈峪、南谭庄。27日拂晓前，日军除留一部守备慈峪外，主力1100人经沙湾、长岩山等地向陈庄轻装进犯。第120师第716团、独立第1支队及独立第1旅第2团向陈庄疾进。在八路军主力尚未赶到时，日军已于11时占领陈庄。八路军主力在陈庄以东磁河两岸的司家庄、高家庄、冯沟一带设伏，并以一部兵力进至陈庄南面的长峪待机。

28日6时，日军焚烧陈庄房屋后，渡过磁河沿原路撤回。8时许，出陈庄向东进犯的日军刚进至大庄村，其先头部队被八路军第716团第1营和第2团特务连堵击。激战1小时后，日军主力转而进攻高庄东南的秦梁山晋察冀军区第2团阵地，并占领半个山地。晚8时，第120师特务团和军分区部队发起反击，一举夺回阵地，并将日军包围在高家庄、冯沟里、破门口等村庄及附近高地。日军退至破门口后，八路军以一部兵力监视日军，主力撤至高杨庄休整。29日7时半，冯沟里、破门口之日军突围逃至鲁柏山以西高地，又被八路军追击部队和阻击部队包围。12时，第120师特务团与军区第6团一部向日军发起进攻。由于日军占据有利地形，八路军暂停攻击。29日黄昏，八路军各部队调整部署后，再次向日军发起总攻。战至30日下午，日军伤亡惨重、弹尽粮绝，大部被歼。余敌逃窜，八路军晋察冀军区第四军分区第5团发起追击，将敌彻底消灭。至此，陈庄战斗胜利结束。

这次战斗，毙伤日伪军1280余人，缴获一批枪、炮等武器弹药，以及数十匹战马、骡子等。

十月

1943年10月1日

中共中央发出《关于减租生产拥政爱民及宣传十大政策的指示》

今天是10月1日，1943年的今天，中共中央政治局发出《关于减租生产拥政爱民及宣传十大政策的指示》，要求积极宣传、坚决执行。

中国抗日战争进入战略相持阶段后，日军把军事进攻的重点逐渐转向侵占区。1941起，日军实行“总力战”，大肆摧残抗日根据地，随着日军对正面战场压力的逐渐减轻，国民党在抗日作战方面日趋消极，而反共活动日趋活跃。从1940年11月起，国民政府军政部停发八路军的薪饷、弹药、被服等物资，并以几十万军队对陕甘宁边区等抗日根据地实行包围和经济封锁。

为了克服困难，渡过难关，坚持和发展抗日根据地，中共中央政治局于1943年10月1日发出《关于减租生产拥政爱民及宣传十大政策的指示》，指示要求根据地认真实行减租。“凡未认真实行减租的，必须于今年一律减租；减而不彻底的，必须于今年彻底减租。”《指示》还要求根据地实行自己动手，克服困难的大规模生产运动，凡不注重研究生产的人不算好的领导者，凡不注意生产的不算好军人、好公民。《指示》要求根据地于明年正月无例外地举行一次拥政爱民与拥军的大规模的群众运动。《指示》特别再次强调了现在各根据地应实行的十大政策，这十项政策就是：第一，对敌斗争；第二，精兵简政；第三，统一领导；

第四，拥政爱民；第五，发展生产；第六，整顿三风；第七，审查干部；第八，时事教育；第九，三三制；第十，减租减息。指出，只有全部地、认真地实行这十大政策，才能达到克服困难，迎接光明之目的。

根据这一《指示》，各根据地普遍实行减租减息，开展大生产运动，极大地提高了农民的生产热情，解放了农村生产力，促进了生产事业的发展，根据地人民的负担也大大减轻，经济建设取得巨大成就，为渡过根据地的严重困难，巩固根据地的抗日民主政权，支持敌后长期战争，争取抗战胜利，奠定了物质基础。

1939 年 10 月 2 日
中共中央军委总政治部发出《关于敌伪军工作的训令》

今天是 10 月 2 日，1939 年的今天，中共中央军委总政治部发出关于敌伪军工作的训令，提出了对敌军和伪军工作的方针。

全国抗战爆发后，中国共产党就开始重视敌军工作。1937 年 9 月 25 日，中国共产党专门发出《告日本陆海军士兵宣言》，向日本士兵宣布了中国军民奉行的优待俘虏的政策，并号召日军士兵掉转枪头，反对侵略战争。10 月 25 日，八路军总部专门向所属部队发布命令，敦促各地部队严格执行俘虏政策：一、对于被我俘虏之日军，不许杀掉，并须优待之。二、对于自己过来者，务须确保其生命安全。三、在火线上负伤者，应予以送治。四、愿归故乡者，应给路费。

1938年10月，毛泽东在中共六届六中全会上再次要求八路军、新四军各部队尊重并优待日军俘虏，对其进行教育，经过他们去影响其余，促进反侵略这一统一战线的建立和发展。

1939年10月2日，中共中央军委总政治部专门向所属部队发出训令，提出了对敌军和伪军工作的方针。《训令》指出：今天对敌军工作的方针应当是：用各种方法削弱和减低日军的战斗力，使日兵对中国军民不作盲目的仇视。《训令》认为，在敌“以华制华”的政策下，伪军数量可能扩大，因此，应当重视伪军的工作。其方针是：消灭与争取并进，反正与瓦解并进。

根据这些政策和训令，中国共产党在各抗日根据地和部队中普遍成立了旨在瓦解日军和伪军的敌军工作部和敌伪军工作委员会。同时，各抗日根据地的日本人反战运动也逐步产生并发展起来。1939年11月7日，在八路军前方总部所在地山西辽县麻田镇，被俘日军共同组织成立了“觉醒联盟”。这是敌后抗日根据地中成立最早的由日军战俘组织的日本人反战团体。不少日军俘虏被八路军、新四军俘虏后，经过教育，转变了立场，加入了八路军、新四军，投身于对日军的反战宣传教育工作。

1942年8月，在延安召开了华北日本士兵代表大会，53名士兵代表出席会议并通过《日本士兵要求书》。这在侵华日军中引起了强烈的震撼，对瓦解日军士气起到了重要作用。

1938年10月3日
八路军晋察冀军区进行东西庄战斗

今天是10月3日，1938年的今天，八路军晋察冀军区部队在河北阜平县进行了东西庄战斗，歼灭日军一部，取得了作战的胜利。

东西庄战斗是晋察冀军区1938年秋季反围攻作战的一部分。1938年9月，日军华北方面军集中5万余人兵力，采取分进合击，多路围攻的作战方法，以五台、阜平为主要作战目标，对八路军晋察冀军区和途经晋察冀抗日根据地的第120师部队进行大规模围攻，企图消灭该地区的八路军主力部队，摧毁晋察冀抗日根据地。

八路军决心以晋察冀军区和第120师主力部队，在民兵和游击队的配合下，采取内线与外线、广泛的游击战与有利条件下的运动战相结合的作战方法，粉碎敌人的围攻。

10月初，日军第110师团一部向阜平进攻。10月3日，晋察冀军区以第一军分区部队在东西庄地区设伏，以冀中军区独立旅从阜平南面配合，以第三军分区一部切断敌人退路，阻止敌人增援。10月4日上午7时，八路军部队突然发动攻击，与敌人展开激战。进入伏击地区的日军顿时混乱，被歼灭一部。当日12时，曲阳的日军陆续增援。八路军以一个营钳制增援敌人，主力部队迅速撤出战场。这次东西庄伏击战斗，歼灭日军1000多人。

从9月下旬到10月6日，八路军晋察冀军区部队与第120师第359旅先后在邵家庄、冯家庄、牛道岭、石佛寺、东西庄等地歼灭日军3000余人。10月7日以后，各部队在军区的统一部署下，对敌展开了灵活的斗争。10 月中旬，第一、第三军分区部队先后在曲阳至阜平的交通线上进行了十多次的袭击、伏击战，第 359 旅与第一军分区一部也连续在阜平、蔚县、广灵、涞源地区出击日军。10 月 28 日，第 359 旅又在邵家庄等地伏击日军，歼敌 300 余人。11 月 3 日，第 120 师 358 旅在滑石片地区设伏，歼灭日军 500 余人，俘虏 21 人。

到 11 月 7 日，晋察冀军区反围攻作战基本结束。八路军共进行大小作战 136 次，毙伤日军 5200 多人，缴获长短枪 570 余支，轻重机枪 49 挺，各种火炮 10 门，进一步巩固了晋察冀抗日根据地。

1939 年 10 月 4 日
毛泽东为《共产党人》杂志撰写发刊词

今天是 10 月 4 日，1939 年的今天，毛泽东为中共中央主办的党内不定期刊物《共产党人》杂志撰写了发刊词。

1939 年 6 月 13 日，毛泽东在延安高级干部会议上指出：去年 3 月会议以来，“党已在全国有了大数量的发展。现在的任务是巩固它”。8 月 25 日，中共中央作出《关于巩固党的决定》，指出：今后一定时期的中心任务是巩固党的组织，加强马克思列宁主义教育、阶级教育和党的教育。并拟议创办一个党内不定期刊物——《共产党人》。

10 月 4 日，毛泽东为《共产党人》撰写发刊词，指出：“为了建立一个全国范围的、广大群众性的、思想上政治上组织上完全巩固的布尔什维克化的中国共产党”，创办这样一个刊物是必要的。尤其是在当前的时机中，这种必要性更加明显。他认为：“我们党已经走出了狭隘的圈子，变成了全国性的大党。而党的任务是动员群众，克服投降危险、分裂危险和倒退危险，并准备对付可能的突然事变，使党和革命不在可能的突发事变中，遭受出乎意料的损失。”他指出创办《共产党人》这一刊物，是为了帮助进行党的建设这一伟大工程。他说：“为了中国革命的胜利，迫切地需要建设这样一个党，建设这样一个党的主观客观条件也已经大体具备，这件伟大的工程也正在进行之中。帮助进行这件伟大的工程，不是一般党报所能胜任的，必须有专门的党报，这就是《共产党人》出版的原因。”

毛泽东总结了中国共产党成立 18 年来战胜敌人的三大法宝，指出：十八年的经验，已使我们懂得，统一战线，武装斗争，党的建设，是中国共产党在中国革命中战胜敌人的三个法宝，三个主要的法宝。他强调：正确地理解了这三个基本问题及其相互关系，就等于正确地领导了全部中国革命。他认为统一战线和武装斗争，是战胜敌人的两个基本武器，而党的组织则是掌握这两个武器以实行对敌冲锋陷阵的英勇战士。毛泽东指出：根据马克思列宁主义的理论和中国革命的实践之统一理解，集中十八年的经验和当前的新鲜经验传达到全党，使党铁一样地巩固起来，而避免历史上曾经犯过的错误——这就是我们的任务。

1938 年 10 月 5 日
八路军王林口伏击日军

今天是 10 月 5 日，1938 年的今天，八路军晋察冀边区军民在河北阜平王林口伏击日军，取得胜利。

平型关战役后，八路军第 115 师副师长聂荣臻按照毛泽东的指示，于 1937 年 10 月下旬率领独立团、骑兵营和八路军总部特务团一部等共约 3000 人，以五台山为中心，在敌后开辟晋、察、冀三省边界地区抗日根据地。经过艰苦细致的工作，迅速打开了抗战局面。11 月 7 日，根据中共中央军委的命令，正式成立了八路军晋察冀军区，聂荣臻任司令员兼政治委员，下辖 4 个军分区。

晋察冀军区成立后，晋察冀边区军民在兄弟部队第 120 师、第 129 师各一部的配合下，粉碎了日军的 8 路围攻，歼敌 2000 余人，缴获大批武器、弹药和军用物资。1938 年 1 月 10 日，晋察冀边区军政民代表大会在阜平召开，民主选举产生了抗日民主政权——边区临时行政委员会，标志着八路军开辟的第一个敌后抗日民主根据地的形成。

此后，晋察冀军区部队为钳制日军，配合友军正面战场的作战，根据八路军总部的命令，从 1938 年 2 月上旬开始，对平汉、正太、同蒲铁路进行了一系列破袭作战；4 月下旬至 7 月，又向平绥、平汉、津浦等铁路线和附近城镇据点发起了连续攻击，使华北日军惊恐不安。日军决定在南取广州、中攻武汉的同时，“北围五台”。从 9 月 10 日起，日军 5 万多人对晋察冀根据地发动大规模的多路围攻。

10月初，日军一部侵占河北省阜平县城。10月5日，阜平县城的日军300余人，附骡马100匹，去王快运输物资。八路军晋察冀军区获悉后，即命第三军分区第11大队在阜平县东部的西王林口和东王林口地区设伏，待机歼敌。是日12时，日军进到东王林口村附近时，遭到八路军预伏部队的迎头痛击；预伏在西王林口的八路军部队亦乘日军混乱之际，发起攻势。日军在八路军部队的夹击下，死伤过半，残部丢弃骡马，仓皇逃向王快。这次伏击，八路军毙伤日军100余人，缴获各种枪30余支、骡马50余匹，取得了作战的胜利。

1940年10月6日
八路军开始反击日伪军大规模“扫荡”

今天是10月6日，1940年的今天，八路军开始反击日伪军的大规模报复性“扫荡”，夺取百团大战的最后胜利。

1940年8月，百团大战发起后，日本侵略军连续遭到八路军的两次大规模攻击，损失惨重，便调集重兵进行报复。10月11日，日军3000余人向榆社、辽县、武乡之间的浊漳河两岸地区“扫荡”。15日上午，八路军两个团在和辽公路弓家沟伏击日军运输队，歼灭日军100多人，毁敌汽车40多辆。10月29日，八路军又在关家垴重创日军，迫使日军撤出太行根据地中心地区。11月17日，日军7000余人分路合击太岳区的沁源及其以北地区。太岳军区部队避开日军的锋芒，在敌人转入分散“清剿”的时候，重创日军，日军被迫于 12 月 5 日撤出太岳区。

在此期间，日军对晋察冀抗日根据地也发起进攻。10 月 13 日至 27 日，日伪军 1 万余人合击平西抗日根据地中心区，被歼灭 190 余人后撤退。11 月 9 日，日军 1 万余人“扫荡”北岳区。北岳区军民以游击战广泛袭击日军，迫使日军于 12 月 3 日撤出大部兵力。12 月 13 日至 1941 年 1 月初，晋察冀军区以 4 个主力团发动攻势，将留驻当地的日军全部驱逐。

从10月25日起，日军一部兵力对晋西北部分地区进行“扫荡”。尔后，日军于 12 月 14 日出动 2 万余人，对晋西北地区进行全面进攻，很快侵占了除保德、河曲外的全部县城，并转入修路筑点，企图长期驻守和分割晋西北抗日根据地。为粉碎日军的企图，晋西北军区命令一切抗日武装积极袭击日军，迫使日军于 1941 年 1 月 24 日全部撤回原出发地。

日军在这次大规模的报复性“扫荡”中，所到之处，奸淫烧杀，无恶不作，残暴、野蛮，毒辣至极。太岳根据地的沁源县在这次“扫荡”中，有 5000 余人被害，占全县人口的十分之一。晋西北根据地内也有 5000 余人惨遭日军荼毒。八路军在这次长达 3 个多月的反“扫荡”作战中，粉碎了敌人摧毁抗日根据地和八路军抗日力量的企图。这次反“扫荡”结束后，著名的八路军百团大战也宣告胜利结束。

1938 年 10 月 7 日
新四军第 3 支队收复红杨树

今天是 10 月 7 日，1938 年的今天，战斗在皖南抗日前线的新四军第 3 支队收复了红杨树，打响了新四军第 3 支队在皖南抗日前线的第一仗，扩大了新四军的影响。

日军侵占南京、上海、杭州等城市后，沦陷区社会混乱，广大人民群众陷于水深火热之中，迫切要求抗日自卫。遵照中共中央关于新四军在华中敌后开展游击战争的指示，新四军各支队陆续向华中敌后挺进。

1938 年 5 月，谭震林率领第 3 支队随新四军军部由岩寺挥师北上，在泾县、南陵县一带整训后，于 7 月 1 日进入皖南抗日前线，展开于东起芜湖、宣城，西至青阳、大通镇，南至章家渡，北迄长江，在横宽 100 余公里、纵深不足 50 公里的狭长地带，担负正面战场的守备任务。

这里地处长江南岸，是控制长江中下游地区交通的重要侧翼，也是新四军军部联系江北新四军部队的主要通道。日军为了实施对武汉的进攻和向中国腹地的入侵，确保长江航线的畅通，经常对该地区进行“扫荡”。在日军的进攻和“扫荡”下，国民党军一些临江的前沿阵地丢失，使得日军沿青弋江一线不断向皖南纵深进犯。9 月 28 日，中国第三战区司令长官顾祝同命令新四军第 3 支队开赴青弋江一带担负阵地防务。为了维护团结抗战的大局，第 3 支队接受了这一与部队编制装备不相适应的任务。10 月 7 日，第3支队进抵青弋江西岸的西河镇一带，一边帮助群众修复被日军毁坏的家园，一边构筑阵地，并乘日军立足未稳之机，当夜收复红杨树。之后，第3支队又多次击退日军小股部队的袭扰。10月30日至11月4日，日军调集第15师团第60联队和第116师团一部，向青弋江阵地进犯。第3支队在谭震林指挥下，以机动防御战法与日军周旋，先后在清水潭、马家园、红杨树、湾沚和九里山等地袭击敌人，共毙伤日伪军300余人，迫使日军退回原据点。尤其在马家园战斗中，第3支队胜利完成了守备任务。通过这一系列战斗，新四军第3支队积累了作战经验，提高了人民群众抗战的信心和拥护新四军的热情。

1938年10月8日
台湾六甲军民袭击日本警察

今天是10月8日，1938年的今天，中国台湾六甲军民袭击日本警察，武装反抗日本殖民者的压迫和奴役。

日本在台湾实行殖民统治的50年，台湾人民一直没有停止过反抗日本侵略的斗争。全国抗战爆发后，许多台湾同胞冒着生命危险来到祖国大陆，为抗日战争胜利作出了重要贡献。据不完全统计，在长达50年的抗日斗争中，约有65万台湾人民献出了自己的宝贵生命。

台湾自古以来就是中国的领土，1894年7月25日，日本发动甲午战争，接着，逼迫战败的清政府将台湾全岛及其所有附属岛屿以及澎湖列岛割让给日本。

日本侵占台湾后，殖民当局在台湾竭力推行“皇民化”运动，全面禁止学校、机关使用汉语，甚至推行“创氏改名运动”，强迫台湾民众改用日本姓名。他们还推行“皇民奉公运动”，强迫每家每户参加战时劳动服役，认购战时公债，交纳战时物资等，并在台湾强征20多万人参加日军或充当军伕，还强迫或诱骗台湾妇女从军充当“慰安妇”。这些残酷的殖民统治，引起了台湾人民的愤怒，他们采取各种各样的方式进行反抗。

1938年3月，台湾工党领袖高斐反对征调台胞到大陆为日本作战，领导数千名矿工在宜兰暴动，进攻日军司令部，焚毁火药库，与日军激战4小时后退入阿里山，和当地居民联合开展抗日游击斗争。1938年10月8日至11日，台湾六甲、高雄等地军民先后袭击日本警察，击毙日本警察数十名。日军随即进行镇压，杀害岛民200余人，逮捕四五百人。1939年3月，被日军征调的农民1000余人，在高雄兵站举行反战暴动，与日本宪兵激战半天，失败后600多人被害。1939年10月，准备开往大陆战场的300名被征调的基隆壮丁，在领得枪械后举行反战暴动，把现场的30多名日军杀死，后又击毙145名增援来的日军，然后退入山中开展游击斗争。1940年冬，台南县东石朴子小学教员李钦明秘密联络抗日志士50多人，于1941年4月成立台湾民族主义青年团，以响应大陆抗战，准备“华军一旦攻台，竞先内应”。事泄后，近100人被日军逮捕。

台湾人民在岛内开展的抗日斗争，有力地牵制了日本侵华力量，以实际行动支援了祖国抗战和世界反法西斯战争。

1944年10月9日
中、美、英、苏公布《联合国组织草案》

今天是10月9日，1944年的今天，中国、美国、英国、苏联四国公布《联合国组织草案》，为制定《联合国宪章》奠定了基础。

1943年10月30日，中国与美、英、苏三国共同签署了《关于普遍安全的宣言》，迈出了创建联合国的关键一步。宣言明确宣布：四国将在尽速可行的日期内，建立一个普遍性的维持国际和平与安全的国际组织；在新的国际组织成立之前，四国将彼此协商，以便代表国际社会采取共同行动。

这一宣言是继1942年1月《联合国家宣言》后，中国再次以大国身份参与签署有关国际事务的重要文件。中国参与签署四国宣言，表明中国对建立新的国际组织已正式承担义务，并决定了中国将在其中处于重要的地位。此后，中国一直以四大国之一的身份积极参与联合国的创建工作。

1944年8月21日开始，美、苏、英三国代表先在美国华盛顿附近的敦巴顿橡胶园举行会议，接着，9月29日开始，中、美、英三国代表又继续在敦巴顿橡树园开会，具体落实四国宣言中提出的筹建新的国际组织工作，并拟定了联合国机构的组织草案。中国代表顾维钧出席了会议。会议于10月7日结束。三国发表声明："为维护世界和平安全，业已议定国家组织与机构之计划大纲。"10月9日，美、苏、英、中四国政府同时宣布《关于建立普遍性的联合国组织的建议案》即《联合国组织草案》。同意中国将在未来的联合国安理会中拥有常任理事国的席位。

1945年4月至6月，中国与美、英、苏三国共同发起召开旧金山会议，世界上50个国家的代表与会，讨论制定联合国宪章。会议期间，中国代表坚持正义、主持公道，为会议成功作出了贡献。会议通过了《联合国宪章》，其上有中国共产党代表董必武的签名。这表明中国共产党支持并参加了联合国的创建工作。《联合国宪章》中规定：中国是联合国创始会员国，是安理会五个常任理事国之一。中国的大国地位，通过《联合国宪章》得到国际的正式确认。

1938年10月10日
南侨总会成立

今天是10月10日，1938年的今天，南洋各属华侨筹赈祖国难民总会在新加坡成立，简称南侨总会，陈嘉庚被选为总会主席。南侨总会是抗战期间3940多个华侨团体中的一个，是抗日战争时期人数最多、成绩非常突出的救国侨团。

海外侨胞对祖国抗战的支援从九一八事变爆发时就已开始。1932年一·二八淞沪抗战期间，美国旧金山、芝加哥等地华侨踊跃捐献财物，支援第19路军抗战。1935年一二·九爱国运动爆发后，各地华侨尤其是华侨学生纷纷集会通电，对国内学生抗日示威运动甚表同情，誓为后盾。

1936年9月20日，英、法、德、荷、瑞士等国的华侨代表和各国来宾共450多人在法国巴黎召开大会，一致议决成立全欧华侨抗日救国联合会。这是海外最早自觉成立的洲际性华侨抗日团体，也是欧洲华侨抗日救国大团结的标志，成为海外华侨团结抗日的表率。

1938 年 10 月 10 日，南洋各属华侨筹赈祖国难民总会在新加坡成立，该会发表宣言，号召华侨“各尽所能，各竭所有，自策自鞭，自励自勉，踊跃慷慨，贡献于国家”。

1943 年 9 月，美国旧金山的旅美华侨统一义捐救国总会，与纽约、芝加哥等地的侨团联合成立旅美华侨救国会，成为美洲最大的抗日侨团。

各个华侨团体成立后，发动华侨以多种形式支援祖国抗战。在 14 年抗战中，约有 400 万华侨为祖国抗战捐过款，占华侨总人数的一半，捐款总数为法币 13 亿多元。新四军第 2 支队敌工干事陈子谷，把折合法币 20 万元的遗产和从泰国募捐来的棉衣费 6 万法币，全部捐给新四军。这笔款相当于国民政府拨给新四军的两个月军饷。

各地华侨还以踊跃购买公债、进行侨汇、回国投资，捐献飞机、汽车、衣物、药品，回国参加抗战等多种方式支援祖国抗战。其中，有 3000 多南洋华侨机工回国服务抗战，有 300 多名美国华侨空勤人员，100 多名菲律宾飞行员回国参加抗战，陈瑞钿、黄泮扬都是华侨飞行员中著名的空中“虎将”、战斗英雄，不少归侨青年为效命祖国，血洒疆场。

1940 年 10 月 11 日
彭雪枫报告新四军游击支队的情况

今天是 10 月 11 日，1940 年的今天，彭雪枫向周恩来和叶剑英报告新四军游击支队的情况。

1938 年初，中共中央派八路军参谋处处长、驻晋办事处主任彭雪枫担任河南省委军事部长，到确山竹沟主持军事工作。任内，他积极培养抗日干部，组建抗日武装，为开展抗日游击战争做准备。

9 月 2 日，根据日军战线推进到武汉地区，豫东和皖北沦为敌后的情况，中共中央长江局负责人周恩来和叶剑英指示彭雪枫，要把工作重心移向豫东，创建豫皖苏边区新局面。9 月 7 日，彭雪枫组建了新四军游击支队，9 月 30 日，从竹沟挺进豫东，进到西华县与豫东游击第 3 支队和先遣大队合并，仍称新四军游击支队。彭雪枫任司令员兼政治委员，吴芝圃任副司令员，张震任参谋长，萧望东任政治部主任，下辖第 1、第 2、第 3 大队，共 1000 余人。

10 月 24 日，新四军游击支队从西华县出发，东渡新黄河，进到淮阳东北。27 日，新四军游击支队在淮阳以北窦楼遭到日军袭击。新四军游击支队迅速展开，从三面攻击日军。经 2 小时激战，日军败退戴集。新四军游击支队首战告捷，毙伤日军 10 余人，鼓舞了豫东人民的抗日热情。11 月下旬，新四军游击支队进到睢县、杞县和太康地区后，积极袭击敌人，先后进行了西陵寺、陈寨、宋庄等战斗，取得了作战的胜利。到 1938 年底，新四军游击支队发展到3000余人。

1939年初，新四军游击支队开辟了商丘、亳县、永城地区。5月，又继续挺进并开辟蚌埠以东的淮上地区。游击支队分区开展地方工作，组建地方武装，建立了永城、夏邑、萧县、宿县、亳县、涡阳等县的抗日民主政权。1940年2月，新四军游击支队正式改称第6支队，彭雪枫任司令员兼政治委员，部队壮大到10个团1.78万人。这对日军造成了很大威胁。3月中旬，日、伪出动2000多人“扫荡”永城、萧县地区，遭到失败。4月1日，日、伪军又集中3000余人“扫荡”永城地区，第6支队第1总队等部与敌激战终日，歼敌300余人，挫败了日、伪军的进攻。总队长鲁雨亭以下200余人在战斗中牺牲。在连续打退日军进攻后，豫皖苏抗日根据地进一步巩固。

1937年10月12日
南方八省红军游击队改编为新四军

今天是10月12日，1937年的今天，南方八省14个地区红军游击队改编为国民革命军陆军新编第四军，简称新四军。

1934年10月中央红军主力长征后，奉命留在湘、赣、粤、闽、浙、皖、豫、鄂8省各革命根据地的红军和游击队，坚持了艰苦卓绝的三年游击战争。全国抗战爆发后，国民党当局虽陆续停止了军事“清剿”，但企图通过“谈判”改编以取消红军游击队。

根据形势的变化，中共中央于1937年8月1日发出《关于南方各游击区域工作的指示》，要求南方各红军游击队在保存与巩固革命武装，保障党的绝对领导原则之下，可与附近的国民党驻军或地方政权进行谈判，改变番号与编制以取得合法地位。

由于日军进攻上海，威胁国民政府首都南京，蒋介石急于调动红军开赴抗日前线，国民政府终于同中共中央就南方红军游击队改编为抗日武装问题达成协议。中共谈判代表周恩来还在上海会见了北伐名将叶挺，请他主持改编南方红军游击队。叶挺同意，并同项英赴延安接受中共中央的任命。由于当时叶挺已不是共产党员，因此，国民政府也同意由叶挺出面主持南方红军游击队改编。

1937 年 9 月 28 日，蒋介石任命叶挺为新四军军长。10 月 12 日，国民政府军事委员会宣布南方 8 省 14 个地区的红军游击队改编为新四军。接着，由中共中央提名经国民政府军事委员会核定，又任命项英为副军长，张云逸为参谋长，袁国平为政治部主任。12 月 14 日，中共中央决定成立东南分局和中央军委新四军分会，项英任东南分局和新四军分会书记，曾山任东南分局副书记，陈毅任新四军军分会副书记。

1937 年 12 月 25 日，新四军军部在汉口成立。1938 年 1 月 6 日移至南昌。2 月上旬，新四军军部命令江南各游击队到皖南歙县集结整编，江北各游击队分别在安徽霍山县流波䃥集结改编。全军编为 4 个支队，军部直辖特务营，共计 1.03 万人，各种枪 6200 支。1938 年 5 月，新四军各支队经过短期整训后，开始陆续挺进华中敌后，实行战略展开，在大江南北开展了广泛的抗日游击战争，成为华中敌后抗战的一支生力军。

1937年10月13日
中国军队在忻口阵地与日军激战

今天是10月13日，1937年的今天，中国军队在忻口阵地与日军激战。

忻口位于太原以北，居忻县、崞县、定襄三县之交，东托五台山，西倚云中山，滹沱河从两山穿流而过，同蒲铁路和一条公路沿河岸纵贯南北，是太原的门户，自古为兵家必争之地。

为了速占太原，日军于1937年10月4日，占领阳明堡，并向崞县、原平进攻。10月7日，日军占领崞县县城。11日，日军猛攻原平，中国守军与日军激战，中国军队第十九军第196旅旅长姜玉贞壮烈殉国，全旅官兵伤亡殆尽，原平失陷。

10月13日，日军5000余人，在飞机30余架、坦克50余辆、大炮50余门的掩护下，采取中央突破战法，开始向忻口阵地攻击，中国军队奋起抗击。激战至10时左右，日军摧毁南怀化沿河工事，乘机渡河，突破南怀化阵地。向阎庄进攻的日军，到黄昏时增加到3000余人，突破中国军队前沿阵地。当日，中国军队第十七军第21师2个团增援阻击，夺回1300高地；第十四军第10师及第六十一军新编第4旅协力夹击突入的日军，毙伤日军3000余人，击毁坦克22辆。10月14日，南怀化阵地被日军占领。南怀化为忻口全线锁钥，关系忻口战役的全局。因此，第二战区副司令官卫立煌决定集中5个旅的兵力，歼灭南怀化地区的日军。10月16日南怀化反击战正式开始，经昼夜激战，中国军队歼灭南怀化以南的大部分日军。中日双方军队都有数千人伤亡。在前沿指挥的中国军队第九军军长郝梦龄中将等壮烈殉国。

10月17日至19日，日军以地面和航空协同猛攻中国军队阵地。中国军队击毁日军坦克、装甲车各20余辆。从20日起，日军又先后对中国阵地施放毒气。到11月1日，中国军队虽伤亡惨重，但阵地仍巍然屹立。为了集中兵力固守太原，第二战区司令官阎锡山决定忻口中国守军于11月2日全线撤退。太原会战中的忻口战役结束。

忻口战役，八路军各参战部队积极配合友军作战，切断了日军后方运输线，歼灭了一批日军，削弱了日军进攻力量，减轻了国民党军正面防御的压力。

1937年10月14日
吕正操率部誓师抗日救国

今天是10月14日，1937年的今天，国民党军原第五十三军第691团团长、共产党员吕正操，遵照中共中央北方局的指示，率部脱离国民党军，誓师抗日救国。

吕正操，1925年毕业于东北讲武堂，后任张学良的副官、秘书；1935年一二·九运动中，支持学生爱国行动，1936年参加西安事变，1937秘密加入中国共产党。同年5月，吕正操任第五十三军第130师第691团团长。

卢沟桥事变爆发后，在日军大举进攻面前，国民党军队很快溃退。中共中央北方局指示中共第五十三军工委动员第691团乘机挥师北上，开展敌后抗日游击战争。1937年7月中旬，吕正操奉命率第691团到任丘一带设防。8月底，第691团又奉命开到安次、永清附近设防。国民党军第五十三军第130师师长周福成有意把第691团部署在一个三面受敌的突出部位，企图借日军力量削弱这个团，引起广大官兵的强烈不满，纷纷要求脱离国民党军，接受共产党的领导。

10月10日，吕正操率领全团向晋县东北的小樵镇前进。在小樵镇休整期间，吕正操召开了党的会议，传达了中共北方局的指示，具体研究了部队整编和北上行动的计划，并作出决议。

经过积极工作，吕正操在小樵镇一座小学主持召开了全团官兵代表会议，决定"全团立即回师北上！"接着，他庄严宣布："从今天起，我们脱离东北军，成为抗日的革命队伍了！"第691团随即改为人民自卫军，吕正操任司令员，李晓初任政治部主任。

10月14日，吕正操在河北省晋县小樵镇举行抗日誓师大会，在中共保属省委领导下，与河北游击军一起投入敌后抗日游击战争之中，开创了平原游击战争先河。到12月上旬，人民自卫军迅速发展到3000余人，1938年2月，人民自卫军连克霸县、永清等县城，3至4月间，人民自卫军和河北游击军在反击日军的"扫荡"中，作战100多次，毙伤日、伪军1000余人，并先后收复河间、高阳、安新等县城。5月4日，人民自卫军和河北游击军合编为八路军第3纵队兼冀中军区，吕正操任司令员。至此，冀中抗日根据地初步形成。

1939年10月15日
冀南银行创办

今天是10月15日，1939年的今天，冀南银行创办，为巩固敌后抗战金融作出贡献。

中国共产党领导的敌后抗日根据地，是在交通不便、经济落后的农村地区建立和发展起来的，而且长期处于日、伪军的封锁和包围之中，经济遭到极大的破坏。为了改善人民生活，调动人民群众抗战的积极性，各抗日根据地大力开展经济的恢复和建设工作，为坚持持久抗战提供了重要的物质保障。

加强财政与金融建设，是抗日根据地经济建设的重要任务。中共中央《抗日救国十大纲领》中明确提出：财政政策以有钱出钱和没收汉奸财产作抗日经费为原则。各抗日根据地政府结合实际情况，普遍宣布废除不合理的摊派制度，实行有钱出钱、有力出力为原则的合理负担，建立健全财政制度，全面实行统筹统支，坚决反对贪污浪费，使敌后抗战财政走上健康发展道路。

为了打击日、伪军利用伪钞掠夺物资、破坏经济的行径，稳定敌后抗战金融，敌后抗日根据地相继建立了自己的银行，并发行货币，统一根据地的金融事业。1939年10月15日，冀南银行成立，由冀南行政公署和八路军总后勤部双重领导，在冀南区设路东行，在太行区设路西行。从当日起，太行、冀南两行同时营业，发行冀南币，开始只在冀南、太行地区流通，后来流通到全华北地区。在此前后，华北抗日根据地还先后成立了晋察冀边区银行、上党银号、晋西北农民银行、北海银行、鲁西银行等；华中抗日根据地从1940年起，先后成立了淮海地方银行、盐阜银行、江淮银行、淮北银行、淮南银行、大江银行、豫鄂边建设银行、江南银行和浙东银行等。各银行采取“发行和巩固本币，保护法币，打击伪钞，肃清杂钞”的货币政策，并于1940年前后，逐步厘清了金融市场，初步建立了本币市场。这对根据地经济的恢复和发展发挥了重要作用。

1937年10月16日
刘少奇发表《抗日游击战争中的若干基本问题》

今天是10月16日，1937年的今天，中共中央北方局领导人刘少奇发表了《抗日游击战争中的若干基本问题》一文。

全国抗战爆发后，1937年9月25日，毛泽东曾向刘少奇等人发出电报，指出：“整个华北工作，应以游击战争为唯一方向。”一切工作，“应环绕于游击战争”。要设想在敌整个占领华北后，我们能坚持广泛有力的游击战争要告诉全党，今后没有别的工作，唯一的就是游击战争。按照毛泽东的指示，刘少奇深入地思考着游击战争的有关问题。

10月16日，正当忻口战役激烈进行之时，刘少奇发表了《抗日游击战争中的若干基本问题》一文，署名陶尚行。文章比较系统地论述了抗日游击战争的必要性和伟大意义，明确指出：“今天华北人民的中心任务，是广大地组织与发展抗日游击战争。广大的游击战争是华北人民抗日最有效的方式。”它能有效地牵制日本极大的兵力，在战略上配合华中华南的正规抗日战争；可以有效地消耗日本帝国主义的有生力量，以便最后战胜日本帝国主义，收复失地。游击战争将告诉世界，华北人民为保卫华北的每一寸土地而血战到底。

刘少奇在文章中强调，游击战争要长期坚持，必须在日军不能到达或者不能经常武装占领的多省边区、山区和广大乡村，建立抗日民主根据地。

刘少奇的这篇文章，后来被指定为中共中央北方局和八路军在临汾举办各种培训班的教材。游击战古已有之，但通常只是正规战的辅助形式，起战役战术的配合作用。全国抗战爆发后，有的人轻视游击战，而只重视正规战。在毛泽东关于华北应以游击战争为唯一方向的指示下，除刘少奇以外，周恩来、朱德等中共领导人也先后发表文章，对抗日游击战争问题进行了论述。中共领导人对游击战争的重视和研究，推动了八路军军事战略的重大转变，对于华北敌后抗日游击战争的开展和敌后抗日根据地的建立以及中国抗日战争的胜利具有重要指导意义。

1940 年 10 月 17 日
滇缅公路重新开放

今天是 10 月 17 日，1940 年的今天，英国重新开放滇缅公路。滇缅公路，东起中国昆明，西至英国殖民地缅甸的腊戍，是中国为适应抗战需要而开辟的一条重要国际交通干线。

1940 年 6 月，日本向英国提出了关闭滇缅公路的要求，并威逼说如不同意，日本将不惜向英国宣战。鉴于欧洲局势的严重及其自身利益，英国政府于 7 月 18 日，同日本签订了关于封闭滇缅公路的协定。协定规定："英国政府自本年 7 月 18 日起以后三个月内，禁止武器、弹药及铁道材料之通过缅甸输送。"在此之前，中国即对英国政府提出了抗议。

英国封闭滇缅公路，断绝中国重要的国际补给线，给中国的抗日战争带来了严重的损害，是英国自中国抗日战争爆发以来对日本采取的一系列绥靖行动中最为严重的一次。

这年秋天，英国本土受到德国的进攻，其在亚洲的殖民地也受到日本南进政策的严重威胁。这使英国注意到中国对日本的抵抗的重要意义。因此，在封闭滇缅路三个月的期限将近时，1940 年 10 月 8 日，英国首相丘吉尔宣布开放滇缅公路。10 月 17 日，滇缅公路重新开放。

1941 年 2 月，为保持滇缅公路的畅通，中国应英国的邀请，派出军事考察团前往缅甸、印度、马来亚进行军事考察，并提出中国军队及早入缅布防的意见，但遭到英国拒绝。1941 年 12 月 8 日太平洋战争爆发后，英、中先后对日本宣战，英国与中国同为世界反法西斯阵营中的盟国；同时，日军向英国保有传统殖民利益的东南亚发动大规模进攻，兵锋直逼英属缅甸，滇缅公路面临被切断的危险。中英双方急需合作抗击日军对缅甸的进攻。1941 年 12 月 23 日，中英双方签订《共同防御滇缅路协定》，主要内容有：中英在军事上共同抵抗日军对缅甸的入侵；中国可派兵进入缅甸；

中英在抗击日本的军事行动中进行合作等。《协定》使中英两国结成了事实上的军事同盟。1942年2月，根据这一协定，中国向缅甸派出了中国远征军，与英国军队共同抗击日本侵略军。

1937年10月18日
八路军第120师发起雁门关伏击战

今天是10月18日，1937年的今天，八路军第120师为配合国民党友军进行忻口战役，发起雁门关伏击战。

1937年9月下旬，由平绥路东段向西南进攻的日军华北方面军第5 师团，在由大同向南进攻的日军察哈尔派遣兵团配合下，侵占晋东北的广灵、浑源和灵丘等地，企图突破平型关要隘，歼灭中国军队第二战区部队，从右翼配合日军华北方面军主力在平汉路的作战，日军察哈尔派遣兵团亦进逼晋北雁门关。

为配合国民党友军作战，八路军总部按照中共中央军委调整战略部署的指示，命令第120师进至雁门关以西的神池地区，侧击由大同南犯的日军。

10月1日和4日，八路军第120师雁北支队相继收复井平镇和平鲁县城，接着在同蒲铁路大同至朔县段展开破袭战；第358旅主力于10月8日收复宁武县城，10日，在辛庄伏击日军运输队，随后逼近大同。

当日军主力于10月中旬向忻口国民党军阵地发起攻击后，八路军第120师向进攻忻口的日军右翼展开广泛袭击。第358旅主力于10月14日攻占崞县西南大牛店，随即以第715团乘胜向南北大常、永兴村日军进袭，毙伤日军100余人；10月18日，第716团发起雁门关伏击战，在雁门关以南黑石头沟公路两侧伏击日军，至21日，毙伤日军500余人，击毁汽车数十辆，一度切断了由大同经雁门关至忻口的交通。同时第359旅主力星夜由平山地区进至忻口西北侧击日军，接着又于10月23日在阳明堡西南的王董堡伏击日军运输队，毙伤日军300余人，击毁汽车30辆。至此，第120师在敌侧后共进行战斗20余次，收复宁武、阳方口、平鲁、井坪等城镇，歼灭日军1200余人，使日军交通运输进一步瘫痪。

与此同时，第115师打击了蔚县至代县的日军交通补给线，使进攻忻口的日军弹药、油料供应濒于断绝，攻势顿挫。八路军的积极作战，使进攻忻口的日军与大同、张家口的交通联系一度中断，粮、弹、油料等供应断绝，有力地支援了国民党军的防御作战，暂时稳定了晋北的战局。

1937年10月19日
八路军第129师夜袭阳明堡

今天是10月19日，1937年的今天，八路军第129师第769团夜袭阳明堡日军机场，取得胜利，使忻口战役中的日军一时失去了空中力量的支援。

1937年10月，在晋北的忻口战役中，当日本侵略军在地面攻击受挫和后勤补给不断受阻的情况下，不得不加强空中支援，由代县西南的阳明堡机场频繁出动飞机，加紧对忻口中国军队阵地的轰炸。为了配合国民党友军的作战，八路军第129师先头部队第769团，于10月16日进抵滹沱河东岸苏龙口一带，发现日军飞机不时从半空中掠过。他们根据敌机飞行的高度和时间测算，判断敌人的机场可能就在对岸的阳明堡附近。

10月19日上午，陈锡联团长亲自带着3个营长，登上滹沱河边的一座山峰侦查，果然发现一群灰白色的敌机，机身画着膏药旗，整齐地排列在河对岸的阳明堡东南方。为了了解更确切的敌情，副团长汪乃贵随几个当地的老乡，徒步涉过冰冷的滹沱河，到河对岸近距离侦查：机场上24架飞机整齐地分三排停放。沿跑道外围，挖了一条很深的壕沟。机场周围设有铁丝网，防御工事很粗糙，只有一些简单的掩体。机场北端有日军流动哨。停机坪处警戒松懈。

另据知情老乡讲，机场内驻有警卫分队和地勤人员共200余人，大部分驻扎在机场北端。敌人正忙于忻口会战，此乃歼敌良机。因此，第769团决定夜袭阳明堡日军机场。

10月19日11点，担任主攻任务的第3营顺利偷渡滹沱河，潜入机场，2个爆破连迅速冲入飞机泊位，爬上飞机，打破机盖上的玻璃窗，将一捆捆手榴弹放进驾驶舱，拉响引线，手榴弹立即爆炸。经过1小时激战，共毁伤日军飞机24架，歼灭日军100余人。但在部队撤出战斗时，第3营营长赵崇德不幸中弹牺牲。

夜袭阳明堡机场的胜利，是八路军第129师出师华北抗战取得的第一个重要胜利。它沉重地打击了日军的士气，使日军在忻口战场上一时失去了空中支援力量，减轻了国民党军正面战场的压力，振奋了抗日部队的士气。

1938年10月20日
东北抗日联军“八女投江”

今天是10月20日，1938年的今天，八位东北抗日联军女战士在同敌人背水作战、弹尽粮绝的情况下，宁死不屈，集体投江，成为抗战史上的绝唱。

1937年底，日军集结2.5万余人，开始对下江地区的东北抗日联军部队进行大规模“讨伐”。1938年4月，东北抗联第2路军总指挥部为打破日军大“讨伐”，决定以一部在宝清、饶河等地坚持战斗，以第四、第五军主力分两路实施西征。由于日军加强了对中东路沿线的封锁，西征部队一时受阻。6月底，东北抗联第2路军决定两路西征部队集中，统一向五常、舒兰方向前进，并于7月中旬和下旬取得了攻占苇河县楼山镇及袭击珠河县元宝镇的胜利。8月初，日军从哈尔滨、长春等地紧急空运重兵围堵东北抗联第2路军西征部队。9月初，西征部队虽突破日军堵截，进入五常县，但在优势日军的围追下，部队连续苦战数月，损失很大，第五军第1师只剩100余人，只能分散活动。10月中旬，西征部队第五军第1师等部返回牡丹江地区时，在乌斯浑河口，与日军遭遇，便迅速组织火力进行反击。

这时，妇女团只剩下指导员冷云，班长杨贵珍、胡秀芝，原第四军被服厂厂长安顺福，战士李凤善、郭桂琴、黄桂清、王惠民。

她们中年龄最大的23岁，最小的仅13岁。为了掩护部队主力突围，她们主动突击，猛烈向敌人射击，吸引敌人火力，并击退了敌人一次又一次猛烈进攻，为大部队安全转移赢得了宝贵的时间。10月20日，她们的子弹和手榴弹都打光了，面对着蜂拥而至的凶恶敌人，冷云坚定地说："同志们，我们是共产党员、抗联战士，宁死也不做俘虏！"她们投出最后一颗手榴弹，趁敌人卧倒的机会，毁掉枪支，背扶着受伤的战友，高唱着"奴隶们起来"的国际歌，一起投入乌斯浑河滚滚浪涛之中，谱写了"八女投江"的壮丽史诗。

东北抗联的这八位女战士，成为抗日战争中的众多英雄群体之一，是中国人民不畏强暴、以身殉国的杰出代表。

1938年10月21日
日军侵占广州

今天是10月21日，1938年的今天，日军侵占广州。

广州是华南沿海最大的城市，是中国利用香港输入外援物资的主要通道。为了切断中国华南方面的外援路线，1938年9月7日，日军大本营御前会议正式作出攻占广州的决定，并下令编组第二十一军负责攻占广州。9月19日，下达第二十一军战斗序列，由日军台湾军司令官古庄干郎中将任司令官，下辖第5、第18、第104师团和第4飞行团等部；并决定由海军第5舰队配合第二十一军，进攻广州附近要地，切断中国通往国外的主要补给线。

全国抗战爆发后，国民政府军事委员会在广东设立第四战区，由何应钦兼任司令长官。军事委员会认为，日本如果进攻广州，将损害英国利益，可能会引起英国的干涉，由此判断日本不会贸然进攻广州，因而始终未把广州作为重点防御地区，反而从广西抽调大批兵力到华中作战，武汉会战期间又从广州抽调 4 个师参加武汉保卫战，致使华南兵力单薄。广州作战开始前，第四战区以第十二集团军总司令余汉谋任战区副司令长官，负责广东防务，下辖 3 个军、2 个独立旅和虎门要塞部队，共 8 个师的兵力。且将各师分别部署在虎门、惠阳、潮汕、大亚湾、增城、从化、广州东郊等地，兵力分散，戒备松弛。

10 月 9 日，日军第二十一军在海军第 5 舰队的护卫下从马公起航，11 日抵达大亚湾。12 日凌晨，日军在海军第 5 舰队数十艘军舰和 100 余架飞机掩护下，在大亚湾强行登陆，几乎未受抵抗。日军第二十一军登陆后，先后侵占淡水、惠阳、博罗；20 日，突破中国军队防御，于 21 日侵占广州；22 日至 23 日，又连续侵占了平海、稔山、吉隆、增城、太平场、从化、虎门要塞。

广州作战处于武汉会战期间，中国守军几乎未组织有力抵抗，日军仅用 9 天时间，便轻而易举地侵占了广州，达到了策应武汉作战的目的。日军侵占广州，为其尔后的南进作战建立了一个前进基地，而中国则失去了一条重要的国际物资运输线，给持久抗战造成了新的困难。

1944年10月22日
八路军冀鲁豫军区部队发起西李官屯战斗

今天是10月22日，1944年的今天，八路军冀鲁豫军区第六军分区部队在山东省夏津县西李官屯发起战斗，取得胜利。

1944年，日军中国派遣军在华北、华中和华南抽调大量兵力实施打通大陆交通线的作战，并从华北抽调部分兵力支援太平洋战场。这样，中国敌后战场的日军兵力明显减少，日军不得不缩小防区，将一些次要的据点交由伪军守备。华北、华中、华南敌后抗日根据地军民抓住这一有利时机，从1944年开始，向日伪军积极展开攻势作战。这种攻势，从春季到冬季，此起彼伏，持续不断。八路军冀鲁豫军区第六军分区部队在山东省夏津县西李官屯发起的战斗就是一例。

1944年10月22日，山东省武城县日、伪军及日商300余人，到夏津县西李官屯集市抢粮食、抢棉花。八路军冀鲁豫军区第六军分区部队在西李官屯村周围设下埋伏。中午12点，当日、伪军抢足10车粮棉准备撤离时，八路军各伏击部队迅速将村子包围、发起攻击。村内日、伪军乱作一团，四处逃窜。除少部分伪军从村西沙河逃脱外，其余日、伪军悉数被歼。此战，共击毙日军4人、日商6人，毙俘伪军200余人，缴获长短枪200余支、机枪3挺、子弹1.5万余发。

西李官屯战斗是八路军冀鲁豫军区部队1944年中的多次攻势作战之一。1944年5月原冀鲁豫军区与冀南军区合并为新的冀鲁豫军区后，所属部队即展开夏季攻势，于当月解放了山东昆张地区，使抗日根据地中心区向东扩展50平方公里以上；继而通过连续的攻势作战，收复了单县、鱼台、丰县、沛县之间广大地区，恢复了微山湖中心区；8月上旬，又对郓城伪军发起进攻，使抗日根据地向南扩展20多平方公里。在秋冬季攻势中，冀鲁豫军区部队又向陇海、津浦、德石线出击，收复莘县和寿张等县城，抗日根据地进一步扩大。

1944年10月23日
八路军鲁南部队打响平邑、泗水伏击战

今天是10月23日，1944年的今天，八路军鲁南军区部队打响平邑、泗水伏击战，并取得胜利。

1943年12月24日，中共中央北方局下发了关于1944年的工作方针和任务的指示。着重指出："团结全华北人民的力量，克服一切困难，坚持华北抗战，坚持抗日根据地，积蓄力量，准备反攻，迎接胜利，是1944年全华北的方针。"

1944年，驻守在山东的日军，为了巩固侵占区，采取以攻为守方针，不断"扫荡"抗日根据地，但每次"扫荡"的规模都不大，一般持续几天，最多十几天。针对日军收缩兵力、重点守备的特点，八路军山东军区在反"蚕食"胜利的基础上，采取攻势作战方针，打击态势孤立的日、伪军，攻击敌人兵力薄弱的据点，包围和歼灭伸入抗日根据地的日、伪军等。

1944年10月23日上午，山东伪军和平建国军第十军第1师由费县出发，沿临滋公路向泗水进发。八路军鲁南军区获悉后，即命第一军分区3个营先期到达费县与平邑之间、平邑与泗水之间设伏，待机歼敌。当伪军进入费县、平邑之间的伏击地域后，八路军第一军分区部队立即发起猛烈攻击，歼灭伪军200余人，其余伪军夺路向平邑逃窜。

24日晨，伪军和平建国军第十军第1师余部又从平邑出发，向抗日根据地进攻。当伪军进入凤凰庄时，又遭到八路军鲁南军区第一军分区部队二次伏击。伪军被俘一部，不敢冒进，随后窜回平邑。此时，泗水日、伪军500余人前来接应，遭到第一军分区阻击部队的正面堵击。日、伪军数次冲锋被击退后，仓皇窜回泗水。

八路军第一军分区部队士气高昂，于当晚乘胜夜袭平邑。驻扎在平邑的伪军不敢应战，仓皇逃入泗水城。

八路军鲁南军区第一军分区两天内取得3次作战胜利，共毙俘日、伪军500余人，缴获步枪200余支、轻机枪11挺，以及一批弹药和其他军用物资。而八路军自身仅伤亡43人。这些战斗，为来年春开始的、更大规模的对日反攻作战，提供了有利条件和可贵经验。

1943年10月24日
胡康河谷作战开始

今天是10月24日，1943年的今天，中国驻印军发起胡康河谷作战，拉开了反攻缅北作战的序幕。

胡康河谷由大洛盆地和新背洋盆地组成，位于缅甸最北部，既是中印公路的前端，又是印度通往密支那的必经之地，具有重要的战略地位。

1943 年 10 月 24 日，中国驻印军新编第 38 师第 112 团，由缅北野人山区分三路向新背洋、于邦一线前进。10 月 29 日，第 112 团攻克新背洋。11 月 6 日，第 112 团攻克于邦日本的前线阵地，日军在于邦的核心阵地进行顽抗，双方激战到 22 日夜，日军以两个联队的主力增援于邦，第 112 团被日军包围。中国驻印军也向于邦派来援兵。中国驻印军总指挥史迪威和中国驻印军新编第 38 师师长孙立人都亲临前线指挥。在美空军支援下，12 月 28 日中国驻印军攻占于邦，取得缅北反攻作战的第一个胜利。

1944 年 1 月至 2 月间，中国驻印军连续攻击胡康河谷日军据点，兵锋直指孟关。孟关是缅北军事重镇，地处胡康河谷之要冲。日军第 18 师团两个联队在此据险固守。史迪威乘中国驻印军节节胜利之势，不待英军从英帕尔发动进攻，立即挥师南下。1944 年 2 月 18 日，中国驻印军向孟关方向攻击前进。3 月 3 日，美军第 5307 支队由孟关以东迂回前进，中国驻印军先后攻克于卡、拉树卡等孟关外围据点，对孟关日军形成纵深包围。经过激战，中国驻印军于 3 月 5 日攻克胡康河谷的日军核心据点孟关，又于 9 日攻克瓦鲁班，15 日攻占丁高沙坎。至此，胡康河谷日军已被中国驻印军肃清。日军第 18 师团残部退守杰布山隘口。

杰布山是胡康河谷和孟拱河谷的分水岭。史迪威命令中国驻印军继续攻击杰布山日军。从 3 月 18 日起，中国驻印军逐次击破山间羊肠小道内日军的抵抗，伤亡较大。3月29日，中国驻印军新编第22师在新编第38师第113团的策应下，南北夹攻，夺取沙都渣，全部攻占了杰布山。至此，中国驻印军结束了胡康河谷的作战，打开了通向孟拱河谷的门户。

1942年10月25日
澳大利亚“海鸥支队”被日军押往海南岛战俘营

今天是10月25日，1942年的今天，澳大利亚的抗日武装“海鸥支队”被日军押解送往中国海南岛日军战俘营。

1941年12月8日，日军偷袭珍珠港，同时发动马来亚战役，猛烈进攻东南亚。著名的“海鸥支队”主要由澳军第8师第23旅第21营组成，其防御阵地在印尼南部的安汶岛。在日军的疯狂进攻下，澳军战败，遭到日军的凶残屠杀。

幸存的海鸥支队成员大部分被日军押送到各地战俘营。其中有263人于1942年10月25日被押上“大兴丸”号运输船，送往位于今中国海南岛东方市的八所战俘营。包括海鸥支队最高指挥官斯科特在内的盟军战俘成为日军的苦力，被逼挖矿。

八所战俘营的条件极其艰苦，据澳军幸存者阿道尔·普来捷回忆：他们500人挤在一个大棚里，每天在日军的严密监视下，从事极为繁重的体力劳动，但能够得到的口粮却通常是每天两“杯”稀饭，偶尔会有点蔬菜。饥饿的战俘有时只好抓捕一些小蛇、老鼠和蜥蜴充饥。

为将大量战俘转运到日本做苦役，1942 年，1600 多名战俘被日军强迫关押在 Oryoku Maru 号货舱内，舱内拥挤、肮脏不堪。在近 40℃的高温炙烤下，日军不给战俘水喝，而且将舱口封死，导致大批战俘窒息而死，还有的因为缺氧而变得神志不清，开始互相残杀。当时共有 100 多艘这样的“地狱之船”，1.4 万多人死于船上。

1942 年 4 月 9 日，菲律宾巴丹半岛上的美菲投降军人约 7.8 万人，被日军强行押解到 100 公里外的战俘营，沿途无食无水，又遭日寇刺死、枪杀，共死亡约 4 万人，史称“巴丹死亡行军”。此外，臭名昭著的日军 731 部队还利用中国、苏联及其他盟国被俘人员进行人体活体试验，令人发指。

东京审判的数据显示，落入日军之手的西方国家战俘死亡率高达 27.1%，这比纳粹德国和意大利关押的西方国家战俘死亡率高出 7 倍。

战后，海南省东方市八所镇老欧村建起了一座“海鸥支队”纪念碑，缅怀澳军抗日英烈。

1937 年 10 月 26 日
娘子关失守

今天是 10 月 26 日，1937 年的今天，娘子关失守，忻口、太原陷于日军的大包围之中，态势十分不利。

娘子关位于晋东平定县以东、冀西井陉县以西的正太线上，为晋冀两省的要冲，是太原的东面门户。1937 年 10 月 10 日，日军侵占石家庄后，以第 20 师团等部沿正太铁路西进，企图由晋东迂回晋北忻口侧背，与进攻忻口的部队会攻太原。

国民政府军事委员会为确保山西，令第一战区第二集团军第一军、第三军、第 17 师，军委会直属第 14 军团等部转战于娘子关南北之线，以掩护第二战区的右侧。

10 月 11 日，晋东中国军队尚未全部进入阵地，日军即发起攻击，先后攻克井陉、长生口等地。随后，日军又突破雪花山阵地。中国军队第 17 师在雪花山与敌激战一夜，伤亡逾千人。10 月 15 日到 19 日，中国军队每日都与敌激战，歼灭日军两千五百多人，但自身伤亡五千余人。10 月 21 日，日军增援部队逐次到达娘子关一线，以步、炮、飞机联合，全线攻击中国军队的阵地。中国军队虽顽强抗击，但经多日血战，减员过重，多处防线被日军突破。

在此紧急情况下，八路军 129 师火速向娘子关东南敌之侧后挺进。10 月 20 日至 24 日，先后在长生口、东石门、马山村等地，打击日军。10 月 26 日和 28 日，又在七亘村连续两次伏击日军，歼灭日军 400 余人。但娘子关正面防御的国民党军未能阻止日军的进攻，10 月 26 日，娘子关沦入敌手，中国军队全线撤退，晋东战局急转直下。

为了阻止和迟滞日军的西进行动，八路军总部于 10 月 28 日率第 115 师师部及第 343 旅由五台山地区南下，统一指挥第 129 师及第 115 师主力，向沿正太铁路西犯的日军展开连续作战。11 月 2 日，第 129 师在昔阳东南的黄崖底一带伏击日军，毙伤日军 300 余人，八路军仅伤亡 30 余人。11 月 4 日，第 115 师和 129 师部队，又在广阳歼灭日军 1100 余人。

这些战斗，给予西进的日军以沉重的打击，从而迟滞其行动达一个星期之久，掩护了撤退的国民党军。

1937 年 10 月 27 日
“八百壮士”守四行仓库战斗打响

今天是 10 月 27 日，1937 年的今天，中国军队第 88 师第 524 团第 1 营，号称“八百壮士”，打响了四行仓库保卫战。

1937 年 10 月 26 日，鉴于中国军队在淞沪会战闸北区的抵抗日渐艰难，中国军队拟定以精锐第 88 师留守闸北区，掩护其他部队撤退至上海其他地区。后经反复协商，最终决定以第 524 团一个营为基干，配属必要的人员，组成一个 400 多人的加强营，对外宣称 800 人，由中校团附谢晋元和少校营长杨瑞符率领，据守曾是第 88 师师部的四行仓库。

四行仓库位于上海闸北区南部、苏州河北岸，原是金城、中南、大陆及盐业银行联营的仓库。这时四行仓库西边已被日军占领，东边是公共租界，南边是苏州河，这里成为一座孤岛。谢晋元在受领坚守四行仓库的任务后，立即指挥官兵赶修大楼防御工事，用仓库内储存的物资与沙包，将底楼的门窗全部封上，只留下射击孔，同时在楼顶架设高射机枪。

10 月 27 日晨，天刚蒙蒙亮，日军在重炮坦克的掩护下，向四行仓库发起进攻。当日军接近四行仓库时，谢晋元一声令下，全楼所有火力一起射击，打退了日军的进攻。接着，日军在大楼西北角纵火，企图借助烟雾掩护，再次发动进攻。中国守军一面阻击敌人，一面将火扑灭。日军企图再次破灭。直到30日，日军虽然发动多次进攻，不但始终未能接近大楼，反而被击毙数百人。在掩护主力转移的任务完成后，谢晋元奉命率部主动撤入公共租界，四行仓库保卫战胜利结束。

在四行仓库保卫战进行期间，一名14岁的女童子军，名叫杨惠敏，冒着生命危险冲过火线，向英勇的中国守军献上一面青天白日旗。清晨，在苏州河南岸的大楼上、堤岸边、街道上，数不清的人群看到了四行仓库上升起的巨幅青天白日旗，感动不已。

四行仓库保卫战是淞沪抗战中的一场著名战斗，“八百壮士”守四行的英勇事迹，在国内外广泛传颂。“八百壮士”这一抗日英雄群体，直到今天仍然受到中国人民的崇敬和纪念。

1938年10月28日
八路军邵家庄伏击日军

今天是10月28日，1938年的今天，八路军第120师第359旅在山西省广灵县邵家庄设伏，歼灭日军300余人。

1938年4月下旬，为了巩固和扩大抗日根据地，配合正面战场友军作战，晋察冀军区和八路军第120师第359旅在八路军总部统一指挥下，向平绥、平汉、津浦等铁路线和附近城镇据点发起连续破击作战，使华北日军惊恐不安。9月10日起，日军华北方面军司令官寺内寿一先后调集第110、第26、第109师团及独立混成第2、第4旅团共5万余人，对晋察冀抗日根据地发动大规模的围攻。

针对日军的企图，八路军总部决心以晋察冀军区司令员兼政治委员聂荣臻指挥所属部队和第120师主力，在广大民兵游击队的配合下，采取内线与外线、广泛的游击战与有利条件下的运动战相结合的作战方针，粉碎敌之围攻。

10月28日，八路军第120师第359旅首长获悉日军独立混成第2旅团长常冈宽治少将由张家口到蔚县，并将经广灵到灵丘，遂决心集中主力第719团和第717团一部于邵家庄地区设伏，消灭日军，并以第718团一部在灵丘以北10公里的黄台寺地区阻击可能由灵丘出援的日军。28日8时许，灵丘日军乘汽车10余辆北上接应常冈宽治一行，遭到八路军第718团伏击，被歼200余人，余部退回灵丘。10时许，常冈宽治率宪兵、炮兵和工兵等200余人，乘汽车10余辆，由广灵进至邵家庄伏击地区。八路军第719团第1营和第717团第9连，突然向日军发起攻击，经白刃格斗，歼灭日军大部，击毙常冈宽治以下数名指挥官。广灵出援之日军被第719团一部阻于张家湾。是役，八路军第359旅共歼灭日军300余人，击毁汽车10余辆。

邵家庄伏击战是1938年秋季晋察冀反围攻作战中的战斗之一。在从1938年9月20日到11月7日的晋察冀反围攻作战中，八路军共毙伤日、伪军5200余人，有力地策应了正面战场武汉地区的对日作战。

1940年10月29日
八路军第129师进行关家垴战斗

今天是10月29日，1940年的今天，八路军第129师在山西省武乡县的关家垴地区，歼灭了日军一部。

1940年8月至12月，八路军在华北发动了百团大战。关家垴战斗是百团大战第3阶段作战中的一次战斗。

10月20日，日军第36师团和独立混成第4旅团各一部近万人，分别由武安、辽县、武乡、潞城等地出发，“扫荡”太行抗日根据地的浊漳河东西地区，重点是进攻中共中央北方局和八路军总部机关及第129师师直属机关、晋冀豫边区党政机关所在的麻田、左会河等地区，企图消灭八路军和党政机关及第129师主力部队。由于此次“扫荡”距离上次“扫荡”时间较短，八路军主力部队未到外线作战，致使日军进入合击地区，连续几天实行疯狂的烧杀和“清剿”。

为了争取作战的主动权，八路军总部要求第129师寻机歼灭一部敌人。10月9日，“扫荡”黄崖洞的日军冈崎大队500余人，辎重民夫400余人，由黄崖洞向西进攻左会、刘家咀，企图取道关家垴地区一带山地，返回武乡。八路军总部决心集中第129师主力部队消灭这股敌人。

当天夜晚，第129师集中第385旅、第386旅，新编第10旅和决死第1纵队各一部，将日军包围在关家垴高地。30日4时，第129师参战部队向被包围的日军发起总攻。被包围的敌人固守待援，抓紧构筑防御工事，并利用黑夜攻占了关家垴西南的凤垴顶高地，企图固守两处高地，等待援军。第129师部队以主力向关家垴敌进攻，并以一部兵力攻击凤垴顶。主攻部队迅速突破日军防御阵地，将日军压缩在一个狭小的地区，战至31日破晓，歼灭日军大部，仅有残余60多人死守阵地。当日下午，黄崖洞的日军1500余人，在10余架飞机掩护下赶来增援，第129师部队因关家垴被包围的敌人大部已经被歼灭，增援敌人兵力优势，便迅速撤出战斗。残余敌人在增援敌人的接应下逃走。“扫荡”太行地区的日军大部分撤出太行抗日根据地。

此役，八路军第129师歼灭日军400余人。

1938年10月30日
马家园战斗打响

今天是10月30日，1938年的今天，新四军第3支队发起马家园战斗，打退日、伪军的进攻。

新四军改编后，国民政府规定新四军的任务是，在苏南、皖中敌后侧后进行游击战争，袭击敌人，破坏敌人交通，以牵制敌人。当时划定的新四军第3支队活动区域是：东起芜湖、宣城，西至铜陵，南至青阳，北临长江的狭小地带。

1938年5月，谭震林率第3支队随新四军军部由岩寺北上，先后在泾县汀潭镇的杨村、南陵县葛林乡的六甲村，进行了两个多月的整训，然后开赴皖南抗日前线，执行正面战场的守备任务。

部队展开于南到章家渡，北抵长江，东起芜湖、宣城，西至青阳、大通镇，宽100余公里、纵深不足50公里的狭长地带。

这里迫近日军重兵据守的芜湖和日军在华中的指挥中心南京，境内多山，便于部队隐蔽，是控制长江中下游地区交通的重要侧翼，也是新四军军部联系江北新四军部队的主要通道。

10月下旬，驻湾沚的日军第15师团步兵第60联队和第116师团一部向新四军第3支队的防区南陵东北马家园等地进犯。第3支队以第6团第3营位于马家园、夫子决、十甲村一线，担任正面防御；第5团第3营位于跑马山，担任侧击和警戒；第5团第1营和第1团第2营位于蒲桥、青弋江一线，为预备队。第3支队之左后翼为国民党军第144师，右后翼为国民党军第108师。

10月30日，日军500余人进攻红杨树、清水潭一线，因遭到新四军阻击而失败。11月3日，日军虽增兵400余人，也没能达到战略目的。此后，第3支队集中主力，展开猛烈反击，击退日军并乘胜收复了马家园等要点。4日拂晓，第5团第3营袭击红杨树，并派出2支小分队袭击湾沚和九里山，日军退回据点。

经过4天战斗，新四军第3支队共毙伤日、伪军300余人。马家园战斗是新四军第3支队进入皖南前线后第一次大规模战斗。1938年12月，第3支队又奉调到铜陵、繁昌沿江地区，执行游击防御任务，继续配合友军对日作战。

1941年10月31日
八路军第120师进行蚂蝌峪拐上战斗

今天是10月31日，1941年的今天，八路军第120师独立第1旅第2团在陕西米脂县螅蜊峪、拐上地区与日军展开激战，歼灭日军一部，取得了作战的胜利。

1937年9月，八路军主力进军华北战场打击日军，同时，组建了八路军后方留守处，担任保卫中共中央所在地延安及陕甘宁抗日根据地的任务。八路军后方留守处成立了河防司令部，负责守卫黄河，与黄河以东的八路军第120师配合作战。

1939年至1940年，日军多次从山西省黄河东岸发动进攻，企图渡过黄河，进攻陕甘宁抗日根据地，均被八路军留守部队和第120师打退，日军的企图没有得逞。

螅蜊峪东临黄河，地势崎岖，北高南低，是黄土山区。抗日战争时期这里有八路军的几个兵工厂，是从山西到陕西的一个必经之地。1941年10月29日，八路军第120师独立第1旅第2团从陕西省葭县西渡黄河，进驻陕西省米脂县的螅蜊峪、拐上一线，与黄河东岸的日军对峙。31日，黄河东岸碛口的日军以飞机、炮火向八路军河防部队猛烈地射击，掩护部分日军乘筏子下水，企图渡过黄河，进攻陕甘宁抗日根据地。八路军第2团立即以机枪和步枪向日军猛烈射击，战斗约一小时，渡河的日军在河中被八路军消灭一部，剩余日军逃回河东出发地。11月2日8时，日军在飞机、炮火的掩护下，再次乘坐橡皮船和筏子强渡黄河。八路军第2团集中火力打击日军，当即击沉橡皮船、筏子3只。残余日军在火力掩护下逃回河东。11月3日，日军从黄河东岸碛口向东南逃窜，八路军一部在马家庄设伏，拦腰打击敌人，歼灭日军一部。

先后3次作战，八路军第120师毙伤日军29人，击毁橡皮船3只，筏子3只，缴获轻机枪1挺，步枪10余支，子弹1549发及其他军用品一部。

八路军留守部队和第120师有力地保障了中共中央所在地延安和陕北抗日根据地的安全，为抗日战争的胜利作出了贡献。

十一月

1939年11月1日
中共中央发出《关于深入群众工作的决定》

今天是11月1日，1939年的今天，中共中央发出《关于深入群众工作的决定》，要求八路军、新四军和各抗日根据地坚决贯彻执行党的减租减息政策，改善贫苦农民的生活，调动广大群众抗战和生产的积极性。

减租减息，是中国共产党在抗日战争时期为调整各抗日阶级的经济利益而实行的土地政策。1937年8月，中国共产党在《抗日救国十大纲领》中，就提出停止没收地主阶级的土地，以减租减息作为抗战时期解决农民土地问题的基本政策。

1939年11月1日，中共中央又发出《关于深入群众工作的决定》，明确要求：在八路军新四军活动区域，必须实行有利于广大抗日民众的经济改革与政治改革。在经济改革方面，必须实行减租减息废止苛捐杂税与改良工人生活。凡已经实行的，必须检查实行程度。凡尚未实行的，必须毫不犹豫地立即实行。

根据中共中央的指示，各抗日根据地陆续贯彻执行了减租减息政策，并颁布了减租减息条例。普遍实行减租的办法是：地租不论何种租佃形式，均按照原租额减掉25%，所以又称“二五减租”。普遍实行的减息办法是：年利不得超过本金的15%或10%。实行减租减息，不但减轻了贫苦农民的负担，也促进了土地关系的某些变化。减租减息政策在抗日根据地的贯彻执行，不仅团结了各阶级人民，巩固了抗日民族统一战线，而且削弱了封建剥削，改善了广大贫苦农民的生活，激发了广大群众抗战和生产的积极性。

在实行减租减息的同时，各抗日根据地政府还按照中共中央的指示，积极发展工业，奖励和保护抗日根据地内外工商业和华侨投资抗日根据地发展工业，实行免税和低利贷款，并实行抗日的劳动政策，取消对资本家、富农经营生产事业的各种限制，奖励地主、商人创办工业，从而使抗日根据地的工业生产迅速得到发展，工人生活也得到改善。抗日根据地还努力发展各种群众性的合作社组织，活跃了抗日根据地的经济。

中共中央南方局根据中央的这一决定，也在国统区开展了群众工作。

1941年11月2日
八路军开始沂蒙山反“扫荡”

今天是11月2日，1941年的今天，八路军鲁中军区部队开始沂蒙山反“扫荡”作战。

1941年初，日军第十二军将1941年度山东“肃正”地区的重点确定为津浦路以东、胶济路以南山区的抗日根据地。11月2日，日军开始对沂蒙山区进行“扫荡”。

11月4日，日军偷袭八路军山东纵队指挥机关所在地马牧池，山东纵队领导机关分散突围到沂水西北的南墙峪。5日，日军又以2万多人的主力，从四面进攻八路军第115师的领导机关驻地留田，当晚，被包围的八路军第115师领导机关5000多人，向西南方向隐蔽突围，越过两道封锁线，到达埠山庄，隐蔽一个白天后，又于6日晚转移到费县东北的黄埠前。6日，先前突围转移到南墙峪的山东纵队领导机关，再遭日军合围，后经天宝山区转移到根据地外线。11月8日至9日，在与追击日军的战斗中，八路军山东纵队鲁中军区司令员刘海涛壮烈牺牲。

11月12日开始，日军转入以分区“清剿”为主的第二期作战。为粉碎日军“清剿”，保卫抗日根据地，八路军第115师领导机关和主力一部从外线返回沂蒙山根据地，后因一再遭到日军合围，被迫再次转向外线，进入滨海区，沂蒙山根据地的内线作战部队由山东纵队统一指挥。12月4日，八路军第115师直属部队一部及蒙山支队，在大青山附近的瓮城子一带接连遭到日军合击，损失很大，著名的国际友人、德国记者汉斯·希伯在日军合击中不幸牺牲。12月11日，1000多日军两次合击山东纵队领导机关，山东纵队宣传部部长刘子超壮烈牺牲。12月23日，日军主力分路撤退，八路军乘机跟进反击，到28日，基本恢复了沂蒙山区抗日根据地。

在将近两个月的沂蒙山反“扫荡”作战中，八路军共作战150多次，歼灭日、伪军2000余人，粉碎了日军消灭山东八路军领导机关的企图，坚持了沂蒙山区抗日根据地的斗争。但在这次反“扫荡”中，八路军伤亡1400多人，根据地群众被杀害和抓走的共有1.4万多人，沂蒙山抗日根据地军民付出了巨大的代价，作出了重大的牺牲。

1943年11月3日
中美空军混合大队成立

今天是11月3日，1943年的今天，中美空军混合大队成立并进驻桂林基地，开始对日军作战。

1941年5月，美国允许美国预备役军官和从陆海军航空队退役的人员参加美国志愿航空队到中国对日作战。6月，中国从美国购买了100架驱逐机。7月，由美国陆军航空队退役军官陈纳德组建的美国志愿航空队飞抵缅甸。8月1日，中国空军美国志愿队正式组成，陈纳德任指挥官。美国志愿队对外称“中央飞机制造公司”，驻地在昆明，下辖3个驱逐机中队，全队254人，在缅甸开始训练。

1941年12月20日，美国志愿队在昆明上空与轰炸昆明的日军飞机首次展开空战，一举击落日军飞机6架，这是中美联合抗日的第一仗。1942年5月，美国志愿队参加了滇西战役，出动8架飞机，连续3天轰炸和扫射怒江峡谷及山道上的日军，使日军无法架桥而退回龙陵。1942年1月，美国志愿队飞机又两次掩护中国空军，轰炸日本在越南的嘉林机场。

1942年7月，美国志愿队纳入现役，改称美国驻华空军特遣队。同年10月，空军特遣队出动12架轰炸机，在10架驱逐机掩护下，从桂林起飞轰炸香港日军机场。日军起飞26架飞机迎战，被击落20架。美军仅损失一架轰炸机。从1941年12月至1943年6月，美国志愿队共对日军作战102次，出动飞机512架次，击落日军飞机 193 架，击毁日军飞机 75 架，卡车 112 辆、仓库 15 座。

1943 年 11 月 3 日，中国空军和美国空军各一部正式编成中美空军混合大队，陈纳德任队长，徐焕任副队长。中美空军混合大队成立后，与中国空军和美国陆军第 14 航空队协同作战，集中袭击汉口、越南、广州、香港、台湾等地日军空军基地，轰炸扫射平汉、粤汉、津浦、陇海、同浦等铁路沿线的日军车辆及停泊在长江与沿海的船只，破坏日军运输线，逐步取得华南、华中地区的制空权，为中国抗日战争和世界反法西斯战争的胜利作出了特殊贡献。

1939 年 11 月 4 日
日军名将阿部规秀踏上死亡之路

今天是 11 月 4 日，1939 年的今天，日军名将阿部规秀率部报复八路军，踏上了他的死亡之路，3 天后，被日军称为“名将之花”的阿部规秀命丧黄土岭。一时间，日本朝野为之震动，中国抗日军民为之振奋。

阿部规秀，出生于日本军国主义侵略扩张空前膨胀的时代，憧憬成为一个“驰骋疆场、效忠天皇”的“武士”。他在日本陆军士官学校接受过军事训练。1907 年第 19 期步兵科毕业后 ，开始了他的“武士”生涯。

1939 年 11 月，为打通涞（源）易（县）公路，日军独立混成第 2 旅团旅团长阿部规秀中将决定：以第 4 大队从插箭岭出发，袭击走马驿；第 1 大队从白石口出发，袭击银坊。晋察冀军区决定以一部兵力钳制、堵击由插箭岭出动之敌，集中第一、第三军分区共6000余人，在雁宿崖峡谷伏击向银坊进攻之敌。11月3日，八路军全歼日军大佐以下520余人。

阿部规秀得知消息后，暴跳如雷，11月4日，他亲率驻在涞源和插箭岭的日军1500余人向雁宿崖急进，企图寻找八路军主力进行报复。5日进至雁宿崖时，八路军主力已向东转移，阿部规秀报复心切，继续追击八路军。八路军晋察冀军区部队决定在黄土岭伏击该敌。6日晨，阿部规秀率领日军由雁宿崖东进，黄昏进入黄土岭村。

八路军第120师特务团等部乘夜秘密部署于黄土岭东边的上庄子南北高地，第20、第26、第34团钳制易县、满城、徐水之敌。7日15时，日军全部离开黄土岭进入伏击区。八路军部队突然向敌发起攻击，将敌围困于黄土岭以东的狭沟里，100多挺机枪集中火力向敌扫射，日军死伤惨重。一个多小时后，八路军的迫击炮弹命中了日军指挥部，旅团长阿部规秀当即毙命。8日晨，残余日军向司各庄方向突围，八路军尾追攻击日军。中午在得知日军援军将到的消息后，八路军晋察冀军区指示部队撤出战斗。黄土岭战斗共毙伤日军900余人。阿部规秀毙命的消息传出后，日军哀叹：“名将之花，陨落在太行山上！”

1937年11月5日
日军登陆杭州湾

今天是11月5日，1937年的今天，日军在杭州湾登陆，加速了日军对上海的侵占。

1937年8月13日，日军制造八一三事变，开始进攻上海，淞沪会战全面爆发。日军虽然在武器装备上大大优于中国军队，但在中国军队的节节抵抗下，其进展缓慢，代价巨大。日军企图在卢沟桥事变后三个月结束中国战事的速战速决方针远未实现。为了迅速实现对上海的占领，10月20日，日军参谋本部决定抽调兵力，组成第十军，由柳川平助中将担任司令官，与海军协同，在中国杭州湾北岸登陆，以支援日军上海派遣军的作战。10天后，日军又从日军华北方面军抽调第16师团等部编入日军上海派遣军。这样，进犯淞沪杭地区的日军共达30万人左右，企图在淞沪地区与中国军队决战。

日军选定的登陆地点，是位于上海南侧的杭州湾北岸。这里海岸线平直，近岸水深10米以上，是淞沪地区良好的登陆场。日军登陆后，如能占领松江城，就可以切断沪杭甬铁路，与北面的日军上海派遣军配合，包围淞沪地区的中国军队。

1937年11月5日，日军首先用舰炮轰击金山卫附近的中国军队阵地几个小时，然后，日军第十军部队在航空兵的火力掩护下，突破中国军队阵地，在杭州湾北岸全部登陆。这对上海中国军队的侧后造成严重威胁。中国战区指挥官急调第62师、独立第

45 旅及第 79 师前往阻击，并令在青浦的第六十七军推进至松江，但未能有效反击登陆日军。

11 月 7 日，从杭州湾登陆的日军第十军同日军上海派遣军被统一重组为日军华中方面军，由松井石根大将任司令官，统一指挥日军在上海和杭州方面的作战。

11 月 8 日拂晓，日军主力渡过黄浦江，中国第 108 师部队与之激战。9 日，日军侵占松江城，中国军队开始全线撤退。在这之前，中国第六十七军为掩护上海方面的中国军队顺利撤退，于 11 月 6 日至 8 日，在松江县城与日军顽强激战，击退日军多次进攻，完成了死守三天的任务后，向昆山方向突围，军长吴克仁在突围中壮烈牺牲。

11 月 12 日，日军侵占上海，淞沪会战至此结束。

1942 年 11 月 6 日
晋西北立法保障人权

今天是 11 月 6 日，1942 年的今天，晋西北抗日根据地临时参议会通过了《晋西北保障人权条例》，当月并由晋西北行政公署公布。

这个《条例》共有 19 条。《条例》指出，制定人权条例的目的是为了保障人民权利，巩固抗日根据地。《条例》规定，人民的一切权利依本条例保障，违反者依法制裁。《条例》规定，人民身体非依法不得逮捕、拘禁、审讯或处罚。人民有行动自由，非依法不得搜查留难。人民有居住自由，其住所非依法不得侵入搜查或封锢。人民财产非依法不得查禁或没收。人民有集会、结社、言论、出版及思想、信仰的自由权。军队、民众团体，无逮捕、拘禁、审讯或处罚权，军队逮捕与军事秘密有关人犯时，须通过当地政府或有关机关。逮捕人犯须经行署批准后执行。因犯罪嫌疑被捕者，须于24小时内解送该管审判机关。

《晋西北保障人权条例》是抗日战争时期，中国共产党领导的抗日根据地尊重人权、保护人权，实行人权保障制度的一篇重要文献。除了《晋西北保障人权条例》外，抗战时期其他抗日根据地也制定了一些人权保障条例。如《山东省人权保障条例》、《陕甘宁边区保障人权财权条例》等。这些《条例》，是各抗日根据地政府为发扬民主、动员全民参战而形成的。这些《条例》的主要内容可以概括为四点：一是规定了保障人民具有言论、结社、出版、集会等自由；二是规定了保障人民的私有财产权；三是规定了汉奸及被剥夺公民权利者不在保障范围之内；四是规定了对犯罪行为的侦查、审判及对执行死刑的方法等。

专门颁发保障人民权利的法规，是敌后各抗日民主政权人权法制建设的一个重要特点，是抗日战争时期中国共产党的一项重大决策。人权保障制度是敌后抗日根据地的一项重要的政治制度，为巩固敌后抗日根据地，动员全民抗战起了重要的作用，也成为新中国成立后制定人权保障制度的重要参考。在十分艰苦的抗日战争环境中制订的这些人权保障条例，充分证明了中国共产党对人权保障工作的高度重视。

1938 年 11 月 7 日
美英法抗议日本封锁长江

今天是 11 月 7 日，1938 年的今天，美、英、法三国第一次对日本采取联合行动，就日军封锁长江，向日本提出抗议，西方大国对中国抗战的态度转向积极。

1937 年 11 月 6 日，德、日、意三国代表在罗马签订了《关于意大利加入反共产国际协定的议定书》，标志着“柏林－罗马－东京”轴心正式形成。

德、意、日法西斯成为世界人民的公敌后，三国又急于变政治同盟为军事同盟。1938 年 1 月和 7 月，德国先后两次向日本提出建立军事同盟的建议。10 月和 12 月，德、日两国先后就这一问题分别与意大利进行了会谈。

中国抗日战争爆发后，美、英、法等西方国家对日实行妥协退让的绥靖政策，反对从经济上制裁日本，不愿从物资上援助中国。日本全面侵华后，中华民族空前觉醒，正式形成以国共合作为基础的抗日民族统一战线，为世界反法西斯统一战线的形成提供了实践经验。同时，中国高举反法西斯的旗帜，独立抗击日本法西斯，开辟了世界第一个大规模反法西斯亚洲战场，成为世界反法西斯战争的重要力量。1937 年 8 月 21 日，中国和苏联签订《中苏互不侵犯条约》，进一步密切了两国的关系。随着日本全面侵华战争不断扩大，美、英、法等西方大国在中国和远东的殖民利益受到严重危害，它们的对华政策发生变化。1938 年 10 月，当日本宣布中国华南战争开始时，英国政府即以日本侵犯华南危害其在华利益而向日本提出警告。之后，当日本拒绝美、英、法三国关于开放长江的要求后，11月7日，三国政府分别致电日本政府，严重抗议其封锁中国长江。11月10日，美国总统罗斯福致电中国领导人，对中国人民抗战与所受痛苦表示钦佩与同情。12月，美国政府又同中国签署《桐油借款合同》，向中国提供2500万美元的借款，并正式照会日本，不承认日本提出的“东亚新秩序”。接着，英国又宣布给中国贷款50万英镑。国际社会对中国的支持，对坚持持久抗战的中国人民是巨大的鼓舞。同时，中国也向这些国家提供了战时急需的大量农牧、矿产品，支持和帮助了各国人民的反法西斯斗争。

1937年11月8日
太原会战结束

今天是11月8日，1937年的今天，山西省会太原被日军侵占，太原会战到此结束。华北局势急转直下。

在此之前，由于晋东娘子关方面作战的失利，晋北忻口侧后受到威胁，太原危在旦夕。中国第二战区司令长官阎锡山为固守太原，遂决定忻口守军于11月2日全线撤退。阎锡山随即在太原召开军事会议，确定了保卫太原的方针。11月4日，阎锡山等撤离太原。5日夜，周恩来和八路军驻晋办事处最后一批人员亦撤离太原。

晋北日军在获悉忻口守军撤退后，遂跟踪追击。4日逼近石岭关。鉴于原预设阵地已难以立足，中国第二战区前敌总司令卫立煌决定将阵地转移至太原北郊。5日至6日，由晋北忻口南下和沿晋东正太铁路西进的日军相继逼近太原城郊。卫立煌除抽调第68师、第71师和独立第7旅等部增援第七集团军守备太原城外，将主力转移到太谷至交城之线，以阻止日军沿同蒲路继续南侵。

在外围防守部队相继南撤后，守卫太原城垣的部队，仅有第七集团军共约19个营的官兵。奉命增援守城的部队，除第68师的1个营于6日21时渡过汾河加入战斗外，其余部队均因受阻而沿汾河西岸南撤。

7日，东、北两路日军在太原附近之狄村、双塔寺等地会合，太原城西汾河上各桥均为敌侵占，太原城被日军四面包围。日军以步、炮联合攻城，并出动飞机向城内狂轰滥炸。激战竟日，城外中国军队大部壮烈牺牲，第三十五军余部2000余人于黄昏撤入太原城内据守。11月8日晚，太原城内守军除部分突围外，大部壮烈牺牲。日军侵占太原，太原会战遂告结束。

从忻口战役开始的太原会战，历时一个多月，中国军队共毙伤日军2万多人。会战中，共产党领导的八路军积极配合国民党军队作战，以一系列战斗削弱日军兵力，迟滞了日军，配合、掩护了国民党军队的对日作战。太原会战是全国抗战初期华北战场上规模最大的会战之一，也是整个抗战时期国共两党两军在战役战斗上配合最好的一次会战。

1940 年 11 月 9 日
中国提出中英美合作方案

今天是 11 月 9 日，1940 年的今天，中国国民政府领导人蒋介石分别约见英、美驻华大使，提出中、英、美三国合作方案，进一步推动了中、英、美三国在共同反对日本法西斯方面的国际合作。

世界法西斯国家加紧勾结并在东、西方日益扩大侵略，迫使受侵略国家逐步走向联合对敌的道路。1940 年春夏之交，德国法西斯闪击西欧取得胜利；9 月，日、德、意三国又签订三国同盟条约，把三国轴心关系进一步发展为三国军事同盟。世界局势的急剧变化，为反法西斯联合战线的形成提供了新的机遇。

10 月 17 日，中国领导人蒋介石分别召见英、美驻华大使商谈三国合作问题。11 月 9 日，蒋介石又分别约见英、美驻华大使，向他们面交《三国合作方案》，继而提出相互协助的四点项目：一、英、美给中国贷款；二、美国供给中国大量飞机及其他武器；三、英、美派军事、经济和交通代表团来华；四、若英、美分别或共同对日开战，中国全部陆军亦参战，中国全部空军场所供联军使用。

这一提议得到了英、美的响应。11 月 30 日，美国政府以总统名义发表声明，美国准备向中国提供 1 亿美元的巨额贷款。同时美军也同意从英国的订货单上调拨 100 架飞机用于帮助保卫滇缅公路。12 月 10 日，英国政府也宣布将向中国提供总额 1000 万英镑的借款。12 月 29 日，罗斯福发表 “炉边谈话”，高度赞扬中国抗战，他说：“在亚洲，中华民族进行的另一场伟大防御战争则在拖住日本人”，“不使欧洲和亚洲战争制造者得以控制通向本半球的海岸，乃是对我们最为生死攸关的问题”。1941年2月，美国派总统特使居里访华，讨论美国援华等问题。4月，美国总统允许美国志愿航空队去中国，使得美国飞虎队得以与中国军民并肩抗日。1941年12月8日，太平洋战争爆发后，在中国的提议下，中、英、美三国代表又召开联合军事会议。1942年1月1日，由中、美、英、苏4国领衔签署《联合国家宣言》，标志着国际反法西斯统一战线正式形成。

1944年11月10日
日军侵占桂林柳州

今天是11月10日，1944年的今天，日军相继侵占广西的重要城市桂林和柳州，达到了其桂柳作战的目标。

日军在1944年8月侵占湖南衡阳后，又继续发动桂柳作战，把战火烧向广西。

9月上旬，日军分别从湖南、广东向广西桂林、柳州地区发动进攻。日军第十一军以4个师团沿湘桂铁路两侧进犯，9月11日侵占黄沙河，14日侵占广西全县，打开了广西东北的门户。中国守军沿途已无险可守，日军可直插桂林。10月底，这支日军推进到桂林以南的良丰、阳朔等地，对桂林形成包围之势。

日军第二十三军主力由广东沿西江两侧西犯，9月24日侵占广西梧州，进而再占丹竹、平南，到28日从东南方面对桂、柳形成攻击之势。

中国第四战区调集第六十四军、第三十七军等部，对桂平、蒙墟、平南的日军进行攻击。10月20日，在空军、炮兵火力的支援下，中国军队对桂平地区的日军独立混成第23旅团展开攻击，突破了日军阵地，到28日，中国军队在蒙墟街区，与日军进行激战。日军以第104师团突破金田村阵地，从左翼威胁中国军队，中国军队的反攻被迫停止。

11月4日，日军第58和第40师团对桂林中国军队阵地发动猛攻，5日，日军多次使用毒气，攻击桂林东郊的七星岩阵地，中国守军伤亡惨重。7日，日军在坦克和飞机、火炮的支援下，由西、北、东三面攻城，突破城防阵地。10日，中国守军突围，日军侵占桂林。

日军在攻打桂林时，也步步进逼柳州。11月上旬，日军第13师团进犯柳州西北方面；第3师团向柳州东郊突进；第104师团向柳州南郊逼近，11月9日，日军从三面猛攻柳州，中国守军经激战后，于11月10日弃守柳州。

侵占桂林的日军于11月24日侵占南宁，侵占柳州的日军转向贵州进犯，于12月2日占领贵州重镇独山，并向都匀进逼，后在中国军队反击下，日军撤回广西境内。12月10日，由南宁南下的日军与由越南北上的日军会合。至此，日军在形式上完成了打通大陆交通线的任务。

1944年11月11日
美军观察组到达晋察冀

今天是11月11日，1944年的今天，美军观察组到达八路军晋察冀军区。

1944年夏，美军观察组到达延安进行考察后，又到晋察冀等其他敌后抗日根据地进行实地考察。

中央档案馆保存着一件1944年12月21日，晋察冀军区领导人程子华和耿飚给叶剑英的电报，报告了美军观察组在晋察冀军区40多天的活动情况。电报说，美军观察组于11月11日到达军区司令部。其主要成员有毕德坚、路登、惠德塞、德穆克、杜伦、葛瑞斯。14日，军区召开1000多人的欢迎会，军区领导人向他们介绍了敌我态势及人民武装发展经验，晋察冀边区政府向他们介绍了几年来的民主政治建设情况。

从1944年12月开始，美军观察组又分赴各地区实地考察。毕德坚到曲阳、平乐一带参观了地道，并化装成农民，深入群众考察。他还在铁路上拍照，亲眼看到10多个日军从岗楼上下来堵击他们。八路军还把刚刚在正灵公路上伏击日军缴获的战利品赠送给毕德坚。德穆克于1944年12月中旬到北平近郊一带，考察通信和交通等。杜伦则在整理好八路军提供的轰炸目标材料后，赴冀中平原参观。惠德塞在收集到若干材料后赴太行区参观。

电报报告说，美军观察组成员“对国共关系异常关心”，并对“华南军事恶化，节节败退”，“无限愤慨”。美军观察组成员“纵对共产主义曾存非议，而对共产党之所作所为，钦佩之极”。他们说：“救中国，非共产党之力量不可。”美军观察组到延安、到晋察冀抗日根据地考察不过数月，即已认定只有共产党能够救中国，这一方面表明当时的事实就是如此，另一方面也表明，美军观察组考察之深入和观察之准确。他们的这一观感，已经被70多年来的中国历史发展过程一再地证实，并将继续被证实。

为什么美军观察组看出只有共产党才能救中国呢？电报中有段话说，美军观察组对“我之艰苦奋斗，自力更生，军民一致，官兵平等，所完成者多，所用者少，无不钦佩赞扬”。让美军观察组钦佩赞扬的这几点，其实正是中国共产党能够成功的秘诀或者法宝之一。

1941年11月12日
沂蒙山八路军开始反“清剿”

今天是11月12日，1941年的今天，中共山东分局和八路军第115师在山东沂蒙山区展开了反“清剿”作战。

1941年11月2日，日军第十二军司令官土桥一次中将调动5万余日伪军，向中共山东分局、山东省战工会、第115师和山东纵队等领导机关所在的鲁中抗日根据地，发动空前规模的大“扫荡”。这是抗日战争时期，日军对山东根据地发动的规模最大的一次“扫荡”。

11月12日起，日伪军大“扫荡”进入以分区“清剿”为主的第二期作战。日军将沂蒙山抗日根据地划分为 4 个“清剿”区：以南墙峪为中心的北蒙山区，以孙祖为中心的西蒙山区，以铜井、界湖为中心的东蒙山区，以诸满为中心的南蒙山区。其中，以西蒙山区和北蒙山区为“清剿”重点。日伪军每“清剿”一地，都挨家挨户搜人抓丁，实行“三光”政策。沂蒙山抗日根据地内许多村庄被洗劫一空，成为废墟。同时，日伪军到处构筑据点，修建公路，挖封锁沟，分割根据地，并在各据点周围布设机动重兵，一旦发现八路军，则立即合击，妄图彻底摧毁沂蒙山区抗日根据地。

为打破敌人的“清剿”计划，中共山东分局和第 115 师决定以分局和省战工会少数人员、第 115 师司令部和特务营大部人员所组成的前梯队回师沂蒙山基本区，协同根据地内的地方武装和民兵坚持斗争；第 115 师教导第 2 旅、山东纵队第 2 旅一部在滨海区破袭公路，在外线牵制和打击日军。

前梯队在罗荣桓等率领下，出其不意越过临蒙公路，于 11 月 18 日重返沂蒙山基本区后，立即抽调部分机关干部组成工作组分赴各地，加强反“清剿”斗争的领导，积极组织群众开展游击战争，不断袭扰日军据点、破袭公路和反伪化、反捉丁、反抢掠、反移民并村等。有的地区还采取搬空、藏空、躲空的“三空”策略，应对日伪军惨绝人寰的杀光、烧光、抢光“三光”政策。经过广大军民的艰苦斗争，12 月 23 日，日军主力分路撤退，八路军乘机反击，到 28 日基本恢复沂蒙山区抗日根据地。

1937年11月13日
毛泽东电示八路军坚持独立自主的华北游击战

今天是11月13日，1937年的今天，毛泽东电报指示八路军坚持华北游击战争，实现全面抗战之新局面。

1937年11月8日，日军侵占太原后，继续沿平汉、津浦、同蒲、平绥等铁路线进攻，华北大片国土沦入敌手。华北战局出现了新的态势。

11月13日，毛泽东致电中共中央北方局和八路军总部及周恩来、刘少奇、杨尚昆并告八路军各师负责人，指出：山西国民党各军大溃，正规战争结束，剩下的只是八路军为主的游击战争了。八路军的任务在于发挥进一步的独立自主原则，坚持华北游击战争，同日寇力争山西全省的大多数乡村使之化为游击根据地，发动群众，收编溃军，扩大自己，自给自足，不靠别人，多打小胜仗，兴奋士气，用以影响全国，实现全面抗战之新局面。

遵照毛泽东这一指示，中共中央北方局和八路军总部确定各部队以山西为主要阵地，支撑华北抗战，独立自主地开展游击战，创建抗日根据地。

之后，八路军第115师一部在晋察冀边区，奋力反击日军的围攻，到12月下旬，在兄弟部队配合下，毙伤日军2000余人。1938年1月，召开了晋察冀边区军政民代表大会，选举产生了抗日民主政权，形成了八路军开辟的第一个敌后抗日根据地。

第120师部队在晋西北地区，分兵发动群众，开展扩军工作。

到 1938 年 1 月，部队发展到 2 万多人，各县也都成立了自卫军和游击队，晋西北抗日根据地初步形成。

第 129 师相继在晋东南、冀西和冀南地区组织起多种抗日团体和抗日自卫队，建立新的抗日民主政权，组建了抗日武装。到 1938 年春，初步建成了晋冀豫边区抗日根据地。

第 115 师师部率第 343 旅开赴晋西南后，一边开展群众工作，一边打击进犯日军。到 1938 年春夏之交，初步创建了晋西南抗日根据地。华北敌后游击战争的开展和抗日根据地的创建，开辟了广阔的敌后战场，使侵华日军陷入正面和敌后两个战场的夹击，中国抗战由此形成新的战略格局。

1944 年 11 月 14 日
八路军攻入莒县县城

今天是 11 月 14 日，1944 年的今天，八路军山东军区部队在莒县战役中，一举攻入莒县县城。

1944 年 10 月 12 日，山东军区司令员兼政治委员罗荣桓下达 1944 年冬至 1945 年春的作战部署，要点是争取迅速打通胶济、津浦、陇海三条铁路线内各个根据地的联系。为此，必须首先收复莒县、郯城。

莒县位于当时的滨海和鲁中两个抗日根据地中间，日军经常以此为基地，向滨海和鲁中两个根据地发动进攻。1944 年 8 月，八路军攻克沂水县城，控制了沂河两岸的大部分地区后，莒县就陷入了八路军的包围之中。

莒县县城驻有日军一个中队和伪保安大队3500余人。伪保安大队经过八路军的争取，准备反正。山东军区集中了滨海军区第4、第6、第13团，鲁中军区第1团，山东军区特务团2个营，独立第1旅，共1万余人，编为攻城、打援和攻击外围据点三个集团，参加莒县战役。

11月14日傍晚，八路军一举攻入城内，守城伪军反正，并引导八路军攻击日军，将日军压缩到最后的两个碉堡内。日军负隅顽抗，死守待援。16日，驻守诸城的日伪军600余人南下救援，被八路军打援部队击退。18日，日、伪军又以1000多人分两路前来增援，其中一路日军约800人绕过八路军打援部队阵地，进入莒县县城。八路军为争取主动，撤出城外，围困并袭扰日军。日军被迫于29日夜弃城北逃。八路军完全占领莒县县城。

莒县战役中，八路军毙伤俘日、伪军200余人，接受3500多伪军反正，拔除日、伪军据点和碉堡68处，使滨海和鲁中两个抗日根据地连成一片。

与此同时，鲁中军区部队拔除了临沂和费县的外围据点，并向津浦、胶济线逼近；鲁南军区部队逼近滕县、泗水等县城；胶东军区部队收复了栖霞县城。

在1944年全年的攻势作战中，山东军区部队共歼灭日、伪军7万余人，收复9座县城，扩大根据地4万多平方公里，解放人口900多万，在中国抗战的局部反攻中，取得了辉煌的战绩。

1936年11月15日
绥远抗战爆发

今天是11月15日，1936年的今天，绥远省政府主席兼第三十五军军长傅作义发起绥远抗战。

1935年夏，日军即制订了政治谋略和军事进攻两手并用夺取绥远的计划，并帮助内蒙古德王傀儡政权加紧编练伪蒙古骑兵，策动匪首王英收罗汉奸组成“西北防共自治军”，分别集结于察哈尔、绥远边境各要地，多次发动试探性进攻。

傅作义拒绝了来自日方的多次利诱和威胁，并从1936年初开始从各方面做好了抗战的准备；同时不断向有关方面要求支援。毛泽东代表中国共产党和工农红军于8月和10月两次致函傅作义，指出：“保卫绥远，保卫西北，保卫华北，先生之责，亦红军及全国人民之责也。今之大计，退则亡，抗则存；自相煎艾则亡，举国奋战则存。”并希望能互派代表，速定抗日救国大计。

11月5日，日军决定集中兵力开始向绥东进犯，企图在侵占绥东门户红格尔图后，直迫绥远省会归绥。11月15日晨，日、伪军5000余人，在野炮、装甲车、飞机掩护下，分三路向红格尔图中国守军阵地发动猛烈攻击。中国守军进行顽强抵抗，经7天7夜激战，中国军队打退日、伪军的进犯，摧毁了敌军指挥所，缴获大量军用物资。接着，傅作义采取远距离奔袭战术，于11月24日向百灵庙地区守敌发起猛攻，毙伤俘日、伪军1300余人，一举收复了百灵庙。12月3日，中国军队又粉碎日、伪军4000

人对百灵庙的反扑，再歼敌700余人，接着，又乘胜于12月9日攻占日、伪军进攻百灵庙的根据地锡拉木楞庙，之后又迫使伪军2个旅于12月17日反正。

绥远抗战三战三捷，肃清了绥远境内的伪军，挫败了日军建立“蒙古国”的图谋。毛泽东对绥远抗战给予高度评价，称绥远抗战为“全国抗战之先声”，“四万万人闻之，神为之旺，气为之壮”。由南汉宸等组成的中共代表团，携带着锦旗和致前方将士的信函赴绥慰问，锦旗上大字书写的是“为国御侮”。

1940年11月16日
中共中央军委发出关于1940年冬季华北各部队任务的指示

今天是11月16日，1940年的今天，中共中央军委发出关于1940年冬季华北各部队任务的指示。

指示指出：在目前形势下，国内重大事变行将到来，而敌人今年冬季“扫荡”将更残酷。华北各部队的任务是：坚持抗战，与敌人的冬季“扫荡”作斗争；进行一次冬季扩兵运动；尽量争取时间，一面作战，一面整军；强化政治工作，深入传达中共中央关于形势的估计及各方面的政策；加强干部团结和党的团结。

华北地区的八路军部队，认真按照这一指示，开展反“扫荡”作战。

第129师太岳军区部队，抗击了日军7000多人对太岳区沁源地区的分路“扫荡”，经过沁源县官滩、胡汉坪、龙佛寺等战斗，共歼灭日、伪军1000多人，迫使“扫荡”之敌先后撤退，取得太岳区反“扫荡”作战的胜利。

晋察冀军区主力部队和冀中军区部队一部，为了最终粉碎日军对北岳区的冬季“扫荡”，组织实施了阜平王快战役。到1941年1月上旬战役结束时，八路军共歼灭日伪军2000余人，破坏公路650多公里，毁灭桥梁5座、火车3列、汽车24辆，并收复了阜平县王快。

晋西北军区部队在冬季反“扫荡”中，共作战217次，歼灭日、伪军2500余人，破敌公路125公里，桥梁23座，收复日军在“扫荡”中侵占的方山、兴县、临县县城等城镇。

第129师第386旅、第385旅13团和决死队第3纵队在山西辽县、榆社、武乡、黎城等地，抗击日、伪军4000多人的冬季“扫荡”，共毙伤日、伪军300余人，第386旅政治部主任苏精诚在战斗中牺牲。

第115师教导第3旅和地方武装相配合，抗击了日、伪军近万人对鲁西抗日根据地的冬季“扫荡”，特务营两个连为掩护鲁西军区和党政机关转移，在朝城县苏村与数倍之敌展开激战，毙伤日、伪军400余人。日军施放大量毒气，两个连的八路军大部壮烈牺牲。在这次冬季反“扫荡”中，八路军共毙伤日、伪军700余人。

八路军部队利用作战空隙，认真组织了冬季扩兵运动和整顿部队工作，并进一步加强了政治工作，还进行了干部团结和党的团结教育工作，巩固和扩大了部队，提高了部队战斗力。

1940 年 11 月 17 日
华中新四军八路军总指挥部成立

今天是 11 月 17 日，1940 年的今天，华中新四军八路军总指挥部在江苏海安成立。

1940 年 5 月，为了支援华中地区的新四军，中共中央决定从华北地区抽调八路军主力 2 万人南下华中地区。八路军南下部队经几个月长途行军，连续作战进到淮海地区，先后发展为八路军第 4、第 5 纵队。

11 月上旬，刘少奇、黄克诚从盐城抵达海安新四军苏北指挥部，同陈毅会商成立新四军、八路军总指挥部等问题。11 月 17 日，经中共中央批准，在江苏省海安成立了华中新四军八路军总指挥部，简称华中总指挥部，叶挺任总指挥，刘少奇任政治委员，陈毅任副总指挥并代理总指挥，赖传珠任参谋长，统一指挥陇海铁路以南、长江以北的新四军和八路军部队。

新四军苏北指挥部，由陈毅兼指挥，粟裕任副指挥，刘炎任政治部主任，下辖第 1、第 2、第 3 纵队。

新四军江北指挥部，由张云逸兼任指挥，徐海东、罗炳辉任副指挥，赖传珠兼任参谋长，邓子恢兼任政治部主任，下辖第 4、第 5 支队、江北游击纵队。

新四军鄂豫挺进纵队，由李先念任司令员，任质斌代理政治委员兼政治部主任，刘少卿任参谋长，下辖第 1、第 2 支队和第 5、第 6、第 7 团。

八路军第4纵队，由彭雪枫任司令员，张震任参谋长，萧望东任政治部主任，下辖第4、第5、第6旅和豫皖苏边区保安司令部。随后，撤销保安司令部，组成第一、第二 、第三军分区和萧县独立旅。

八路军第5纵队，由黄克诚任司令员兼政治委员及政治部主任，韩振纪任参谋长，下辖第1、第2、第3支队。

当月24日，华中新四军八路军总指挥部从海安迁到江苏省盐城。

1941年1月，皖南事变后，以华中新四军八路军总指挥部及所属部队为基础，重新组建了新四军军部，并重新编组了新四军所属部队。

华中新四军八路军总指挥部虽然只存在一个多月的时间，但在这段时间里发生了皖南事变，华中新四军八路军总指挥部在此关键时刻，发挥了重要作用。

1935年11月18日
北平学联成立

今天是11月18日，1935年的今天，在中共中央北方局领导下，北平大中学生联合会，即北平学联成立。

1935年下半年，随着日本侵略者制造华北事变步伐的加快，华北局势急剧恶化。许多城市、乡村，到处可见横行无忌的日本浪人和泛滥成灾的日本走私货物，并时常听到日军演习的隆隆枪炮声。北平城内更是人心惶惶，国民党达官显贵争相携眷撤走，故宫博物院的文物陆续南运，各大学则传说准备搬迁。面对险恶的时局，富于政治敏感性的北平青年学生满腔怒火，悲愤地喊出："华北之大，已安放不下一张平静的书桌了！"

恰在此时，以毛泽东为代表的中共中央率领红一方面军主力长征胜利到达陕甘革命根据地。当时，中共中央虽不了解共产国际七大精神和《八一宣言》的内容，但已经根据时局的新发展，开始考虑建立更广泛的抗日民族统一战线问题。1935年11月13日，中共中央发布《为日本帝国主义并吞华北及蒋介石出卖华北出卖中国宣言》，号召一切抗日反蒋的中国人民与武装队伍联合起来，为打倒日本帝国主义与蒋介石统治集团而奋战。11月中旬，张浩由苏联回国到达陕北，向中共中央传达了共产国际关于建立广泛的反法西斯统一战线的精神。随后，中共中央以中华苏维埃共和国中央政府主席毛泽东、中国工农红军革命军事委员会主席朱德的名义，于11月28日发表了与《八一宣言》内容基本相同的《抗日救国宣言》。

中国共产党的抗日救国主张，反映了当时大多数人们的愿望和要求，在社会各阶层中引起了强烈反响，有力地推动了全国抗日救国运动的高涨。在中共北平临时工作委员会的领导下，北平市大中学生联合会（简称"北平学联"）于11月18日成立，组织和领导学生爱国运动。

12月初，北平学联召开代表大会，决定以实际行动表达抗日救亡的意志。12月6日，各校学生自治会联合发出通电，反对"防共自治"，呼吁政府抵抗日本侵略，并决定于12月9日发动全市学生举行大规模反日示威游行。北平学联的成立，为一二·九运动做了组织上的准备。

1939 年 11 月 19 日
中共中央同意新四军开辟苏北抗日根据地

今天是 11 月 19 日，1939 年的今天，中共中央同意新四军大力开辟苏北抗日根据地。

1939 年 11 月 11 日，刘少奇致电中共中央，提议创建苏北根据地。11 月 19 日，中共中央复电表示“完全同意”，并强调：“整个江北的新四军应从安庆、合肥、怀远、永城、夏邑之线起，广泛而猛烈地向东发展，一直发展到海边，不到海边，决不应停止。”

根据中央的指示，1939 年 12 月至 1940 年 2 月，刘少奇在皖东地区主持召开了三次中原局会议，决定将开辟苏北抗日根据地作为进一步向东发展的战略方向。然而，此时国民党顽固派已将反共重心转向华中地区，不仅强令江北新四军南移，而且开始进攻江北新四军。鉴此，中共中央决定以八路军一部南下增援，协同新四军开辟苏北，建立新的抗日根据地。

1940 年 6 月，南下的八路军第 2 纵队 5 个团 1.2 万余人进入豫皖苏抗日根据地，与新四军第 6 支队会合。7 月，两支部队合编为八路军第 4 纵队，由彭雪枫任司令员、黄克诚任政治委员。8 月，中共中央中原局决定将第 4 纵队编成八路军第 4、第 5 纵队，由彭雪枫任第 4 纵队司令员，黄克诚任第 5 纵队司令员兼政治委员。整编后，第 4 纵队 1.7 万余人坚持豫皖苏边的游击战争，扩大了抗日根据地；第5纵队约2万人，一部坚持皖东游击战争，主力挺进苏北，初步开辟了淮海抗日根据地。在此期间，位于苏南的新四军江南指挥部主力陆续北渡长江，支援先期进入苏北沿江地区的挺进纵队和苏皖支队，并于6月底取得了郭村反顽战斗的胜利。7月，为加强对苏北新四军各部的领导，新四军江南指挥部改称苏北指挥部，由陈毅、粟裕任正、副指挥。部队整编后即东进黄桥地区，攻克了靖江东北的孤山、西来镇等日军据点，粉碎了日军两次报复性“扫荡”。然而，却遭到国民党顽固派军队的阻挠和攻击。10月上旬，苏北新四军奋起自卫，打垮了数倍于己的韩德勤部，取得黄桥决战的胜利。

在此期间，八路军第5纵队主力排除国民党顽军阻拦，南下驰援，于10月10日进抵东台县马驹镇，与北上的新四军部队胜利会师。至此，新四军、八路军南北对进，协同开辟苏北抗日根据地的战略任务基本完成。

1943年11月20日
赣榆战役胜利结束

今天是11月20日，1943年的今天，八路军滨海军区取得赣榆战役胜利。

日军大本营为支援其在太平洋战场的作战，于1943年夏季以后，陆续从中国战场调出部分兵力，使得其在中国侵占区内的兵力相对减弱。特别是经过中国敌后抗日军民连年的沉重打击，日军在华北战场逐渐失去主动权，而力量正处于上升阶段的八路军在某些地区开始占有局部的相对优势。在此情况下，中共中央抓住世界反法西斯战争发生根本性转折的有利形势和中国敌后战场形势发生的有利变化，领导敌后抗日根据地军民向日、伪军发起持续不断的局部反攻，华北地区的八路军首先发起攻势作战，赣榆战役就是其中之一。

1943 年 7 月 30 日至 8 月下旬，八路军冀鲁豫军区和太行军区先后发起卫（河）南战役和林（县）南战役，歼灭日、伪军 1.2 万余人，解放了卫南、豫北广大地区。继卫南、林南战役之后，八路军山东军区抓住有利时机，决定在鲁南、滨海等地区发起攻势作战，以策应鲁中、清河军民的反“扫荡”斗争。

11 月 19 日，八路军滨海军区为粉碎日军利用驻守赣榆城的伪军“蚕食”抗日根据地的计划，先发制人，以主力第 6、第 23 团及地方武装一部，发起赣榆战役，攻击江苏省赣榆县城内的伪和平建国军第 71 旅及伪赣榆县保安队、盐警等守敌。当日晚 9 时半，滨海军区以突击队化装成伪军，通过内线由城东北门顺利入城，全歼守卫城门的伪军一个排。接着，八路军主攻部队突入城内，向伪军展开猛烈攻击，在争取伪军一个团中立后，集中兵力打击其旅部和另一个团。在八路军军事打击和政治攻势下，伪旅长李亚藩于 20 日上午率部投降。赣榆城顺利告破。其后，八路军乘胜扩大攻势，将赣榆周围的 13 个日、伪军据点全部拔除。后因日军反扑，八路军退出赣榆城，滨海军区政治委员符竹庭在作战中英勇牺牲。赣榆战役中，八路军共歼灭伪军约 2000 人。

1939年11月21日
第四次繁昌保卫战打响

今天是11月21日，1939年的今天，日军向繁昌城发动第4次进攻，新四军第3支队奋起反击，取得胜利。

铜陵、繁昌位于长江南岸，是进入皖南的门户，战略地位十分重要。1938年12月，新四军第3支队奉命由青弋江一线调至铜陵、繁昌沿江地区，担任长江沿岸的防御作战任务，抗击日军的入侵。

这时，日军为保障其海军舰艇的安全和长江运输的畅通，于1938年11月，侵占铜陵、繁昌、大通、顺安地区。12月26日，日伪军200余人向新四军第3支队第5团驻地发起攻击，被第5团打退，并一举攻克繁昌。自此，拉开了繁昌保卫战的序幕。

1939年1月，新四军第3支队在第1团、第3团的协同下，打退日军的进攻，并乘胜收复繁昌，歼敌20余人。同年2月，新四军再次打退日军的进攻，迫敌退出繁昌。5月下旬，侵占顺安、荻港的日军1000余人，第3次进犯繁昌。第3支队奋起反击，经过将近6个月的艰苦奋战，歼敌300余人，迫敌退回荻港、铁矿山、三江口据点。

但是，日军不甘心失败，于1939年11月21日晨，调集驻荻港、铁矿山等据点的日军及石谷联队、川岛警备队共2000余人，第4次向繁昌进攻。新四军第3支队第5团第1营在马家坝附近对日军实施反击，战至15时，日军从西门攻入繁昌城内，并集中兵力向第6团第3营扼守的峨山头高地展开猛攻，激战数小时，阵地被日军占领。黄昏，第 6 团第 3 营组织兵力勇猛反击，重新夺回峨山头阵地。攻入城内的日军，被第 5 团第 1、第 2 营包围，日军进行抵抗。11 月 23 日 7 时许，日军拼死突围，向城外马家坝方向逃去。第 4 次繁昌保卫战历时 15 天，共毙伤日军 450 人。之后，新四军第 3 支队又打退日军第 5 次向繁昌的进犯。

1939 年间，新四军第 3 支队在铜、繁地区作战 100 余次，取得了五保繁昌的胜利，有效地牵制了日军的攻势，保卫了皖南抗日根据地。

1943 年 11 月 22 日
开罗会议召开

今天是 11 月 22 日，1943 年的今天，中、美、英三国首脑在埃及首都开罗举行首脑会议。这是第二次世界大战期间中国参加的唯一一次同盟国首脑会议。

为进一步加强同盟国的合作，协调彼此间的军事行动，推动反法西斯战争早日结束，中、美、英三国首脑于 1943 年 11 月 22 日举行开罗会议。

中国政府对这次会议非常重视，会前做了大量的工作，准备了关于同盟国军事战略的提案、战后远东政治问题的提案、对日本投降后的处置方案等。中国战区参谋长史迪威根据中国政府的意见，拟定了一份旨在收复缅甸、打通中缅公路的军事方案。

开罗会议主要讨论了军事问题和政治问题。除全体会议外，蒋介石还分别与英国首相丘吉尔、美国总统罗斯福进行了多次会谈。

关于军事问题，三国首脑一致认为，中、美、英三国应参加对日本的共同作战，向日本施加压力，直到使其无条件投降。

关于政治问题，三国主要讨论了战后的中国问题、处置日本问题、亚洲被压迫民族问题和成立新的国际组织问题等。

最后，中、美、英三国共同签署了《开罗宣言》。宣言强调："三国之宗旨在剥夺日本自1914年第一次世界大战开始以后在太平洋所夺得的或占领之一切岛屿，在使日本窃取于中国之领土，例如满洲、台湾、澎湖列岛等，归还中国。"《宣言》宣布三大盟国将坚持进行为获得日本无条件投降所必要之重大的长期作战。

开罗会议具有重大意义和深远影响。中国参加此次会议，与美、英共同就对日作战的战略行动进行协调，并就战后重建等一些重大国际问题交换意见，这是中国大国地位提高并得到同盟国认可的一个重要体现。开罗会议充分显示了国际反法西斯力量团结一致，加速打败日本法西斯的决心和意志。会后发表的《开罗宣言》不仅确认台湾是中国领土，肯定中国收复失地的神圣权利，而且强调要将反法西斯战争进行到底，直到日本无条件投降。这对中国和亚洲各国抗日军民来说都是极大的鼓舞。战后，《开罗宣言》还成为处置日本问题的重要依据。

1940年11月23日
回族英雄金方昌至死不屈

今天是11月23日，1940年的今天，回族英雄金方昌面对敌人的酷刑逼供，至死不屈。

金方昌，17岁参加对日作战。1940年11月23日，他遭到逮捕后，拒不投降，被日军残忍地挖掉一只眼睛、砍掉一条胳膊，直至牺牲，仍至死不屈，表现出中华民族的英雄气概。

中国是一个多民族的大家庭。在日本武装入侵中国东北后，全国各少数民族和汉族人民紧密团结，一致对敌。如：在满族聚居的辽宁省东边道，满族爱国志士唐聚伍、李春润、邓铁梅等领导建立了10万余人的抗日义勇军。后来建立的东北人民革命军和1936年2月正式成立的东北抗日联军，聚居在东北的满、朝鲜、赫哲、达斡尔、蒙古、鄂温克、回族等少数民族人民群众都积极参加。朝鲜族女战士金顺姬为保守秘密，咬断自己的舌头，被敌人投入烈火壮烈牺牲。蒙古族人民为反抗日本侵略，先后组织了义勇军，成立了蒙汉民族抗日联合会等抗日武装和团体。西公旗女王奇俊峰率蒙军英勇杀敌，被誉为蒙古民族的巾帼英雄。她与另外两位投身抗日的东王旗额王的福晋巴云英、茂明安旗王的福晋额仁庆达赖被尊称为抗战时期参加抗日的三位“女王”。

回族人民也积极投身救亡图存的斗争。回族群众纷纷建立各种抗日救国组织，宣传和动员回民抗日，组织回民抗日武装斗争等。马本斋领导的冀中回民支队，发展到2000多人，以地道战、破袭战、麻雀战、推磨战等方式巧妙地打击和消灭敌人，被誉为攻无不克、无坚不摧、打不垮、拖不烂的队伍。渤海军区回民支队，也是一支威震敌胆的抗日武装。

此外，广西的壮族、苗族、瑶族、仫佬族、京族，海南岛的黎族、苗族、回族；贵州的布依族、水族，云南的彝族、白族、傣族、哈尼族、佤族、回族、拉祜族、景颇族、德昂族、傈僳族、壮族、瑶族，新疆维吾尔族、哈萨克族、柯尔克孜族，还有高山族、畲族、土家族等分布在全国各地的少数民族同胞，通过各种方式参加了抗日斗争，粉碎了日本帝国主义分裂中华民族、分化瓦解中国抗日力量的企图，为挽救中华民族的危亡、争取抗战胜利作出了重大贡献。

1937 年 11 月 24 日
尼赫鲁提议全印举行“中国日”活动

今天是 11 月 24 日，1937 年的今天，印度国大党主席尼赫鲁建议于 1 月 9 日在全印举行“中国日”活动。

中国全国抗战开始后，世界各国共产党、各国进步人士和爱好和平的人们，对中国抗战给予了各种支持和帮助。

印度国大党主席尼赫鲁的内兄爱德尔，于 1937 年 9 月与侨居伦敦的印度进步人士成立了中印委员会，并着手筹备组织医疗队援华。尼赫鲁对此表示祝贺。11 月 24 日，尼赫鲁向新闻界发表声明说：“今天，我收到了中国八路军总司令朱德的呼吁书。”“我建议于1月9日星期日在全印举行‘中国日’活动。”1938年1月9日，印度举行了“中国日”活动。这一活动得到印度各界人士的有力支持，在活动中尼赫鲁选定了援华医疗队队长。这支医疗队后来参加了中国的抗日事业，柯棣华大夫也参与其中并把自己的生命献给了中国的民族解放事业。

朝鲜的一批爱国者，从九一八事变后就同中国人民一起抗日，在中国东北和朝鲜境内同日军浴血奋战。中国全国抗战爆发后，朝鲜人民纷纷组织各种抗日团体，在中国参加抗日活动。

越南人民热情支持中国的抗战。菲律宾、泰国、马来亚、缅甸等地的人民与当地华侨联合起来，积极开展抵制日货和不与日本人合作活动。

英国各党派、各阶层人士，建立了“英国援华运动总会”等十几个援华组织。英国普通群众踊跃捐款捐物，将大批药材、衣服及资金通过各种方式送到中国。法国的“法中之友社”于1937年底接连发起了援华抗日团体代表大会、反日大会等，要求法国政府制止日本侵华。

1938年7月，美国前总统胡佛在旧金山发起“一碗饭运动”，号召旧金山市和全美人民节省一顿饭的钱，支援中国抗战。美国至少有100万人积极参加，共募得捐款100万美元。1941年5月，美国各地开展“中国周运动”，募得500万美元救济中国伤兵和难民。全美有14个州长和200名市长发表宣言，号召人民参加运动。加拿大共产党号召支援中国抗战，并派白求恩医生组织医疗队援华。白求恩大夫为中国的抗战献出了生命。

世界各国人民对中国抗战的大力支援，中国人民是永志不忘的。

1938年11月25日
南岳军事会议召开

今天是11月25日，1938年的今天，南岳军事会议在湖南衡阳召开。

武汉会战结束后，中国抗战进入一个新的战略阶段。1938年11月25日，国民政府军事委员会在衡阳召开南岳军事会议，会议历时4天，于11月28日结束。中国第三和第九战区的师以上军官100多人参加了会议。中共中央代表周恩来、叶剑英等人也应邀参加了会议。

国民政府军事委员会委员长蒋介石在会上阐述了对中国抗战全过程的基本设想。他说，从七七事变到武汉撤军，是中国抗战的第一时期。这一时期的战略是机动地使用主力部队，层层打击、逐步消耗敌人。武汉撤军以后属于抗战的第二阶段，是我们转守为攻，转败为胜的时期。

基于这一设想和判断，南岳军事会议确定了抗战第二期的作战指导方针，即："国军应以一部增强被敌占领地区内力量，积极展开广大游击战，以牵制消耗敌人。主力应配置于浙赣、湘赣、湘西、粤汉、平汉、陇海、豫西、鄂西各要线，极力保持现在态势。不得已时，应在现地线的附近，尽量牵制敌人，获取时间之余裕，俟新战力培养完成，再行策动大规模攻势。"据此，会议决定在全国242个师另40个旅中，以23个师为战略预备队，以9个师另一个旅担任西南守备，以13个师组建鲁苏和冀察两个游击战区，其余兵力配置于正面战场8个战区。

为加强敌后游击战，国民政府军事委员会军训部于1939年2月25日，在湖南衡山举办了游击干部训练班。国民党方面特别邀请中共中央派人到训练班任教。中共中央派出30多人组成代表团，其中包括军事、政治教官，叶剑英还担任了训练班的副教育长。叶剑英在讲授游击战战略战术课和政治课时，听课人数达两三千人，课堂容纳不下，只好在广场上讲大课。国民政府军事委员会桂林行营主任兼第四战区司令长官白崇禧非常欣赏中共领导人毛泽东的《论持久战》一书的战略远见，特意向训练班教育长汤恩伯推荐，把这本书摘要印发给训练班学员们学习研究。游击训练班共办了3期，每期3个月，三期训练班结束后，中共代表团工作人员于1940年3月离开了衡山。

1937年11月26日
八路军取得范村战斗胜利

今天是11月26日，1937年的今天，八路军在范村一带歼灭日军一部，取得战斗胜利。

日军侵占太原后，华北抗战进入新的局面。毛泽东1937年11月12日在延安中国共产党的活动分子会议上的报告中指出：“在华北，以共产党为主体的游击战争进入主要地位。”

对于华北游击战争的开展，毛泽东曾在太原失守前，五次电示中共中央北方局和八路军总部，明确提出了关于坚持华北独立自主山地游击战争的战略方针和部署。太原失陷的第二天，毛泽东又具体指示八路军各师：在华北正规战争业已结束游击战争转入主要地位的形势下，日寇不久即将移其主力向着内地各县之要点进攻，因此我分任四大区工作之聂部、贺部、刘部、林师部署纲领，以控制一部为袭击队，大部尽量分散于各要地，组织民众武装为第一义。期于一个月内收得显著成绩，以便准备充分力量，对付敌向内线之进攻。11 月 13 日，毛泽东再次电示中共中央北方局和八路军总部，明确指出八路军当前的任务是：同日寇力争山西全省的大多数乡村使之化为游击根据地，发动群众，收编溃军，扩大自己，自给自足，不靠别人，多打小胜仗，兴奋士气，用以影响全国，实现全面抗战之新局面。

遵照中共中央和毛泽东的指示，中共中央北方局和八路军总部确立，以山西为主要阵地支撑华北抗战，独立自主地开展游击战，创造根据地，同时配合国民党军作战。

1937 年 11 月 26 日，日军步兵 500 余人及骑兵 1 个连，附带炮 6 门，汽车两辆，向山西省太谷县范村一带进攻。八路军第 129 师第 386 旅第 771 团第 1 连获悉后，在敌众我寡的情况下，以机动灵活的战术，勇敢对敌作战。八路军第 771 团第 1 连将各班排分散隐蔽在约五公里的路旁林间，借助树林等障碍物为掩护，沉着应敌。当敌军进入八路军的有效射程后，第 1 连指战员以冷枪准确地射击日军。日军遭到突然袭击，猝不及防，当天即告败退。第二大，该团又在太谷县郭堡袭击日军。两次战斗中，八路军共毙伤日军 100 余人，以巧制胜，创造了佳绩。

1937年11月27日
唐生智发表保卫南京谈话

今天是11月27日，1937年的今天，南京卫戍司令长官唐生智向记者表示，本人与所属部队誓与南京共存亡，不惜牺牲于南京保卫战中。这一谈话，为即将开始的南京保卫战壮了声势。

1937年12月1日，日本大本营正式下达华中方面军战斗序列令。日军华中方面军8个师团兵力，在司令官松井石根指挥下，乘中国军队撤退之机，沿京沪铁路、京沪公路及京杭线，直逼南京。

国民政府对是否固守南京举棋不定，蒋介石连续召开三次高级幕僚会议，商讨对策。训练总监唐生智主张，南京是首都，为国际观瞻所系，又是孙中山先生陵墓所在，非死守不可。但多数高级将领认为，南京背水孤立，且无坚固的防御设施，不易防守；同时，参加淞沪会战的部队损失都很大，不经过相当时期的补充整训，很难恢复战斗力。为了持久抗战，应避免在南京决战。蒋介石在11月18日晚召开第三次会议，明确表示同意唐生智的意见，决定“短期固守”南京，同时任命唐生智为南京卫戍司令长官。随后调集13个师及教导总队、江宁要塞、宪兵部队等部，共10多万人防守南京。

到12月初，日军华中方面军各部抵近栖霞山、汤山、淳化镇、秣陵镇等地，对南京形成三面包围。

12月上旬，日军向南京发起围攻，激战两天后，中国守军从南京外围阵地退守近郊阵地。12月9日拂晓，日军进至光华门外的大校场。中国守军第87师官兵迎战并击退日军。12月10日，日军向雨花台、通济门、紫金山第三峰等地发起进攻，中国守军浴血奋战，与日军激战3昼夜，第88师第262旅旅长朱赤、第264旅旅长高致嵩、第87师第259旅旅长易安华等在激战中殉国。12日午后，南京多处要地失守，同时，日军一部开向浦口，企图切断中国守军唯一的北撤退路。

面对优势日军，唐生智根据蒋介石关于如情势不能持久时相机撤退的命令，于12月12日5时下令撤出战斗。12月13日，日军侵入南京，并开始对已放下武器失去战斗力的士兵以及手无寸铁的无辜平民进行了骇人听闻的大屠杀。

1935年11月28日
中共中央发表《抗日救国宣言》

今天是11月28日，1935年的今天，中共中央以中华苏维埃共和国中央政府主席毛泽东、中国工农红军革命军事委员会主席朱德的名义，发表《抗日救国宣言》，响亮地提出了“抗日救国”的口号。

1935年，日本策动华北事变，通过逼签协定、扶植自治政权和进行经济侵略等手段，逐步攫取华北主权，进一步扩大对中国的侵略。中国国内政治形势发生进一步变化，抗日救国成为各阶级各阶层人民的共同要求。抗日救国宣言号召全国人民有钱的出钱，有粮的出粮，有力的出力，停止内战，集中一切国力为抗日救国的神圣事业而奋斗。

中国共产党的抗日救国主张，反映了当时大多数人的愿望和要求，在社会各阶层中引起了强烈反响，有力地推动了全国抗日救亡运动的高涨。

1935 年 12 月 9 日，北平爆发了数千名学生举行反对日本侵略的大游行；紧接着，12 月 12 日，上海文化界 280 多人联名发表《上海文化界救国运动宣言》。此后，群众性的抗日救亡运动迅速在全国开展起来，上海的妇女救国会、文化界救国会、大学教授救国会、电影界救国会、职业界救国会、上海各界救国联合会等相继成立。北平、南京、武汉、天津、广西、山东、杭州等地的爱国人士和爱国团体也纷纷成立各界救国会，发出通电，出版各种救亡刊物，要求国民党停止内战，出兵抗日。

1936年5月1日，全国各界救国联合会在上海成立，不久，华南、华北、西北以及南京、济南、武汉等地各界救国联合会也先后成立，连海外华侨中也成立了抗日救国联合会。全国抗日救亡运动蓬勃发展，抗日救国成为中华民族的时代主旋律。

在抗日救亡运动中，中国共产党积极领导和组织了各地的抗日救亡运动。中共北方局在抗日救亡运动的前哨华北领导和组织群众开展抵制日货，反对走私，举行政治示威、请愿罢课及部分罢工。中共各地党组织在全国许多城市组织各界救国团体。中共中央领导人给很多知名爱国人士写信，并派代表做联络工作，领导和推动他们为抗日救国而斗争。

1942年11月29日
晋冀鲁豫颁发《优待日本逃战避战军民规程》

今天是11月29日，1942年的今天，晋冀鲁豫边区政府颁发《优待日本逃战避战军民规程》。这个规程是抗日根据地瓦解日军工作的一篇重要文献。它对于晋冀鲁豫抗日根据地的瓦解日军工作起了重要作用。

这个规程的主要内容是，逃战避战的日本人均享受国际友人待遇，尊重他们的民族、语言、风俗习惯，负责他们的人身、财产安全，并给予他们生活保障。他们愿意参加抗日工作的，与根据地抗日工作人员享受同等待遇。老弱病残失去工作能力的人员，政府给予救济。

太平洋战争爆发后，日军内部的厌战、反战情绪明显增长。针对这种新情况，从1942年到1943年9月，华北各根据地动员党政军民各种力量，对日、伪军先后发动了9期政治攻势，效果十分显著。由觉悟了的日军战俘在延安发起组织日本士兵代表大会，通过了《日本士兵要求书》，揭露了日军内部虐待士兵的种种黑幕。根据地各部队在敌占区大量散发这个要求书，在日军中引起了强烈反应。日军军官哀叹，士兵思想起了动摇，实在难于指挥。许多部队还针对日军在樱花节和端午节盼望与亲人团聚的情绪，制作大量节日宣传品和慰问袋，通过各种途径散发给日本士兵。这些瓦解工作收到很好效果，日军士兵和下级军官中的反战、厌战情绪更加发展，逃跑和投诚的现象不断增加。

各根据地军民认真执行对日本逃战、避战者的政策，并吸收他们参加根据地工作，八路军先后在延安、晋绥和山东的鲁中、鲁南、渤海等地创办了“日本工农学校”，共有数千名日本士兵和下级军官参加了学习。他们在经过学习后，在华北各根据地先后建立了14个“在华日人反战同盟”支部。他们创办刊物，揭露日本法西斯的罪行，宣传八路军、新四军的对敌政策，介绍国际和中国抗战形势。他们还印发反战传单，深入战场喊话，开展战地宣传。到1944年，反战同盟有30多名日本朋友为反战事业牺牲了生命。

在华日本反战人士在中国抗日战争的特殊战线上，同中国人民并肩抗战，为打败日本法西斯作出了不可磨灭的贡献。

1941年11月30日
德国记者汉斯·希伯牺牲

今天是11月30日，1941年的今天，支持中国抗战的国际友人德国记者汉斯·希伯牺牲在我国山东抗日前线。

中国人民的抗日战争，得到世界上一切爱好和平和正义事业的国家和人民的广泛支持和帮助。美国著名记者埃德加·斯诺、美国记者史沫特莱、苏联友人白列斯托夫、英国记者贝特兰、德国记者汉斯·希伯、加拿大医生白求恩、印度医疗队大夫柯棣华等，冲破重重阻力，来到延安和各抗日根据地进行访问、考察和工作，积极支持或参加中国人民的抗日战争。其中，加拿大、美国援华医疗队的白求恩，印度援华医疗队的柯棣华和德国共产党员、记者汉斯·希伯等，为了中国人民的解放事业和世界反法西斯事业，贡献了他们的宝贵生命。

汉斯·希伯，早年在德国上大学，参加过工人运动，加入德国共产党。1925 年来华，参加了中国的北伐战争；1927 年蒋介石发动四一二反革命政变后回到欧洲；1932 年再度来华，1938 年到过延安，1939 年到皖南新四军军部采访；1941 年到苏北抗日根据地采访，随后到八路军第 115 师采访。曾写了大量的有关中国共产党和中国人民革命、抗日斗争的报道。

1941 年 11 月 2 日，日军开始对沂蒙山区抗日根据地实行“大扫荡”。八路军山东纵队指挥机关分散突围至沂水西北的南墙峪。5 日拂晓，日军第十二军主力采取“铁壁合围”战法，开始进攻八路军第 115 师。到 5 日黄昏，八路军第 115 师师部等领导机关 5000 余人在驻地留田一带被日军 2 万余人包围。当晚，八路军向西南隐蔽突围，通过敌两道封锁线，到达埠山庄，6 日转移到费县东北的黄埠前。为了粉碎日军的分区“清剿”，保卫根据地人民的生命财产安全，12 日，八路军第 115 师领导机关和主力一部返回沂蒙基本区，后一再遭到日军合围，再次转入外线。

12 月 4 日，第 115 师直属队一部及蒙山支队于大青山附近的瓮城子一带遭日军合击，受到很大损失，国际友人、德国记者汉斯·希伯不幸牺牲。汉斯·希伯用鲜血和生命支持了中国的抗日战争，他的英雄事迹，为中国人民永远怀念。

十二月

1939年12月1日
中国军队发起冬季攻势

今天是12月1日，1939年的今天，中国各战区部队开始相继发起冬季攻势作战。

武汉会战后，国民政府一方面防御日军的有限攻势，另一方面也力求主动实施1939年冬季攻势作战。1939年5月，中苏签订通商条约，7月，美国废除与日本的通商条约，9月，英、法对德国宣战，美国也公开表示坚决反对日本建立“东亚新秩序”。在这种国际形势下，10月29日，国民政府军事委员会召开第二次南岳军事会议，决定自11月下旬至12月上旬起，所有10个战区在北起绥远，南至广西的整个正面战场发起冬季攻势。

按照预定计划，12月1日，第一战区发起攻击。在豫东，第三集团军以豫皖边区游击部队切断开封、兰封附近公路、铁路，第81师于17日突入开封，焚毁日军第35师一部的指挥所及仓库；21日，骑兵第二军一度攻入商丘，并击溃由安徽砀山增援的日军骑兵部队。在豫北，12月6日，新编第五军、第四军、第九军等部队，攻至安阳附近，尔后在汤阴、淇县、浚县、泌阳、博爱等地，破坏交通设施，切断了日军豫北交通；1940年1月1日，第九军一度攻入泌阳，歼灭日军第35师团一部。

第三战区14个师从12月16日起在长江100公里正面展开进攻，17日到达江岸，炮击日军舰艇。该战区部队还于12月12日和18日两次进入南昌市区袭击日军，于12月13日分别袭击杭州、余杭等城市，打击这些地方的驻守日军。第五战区各部队从12月12日至1940年1月中旬分别向信阳、广水、花园、随县、应山、钟祥、京山、皂市等地日军频繁进攻，包围了许多日军据点，并一度切断了日军之间的联络，对武汉造成威胁。第八战区部队12月20日攻入包头市区，予敌以重创。1940年3月20日，第八战区部队又反攻五原，经两天激战，全歼日军特务机关和伪蒙军4000余人，击毙日军中将、大佐和中佐各1人，取得了“五原大捷”。

此次冬季攻势是在欧洲战争爆发的情况下，由国民政府军事委员会统一部署的一次大规模的全线进攻作战。但是，由于各部队之间缺乏协同，行动不坚决，再加上普遍缺乏攻坚能力等原因，致使此次攻势声势很大而战果有限。

1943年12月2日
东江纵队成立

今天是12月2日，1943 年的今天，广东人民抗日游击总队改称广东人民抗日游击队东江纵队。

1940年9月上下坪会议后，广东人民抗日游击队第3大队、第5大队分别开辟了东莞大岭山、宝安阳台山抗日根据地。1941年6月中旬，第3大队曾将来袭的日伪军围困在百花洞附近，歼灭日伪军50余人。6月至8月，第5大队也多次击退日军的进犯。10月，第3大队主力撤出大岭山，一部与第5大队会合，一部恢复和发展以坪山为中心的抗日根据地。到1941年底，广东人民抗日游击队由100余人发展到1500余人，其中第3大队从70余人发展到800余人，第5大队由30余人发展到600余人，新成立的增（城）从（化）番（禺）独立大队也从50余人发展到100余人。此外，民兵武装达1000余人。

1942年1月成立广东人民抗日游击总队，下辖1个主力大队、4个地方大队。

1943年11月1日，日军发动打通广九铁路战役。从18日开始，日伪军9000余人，对广九铁路西侧的东（莞）宝（安）抗日根据地进行“万人大扫荡”，将广东人民抗日游击总队压缩包围在方圆仅10余公里的大岭山区。抗日游击总队坚持到黄昏后分三路突围，转入外线斗争。此后，主力大队返回宝安阳台山，第3大队仍在东莞地区坚持斗争。随后，日军将“扫荡”重点转向宝安阳台山抗日根据地，于11月22日和12月4日各以500余人兵力前来进犯，均被击退。此后日军主力调往其他地区，剩余日伪军只能龟缩在宝太、莞太公路和广九铁路沿线据点上，无力进行大的“扫荡”，广九铁路“全线通车”计划始终未能实现。在1943年1月到11月，广东人民抗日游击总队共作战70余次，毙伤俘日、伪军1000余人，游击总队发展到4000余人。

1943年12月2日，是惠宝人民抗日总队成立5周年的纪念日。当天，广东人民抗日游击总队改称为广东人民抗日游击队东江纵队，曾生任司令员，林平任政治委员，下辖7个大队。尔后，东江纵队向东江北岸发展，建立了以罗浮山为中心的抗日根据地。东江纵队成为威名远扬的华南敌后抗日劲旅。

1943年12月3日
日军侵占常德

今天是12月3日，1943年的今天，日军侵占常德。

常德是湘西的战略要地。1943年6月鄂西战役结束后，中国先后从第六、第九战区抽调部队，转用于缅北、滇西方面。日军为了牵制中国向滇西方面增兵，命令第十一军发动常德作战。

1943年11月2日，日军分路向中国阵地发起攻击，中国守军利用沿江工事，消耗日军。5日至13日，中国第十集团军以暖水街为中心，奋力阻击日军进攻，沉重打击了日军。11月6日至17日，中国第二十集团军在澧水两岸与优势日军战斗。11月21日，日军伞兵空降桃源，增援其步兵围攻桃源。22日，日军两个师团与中国第七十四军在道水、黄石河、慈利以南地区展开激烈战斗。23日，日军在飞机掩护下，向岩桥子、杨家桥中国守军阵地连续猛攻，日军第116师团第109联队联队长布上照一大佐被中国守军炮火击毙。25日，日军向常德城发起猛攻，中国守军第57师与日军展开白刃格斗，顿挫敌锋，牺牲甚多，但仍坚守城垣主要阵地。27日，日军以飞机与大炮袭击中国守城阵地，并向城内施放毒气，中国守军伤亡严重。28日，日军士兵在飞机和大炮的支援下，又向常德发起猛攻。中国守军因连日激战，损耗严重，就将师部勤杂兵和夫役以及警察都编入部队，与敌血战。12月1日和2日，中国守军仅凭少数残破碉堡与屋壁拼死抗战，坚守阵地。3日，日军继续猛攻，并施放毒气，中国守军仅存的几百名官兵被迫突围，日军侵占常德。在常德守卫战中，中国守军一个师不足万人，作战16昼夜顶住日军3万人的强攻，击毙敌联队长2人、大队长4人及其他大量官兵，予日军以沉重打击。

常德陷落后，中国外围部队于12月9日重新收复常德，并向撤退日军展开追击。到1944年1月初，日军退回战役前驻地，常德战役结束。在历时50余天的作战中，共毙伤日军2万余人，破坏了日军南下作战企图，在战略上配合了敌后战场的反“扫荡”、反“清乡”斗争。

1939年12月4日
八路军进行高洪口河口战斗

今天是12月4日，1939年的今天，八路军晋察冀军区在山西省五台县东南的高洪口和河口地区伏击日军，取得了战斗胜利。

高洪口河口战斗是北岳区1939年冬季反“扫荡”作战中一次著名的伏击战。10月到12月，日军华北方面军集中2个师团及3个独立混成旅团“扫荡”晋察冀抗日根据地的北岳区，企图消灭八路军主力，摧毁抗日根据地。八路军晋察冀军区第一至第四军分区及第120师一部进行反“扫荡”作战。

这次反“扫荡”作战分为三个阶段。第一阶段为10月25日至11月28日。日军集中独立混成第2旅团和第110师团等部2万余人，对北岳区进行大规模“扫荡”。晋察冀军区和第120师部队先后在雁宿崖、黄土岭等作战中歼灭日军一部。在黄土岭围歼作战中，击毙日军独立第2混成旅团旅团长阿部规秀中将。

第二阶段为11月29日至30日。日军集中1.8万余人分7路进攻晋察冀抗日根据地中心区阜平县。日军采取分进合击战术，直插抗日根据地腹地，企图围歼晋察冀军区领导机关。晋察冀军区和第120师部队以少数兵力分散袭击日军，以主力袭击日军后方和交通线。

第三阶段为12月1日至8日。日军在八路军的打击下，于12月初被迫撤退，放弃阜平，退到耿镇、高洪口一线。晋察冀军区第二军分区决心歼灭孤立的日军，将第4团和分区特务营埋伏在高洪口和河口之间进行伏击。3日晚，部队冒雪进入高洪口南面的山头阵地设伏。4日拂晓，日军进入伏击区。预伏部队放过日军先头部队，突然开火。日军顿时大乱，向高洪口以南的王家庄逃跑。当部队通过冰封的河床时，遭到八路军密集火力的杀伤，八路军对日军残部发起攻击，经过白刃搏斗，歼灭敌人一部。

这次伏击战，八路军毙伤日军大队长以下300余人，缴获步枪80余支，机枪5挺及辎重一部。

在40余天的冬季反“扫荡”战役中，晋察冀军区和第120师各部共作战100余次，共毙伤日军3600余人，缴获轻重机枪21挺、步马枪400余支及其他军用物资一批，八路军伤亡约2000人。

1938年12月5日
琼崖红军游击队正式改编

今天是12月5日，1938年的今天，琼崖红军游击队在海南岛琼山县云龙墟举行正式改编暨誓师抗日大会，即琼崖抗战史上著名的“云龙改编”。

全国抗战爆发后，中共琼崖特委主动与国民党当局谈判，于1938年10月22日达成合作抗日协议，将琼崖红军改编为广东民众抗日自卫团第14区独立队，下辖3个中队共300人，冯白驹任队长。

1938年12月5日，独立队在琼山县云龙墟举行大会，正式将琼崖红军游击队改编为独立队，并誓师抗日。

1939年2月10日，日军登陆海南岛时，独立队一部在潭口阻击日军，他们冒着敌机的轰炸，一直坚持到黄昏，在人民群众中产生了良好的影响。3月，独立队改称独立总队，冯白驹任总队长，部队发展到3个大队1个特务中队，共1400余人。同月，第一大队在琼文公路的罗牛镇伏击日军运输车辆，击毁汽车1辆，歼灭日军大佐以下20余人。6月，又化装潜入文昌县城，袭击日军北门哨所，歼敌一部。第2大队5月在海口市郭长桥村附近袭击日军，缴枪7支。 6月，独立总队各部队打退了日军1000余人对琼文地区的“扫荡”。为避开日伪顽夹击，保存力量，坚持长期抗战，1939年6月，独立总队转移到琼崖西部建立抗日根据地。10月21日，独立总队对300多日、伪军据守的那大据点发起围攻，至11月6日攻克该据点，俘虏伪军80余人。1940年2月，独立总队又以一部西进至美合地区，发动群众，组织政权，建立新的抗日根据地。至1940年冬，独立总队发展到3000余人，成为琼崖抗战的主要力量。1941年7月，独立总队在文昌县公路设伏，击毁日军军车2辆，歼灭日军60余人。1942年，日军重点进攻琼文抗日根据地，独立总队在根据地内展开了艰苦的斗争，给日军以一定打击。1943年夏秋间，独立总队又内外线结合，转战袭敌，迫使日军停止"扫荡"。1944年秋，独立总队改称琼崖纵队。在1945年夏季的对日大反攻中，琼崖纵队一度收复儋县、感恩县城，并攻克100多个日、伪军据点。这支红色抗日武装在极端困难条件下，一直坚持到抗日战争的最后胜利。

1944年12月6日
中共中央军委决定创办炮兵学校

今天是12月6日，1944年的今天，中共中央军委决定创办炮兵学校，大量培养炮兵干部，以适应形势发展的要求。

中国共产党历来重视炮兵的建设和运用。早在八一南昌起义时，在党领导的起义军中就有了山炮和迫击炮。1928年井冈山革命根据地的迫击炮，虽然只有少量炮弹，但在反"会剿"中发挥了重要作用，配合步兵多次打退敌人进攻。

1930年7月，彭德怀率领红五、红八军攻克湖南省会长沙后，利用缴获的山炮，建立了1个炮兵连。

在五次反“围剿”战斗中，红军炮兵先后参加了几十次战役和战斗，战绩显赫。

全国抗日战争爆发后，八路军开赴抗日前线，首战平型关，缴获日军一门火炮，并收集了阎锡山军队败退时丢弃的8门山炮和2门野炮。此后，八路军在原有炮兵4个连的基础上，于1938年1月28日正式组建了第一个炮兵团，即总部炮兵团。炮兵团成立后，经过一年的整训，开赴晋东南，参加敌后抗战。抗日战争中，敌后抗日军民开始主要是展开游击战，但自实行局部反攻以后，便逐渐由分散的游击战向集中较大兵力的正规战过渡。在作战规模上，出现了一次集中几个团以至十几个团的兵力进行的战役、战斗；在作战形式上，攻坚战、运动战逐渐增多。这样，炮兵的作用就越来越大了。1944年12月6日，中共中央军委为了适应抗战形势发展的需要，在给各军区、军分区的指示电中指出：为了准备全面反攻，决定创办炮兵学校，培养炮兵干部，加强我军的武器装备，从而使我军能由游击战转到运动战。

按照这一决定，八路军以总部炮兵团为基础，从延安抽调了一批干部成立了延安炮兵学校，郭化若任校长，邱创成任政治委员。

当时，教员少，教具、教材短缺，设备差。但是，经过大家的艰苦努力，第一期就训练了1000多名炮兵干部。这批干部分配到全国各战略区，为打击日军作出了贡献。

1939年12月7日
八路军胜利结束武家湾战斗

今天是12月7日，1939年的今天，八路军晋察冀军区第2团，在北岳地区冬季反“扫荡”中，击退日军600余人的进攻，取得武家湾战斗的胜利。

北岳区是晋察冀抗日根据地党政军机构所在地。1939年5月上旬至6月下旬，日军第109师团和独立混成第3旅团各一部共5000余人，对北岳区实施大规模“扫荡”。5月8日，日军合击阜平以西龙泉关一带的晋察冀军区领导机关，扑空后分路撤退。5月13日，日军一部约800人在回撤途中，遭到在神堂堡地区待机的八路军第120师第359旅部队的突然截击。当晚，被围截的日军溃退奔逃。第359旅部队马上围追堵截，将日军包围于上下细腰涧，激战至15日中午，歼灭日军500余人。就在晋察冀军区军民抗击日军进攻的关键时刻，由冀中转战而来的第120师主力抵达北岳区，北岳区八路军的力量得到很大增强。9月下旬，日军独立混成第8旅团一部及伪军共1500余人，轻装奔袭晋察冀军区后方机关所在地陈庄。第120师部队在日、伪军回撤的路上设伏，激战3日将其全歼。

1939年10月下旬至12月上旬，日军为打通涞（源）易（县）公路，再次纠集重兵进犯北岳抗日根据地。11月2日，日军进犯银坊，八路军3个团在雁宿崖峡谷设伏，次日，全歼日军大佐以下500余人。11月4日，日军出动1500余人报复，8日，八路军又将该部日军歼灭大半。12 月 3 日和 4 日，八路军又两次伏击日军，歼敌 400 余人。

12 月 7 日，几百名日军途经武家湾地区，八路军晋察冀军区第 2 团一个连，在武家湾以西高地设伏，准备打击日军。当日军进入伏击区后，八路军立即向日军发起猛烈攻击。日军始料不及，仓促地向八路军部队发起多次冲锋，都被八路军打退。然而，日军仍然顽抗。激战到黄昏，八路军毙伤日军 40 余人。日军向灵山和党城逃窜。自 10 月下旬开始的这次北岳区冬季反“扫荡”中，八路军晋察冀军区部队和第 120 师，相互配合，密切协同，共进行了 100 余次战斗，毙伤日军 3600 余人。经此一战，日军非有重兵，不敢再轻易深入北岳抗日根据地。

1939 年 12 月 8 日
八路军开始破袭邯长路

今天是 12 月 8 日，1939 年的今天，八路军开始在冀南邯长路展开破袭战，痛击日、伪军。

1939 年 7 月 3 日，日军以第 20、第 109 师团主力及第 108、第 35、第 36、第 10 师团、独立混成第 4 旅团各一部共 5 万余人，由日军第一军司令官梅津美治郎指挥，先后从和顺、太谷、南关等地出动，对晋冀豫抗日根据地进行大“扫荡”，企图围歼八路军第 129 师部队，分割和摧毁抗日根据地。

7 月 6 日至 9 日，朱德、彭德怀先后就作战指导原则指出：

基本上采取分区游击战，削弱敌战斗力，阻敌修路筑点，隐蔽主力于机动位置，力求能歼灭分散之敌。据此，第129师进一步调整了部署，划分了各部队的作战区域。

7月6日，日军第109师团、独立混成第4旅团各一部侵占沁县、武乡、辽县等县城，并向榆社地区合击。当日军第109师团一部进至榆社以西云簇镇时，八路军第129师第386旅向敌展开攻击，歼其一部，迫敌回窜。日军独立混成第4旅团在辽县以西石匣村，遭八路军第385旅伏击，死伤300余人。

日军合击八路军的企图破产后，即控制交通线，分割根据地，侵占长治、屯留、襄垣等城镇，打通了白晋路北段。8月，日军侵占黎城，打通了邯长路。八路军第129师不断对侵占交通线的日军进行袭击、围困，日军被迫于8月下旬撤出阳城、晋城、沁水等地，收缩至长治周围地区。

12月上旬，第129师按照八路军总部破袭邯长公路的命令，增调第385旅第769 团、第344旅第688团主力及第689团主力一部、青年纵队第2团、晋冀豫边游击纵队第1梯队第1大队等部到邯长线，以加强突击力量。12月8日，当地原有八路军部队开始不间断地进行针对日、伪军的破坏和袭扰。14日，八路军主力部队到达后，即开始进行大规模的袭击：22日攻克黎城以南的赵店镇，23日袭入黎城，残敌向东溃退。攻击部队乘胜收复东阳关，并继续向东追击，25日12时收复井店镇。这次作战，八路军共毙伤日伪军700余人，收复黎城、涉县两个县城及据点23个，太南、太北重新连成一片。

1935年12月9日
一二·九运动爆发

今天是12月9日，1935年的今天，北平爆发一二·九运动。

1935年下半年，日本加快侵华步伐，华北局势急剧恶化。爱国的北平学生悲愤地感到：华北之大，已安放不下一张平静的书桌。12月9日，在中共北平临时工作委员会的领导下，北平学联发动全市数千名爱国学生，聚集在新华门前，向国民党北平当局请愿。当学生们提出的反对“防共自治”等抗日民主要求被拒绝时，他们将请愿改为示威游行。学生高呼：“打倒日本帝国主义”、“反对华北自治”、“停止内战，一致抗日”等口号，遭到国民党军警的野蛮镇压，数百人受伤，30余人被捕。第二天，北平学联决定各校学生举行总罢课。12月14日北平报载，12月16日国民党当局将成立冀察政务委员会。于是，学联决定在16日举行更大规模的游行示威。16日清晨，北平各校学生从四面八方涌向天桥广场，举行了3万余人的市民大会，通过了“不承认冀察政务委员会”、“反对华北任何傀儡组织”等决议案。会后，学生和市民一起举行了数万人的示威游行，再次遭到军警镇压，被捕者数十人，受伤300余人。

北平学生的抗日救亡风暴迅速席卷长城内外、大江南北，并得到社会各界的广泛响应和支持。12月18日，中华全国总工会号召工人组织起来，声援北平学生的救国运动。接着，许多地方的工厂举行罢工。各地爱国人士、爱国团体纷纷发表宣言和通电，要求停止内战，出兵抗日。

12月20日，中国共产党通过共青团中央发表《为抗日救国告全国各校学生和各界同胞宣言》，号召青年学生走与工农相结合的道路，把反日救国运动扩大起来，到工人中去，到农民中去，到商民中去，到军队中去！12月26日，平津学生联合会成立，随后组织南下扩大宣讲团，到河北农村进行抗日宣传。在宣讲团基础上，后又成立中华民族解放先锋队。上海等地学生也深入工厂、农村扩大宣传。学生运动与工农运动的结合，促进了抗日救亡运动的发展。

一二•九运动是动员全民族抗战的运动，它准备了抗战的思想，准备了抗战的人心，准备了抗战的干部。

1940年12月10日
百团大战总结战绩公布

今天是12月10日，1940年的今天，第十八集团军总司令部野战政治部公布了百团大战总结战绩，驳斥了攻击八路军“游而不击”的谎言，揭穿了投降妥协分子，激励了广大抗日军民抗战胜利的信心。

战报指出：百团大战自1940年8月20日发动以来，至12月5日止，整整3个月又15天。这一大会战，是以华北八路军主力之一部及决死队，在华北广大地域之内，向各个交通沿线及各个大小据点之敌伪自主进攻的大会战。其作战地域包括：冀察全境，晋绥绝大部分领域，热南地区，若加上配合作战之部队的作战地区，则又包括山东全境，皖东、豫东、苏北广大地区。

百团大战中日军遭到重创，其中第4混成旅团被消灭殆尽，第2、第3混成旅团被歼过半，第36师团及第110师团、第27师团均遭到严重损失，第8、第9、第16等混成旅团均各损失一个大队。而八路军参战部队，差不多有五分之四是几乎一时一刻都环绕着紧张战况，又以地瘠贫寒，交通阻塞，一切补给极为困难，有不少部队数日而不得一饱或连续10日不曾休息。尽管如此，全军将士均能以最高度之战斗热情，英勇杀敌。经过大小战斗1824次，获得惊人战果，但牺牲了不少优秀的八路军、决死队的指挥员政治工作人员战斗员。

除配合作战兵团的战果外，百团大战几次主要战果有：计毙伤日军20645人，其中有大队长以上军官18人，毙伤伪军5155人，俘日军281人，其中有大队长、中队长各1人，小队长8人，俘伪军18407人；消灭敌伪据点2993个，缩小了敌占区，扩大了我占区；缴获了大批武器弹药、交通器材等；破坏铁路948里、公路3004里、桥梁213座等；仅井陉新矿损失1亿日元，破坏仓库11所；伪军反正者14次，共1845人，日军自动携械来投诚者47人；解放煤矿工友10120人，铁路工友2055人，被迫修路同胞673人。

战报指出：百团大战实为我国抗战以来空前未有之大创举，敌后方游击战争空前未有之大创举，不仅取得军事上，更取得政治上之伟大胜利，它是抗战史上最光荣的一页。

1944年12月11日
鲁中军区冬季攻势战役结束

今天是12月11日，1944年的今天，鲁中军区冬季攻势战役胜利结束。此战作为山东军区冬季攻势作战的一部分，粉碎了日伪军的“扫荡”，解放了大片地区。

1944年6月15日至10月1日，山东军区于日照县碑廓镇等地召开军事工作会议。会议在罗荣桓的主持下，确定了此后军事工作的方针和1945年的主要作战方向，统一了作战思想。山东军区根据会议精神，于10月12日发出《今冬明春军事斗争方针的指示》，11月2日又作了补充指示，明确提出：目前，在对日伪军斗争方面，应准备进一步打击敌人“重点主义”和任何一种“扫荡”，以求更加巩固和发展自己。目前应乘山东一部日军南调之际，尽量消灭伸入抗日根据地内之日伪据点，但一般暂不打交通要道及较大城市。对于叛军，应当先消灭其最大股最反动的部分，扫除反攻障碍。

1944年冬，在山东军区统一部署下，渤海、鲁南、胶东、鲁中军区相继发起攻势作战。鲁中、滨海、鲁南军区的战斗目标是：首先收复莒县并相机夺取费县，彻底破坏台（儿庄）潍（县）路之台（儿庄）临（沂）段与临（沂）莒（县）段，以孤立临沂之日伪军。

鲁中军区部队的冬季攻势分两个阶段完成。11月20日，该部队发起了以临费公路以北汪沟为中心的冬季第一阶段作战，肃清了半程、双湖、涝沟子、汪沟、义山子、古城西等临沂城和费县城的外围日伪军据点31处，摧毁了日伪军在蒙山地区的第二道封锁线，基本上控制了滋（阳）临（沂）公路曲阜至费县段，直逼日伪军占领的津浦铁路和临沂、泗水等县城。

12月上旬，鲁中军区部队又以胶济铁路南侧为中心，在长达120公里的战线上发动了冬季攻势的第二阶段作战。至12月11日，先后拔除安丘西之高崖、临朐西南之五井、章丘南之文祖等25处据点，向北直逼胶济铁路附近。

这次冬季攻势战役，鲁中军区部队共毙伤日伪军200余人，俘日军2人、伪军1232人，缴获掷弹筒13具、轻机枪24挺、长短枪1505支、战马14匹，拔除日伪军据点56处，解放村庄624个，解放人口24万。

1936年12月12日
西安事变爆发

今天是12月12日，1936年的今天，震动中外的西安事变爆发。

1936年10月，中国共产党领导的工农红军三大主力胜利会师在甘肃境内，红军在西北地区同东北军、第十七路军“三位一体”的统一战线稳步发展。

然而，蒋介石却坚持“攘外必先安内”的方针，于11月10日和12月4日，两次亲赴西安，迫令张学良、杨虎城率领东北军和第十七路军进攻红军，否则将东北军调往福建，第十七路军调往安徽。但是，张、杨不愿与红军再开战端，也不愿离开西北被蒋介石改编。连续几天，他们反复劝说蒋介石应以国家和民族的大义为重，容纳抗日主张，但遭到蒋介石斥责。张、杨别无选择，决心不顾一切实行“兵谏”，以逼蒋介石放弃“剿共”政策，实行联共抗日的新方针。

12 月 12 日凌晨 5 时，按照张学良、杨虎城事先商定的部署，东北军一部包围华清池，扣留了蒋介石；第十七路军同时控制西安城，软禁了从南京来的几十名国民党军政要员。当天，张、杨等人通电全国，说明事变动机完全在于抗日救国，对蒋本人“保其安全，促其反省”，并提出停止一切内战等八项主张。这就是震动中外的西安事变。

12 月 13 日，中共中央获悉西安事变后，立即召开政治局常委扩大会议，一致认为这次事变是革命性的，其行动和纲领都有积极的意义。应张学良、杨虎城的要求，12 月 17 日，周恩来、叶剑英、博古等作为中共中央代表飞抵西安，提出和平解决事变的主张，积极协助张学良、杨虎城和平解决西安事变。

南京方面于 12 月 22 日派宋子文、宋美龄到西安，蒋介石授意他们与西安方面谈判。周恩来也作为中共中央全权代表参加谈判。24 日达成六项协议，蒋表示停止“剿共”，联红抗日。第二天，张学良自行决定陪同蒋介石飞往南京。

西安事变的和平解决，成为时局转换的枢纽，促进了中共中央逼蒋抗日方针的实现。在抗日的前提下，国共两党实行第二次合作已成为不可抗拒的大势。张学良、杨虎城也因发动并参与了和平解决西安事变而成为有功抗日的千古功臣。

1937年12月13日
日军开始进行南京大屠杀

今天是12月13日，1937年的今天，日军侵占南京，开始灭绝人性的大屠杀。

1937年12月13日上午，日军相继侵入南京城，即开始对城内的俘虏和平民进行了长达6个星期的大规模屠杀。据战后远东国际军事法庭认定："在日军占领后最初六个星期内，南京及其附近被屠杀的平民和俘虏，总数达二十万人以上"，"这个数字还没有将被日军所烧弃了的尸体，投入到长江，或以其他方法处分的人们计算在内"。中国南京审判战犯军事法庭在对南京大屠杀主犯之一谷寿夫的判决书中确认："在谷寿夫部队驻京之期间内，计于中华门外花神庙、宝塔桥、石观音、下关草鞋峡等处，我被俘军民被日军用机枪集体射杀并焚尸灭迹者，有单耀庭等十九万余人。此外，零星屠杀，其尸体经慈善机构收埋者十五万余具。被害总数达三十万人以上。"日本史学家洞富雄也认为："在南京整个城市，被害者的总数说是三十万人，或南京地方法院所列举的数字——三十四万人，似乎可以说接近实际的数字。"

日军的大屠杀，有的是集体屠杀。1937年12月15日，日军在汉中门外集体屠杀难民和警察2000余人，先用机枪扫射，再用木柴汽油焚尸。有的是分散的屠杀，《远东国际军事法庭判决书》中说："日军在街上漫步"，"不分青红皂白地屠杀中国的男女和小孩"。"在日方占领南京市的最初两三天，至少有一万两千人的非战斗员的中国男女和儿童被害了”。

日军的杀人方法灭绝人性：砍头、劈脑、切腹、挖心、水溺、火烧、割生殖器、砍去四肢、刺穿阴户或肛门等，无所不用其极，令人毛发悚然。有的日军杀人取乐，先往中国难民身上浇汽油，后用机枪射，中弹全身着火的难民痛苦挣扎，日军则鼓掌狂欢；有的日军令难民脱光衣服，破冰下水捕鱼，看着难民寒栗难受而幸灾乐祸；有的把人头割下，挑在枪刺上，漫步街头，嬉笑取乐。

日军的南京大屠杀，证据确凿，铁证如山。

2014 年 2 月 27 日，全国人民代表大会常务委员会以立法形式确立 12 月 13 日为南京大屠杀死难者国家公祭日。

1941 年 12 月 14 日
国际文化团体召开反侵略大会

今天是 12 月 14 日，1941 年的今天，国际文化团体在重庆召开反侵略大会。

1941 年 12 月 8 日凌晨，日本海军特遣舰队突然偷袭美国的珍珠港海军基地，美国海军遭受重大损失，太平洋战争爆发。日本宣布在太平洋与美国、英国进入战争状态。12 月 8 日，美国、英国、加拿大、澳大利亚等国对日本宣战。12 月 9 日，中国政府正式对日本宣战，中国共产党也为太平洋战争发表宣言。12 月 10 日，蒋介石发表告全国军民书，宣告将与美、英、苏并肩作战。反侵略大会是在这样的背景下召开的。

1941年12月14日下午2点，在重庆的新运模范区广场，国际文化团体反侵略大会隆重召开。重庆爱国人士约10万人参加会议。会议由国民党中央秘书长吴铁城主持，中国共产党代表周恩来、董必武、邓颖超等参加了大会。出席会议的还有美国驻华大使高思、英国驻华大使卡尔、苏联驻华大使潘友新。会议开始时奏中国、美国、英国和苏联的国歌。

吴铁城致词。他代表中国人民拥护正义公理战争，并表示中国政府和人民要尽其所能，与美、英、苏等友好邻邦并肩作战，争取世界反法西斯战争的胜利。

随后，会议请外国朋友发言。美国驻华大使高思在大会上发言。他愤怒地斥责了法西斯侵略者，表示现在不是说话的时间，面对侵略者要有很大的决心、毅力和行动。他指出，美国现在已经置身于对德意日的战争中，虽然短时间不能见胜，但是侵略者一定要被打败，正义与和平一定会到来。苏联驻华大使潘友新接着在大会上发言。他向大会报告了最近20天苏德战场的作战情况，苏联军队歼灭了德国纳粹军队8.5万人，苏联人民有决心击退战争狂人希特勒和墨索里尼。英国驻华大使卡尔代表英国政府在大会上发了言。

大会通过了拥护国民政府对日德意宣战的决议。这次大会，表明了中国政府和人民同国际上其他国家政府和人民共同反对法西斯侵略的意志和决心，对鼓舞中国人民的斗志，团结一致，坚持对日作战，度过抗日战争最艰难的岁月起了很好的激励作用。

1944年12月15日
毛泽东发表《一九四五年的任务》演说

今天是12月15日，1944年的今天，毛泽东在陕甘宁边区第二届第二次参议会上作题为《一九四五年的任务》的演说。

毛泽东鉴于形势的有利变化，明确指出：整个反法西斯战争有很大的胜利，打倒希特勒明年就可以实现。我们唯一的任务是配合同盟国打倒日本侵略者。全国人民的总任务是：一致团结起来，迅速建立民主的联合政府，并号召“中国人民都要为此目标而奋斗”。

毛泽东认为，中国解放区“现在已经成了抗日救国的重心”，1945年解放区的任务有15项，主要是：巩固和扩大解放区，缩小沦陷区；整训和扩大正规军、游击队、自卫军和民兵，加强军队的内部团结，进一步改善军民关系；加强民族统一战线，认真执行“三三制”政策；深入开展减租运动；普遍开展大规模的生产运动。他要求解放区军民必须把一切守备薄弱，在我现存条件下能够攻克的沦陷区，全部化为解放区，迫使敌人处于极端狭窄的城市与交通要道之中，被我们包围得紧紧的，等到各方面的条件成熟了，就将敌人完全驱逐出去。

毛泽东在演讲中特别强调要大大地提倡民主作风。他指出：我们工作作风中的一项极大的毛病，就是有些工作人员习惯于独断专行，而不善于启发人们的批评讨论，不善于运用民主作风。各级领导人员，有责任听别人的话。实行两条原则：一、知无不言，言无不尽；二、言者无罪，闻者足戒。我们一切工作干部，不论职位高低，都是人民的勤务员，我们所做的一切，都是为人民服务，我们有些什么不好的东西舍不得丢掉呢？如果我们改正了这个缺点，那我们就能团结更广大的人民，我们的事业就能获得更大的与更快的发展。

根据毛泽东的号召，1945年，敌后各根据地军民向日伪军展开了比1944年更大规模的猛烈进攻，直至进行全面反攻，迫使日军缴械投降，全面地扩大了解放区，壮大了人民武装力量，实现了毛泽东关于配合同盟国打倒日本侵略者的目标，取得了抗日战争的最后胜利。

1942年12月16日
新四军开始在大小悟山反“扫荡”

今天是12月16日，1942年的今天，新四军第5师在大小悟山开始进行反“扫荡”。

1941年4月15日，新四军鄂豫挺进纵队正式改编为新四军第5师。日军第十一军为确保武汉和九江、信阳、宜昌、岳阳、南昌之间的侵占区，控制平汉铁路及长江中游航道，在1941年至1942年间，不断对鄂豫边区抗日根据地进行残酷“扫荡”。新四军第5师独立坚持鄂豫边区敌后抗战，先后粉碎日军多次“扫荡”。

1941年6月，新四军第5师在反击日军“扫荡”的同时，还主动出击，开辟新区。第13旅深入武汉西北的汉阳、孝感、黄陂地区开辟抗日游击根据地。第15旅主力在地方武装配合下，开展汉川、汉阳、沔阳地区抗日游击战争。11月12日，第13旅主力发起3次侏儒山战斗，歼灭伪定国军5000余人，击溃其第2师1000余人，击溃日军数次增援，毙伤日军200余人，解放了川汉沔大片国土。

1942年，日军加紧对鄂豫边抗日根据地进行“扫荡”。4月下旬，日伪军400余人“扫荡”大悟山抗日根据地，鄂中日军又数次“扫荡”京山、天门、汉川等抗日根据地。新四军第5师先后歼敌500余人，粉碎了日军的“扫荡”。6月29日，日、伪军2000余人向黄冈、黄陂、黄安以南地区“扫荡”、“清乡”，抗日根据地军民奋战3天，毙伤敌430余人，迫敌撤退，保卫了根据地。1942年12月，新四军第5师师部和主力5个团在大小悟山抗日根据地进行整训。12月16日，日军第3师团主力和伪军一部共1万余人，分14路对大小悟山抗日根据地进行分进合击，企图围歼新四军第5师。新四军第5师以一部兵力配合地方武装坚持原地斗争，主力向外线转移。17日，新四军第5师机关和主力突出重围，转移到外线，接连袭击黄安、黄陂、卫家店、花园、夏店镇等日、伪军据点，日军被迫撤退。18日，新四军第5师机关和主力部队又回到大小悟山。这次新四军的大小悟山反“扫荡”作战，共歼灭日、伪军500余人。

1935年12月17日
中共中央在瓦窑堡召开政治局扩大会议

今天是12月17日，1935年的今天，中共中央在陕西安定县瓦窑堡召开政治局扩大会议，史称瓦窑堡会议。

一二·九运动后，全国掀起抗日救亡运动的高潮。中国共产党为适应新的形势要求，在1935年12月17日召开政治局扩大会议，着重讨论全国政治形势和党的军事战略、策略路线等问题。12月25日，会议通过《中央关于目前政治形势与党的任务决议》，指出，目前政治形势的基本特点是日本帝国主义正准备吞并全中国，把全中国从各帝国主义的半殖民地，变为日本的殖民地。在这种形势下，中国政治生活中的各阶级、阶层、政党以及武装势力，重新改变了与正在改变着它们之间的相互关系。决议指出，无论什么人，什么派别，什么武装队伍，什么阶级，只要反日反蒋，都应该联合起来开展神圣的民族革命战争。“我们的任务，是在不但要团结一切可能的反日基本力量，而且要团结一切可能的反日同盟者”，“这就是党的最广泛的民族统一战线策略的总路线”。

毛泽东在会上指出：我们的战略方针是要以坚决的民族革命战争，反对日本帝国主义侵略，把国内战争与民族战争结合起来。12月27日，他在党的活动分子会议上作《论反对日本帝国主义的策略》的报告，系统地阐明了党的抗日民族统一战线的理论和政策。报告指出：党的基本策略任务，就是反对狭隘的关门主义，建立广泛的民族革命统一战线。“组织千千万万民众，调动浩浩荡荡的革命军，是今天的革命向反革命进攻的需要。”报告还强调必须坚持无产阶级在统一战线中的领导权。

瓦窑堡会议后，中国共产党派人到天津和上海以及国民党上层人士和军队将领中去，积极开展统一战线工作。毛泽东也亲自给一些重要的社会知名人士和地方实力派人物写信，表达愿与他们建立联合战线的主张。这些都为广泛的抗日民族统一战线的建立，为全民族抗战局面的形成做了重要准备。

1939年12月18日
桂南战役开始

今天是12月18日，1939年的今天，中国第四战区部队发起桂南战役。

日军为了切断中国联系外界的西南大动脉——南宁至谅山的道路，决心攻占南宁。1939年11月24日，日军侵占南宁，接着又向北进攻。12月1日和4日，日军攻击高峰隘和昆仑关，控制了扼守南宁的要隘。

国民政府军事委员会委员长桂林行营急令第四战区部队于昆仑关、高峰隘以北地区占领阵地，钳制当面之敌。12月16日，桂林行营下达作战命令，要求各部队“将敌包围于邕江南北地区而歼灭之，攻击开始时机，预定12月18日拂晓”。

12月18日，中国第五军以荣誉第1师为左翼队向昆仑关正面攻击，以新编第22师为右翼队进攻五塘、六塘。当天下午，日军第5师团第21旅团主力由南宁赶到九塘增援，中国第九十九军两个师向日军后方进行包围攻击。19日，荣誉第1师挫败日军第21旅团的反击，继续攻击昆仑关；同时，中国第九十九军攻占山心和七塘，切断了昆仑关日军后方交通。20日，中国军队坦克一度冲入昆仑关。21日，中国空军出动飞机支援地面部队攻击，昆仑关日军完全陷入包围。日军第21旅团增援，途中不断受到阻击、包围。25日，该旅团长中村正雄因中弹而毙命。日军又调第9旅团增援。

29日，中国第五军发起强攻，31日，全部肃清昆仑关日军，并向九塘、八塘日军进攻。战至1940年1月11日，增援日军赶到九塘，双方形成僵持。

1940年1月22日前后，日军增援部队到达南宁和七塘，参战兵力翻番。中国军队也将参战兵力增加到25个师。1月28日，日军抢先进攻。位于昆仑关的中国军队虽然阻止了日军的正面进攻，但侧后却疏于防范，使日军于31日占领甘棠，再于2月2日占领宾阳，这样坚守昆仑关便没有意义，因而中国军队便全面北撤。2月中旬，日军也撤向广东、南宁等地。中国军队占领了日军撤出的地区，桂南战役至此结束。经过此战，中国军队夺回昆仑关等要地，掌握了桂南战场的主动权。

1943年12月19日
鹿地亘对记者谈反战同盟

今天是12月19日，1943年的今天，日本在华反战同盟领袖鹿地亘对记者谈反战同盟情况。

鹿地亘对记者说，日本在华反战同盟盟员已经由十几人发展到1000多人，现在正加紧团结、训练、宣传、作战，来消灭日本军阀，解放日本民族。

1939年11月7日，由日军俘虏杉本一夫在山西省辽县麻田镇发起建立了在华日人觉醒联盟。这是中国战场上成立的第一个日本人反战组织。反战组织后来陆续建立，遍及敌后抗日战场。

与在华日人觉醒联盟发展的同时，另一个反战组织——在华日人反战同盟也在中国各地迅速发展。1939年11月11日，在中共的支持下，日本进步作家、著名的反战运动领导人鹿地亘发起组织了在华日本人反战同盟。1940年7月20日，又在重庆成立了在华日人反战同盟本部。

1940年5月1日，由被俘日本人森健、高山进等人在延安成立了在华日人反战同盟延安支部。这个系统的分支组织也在整个根据地蓬勃发展。

1942年8月15日，在延安召开了华北日人反战团体代表大会暨华北士兵代表大会，出席会议的有反战同盟系统的代表和觉醒联盟系统的代表，中国方面党政军代表和印度、荷兰、朝鲜等国际友人。大会决定将觉醒联盟与反战同盟合并，统一组成日本人反战同盟华北联合会。会议选举杉本一夫为会长，通过了反战同盟华北联合会的纲领和章程及工作方针书两个文件，确定反战同盟的中心任务是反对日本侵略中国的战争。

这些遍及敌后战场的日本人反战组织的成员，大都是受到日本法西斯政府和军部的欺骗，被驱使侵略中国的下级军官，他们经过根据地军民教育感化后，自动申请加入反战组织。

华北敌后根据地的反战同盟组织与重庆本部互不隶属。1944年4月9日，在华日本人反战同盟华北联合会正式改组为日本人民解放联盟，到日本宣布投降前，共有盟员1000多人。日本投降后，敌后抗日根据地和中国正面战场的日本反战组织成员陆续回国，结束了他们在中国的反法西斯战斗历程。

1942年12月20日
湖西反“扫荡”开始

今天是12月20日，1942年的今天，八路军第115师在山东省微山湖以西地区对日、伪军进行了反“扫荡”作战。

湖西抗日根据地，是指山东省微山湖以西的山东、江苏、河南、安徽4省交界的边沿地区。1942年12月，日军调集第17师团第77联队、第32师团第223联队、独立第4旅团一部共9000余人及伪军一部共计1万余人，对湖西抗日根据地进行拉网式“扫荡”，企图一举消灭湖西的八路军主力和地方党政机关。八路军第115师教导第4旅兼湖西军分区和地方党政机关参加反“扫荡”作战。

12月20日，日、伪军开始“扫荡”，并对湖西地区形成包围态势。当时，湖西的党政军在情况危急时立即分散突围。当日夜晚，各单位先后从日、伪军包围空隙中突出重围，打破了日、伪军围歼湖西八路军党政军机关和部队的企图。21日拂晓，日、伪军合围北常集扑空后，以三路继续进攻，企图将湖西抗日力量消灭在金乡县以南、鱼台县以西、单县东北地区。当日上午，八路军115师教导第4旅直属单位和地委向北转移，专署机关与敌人遭遇，教导第4旅第10团一部被敌包围，牺牲40余人，大部分人员突出重围。当日下午，教导第4旅第11团在金乡县司马集掩护党政军机关突围，顽强阻击敌人，伤亡60余人。当日晚，湖西党政军机关和主力部队利用夜黑，突出敌人重围。22日，日伪军连续两天在金乡以南“扫荡”，包围金乡县党政机关和警卫部队。被包围部队经过激战，一部突围，牺牲10余人，县委书记兼县长等70余人被俘。此后，日伪军兵力进入巨野县以南“扫荡”。日、伪军扑空后，将主力大部撤回原地，留下2000余人在湖西中心区修碉堡、修据点。到1943年1月，日、伪军在湖西地区修建据点30余处，使湖西中心区陷入日、伪军分割的格子网内。

这次反“扫荡”作战，八路军歼灭日、伪军一部，粉碎了日、伪军的作战企图。八路军伤亡170余人。湖西根据地在日军的残酷“扫荡”与“蚕食”中，进入了敌后抗战的严重困难时期，遇到了黎明前的黑暗。

1939年12月21日
皖东新四军发起周家岗战斗

今天是12月21日，1939年的今天，新四军在皖东的周家岗地区发起反击战斗，经三天激战粉碎日军的“扫荡”。

1938年11月，为贯彻东进方针，新四军参谋长张云逸率特务营抵达无为地区，并将当地游击队整编为新四军江北游击纵队，担负皖中地区抗战任务。同时，以第4支队一部先行进入淮南铁路以东地区开展游击战争。1939年5月，为加强对江北抗日游击战争的组织领导，加快向皖东地区的发展，新四军军长叶挺亲赴庐江县东汤池，组建了新四军江北指挥部，张云逸、徐海东任正、副指挥，并成立了第5支队。

江北指挥部成立后，第4、第5支队跨越淮南铁路，开辟了新的皖东敌后抗日根据地。其中，以第4支队活动于淮南路以东、津浦路以西的定远、合肥、滁县、全椒等地，开辟了以定远东南藕塘为中心的津浦路西（简称路西）抗日根据地。1939年8月2日夜，日伪军500余人分别由滁县腰铺、全椒出动，3日拂晓前包围了宿营于张二房的国民党滁县常备壮丁队，新四军第4支队第9团一部主动出击，毙伤日伪军40多人，击退了日伪军，救出滁县常备壮丁队。

8月下旬，第5支队第8、第15团挺进津浦路东，第10团于10月也进入津浦路东，开辟了以来安县半塔集为中心的津浦路东（简称路东）抗日根据地。9月3日，日军侵占来安县城，第

5支队将其收复。11月21日，日军再次侵占来安，第5支队毙伤日军200余人，于23日收复来安。

1939年12月，日军抽调2000余人，对皖东抗日根据地进行大规模“扫荡”。12月19日，日军开始“扫荡”津浦路西藕塘以南的周家岗、大马厂、古河等地。

周家岗至复兴集一带皆为山地，便于开展游击战，新四军江北指挥部决心采取灵活战术打击敌人。21日至23日，第4支队第7、第9团与敌激战3天，毙伤俘日伪军160余人，迫敌退回全椒，取得了进军皖东后第一次反“扫荡”的胜利，增强了人们的抗战信心。至1940年3月，皖东地区的第4、第5支队已由东进时的7000余人扩大为1．5万余人，地方游击队发展到5000余人。

1937年12月22日
南京设立“慰安所”

今天是12月22日，1937年的今天，汉奸乔鸿年根据日军的命令，在南京开设了当地最早的“慰安所”。

日军侵华后，在多地设立大量“慰安所”，强迫中国和朝鲜等国妇女充当日军性奴隶，形成了丑陋的“慰安妇”制度。

早在1932年，日军就在上海设立了海军特别慰安所，美其名曰“大一沙龙”。全面侵华战争发动后，日军开始大规模设立“慰安所”。1937年12月末，日军华中方面军司令官松井石根发布建立“慰安所”的命令，此后，日军各部队普遍设立“慰安所”。

强征妇女充当日军性奴隶的“慰安所”，有的是由日军直接设立的。如日军第16师团进入南京后，在各联队设立了“慰安所”。“慰安妇”主要是强掠当地的妇女。还有的“慰安所”是日本侨民根据日军的命令开设的。日军占领南京后，就有日侨开设了“故乡慰安所”等。这种“慰安所”，开始主要用日本“慰安妇”，后来也大量骗征许多中国妇女。也有的“慰安所”是汉奸在日军命令下开设的。如1937年12月22日乔鸿年开设的“慰安所”就是如此。这个“慰安所”中的200多名“慰安妇”都是从当地强征的。其中设在傅厚岗的“慰安所”专供日军军官使用，设在铁管巷的慰安所，则专供日军士兵使用。

日军所到之处，都设立“慰安所”。在江苏常州，日军于1938年1月20日自行开设了“慰安所”，并专门制定了《“慰安所”使用条例》，规定了各部队使用“慰安所”的日期和营业时间。在浙江杭州，日军抓捕当地妇女达2万多人，并按年龄、相貌分为上、中、下三等，编号输送到各部队充当“慰安妇”。

据日本战犯们的亲笔供述，日军“慰安所”的设立遍布日军的占领区，除了中国，还有东南亚国家。日军驻防到哪里，就到哪里的“慰安所”去侵害“慰安妇”。“慰安妇”除了中国妇女，还有朝鲜半岛的妇女，也有日本和东南亚国家的妇女。设立“慰安所”，强征“慰安妇”，是侵华战争期间日军进行的大规模有组织的性暴力犯罪，也是日军犯下的许多不齿罪行之一，任何人都抵赖不了。

1941年12月23日
中英美三国召开联合军事会议

今天是12月23日，1941年的今天，中、英、美三国在重庆召开联合军事会议。

太平洋战争刚爆发，中国国民党领导人蒋介石即于1941年12月8日8时许，在重庆主持召开国民党中常会。会议决定中国采取如下政策：一是“太平洋反侵略各国，立即成立正式同盟，由美国领导，并推举同盟国联军总司令”；二是“要求英、美、苏与我国一致实行对德、意、日宣战”；三是“联盟各国应相互约定：在太平洋战争结束以前，不对日本单独媾和”。当天下午，蒋介石又分别召见美、英、苏驻华大使，告知中国上述决定和建议，并约见各国驻华使馆武官，声明中国军队已准备对香港、越南、缅甸采取行动，配合同盟国作战。9日19时，中国国民政府主席林森签署文告，正式对日宣战。同时，国民政府还宣布对德、意两国处于战争状态。1941年12月9日，蒋介石分别致电美国总统罗斯福、英国首相丘吉尔、苏联领导人斯大林，建议在重庆召集联合军事会议，协调各国作战。16日，罗斯福电复蒋介石，请他最迟于17日在重庆召集联合军事会议，并希望产生一种联合机构，以便协调各同盟国共同作战。于是，中国政府提出了《五国军事会议大纲》。12月23日，联合军事会议在重庆召开，参加会议的有中、英、美三国代表，会议由蒋介石主持。经过长时间讨论，初步决定由中、英联合防卫滇缅路，中、英签订《共同防御滇缅路协定》。

中国共产党在得悉太平洋战争爆发的消息后，当即于12月9日，发表宣言呼吁中国与英、美及其他抗日诸友邦缔结军事同盟，实行配合作战，同时建立太平洋一切抗日民族的统一战线，坚持抗日战争至完全胜利。中国的上述行动，对建立世界反法西斯统一战线起到了直接推动作用。

1942年元旦，由中、美、英、苏4国领衔，26国在华盛顿签署《联合国家宣言》，标志着国际反法西斯统一战线正式形成。中国率先签署《联合国家宣言》，公开表明联合反侵略国家对德、日、意法西斯战斗到底的决心，为国际反法西斯统一战线的建立作出了重大贡献。

1937年12月24日
山东天福山抗日武装起义

今天是12月24日，1937年的今天，中共胶东特委在文登县天福山领导胶东人民举行抗日武装起义，组成山东人民抗日救国军第三军。这支起义武装成立后，于1938年2月间夜袭牟平城，俘虏伪县长以下170多人。在雷神庙战斗中，中共胶东特委书记理琪光荣牺牲。3月，这支起义武装又收复了福山县城。与天福山起义同时，中共掖县、蓬莱、黄县、莱阳等地党组织也相继举行起义，组织了抗日武装，并在掖县、蓬莱、黄县建立了抗日民主政府。到1938年4月间，天福山起义的抗日部队发展到7000

多人。

在天福山起义之前，1937年10月，中共冀鲁边区工委在盐山等地领导人民举行抗日武装起义，建立了华北民众抗日救国军。到1938年4月，部队发展到2000多人，在三个县建立抗日民主政权。1937年11月19日，国民党山东省第6区专员范筑先在中共党组织的帮助下，通电全国起义抗日，把保安司令部改为抗日游击司令部。

在天福山起义之后，1937年12月26日，中共党组织领导在长山、临淄间的黑铁山举行抗日武装起义，成立了山东人民抗日救国军第五军，部队迅速发展到600多人。12月29日，中共寿光县委领导在牛头镇发动武装起义，成立了八路军鲁东游击第8支队。

1938年1月1日，中共山东省委同时领导举行了两场抗日起义，一是徂徕山抗日武装起义，组成八路军山东人民抗日游击第9支队；一是夏张镇武装起义，起义武装与中共肥城地方组织发动的抗日武装合组成山东西区人民抗战自卫团。1月初，中共沂水县地方组织也在公家疃组建了八路军山东人民抗日游击第4支队第6大队。

1938年3月，中共苏鲁豫皖边特委分别在沛县、滕县、丰县等地发动抗日武装起义。不久，特委又在铜山、萧县、丰县、砀山、永城、宿县等地发动武装起义。

山东这10次抗日起义的武装，到1938年6月，共发展到4万多人，作战100余次，收复县城15座，为山东抗日根据地的建立奠定了基础。

1941 年 12 月 25 日
华北军民粉碎日军第三次“治安强化运动”

今天是 12 月 25 日，1941 年的今天，华北抗日根据地军民胜利粉碎了日军第三次“治安强化运动”。

1941 年 3 月 30 日至 4 月 3 日，日军发起第一次“治安强化运动”，主要目的和形式是在其侵占区内，整顿加强伪政权和伪组织，扩充伪军，建立与扩大乡村自卫团，清查户口，实行保甲制，以破坏中共地下组织，搜捕中共人员，加强对侵占区内人民的经济掠夺。

7 月 7 日至 9 月 8 日，日军又以“实行剿共，巩固治安”为方针，进行了第二次“治安强化运动”，并以县警备队等汉奸武装对抗日根据地进行小规模的军事进攻。为粉碎敌人的这次“治安强化运动”，八路军除以地方武装和民兵打击敌人的军事进攻外，主要派出武装宣传队深入敌占区，镇压汉奸特务，开展政治攻势，瓦解伪军、伪政权，揭露敌人的阴谋，使日军第二次“治安强化运动”遭到破产。

11 月 1 日至 12 月 25 日，日军展开第三次“治安强化运动”。一面在侵占区内实行配给制，推行计口售粮、售物，强征房、地捐等各种苛捐杂税，加紧对钢、铁、粮、棉等战略物资和其他物资的掠夺；一面利用铁路、公路和封锁沟，实行彻底的经济封锁，断绝根据地的物资来源；并加紧对抗日根据地内物资的掠夺和破坏，妄图从经济上摧毁抗日根据地。对此，华北各抗日根据地军民针锋相对地展开了一系列反经济封锁的斗争：一面以武装宣传队到敌占区和游击区展开政治宣传，镇压汉奸；一面以地方武装带领广大群众开展以军事、政治、经济相结合的群众性反封锁斗争。在抗日根据地边沿区，积极破坏敌人的交通线和封锁沟墙，保证所需物资能够输入根据地。在抗日根据地内，则加强金融和市场管理，加强内外贸易，执行正确的商业政策，秘密购进敌占区的医药和通信器材等物资，加强出入抗日根据地物资的管理，严禁由敌占区向抗日根据地输入奢侈品和非必需品，严禁粮、棉、油等重要战略物资流入敌占区。经过艰苦斗争，到12月25日，粉碎了日军的第三次“治安强化运动”。

1940年12月26日
左权作《论我军的后勤建设》的报告

今天是12月26日，1940年的今天，八路军副参谋长左权在八路军总部和第129师召开的后勤工作会议上作了《论我军的后勤建设》的报告。

八路军在改编时，总部就成立了供给部、卫生部、兵站部等后勤部门，在各部队也建立了后勤工作系统。广大后勤人员在极其困难的条件下，做了大量的工作，保证了前方部队的需要。后来随着国民政府停发弹药，日军对根据地实行封锁和掠夺以及部队发展等原因，八路军总部根据中共中央和中央军委的指示，又提出“自力更生”的方针。

为了总结经验，加强后勤工作，1940年12月22日至27日，八路军总部和第129师召开后勤工作会议，参加会议的有彭德怀、罗瑞卿、左权、杨立三等八路军将领。26日左权在会上作了《论我军的后勤建设》的报告。该报告后来发表在《八路军军政杂志》上。

报告指出：八路军后勤建设必须依赖自力更生。它不是简单的消费，而是艰巨的生产工作。后勤建设应适应敌后抗战的环境，根据不同环境采取不同的组织形式、工作方法。后勤工作必须适合八路军的战略战术的要求。

报告系统地总结了抗战以来后勤工作的成绩和存在问题，进一步提出了加强后勤工作的具体措施和办法，对进一步加强八路军的后勤工作起了重要的指导作用。

会后，各部队进一步加强了后勤保障机构，从领导机构、组织制度和骨干力量等方面加强了后勤工作的建设。1941年以后，各根据地相继掀起了大生产运动的高潮，从生产粮棉、种植蔬菜、饲养家畜、开设多种作坊，逐步发展到生产肥皂、毛巾、纸张、布匹、药品之类的工业品，对保障部队生活供给起了重要作用。在军工方面，总部先后组建了10多个兵工厂，一些军区也建立了兵工厂、军需厂等。在救治伤员方面，一些部队开设了山洞医院、地道医院等。

在八年全国抗战中，八路军坚持自力更生和依靠根据地人民群众，在保障部队供给、救治伤员、兵站运输、军工生产等后勤工作方面，取得了出色的成绩，为坚持持久抗战奠定了物质基础，为夺取抗战胜利作出了巨大贡献。

1944年12月27日
新四军南下苏浙皖边

今天是12月27日，1944年的今天，新四军部队渡过长江，南下苏浙皖边，开辟苏浙皖边抗日根据地。

1944年，日军为了确保京沪杭三角地区，防止美国军队在沿海地区登陆，保障海上交通的安全，于8月至10月进行浙江作战，占领丽水和温州等地。此时，美国已设想在中国东南沿海实施登陆，并希望中共方面届时配合。11月26日，中共中央指示新四军应以向南发展苏浙皖地区为主要任务，江北兵力应尽可能抽调南下。

12月27日，新四军第1师3个团组成8000多人的南下部队，在粟裕领导下，分东、西两路渡江南下。南下部队于1945年1月6日在长兴地区与新四军第16旅会合。1月13日，组成新四军苏浙军区，粟裕任司令员，谭震林任政治委员。苏浙军区下辖3 个纵队，第1 纵队司令员王必成，政治委员江渭清；第2 纵队司令员何克希，政治委员谭启龙；第3 纵队司令员陶勇，政治委员阮英平。苏浙军区成立后，确定了如下作战任务：第1 纵队前进到安吉、递铺以东和余杭以北，开辟莫干山和杭州、嘉兴、湖州地区；第2 纵队巩固四明和会稽山区，并向西发展，策应主力南进；第3 纵队前进到广德、泗安地区，配合第1纵队作战。

2月，苏浙军区部队又由长兴地区陆续南下。一部向莫干山进军，消灭了沿途的日伪军，占领了武康、德清两城，开辟了莫干山区。另一部进入安徽广德以南地区。第三战区国民党顽军为了消灭南下的新四军，两次进攻苏浙军区部队。新四军经过两次天目山反击作战，打退了国民党顽军的进攻，控制了东西天目山和临安县城。

为加强苏浙皖边地区新四军的力量，1945 年 4 月 26 日，叶飞又率领两个团从苏中出发，渡江南下，到达孝丰与苏浙军区会合，叶飞率领的部队编为第 4 纵队。五、六月间，天目山地区的国民党顽军又一次进攻新四军苏浙军区部队，新四军又举行第三次天目山反顽作战，又一次打退了国民党顽军的进攻。

新四军南下苏浙皖边的部队经过连续作战，有力地打击了日、伪军，粉碎了国民党顽军的进攻和阻挠，开辟了新的苏浙皖边抗日根据地。

1943 年 12 月 28 日
中共中央晋绥分局发出
《关于拥政爱民与拥军运动的指示》

今天是 12 月 28 日，1943 年的今天，中共中央晋绥分局发出关于拥政爱民与拥军运动的指示。

为了解决敌后根据地在军政、军民关系上存在的问题，1943 年 1 月，八路军留守兵团作出了拥护政府爱护人民的决定，随即在陕甘宁边区部队中掀起了拥政爱民的热潮。同时，陕甘宁边区政府也作出了关于拥军的指示，并开展拥军运动月。5 月，晋绥军区部队也开展了拥政爱民运动。根据陕甘宁和晋绥部队的经验，中共中央在 1943 年 10 月 1 日发出指示，要求各根据地党委及军政领导机关，于1944年春节期间普遍地、无例外地举行一次拥政爱民与拥军的大规模群众运动。12月28日，中共中央晋绥分局也指示全区开展拥政爱民与拥军运动。根据中共中央的指示，敌后各抗日根据地军民从1944年起，普遍开展了拥政爱民和拥军运动。各部队进行了人民军队建军宗旨和三大任务的思想教育，对违犯政府法令和群众纪律的错误行为，认真地开展批评和自我批评。同时派出纪律检查组，检查部队执行三大纪律的情况。同时，地方政府和广大群众也热烈地开展拥军优属运动。

1944年春节前后，各敌后抗日根据地的拥政爱民和拥军优属运动掀起高潮。军队订立拥政爱民公约，政府订立拥军公约。各部队召开军民联欢会，党政军民互相拜年，锣鼓喧天，欢腾一片。各部队还开展为群众做好事的运动，邀请地方干部和群众团体代表座谈，征求意见，听取批评。村干部则带领妇女、儿童慰问部队伤病员和残疾军人，慰问军属，送优待粮。

各部队还把发展生产，减轻人民负担，作为拥政爱民的一项重要内容。军队积极进行助民劳动，抽出大量人力、畜力，帮助群众开荒播种，帮助贫苦群众解决粮食和种子等困难。军队爱护群众，群众更加拥护军队。部队作战，群众就自动组织起来，支援部队打仗。

拥政爱民和拥军运动的开展，体现了共产党所领导的人民军队的宗旨，密切了军队同人民的联系，加强了敌后抗日根据地党政军民之间的团结，对于加强对敌斗争，恢复和发展抗日根据地，争取抗战最后胜利，起了重要作用。

1941年12月29日

罗瑞卿作《目前形势下敌后抗日根据地的任务与工作》报告

今天是12月29日，1941年的今天，罗瑞卿在八路军总部直属单位干部会议上作《目前形势下敌后抗日根据地的任务与工作》报告。报告结合敌后抗日根据地的实际，传达中共中央关于太平洋战争爆发后1942年党和军队的任务以及方针政策。

1941年，太平洋战争爆发后，日军更加急切地要把华北变为其“大东亚战争的兵站基地”，因此加强了对华北各抗日根据地和八路军的“扫荡”、“蚕食”。这一年，日军对华北各抗日根据地进行的兵力超过千人的“扫荡”达77次，其中1万至5万兵力的大“扫荡”共15次。

八路军总部根据中共中央的指示，决心发挥党、政、军、民的整体力量，继续实行军事、政治、经济、思想文化相结合的全面对敌斗争。

为扭转不利局面，争取对敌斗争主动权，在1942年的春季反“扫荡”中，八路军首先在华北实行“敌进我进”的指导方针。各部队普遍组织由军分区或旅统一领导的武工队，深入敌占区全面开展对敌斗争。太行地区的武工队越过封锁沟，深入敌占区，在抗日群众的配合下，展开多种形式的斗争，开辟和恢复了5万多人口的抗日游击根据地。晋西北抗日根据地1942年下半年抽调1000多人，组成武工队，深入敌占区和游击区，对敌展开全面斗争，出现了错综复杂的新局面。北岳还以三分之一的主力部队，组成几十支武工队，有的秘密越过敌人封锁线，挺进到敌占区；有的分散到敌人封锁线两侧，开展政治活动和军事攻势，瓦解伪军和伪组织，收复和开辟了 1600 多个村庄，其中不少成了小块的抗日游击根据地或隐蔽根据地。山东和冀鲁豫抗日根据地也由主力部队派出若干支小部队，分散深入敌占区，发动和组织群众，对敌开展隐蔽斗争。

由于实行积极的“敌进我进”方针，开展全面对敌斗争，1942 年，八路军各部队粉碎了日军的残酷“扫荡”，打破了日军的第四、第五次“治安强化运动”，基本制止了敌人的“蚕食”，使敌后抗日根据地的不利局面得到了扭转。

1939 年 12 月 30 日
八路军收复皋落

今天是 12 月 30 日，1939 年的今天，八路军第 129 师第 385 旅独立第 1 团一部及九龙、太行游击支队，在山西省昔阳县皋落地区击退来犯日军 2000 余人，取得皋落战斗的胜利，并乘胜收复皋落。

昔阳县皋落位于太行山区，属于晋冀豫抗日根据地。1939 年 3 月，随着日军将“扫荡”重点逐渐转向山区，挺进冀南的八路军第 129 师主力也回师太行抗击日军的进攻。7 月初，日军 5 万余人，对太行山区抗日根据地进行大规模“扫荡”，企图彻底摧毁抗日根据地。八路军总部和第129师鉴于日军兵力较大，决定以地方武装和民兵游击队分散游击，疲惫和消耗日军，主力分散隐蔽适当集中，待机歼敌。至8月下旬，迫使日军撤出阳城、晋城、沁水等地。在此次反“扫荡”中，第129师部队共作战70余次，歼敌2000余人，收复了一度被日军侵占的榆社、武乡、沁源、高平等城。

12月下旬，日军从山西省昔阳、和顺各据点抽调2000余人兵力，企图分路合击，将八路军第129师部队消灭在皋落、车寺一带。为粉碎日军企图，八路军独立第1团一部在九龙、太行游击支队和地方部队配合下，先将东冶之日军阻击于民安，又将凤居之日军阻击于青岩底，准备集中独立第1团兵力，打击由昔阳出犯之日军。后因日军兵力较大，独立第1团与九龙、太行游击支队转至皋落以东一带。26日，日军占领皋落。下午两点，独立第1团在平定山一带与日军激战，歼日军一部。日军在数次进攻被击退后，竟施放毒气，使独立第1团400余人中毒。此后，独立第1团改为移动防御，27日至28日，继续在寨北、东沟一带打击日军。28日夜，独立第1团以九龙、太行游击支队一部兵力牵制、迷惑日军，主力向日军翼侧迂回。29日在查山峪、王路、胡梅滩一带出击，粉碎了日军进攻。当日下午日军向皋落溃退，独立第1团等部跟踪追击。12月30日，日军退向昔阳，八路军收复了皋落。

这次战斗，八路军第129师一部及游击队共毙伤日军180余人，缴获军用物资一批。八路军伤33人，牺牲2人，中毒400余人。

1944 年 12 月 31 日
《解放日报》发表社论：《敌后战场伟大胜利的一年》

今天是 12 月 31 日，1944 年的今天，延安《解放日报》发表题为《敌后战场伟大胜利的一年》的社论，总结 1944 年敌后战场的胜利，提出准备迎接最后反攻胜利的任务。

社论指出，1944 年，是中国共产党领导的敌后战场主动向敌进攻的一年，是胜利的一年。通观 1944 年中国敌后战场的形势，确实如此。

1944 年，日军从华北、华中和华南抽调兵力实施打通大陆交通线的作战，支援太平洋战场。敌后战场的八路军、新四军和华南人民抗日武装，乘此机会，积极向日、伪军展开攻势作战。在 1944 年这一年的攻势作战中，山东军区部队共歼灭日、伪军 7 万余人，收复县城 9 座、国土 4 万平方公里，解放人口约 930 万。晋冀鲁豫边区部队共歼灭日、伪军 7.6 万余人，收复县城 11 座、国土 6 万多平方公里，解放人口 500 余万。晋察冀军区部队共歼灭日、伪军 4.5 万余人，拔除日伪军据点、碉堡 1600 余处，解放人口约 758 万，收复了大片国土。晋绥军区部队攻克和逼退日、伪军据点 100 余处，解放村庄 3100 多个、人口 40 余万。华中敌后战场军民共歼灭日、伪军约 5 万人，收复国土 7400 平方公里，解放人口 160 万，基本制止了日、伪军对抗日根据地的进攻，沟通了津浦路东各抗日根据地的联系，各地斗争局面得到进一步改善。华南人民抗日游击队广泛出击日、伪军，巩固了原有根据地。

1944年，八路军、新四军还向河南、湘粤赣边、苏浙皖边敌后进军，建立和扩大了敌后军民战略反攻的基地。

1944年与敌后战场节节胜利的形势相反的是，正面战场上，国民党军队在豫湘桂战场大溃败，日军相继占领了河南、湖南、广西等省的大部分地区。所以，《解放日报》的这篇社论又说，1944年同时又是国民党领导的正面战场到处被动挨打、失败的一年。

社论科学地预测了1945年的抗战形势，指出：明年整个战争形势，将比今年更加有利。果如其言，仅仅过了8个月，在世界反法西斯盟国的支持下，中国军民就打败了日本侵略军，迎来了抗日战争的最后胜利。